21 世纪远程教育精品教材·法学系列

劳动法和社会保障法
（第三版）

黎建飞 编著

中国人民大学出版社
·北京·

总　　序

我们正处在教育史、尤其是高等教育史上的一个重大的转型期。在全球范围内，包括在我们中华大地，以校园课堂面授为特征的工业化社会的近代学校教育体制，正在向基于校园课堂面授的学校教育与基于信息通信技术的远程教育相互补充、相互整合的现代终身教育体制发展。一次性学校教育的理念已经被持续性终身学习的理念所替代。在高等教育领域，从1088年欧洲创立波洛尼亚（Bologna）大学以来，21世纪以前的各国高等教育基本是沿着精英教育的路线发展的，这也包括自19世纪末创办京师大学堂以来我国高等教育短短一百多年的发展史。然而，自20世纪下半叶起，尤其在迈进21世纪时，以多媒体计算机和互联网为主要标志的电子信息通信技术正在引发教育界的一场深刻的革命。高等教育正在从精英教育走向大众化、普及化教育，学校教育体系正在向终身教育体系和学习型社会转变。在我国，党的十六大明确了全面建设小康社会的目标之一就是构建学习型社会，即要构建由国民教育体系和终身教育体系共同组成的有中国特色的现代教育体系。

教育史上的这次革命性转型决不仅仅是科学技术进步推动的。诚然，以电子信息通信技术为主要代表的现代科学技术的进步，为实现从校园课堂面授向开放远程学习、从近代学校教育体制向现代终身教育体制和学习型社会的转型提供了物质技术基础。但是，教育形态演变的深层次原因在于人类社会经济发展和社会生活变革的需求。恰在这次世纪之交，人类社会开始进入基于知识经济的信息社会。知识创新与传播及应用、人力资源开发与人才培养已经成为各国提高经济实力、综合国力和国际竞争力的关键和基础。而这些是仅仅依靠传统学校校园面授教育体制所无法满足的。此外，国际社会面临的能源、环境与生态危机，气候异常，数字鸿沟与文明冲突，对物种多样性与文化多样性的威胁等多重全球挑战，也只有依靠世界各国进一步深化教育改革与创新，促进人与自然的和谐发展才能得到解决。正因为如此，我国党和政府提出了“科教兴国”、“可持续发展”、“西部大开发”、“缩小数字鸿沟”以及“人与自然和谐发展”的“科学发展观”等基本国策。其中，对教育作为经济建设的重要战略地位和基础性、全局性、前瞻性产业的确认，对高等教育对于知识创新与传播及应用、人力资源开发与人才培养的重大意义的关注，以及对发展现代教育技术、现代远程教育和教育信息化并进而推动国民教育体系现代化，构建终身教育体系和学习型社会的决策更得到了教育界和全社会的共识。

在上述教育转型与变革时期，中国人民大学一直走在我国大学的前列。中国人民大学是一所以人文、社会科学和经济管理为主，兼有信息科学、环境科学等的综合性、研究型大学。长期以来，中国人民大学充分利用自身的教育资源优势，在办好全日制高等教育的同时，一直积极开展远程教育和继续教育。中国人民大学在我国首创函授高等教育。1952 年，校长吴玉章和成仿吾创办函授教育的报告得到了刘少奇的批复，并于 1953 年率先招生授课，为新建的共和国培养了一大批急需的专门人才。在 20 世纪 90 年代末，中国人民大学成立了网络教育学院，成为我国首批现代远程教育试点高校之一。经过短短几年的探索和发展，中国人民大学网络教育学院创建的“网上人大”品牌，被远程教育界、媒体和社会誉为网络远程教育的“人大模式”，即“面向在职成人，利用网络学习资源和虚拟学习社区，支持分布式学习和协作学习的现代远程教育模式”。成立于 1955 年的中国人民大学出版社是新中国建立后最早成立的大学出版社之一，是教育部指定的全国高等学校文科教材出版中心。在过去的几年中，中国人民大学出版社与中国人民大学网络教育学院合作创作、设计、出版了国内第一套极富特色的“现代远程教育系列教材”。这些凝聚了中国人民大学、北京大学、北京师范大学等北京知名高校学者教授、教育技术专家、软件工程师、教学设计师和编辑们广博才智的精品课程系列教材，以印刷版、光盘版和网络版立体化教材的范式探索构建全新的远程学习优质教育资源，实现先进的教育教学理念与现代信息通信技术的有效结合。这些教材已经被国内其他高校和众多网络教育学院所选用。中国人民大学出版社基于“出教材学术精品，育人文社科英才”理念的努力探索及其初步成果已经得到了我国远程教育界的广泛认同，是值得肯定的。

2005 年 4 月，我被邀请出席《中国远程教育》杂志与中国人民大学出版社联合主办的“远程教育教材的共建共享与一体化设计开发”研讨会并做主旨发言，会后受中国人民大学出版社的委托为“21 世纪远程教育精品教材”撰写“总序”，这是我的荣幸。近几年来，我一直关注包括中国人民大学网络教育学院在内的我国高校现代远程教育试点工程。这次更有机会全面了解和近距离接触中国人民大学出版社推出的“21 世纪远程教育精品教材”及其编创人员。我想将我在上述研讨会上发言的主旨做进一步的发挥，并概括为若干原则作为我对包括中国人民大学出版社、中国人民大学网络教育学院在内的我国网络远程教育优质教育资源建设的期待和展望：

● 21 世纪远程教育精品教材的教学内容要更加适应大众化高等教育面对在职成人、定位在应用型人才培养上的需要。

● 21 世纪远程教育精品教材的教学设计要更加适应地域分散、特征多样的远程学生自主学习的需要，培养适应学习型社会的终身学习者。

● 在我国网络教学环境渐趋完善之前，印刷教材及其配套教学光盘依然是远程教材的主体，是多种媒体教材的基础和纽带，其教学设计应该给予充分的重视。要在印刷教材的显要部位对课程教学目标和要求做明确、具体、可操作的陈述，要清晰地指导远程学生如何利用多种媒体教材进行自主学习和协作学习。

● 应组织相关人员对多种媒体的远程教材进行一体化设计和开发，要注重发挥多种媒体教材各自独特的教学功能，实现优势互补。要特别注重对学生学习活动、教学交互、学习评价及其反馈的设计和实现。

● 要将对多种媒体远程教材的创作纳入对整个远程教育课程教学系统的一体化设计和开

发中，以便使优质的教材资源在优化的教学系统、平台和环境中，在有效的教学模式、学习策略和学习支助服务的支撑下获得最佳的学习成效。

● 要充分发挥现代远程教育工程试点高校各自的学科资源优势，积极探索网络远程教育优质教材资源共建共享的机制和途径。

中华人民共和国教育部远程教育专家顾问

丁兴富

第三版前言

自本书第二版后，我国的社会立法有了新的突破和发展，既有《社会保险法》的最终出台，也有《工伤保险条例》和《女职工劳动保护规定》的修订，还有《劳动合同法》对劳务派遣新的限制性规定。这些法律的一个共同指向就在于保障民生，这些立法与先前的一些重要立法共同构筑了我国保障民生的社会立法大厦。

一、保障民生之本的《就业促进法》

就业乃民生之本。我国人口多，劳动力总量过大，就业压力十分突出。要建立促进就业的长效机制，将促进就业的各项工作纳入法制化轨道，就需要制定《就业促进法》。2007年1月20日，国务院向全国人大常委会提请审议就业促进法（草案）。2007年2月，第十届全国人大常委会第二十次会议对草案进行了初次审议。2007年8月30日，第十届全国人大常委会第二十九次会议通过《就业促进法》，于2008年1月1日起施行。

《就业促进法》明确规定：国家把扩大就业放在经济社会发展的突出位置，实施积极的就业政策，坚持劳动者自主就业、市场调节就业、政府促进就业的方针，多渠道扩大就业。国家促进就业政策需要在法律中肯定下来，建立促进就业的政策支持体系。为此，《就业促进法》明确规定了促进就业的产业政策、经贸政策、投资政策、财政和税收政策及金融政策。为了促进公平就业，保护劳动者的平等就业权，《就业促进法》在劳动法等法律的基础上，专门规定了“公平就业”一章，明确规定各级人民政府应当创造公平就业的环境，消除就业歧视。用人单位招用人员、职业中介机构从事职业中介活动，应当提供平等的就业机会和公平的就业条件，不得歧视妇女、少数民族、残疾人、农民工、传染病病原携带者等劳动者。对于用人单位和职业中介机构违反上述规定，实施就业歧视的，《就业促进法》还明确规定了受害劳动者的权利救济渠道。

实施就业援助，帮助就业困难人员实现就业，是就业促进工作中的一项重要内容。《就业促进法》规定各级人民政府应当建立健全就业与再就业援助制度，采取税费减免、贷款贴息、社会保险补贴、岗位补贴等办法，通过公益性岗位安置等途径，对就业困难人员实行优先扶持和重点帮助。

二、保障特定群体民生的《残疾人保障法》

我国是世界上最早进行残疾人专门立法的国家之一。《残疾人保障法》自1991年5月15日施行以来，在保障残疾人的合法权益方面发挥了重要作用。随着我国经济社会的发展，残疾人特定的民生需要更加充分的保障。为此，民政部、中国残疾人联合会起草了《中华人民共和国残疾人保障法(修订草案)(送审稿)》，于2006年10月报请国务院审议。2008年1月23日，国务院第二百零六次常务会议讨论通过《中华人民共和国残疾人保障法(修订草案)》。2008年4月24日，第十一届全国人大常委会第二次会议高票通过修订后的残疾人保障法。这是新一届全国人大常委会通过的第一部法律。新修订的《残疾人保障法》进一步明确政府在残疾人事业发展中的主导地位，设立多种途径保障残疾人的民生权利，全面保障残疾人的康复权、教育权、劳动权、文化生活权和社会保障权，充分尊重残疾人的知情权、参与权和决策权。

在康复权利中，立法要求优先开展残疾儿童抢救性治疗和康复。在教育权利上，新法规定对接受义务教育的残疾学生、贫困残疾人家庭的学生提供免费教科书，并给予寄宿生活费等费用补助，对接受义务教育以外其他教育的残疾学生、贫困残疾人家庭的学生给予资助。在就业保障方面，新法延续2007年2月国务院制定《残疾人就业条例》的成功经验，规定国家实行按比例安排残疾人就业制度。国家机关、社会团体、企业事业单位、民办非企业单位应当按照规定的比例安排残疾人就业，并为其选择适当的工种和岗位。国家对安排残疾人就业达到、超过规定比例，或者集中安排残疾人就业的用人单位和个体经营的残疾人，依法给予税收优惠，并在生产、经营、技术、资金、物资、场地等方面给予扶持。国家对从事个体经营的残疾人，免除行政事业性收费。对生活确有困难的残疾人，按照国家有关规定给予社会保险补贴。县级以上地方政府对享受最低生活保障待遇后，仍有特别困难的残疾人家庭，应当采取其他措施，保障其基本生活。

新法还要求设立盲人有声读物图书室，保障残疾人的文化权利。在无障碍权利的保障中，不仅要求公共交通工具逐步达到无障碍要求，而且规定新建、改建和扩建建筑物等设施，应当符合国家有关无障碍设施工程建设标准。国家举办的各类升学考试、职业资格考试和任职考试，有盲人参加的，应当为盲人提供盲文试卷、电子试卷或者由专门的工作人员予以协助。公共服务机构和公共场所应当为残疾人提供语音和文字提示等信息交流服务，公共交通工具应当逐步达到无障碍设施的要求。

三、惠及全民的《社会保险法》

《社会保险法》素有民生基本大法之称，涉及养老、医疗、失业、工伤、生育五大险种，是关乎每个公民的基本生存条件和基本生活保障的法律。多年来，我国在社会保险领域已经颁布了大量的行政法规、规章和相关文件，但缺少一部统一的基本性法律。始于1993年的《社会保险法》在2010年10月28日由第十一届全国人民代表大会常务委员会第十七次会议通过，自2011年7月1日起施行。该法对社会保险的原则、各险种的覆盖范围、社会保险待遇项目和享受条件、社会保险经办机构、社会保险基金监督、各项社会保险的缴纳领取等作出了明确规定。

《社会保险法》确立了社会保险制度的基本框架，构建了我国覆盖城乡全体居民的社保体系。基本养老保险制度和基本医疗保险制度覆盖了我国城乡全体居民。法律规定：基本养老保险包括职工基本养老保险、新型农村社会养老保险和城镇居民社会养老保险。立法还授权省、自治区、直辖市人民政府根据实际情况，可以将城镇居民社会养老保险和新型农村社会养老保险合并实施，为逐步建立统筹城乡的养老保障体系奠定了法律基础。基本医疗保险包括职工基本医疗保险、新型农村合作医疗和城镇居民基本医疗保险。法律还同时规定了基本医疗保险的转移接续问题：个人跨统筹地区就业的，其基本医疗保险关系随本人转移，缴费年限累计计算。这些规定建立了全国一盘棋的社会保险体系，明确了社会保险的国家责任制度和公民的社会保险无差别待遇。这些都是社会保险法律制度的内在需求和现代社会公民基本生活平等保障的应有之义。

四、保障老有所养的《老年人权益保障法》

2012年6月26日，《老年人权益保障法》修订草案首次提请全国人大常委会审议，这是这部法律自1996年颁布施行以来的首次修订。近年来，我国在政治、经济、社会、文化和人们的思想观念上都已经发生了深刻的变化，在为保障老年人的权益提供了更好的物质文化条件的同时，也对老年人权益保障工作提出了新的和更高的要求。《老年人权益保障法》修订草案从现行法6章50条扩展到9章86条，新增38条，修改38条，未作修改的仅10条。

法律不仅要保障老年人全面养老，而且要保障老年人体面养老。为此，草案明确规定“积极应对人口老龄化是国家的一项长期战略任务”，把“常回家看看”写入法律修订草案，禁止对老年人实施家庭暴力；子女或者其他亲属不得侵占、抢夺、转移、隐匿或者损毁应当由老年人继承或者接受赠予的财产。

修订草案明确规定，对生活长期不能自理、经济困难的老年人，地方各级人民政府应当根据其失能程度等情况给予护理补贴。国家鼓励地方建立80周岁以上低收入老年人高龄津贴制度。老年人享受社会服务也受法律的保护，地方各级人民政府和有关部门应当按照老年人口比例及分布情况，将养老服务设施建设纳入城乡规划，统筹安排养老服务设施建设用地及所需物资。为了给老年人日常生活和参与社会提供安全、便利、舒适的环境，修订草案设立“宜居环境”专章，对国家推进老年宜居环境建设作了原则规定。这些规定将有力地保障我国的老年人有体面、有尊严地安享晚年。

本书尽可能地反映出新近的立法动态和司法实践，尽可能地选用新鲜且独具特色的实际案例，最大限度地为相关内容提供可读性强的背景知识。但受篇幅所限，本版有较多的删节，希望读者能够理解。值此出版之机，特别感谢米素君、杨武仁、夏洪友、黎凤翔、夏玲、夏燕、刘洋、刘志伦、杨雪梅、刘珣、蒋中勇、杨红梅、蒋兴东、李捷、黎博思同志为本书所做的贡献。

黎建飞

2013年1月20日

第一版前言

劳动法和社会保障法是社会生活中极为重要的法律。在走向社会主义市场经济的今天，这两部法律与我国全体社会成员的密切关系日显突出。学习和掌握劳动法和社会保障法，不仅在理论上十分必要，对于我国社会主义法制建设具有重要的现实意义，而且对学习者自身而言，也具有直接的实用价值。

伴随着我国社会主义法制的进程，劳动与劳动权、就业与就业权，劳动合同的订立与解除、中止、无效、履行与终止，劳动安全卫生、劳动环境和劳动条件，下岗人员的安置和生活保障，工资拖欠的法律制裁，未成年工和女工特殊权益的特殊保护，都无时无刻地关系到我们每一个生活在现实中的社会成员。如何在发展经济中保障劳动者的合法权益，在日益增多的劳动争议案件中怎么样体现出劳动法保护劳动者的立法宗旨，用人单位对劳动者的组织、指挥和监督权怎么样才能限定在劳动法所允许的范围内。在劳动力市场供求关系严重不平衡，就业难成为一种并不少见的社会现象时，如何实现劳动法规定的劳动就业的法律原则。这一系列问题并不是一本教材所能解决的，但却是劳动法律和劳动法学所必须关注和解决的。而社会保障问题更是一个关系全民、关系未来的大事，我国现在仍没有一部社会保障或社会保险法律。但劳动者的年老、患病、失业、生育和工伤却并不因为法律的缺少而可以忽略，相反，却时时让我们必须面对和无法回避。比如工伤，全世界每3分钟就有1人死于工伤事故或职业病，每1秒钟内至少有4人在工作中受伤！尽早完善社会保障法制建设，依法调整诸如生育、疾病、养老、职业伤害和救济、优抚、社会福利等社会问题已成为当务之急。

本教材着眼于对我国现行劳动法规范进行分析、理解和运用，并同时关注世界主要国家的劳动法和社会保障法。涉及了从劳动法和社会保障法的立法体例，劳动与社会保险事务的管理体制，劳动者的基本权利与义务，劳动就业的基本制度和就业保障的措施，劳动报酬的一般规定和特殊保护，劳动保护的制度和对特殊群体的特殊保护，到社会保险的覆盖面、社会保险费的征缴方式、完善失业保险体制，养老保险的社会化管理和服务、医疗保险费用支出模式、转变社会救济职能等内容。

为了体现通俗易懂、学以致用的特点，配备“典型案例”阐明相关理论和法律规范，是本教材尽力而为之处。而远程教学能借助网络之便利，又为本教材链接“背景知识”提供了方便，这种方便突出地体现在所用资料的时效性上。为了帮助读者理解和把握学习的内容和重点，教材以“本章小结”、“思考题”等方式强调了读者应当着力之处。因此，本书不仅可以满足其中远程教育的特定用途，同时对于关注我国劳动法和社会保险法律制度建设的理论研究人员，实践中致力于劳动和社会保险事务的管理和司法仲裁人员、执业律师都具有参考价值，也适用于各高等学校法律专业和劳动经济专业的本科生和研究生。

由于水平所限，不足之处敬请赐教。

黎建飞

2003 年 5 月 1 日

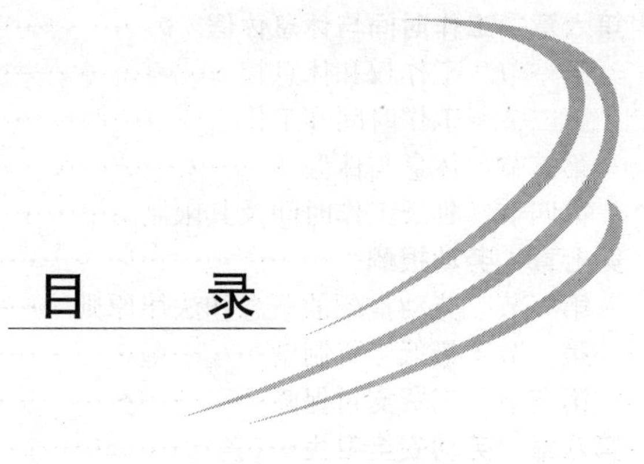

目 录

第一章　劳动法的基本原理 …… 1

第一节　劳动法的概念和意义 …… 1

第二节　劳动法的基本原则 …… 3

第三节　劳动法的产生和发展 …… 5

第四节　我国劳动法和社会保障法的立法过程 …… 11

第二章　劳动法总论 …… 17

第一节　劳动法的立法目的 …… 17

第二节　劳动法的调整对象 …… 24

第三节　劳动法的渊源 …… 30

第三章　劳动者的权利与义务 …… 33

第一节　劳动者的权利与义务的法律特征 …… 33

第二节　劳动者的权利 …… 34

第三节　劳动者的义务 …… 42

第四章　促进就业 …… 46

第一节　劳动就业概述 …… 46

第二节　劳动就业的基本原则 …… 51

第三节　职业介绍 …… 59

第四节　禁止使用童工 …… 61

第五章　劳动合同 …… 64

第一节　劳动合同概述 …… 64

第二节　劳动合同的订立、变更、终止与无效 …… 66

第三节　劳动合同的内容、形式、期限 …… 72

第四节　劳动合同的解除 …… 76

第六章　工作时间与休息休假 …… 85
第一节　工作权和休息权 …… 85
第二节　工作时间和工作日 …… 86
第三节　休息与休假 …… 90
第四节　延长工作时间及其限制 …… 96
第七章　劳动报酬 …… 101
第一节　劳动报酬的概念和法律原则 …… 101
第二节　最低工资制度 …… 105
第三节　工资支付保障 …… 109
第八章　劳动安全卫生 …… 114
第一节　劳动安全卫生概述 …… 114
第二节　劳动安全规程和劳动卫生规程 …… 118
第三节　安全教育与培训 …… 122
第四节　劳动者在劳动安全卫生中的权利与义务 …… 123
第九章　女职工和未成年工的特殊保护 …… 126
第一节　女职工和未成年工特殊保护的概念和意义 …… 126
第二节　女职工的特殊劳动保护 …… 128
第三节　未成年工的特殊保护 …… 131
第十章　劳动争议处理 …… 135
第一节　劳动争议处理概述 …… 135
第二节　劳动争议的调解 …… 138
第三节　劳动争议的仲裁 …… 141
第四节　劳动争议的诉讼 …… 147
第十一章　社会保障法概论 …… 153
第一节　社会保障的概念 …… 153
第二节　社会保障法的概念 …… 157
第三节　社会保障法的功能和原则 …… 160
第四节　社会保障法的历史沿革 …… 164
第五节　我国社会保障法的发展与改革 …… 168
第十二章　社会保险法基本原理 …… 173
第一节　社会保险法的概念 …… 173
第二节　社会保险法的作用 …… 175
第三节　社会保险法的原则 …… 176
第四节　社会保险法律关系 …… 179
第五节　社会保险费的筹集与分担 …… 180
第十三章　养老保险 …… 184
第一节　养老保险的概念和作用 …… 184
第二节　养老保险的立法与改革 …… 186
第三节　养老保险基金的募集 …… 189
第四节　养老保险金的发放 …… 192
第五节　补充养老保险 …… 197

第十四章　失业保险 …… 199
第一节　失业保险概述 …… 199
第二节　我国的失业保险立法 …… 202
第三节　失业保险的对象和范围 …… 203
第四节　失业保险基金的筹集 …… 205
第五节　失业保险基金的发放 …… 207
第十五章　医疗保险 …… 213
第一节　医疗保险的概念和意义 …… 213
第二节　医疗保险的范围和对象 …… 214
第三节　医疗保险待遇 …… 219
第十六章　工伤保险 …… 223
第一节　工伤保险的概念和原则 …… 223
第二节　工伤保险的范围 …… 227
第三节　工伤认定和职业病防治 …… 231
第四节　工伤保险的责任原则 …… 237
第五节　工伤保险的待遇 …… 240
第十七章　生育保险 …… 243
第一节　生育保险的概念和意义 …… 243
第二节　生育保险基金 …… 247
第三节　生育保险待遇 …… 250
第十八章　社会保障的其他法律制度 …… 257
第一节　社会福利制度概述 …… 257
第二节　社会救济 …… 260
第三节　社会优待 …… 263
第十九章　法律责任和监督检查 …… 267
第一节　法律责任的概念和种类 …… 267
第二节　劳动法和社会保障法的监督检查 …… 272
第三节　监督检查机构和职责 …… 273
参考书目 …… 278

劳动法的基本原理 第一章

学习目标

本章是劳动法基本理论的核心，主要内容包括劳动法的概念和意义、基本原则、产生和发展过程以及我国《劳动法》的立法过程及其法律体系的结构。通过本章的学习，掌握劳动法的概念，理解劳动法意义上的劳动含义，了解我国《劳动法》在推动经济体制改革、健全社会主义法制、保障我国劳务输出和劳务人员的合法权益等方面的重要意义，理解劳动法的基本原则，了解劳动法产生及发展的历史，掌握我国劳动立法的内容及劳动法律体系，初步了解国外有关劳动立法的内容及其有关法律体系。

第一节 劳动法的概念和意义

劳动法的概念

劳动法是调整劳动关系以及与劳动关系密切相联系的某些其他关系的法律规范的总称。劳动法是我国社会主义法律体系中一个重要的独立部门。制定劳动法的目的，在于通过法律调整劳动关系以及与劳动关系密切相联系的关系，以保护劳动者的合法权益，确立、维护和发展用人单位与劳动者之间稳定、和谐的劳动关系，促进经济发展和社会进步。

劳动法自19世纪产生以来，以其对劳动关系的稳定和社会经济的促进等特殊作用，其地位和意义已为世界各国普遍认同，在世界范围内得到了迅速发展。

对于劳动法的含义，英国《牛津法律大辞典》的解释是：与雇佣劳动相关的全部法律原则和规则，大致和工业法相同。它规定的是雇用合同和劳动或工业关系法律方面的问题。[①] 史尚宽在其《劳动法原论》中把劳动法定义为：劳动法为关系劳动之法。详言之，劳动法为规范劳动关系及其附随一切关系之法律制度之全体。[②]

这些解释虽然各自的着眼点不同，但其共性还是显而易见的：首先，就"事"而论，劳

---

① 参见《牛津法律大辞典》，511页，北京，光明日报出版社，1988。

② 参见史尚宽：《劳动法原论》，1页，上海，正大印书馆，1934。

动法是有关“劳动”的法律，其次，就“人”而言，劳动法是关系“劳动者”的法律，最后，就“法律关系”而言，劳动法是调整“劳动关系”的法律。

劳动法所涉及的“劳动”在字义上具有很普通的含义，也是人们在日常生活中经常使用的。“劳动”一词是在我们的生活中使用频率极高的字眼，几乎可以用于社会生活中的各个方面，也可以与人的一生相伴随。所以，每个家长总是教育自己的孩子从小就要爱“劳动”，老人们也都以退休后能做一些力所能及的“劳动”为自豪。在哲学意义上，“劳动”是人们利用工具改造客观世界以使之适应自己主观需求的活动。或者说劳动是人们为创造社会财富所进行的有意识、有目的的活动。劳动创造了人类。劳动是人类生存的永恒条件，正如经典作家的思想：任何一个民族，如果停止劳动，不用说一年，就是几个星期，也要灭亡，这是每一个小孩都知道的。但“劳动”在劳动法的范畴内是有其特定的、不同于一般意义上的含义的。

劳动法意义上的“劳动”在“劳动”的一般意义上具有其新的内涵。因为法律对于社会关系的调整是要体现为法定的权利和义务，而法定的权利和义务都是与法定的条件相联系的。正是由于法律设定在“劳动”上的条件，使“劳动”在劳动法中具有了不同于在一般意义上的含义，它首先要求从事劳动的人具备作为劳动者的法定条件，而且是由劳动者从事的，能够得到报酬，从而用以满足自身及其家庭成员生活需求的劳动，这种劳动的对象必须是除本人和家人以外的他人，具有明显的社会性，这种劳动还必须建立在劳动合同或者雇佣关系的基础上，是从属于一定的用人单位或者雇主的，从事劳动的人须服从用人单位或者雇主的管理。

在外国劳动法学中，德国的学者和专家认为劳动法是与劳动有关的法律规范的总和。所以，劳动的概念不是物理意义上的，而是经济意义上的，包括了脑力劳动和体力劳动，如计算机程序员、摄影模特的劳动和医院看门人的劳动都属于劳动法上的劳动。① 日本劳动法是调整雇佣劳动关系的法律规范的总称，这种雇佣关系在日本经济学中被称为劳资关系，是指劳动者受雇主雇用，并在其指挥下从事劳动的被动性劳动关系。② 韩国劳动法是以劳动者与使用者之间的劳动关系为调整对象，以确保劳动者的生存为目的的法律。所谓劳动者与使用者之间的劳动关系，是指在市场经济秩序下以劳动者与使用者之间的雇用状态为前提，在劳动者与使用者之间形成的劳动契约关系。③ 新加坡劳动法调整雇主与雇员之间的劳动关系，适用于在劳动合同下为其雇主工作的雇员，但不包括任何受雇于经理、执行人员、担任机密职务的人员、海员、家庭佣人及受雇于法定机构或政府的人员。④ 瑞典劳动法适用于所有雇用工作的雇工和雇主。⑤ 俄罗斯劳动法调整全体劳动者的劳动关系，其劳动合同是劳动者与企业、机关和团体之间关于劳动者必须按照专业、技能和职务完成其工作并遵守内部劳动规则，企业、机关和团体必须为劳动者支付劳动报酬并保障劳动法、集体合同和双方协议规定劳动条件的协议。⑥

劳动法的意义

在我国长期的计划经济体制下，即使劳动力的供求和劳动关系的稳定主要通过行政力量

---

① 参见王益英主编：《外国劳动法和社会保障法》，71页，北京，中国人民大学出版社，2001。
② 参见上书，408页。
③ 参见上书，487页。
④ 参见上书，578页。
⑤ 参见上书，652页。
⑥ 参见上书，676页。

来实现，但劳动法对商品经济历史阶段的本质作用和特殊功能，仍然在客观上形成了我国大量的单行的劳动法律规范的存在。随着社会主义市场经济的确立和完善，依据不同行业、不同所有制性质和不同劳动者身份等制定的现行的劳动法规体系，与市场经济严重不相适应，必须有一个劳动基本法加以协调和统一。

从改革的实际需要看，劳动法是劳动制度改革也是整个经济体制改革的法律保障。1979年以来，我国劳动、工资、社会保险制度围绕转换企业经营机制，增强企业活力进行改革，取得了明显的成绩。在劳动制度上，改革了国家统包统配的就业方式，实行了劳动合同制，引入了用人单位和劳动者双向选择的机制。在工资分配上，赋予了企业的分配自主权。在社会保险制度上，推行了职工退休养老费用社会统筹和失业、工伤保险制度的改革。这些改革表现为劳动工作由行政指令转变为运用法律手段来调整劳动关系。

从我国法律体系的要求看，劳动法是健全社会主义法制的重要环节。劳动法是我国法律体系中一个重要的法律部门，是仅次于宪法的基本法律。劳动法所调整的社会关系非常普遍和十分重要，直接涉及广大劳动者的切身利益，关系到经济发展和社会安定。没有基本法律，既影响法制建设的完善，又导致对劳动关系调整不力。或者因缺乏具体的立法依据出不了台，或者出现重复立法、相互矛盾、各不配套的现象。一些地区侵犯劳动者合法权益的事件有增无减，劳动争议案件发生率居高不下，有的因立法滞后导致长期上访直至酿成恶性案件，都证明了劳动法在现实中的迫切性。

从国际劳工关系看，尽快颁布《劳动法》是实施国际劳工公约的需要。我国是国际劳工组织的创始会员国之一，也已批准了相关的国际劳工公约。按照国际劳工组织章程的规定，各会员国应在国内制定相应的法律，使其被承认的公约得以实施。在国际劳务交流和技术合作中，《劳动法》也是保障我国劳务输出和劳务人员的合法权益所必不可少的。

第二节　劳动法的基本原则

充分体现宪法原则，突出对劳动者权益的保护

我国是社会主义国家，宪法中有十几条条款规定了劳动者的权利和义务，这是制定劳动法的基础和依据。劳动法作为调整劳动关系的重要法律，应当充分体现宪法原则并使之具体化，突出对劳动者各项基本权益的保护。

我国劳动法对劳动者的合法权益以及与之相对应的用人单位的义务和责任规定得比较明确和具体。在我国，劳动者的权利具有广泛性和现实性。就广泛性而言，它包括三个方面的权利，即政治上的权利、经济上的权利和人身方面的权利。政治上的权利是由我国的社会主义性质和生产资料的公有制经济基础所决定的，经济上的权利是由社会主义市场经济和劳动关系的属性所决定的，人身方面的权利主要由劳动法促进社会进步的立法目的和劳动关系中的人的身份属性所决定的。

劳动者这些广泛的权利，在我国劳动法中具体表现为：劳动权、劳动报酬权、休息权、劳动保护权、职业培训权、社会保险和福利权、提请劳动争议处理权以及法律规定的其他权利。就劳动者权利的现实性而言，主要通过建立各项保障措施和制度得以充分实现。如在《劳动法》总则一章中，除第3条规定了劳动者权利和义务之外，同时还通过其他各条，从国家和用人单位的职责方面，确立了保障劳动者权利充分实现的原则。从劳动者权利与整个

《劳动法》法律规范内容体系角度考察，几乎劳动者的每一项权利，都有一项具体的劳动法律制度保证其实现。如劳动者的劳动权主要通过第二章促进就业和第三章劳动合同和集体合同法律制度保证其实现，休息权主要通过第四章工作时间和休息休假法律制度保证其实现，劳动报酬权主要通过第五章工资法律制度保证其实现，劳动保护权主要通过第六章劳动安全卫生、第七章女职工和未成年工特殊保护法律制度保证其实现，职业培训权主要通过第八章职业培训法律制度保证其实现，物质帮助权主要通过第九章社会保险和福利法律制度保证其实现，请求保护的权利主要通过第十章劳动争议处理法律制度保证其实现。

确认劳动力市场的主体资格，确定统一的基本标准和规范

劳动力市场发生的首要条件是有市场参加者，也就是进行劳动活动的法律主体，他们有完全的行为能力，能够对自己行为的法律后果承担责任。劳动力市场的主体可以在严格的意义上和一般的意义上分为两类。就前者而言，构成劳动力市场主体的是用人单位和劳动者。在后者意义上，还包括为二者提供服务的职业介绍者，以及由二者组成的、具有社团法人资格的经营者协会、工会，包括对二者进行管理的劳动行政部门以及由其派生的、具有社团法人资格的就业保险服务机构，这四者在劳动关系中具有不同的地位和作用，因而各自需具备不同的主体资格。劳动法律首先应确认他们的资格条件，从主体上为劳动关系的建立提供保证。

建立统一的社会主义市场必须实行统一的市场规则和法律规范，因此，劳动法不宜再按所有制性质或者经济成分不同分别确定劳动标准和规范。但是，我国社会经济发展很不平衡，各地区的差异、产业的差别、大企业与小企业的差别将长期存在，这是在确定劳动标准时必须重视的客观现实。劳动法的规定是各方面都可以承受的基本劳动标准和规范，各地区和用人单位可以根据各自的实际情况在劳动法规定的范围内加以调整，没有条件的地区和单位就执行最低标准。这样，既照顾了现实，又初步建立了统一的法律规范，以便为今后的改革和发展奠定基础。

同样，劳动法要坚持从我国国情出发，并尽量与国际惯例接轨。目前国际劳工组织通过的国际公约有近 200 个，我国已批准了其中的一些公约。总的来看，国际劳工公约确定的劳动标准反映了世界多数国家的生产力水平。随着对外开放的扩大，我国将批准更多的国际劳工公约，承担更多的国际义务。但是，从我国国情出发，完全执行所有国际公约的规定既不现实也无必要。因此，对我国已批准或者准备批准的公约，在劳动法的规定中尽可能向国际惯例靠拢，目前尚不具备批准条件的内容，则依据我国国情作出规定。

建立完善的劳动合同制度，劳动合同的自由与政府适度的干预相结合

严格意义上的劳动力市场主体应该是相互独立、法律地位平等的个人，任何人均不能将自己的意志强加于对方以迫使其接受自己的条件，形成他们关系的固定形式就是劳动合同。在现代化市场经济条件下，合同关系是最基本的法律关系，劳动力市场主体的一切活动都是通过缔结、签订劳动合同来进行的，没有劳动合同制度也就没有劳动力市场。因此，建立完善的劳动合同制度，维护劳动合同的严肃性是劳动法律体系的首要任务。

没有劳动合同自由，就不可能建立真正的劳务市场，同样，没有政府的适度干预，也不可能形成正常的劳动合同秩序。即使在西方，合同关系历来为私法所调整的国家，也把劳动法列为公法与私法共同调整的范畴。因为在劳务市场活动中，劳动者需要特殊的保护，在劳动安全、劳动者的健康与卫生条件等方面，政府应强制用人者承担义务，从而形成政府和用

人者之间的关系，而且不得以劳动合同降低标准和改变内容。政府的干预是劳务市场本身所必然要求的。

保护公平竞争与保护弱者权益相结合

保护公平竞争是市场经济法律制度的特征之一。所谓公平不是指结果的公平，而是指一切竞争者应处于平等的法律地位，服从同一法律规则。在劳动法律体系中，主要是对用人者建立公平竞争机制，不因所有制不同或经济实力的强弱而在劳动权利和义务上有偏颇。保护弱者权益包括两方面内容，一是就用人者与劳动者而言，在现代市场经济条件下，一方是现代化的公司、企业，拥有强大的经济实力，在市场活动中处于有利地位，另一方是劳动者，以分散的个体出现，在市场活动中最容易受到侵害。劳动法要担负起保护劳动者的责任，通过社会的力量来弥补其经济弱势的不利。二是就劳动者自身而言，其中的妇女、未成年人、残疾人等在竞争中处于弱势，劳动法律要提供特别的保护。这种保护既要体现在建立劳动关系之中，也要体现在完善的社会保障制度之中。对公平竞争和弱者的保护是相辅相成的，既反映了市场经济的本质，又体现出劳动法对社会公平原则的维护。

第三节　劳动法的产生和发展

19 世纪初出现在英国的劳动立法

劳动关系是和人类社会同时产生的，早在公元前 18 世纪，古巴比伦王国的《汉谟拉比法典》中就有关于奴隶主与奴隶的关系的规定。公元前 5 世纪中叶，罗马共和国颁布的“十二铜表法”也确认了奴隶主对奴隶的统治。我国的奴隶社会时期的许多法律，对于奴隶和奴隶主的关系也有过具体的规定。在封建社会里，劳动关系表现为农民对封建主的依附关系。但无论是奴隶主与奴隶的关系，或封建主与农民的关系，都不是独立的劳动关系，因此不存在独立意义的劳动法规。

在资本主义社会中，劳动关系（即雇佣关系）在获得人身自由的劳动者与占有生产资料的资本家之间发生。工人与资本家在表面上有了平等的关系，劳动力变成了商品，劳动关系成为一种劳动力的买卖关系。因此，很多资本主义国家把调整雇佣关系的法律规范，列入民法的债篇之中。例如，资产阶级最典型的民法——法国《拿破仑民法典》，就是将劳动关系作为民法的调整对象而纳入自己的范围之内的。

在资本主义的原始积累时期，资产阶级国家经常颁布法规强迫工人为资本家劳动，这些法规的特点是强制规定最高限度的劳动报酬数额和延长工作时间，使工人在极其恶劣的条件下劳动，从而严重地危害了工人的健康，大量的伤亡事故及职业病威胁着工人的生命。大多数的劳动者由于生产资料被剥夺，在失业和饥饿的威胁下，被迫接受资本家所规定的苛刻条件。英国在 18 世纪后半期，工作日竟延长到每昼夜 14 小时、16 小时甚至 18 小时。19 世纪初期，随着无产阶级反对资产阶级斗争的发展，工人群众强烈要求缩短工作时间，要求增加工资，要求禁止使用童工和对女工、未成年工特殊保护等，促使资产阶级政府不得不给予一定的让步，制定了限制工作时间和对女工和童工进行保护的立法。

1802 年英国政府通过了《学徒健康与道德法》。这一法律规定，禁止工厂使用 9 岁以下学徒，并且规定 18 岁以下的学徒其劳动时间每日不得超过 12 小时和禁止学徒在晚 9 时至凌晨5时之间从事夜工。这一法规尽管在改善童工工作时间方面只是迈出了一小步，但这是为保护工人的利益而制定的，它标志着劳动法的产生。

19世纪劳动法的发展

1802年英国颁布《学徒健康与道德法》以后，1819年和1833年又两次修订了《学徒健康与道德法》。1842年英国又颁布了《10小时法》，规定13岁至18岁的未成年工及女工的劳动时间每日不得超过10小时，以后又规定每周内礼拜天的劳动时间应为5小时。1864年英国颁布了适用于一切大工业的工厂法。1878年制定了关于工业的一般法令，1901年制定了工场及作业场法，对工人的劳动时间、工资给付的日期及地点以及以生产额之多少为比例的工资制等都做了详细规定。

步英国的后尘，德国、法国、意大利等国家都制定了相应的劳动立法。如德国于1839年颁布了《普鲁士工厂矿山条例》，规定禁止童工工作和禁止未成年工每日10小时以上的劳动和夜间劳动。1869年北德意志颁布了《工业劳动法》，1891年又颁布了《德意志帝国工业法》，禁止童工工作超过6小时以上，未成年工工作9小时以上，女工工作11小时以上及彻夜工作，1903年又颁布了《未成年工保护法》。法国于1806年制定了《工业法》，1841年颁布了《童工、未成年工保护法》，1848年公布了一项法令，规定成年工每日工作12小时，1912年制定了《劳工法》。

在百余年的时间内，劳动立法从制定某一方面的劳动事项开始，到制定全面的劳动立法，从关于某一部分劳动者的劳动问题，如童工、女工，扩大到实施于各种劳动者的立法。经历这一过程，劳动法终于从民法中分离了出来，成为一个独立的法律部门。

20世纪以来的劳动法

在第一次世界大战以后，迫于国际无产阶级斗争的高涨，资本主义国家陆续制定了不少新的劳动法。例如，德国1918年颁布的《工作时间法》，明确规定对产业工人实行8小时工作制，并于1919年将这一立法扩大适用于职员，同时对加点工作也进行了限制。1918年还颁布了《失业救济法》、《工人保护法》、《集体合同法》，在一定程度上维护了劳动者的利益。

20世纪30年代，劳动立法表现出两种不同的倾向：一种是以德、意、日等国为代表的法西斯国家，他们在劳动立法方面表现了法西斯政权的特点，不仅把已经颁布实施的改善劳动条件的劳动法令一一废除，而且把劳动立法作为进一步控制工人的工具。另一种是以英国、美国等国家为代表的资本主义国家，为了缓和阶级矛盾，在劳动立法上对工人阶级做出让步。例如，美国在1935年颁布了《华格纳法》，承认工人有组织工会和工会有代表工人同雇主订立集体合同的权利，在1938年又颁布了《公平劳动标准法》，规定了工人最低工资标准和最高工作时间的限额，以及超过标准工作时间的工资支付办法。

在这一时期具有重大意义的是苏联十月社会主义革命取得了胜利。1918年苏维埃政府颁布了苏俄的第一部劳动法典，并于1922年重新颁布。这一法典体现了工人阶级地位的改变和国家对待劳动者的关怀与保护。同时也以法典的形式使劳动法彻底脱离了民法的范畴，使劳动法成为法律体系中一个独立的法律部门。

第二次世界大战结束以来，在劳动立法方面先出现的是在资本主义国家内产生了一批现代的反工人立法，其特点是镇压工人运动和剥夺劳动者的权利。例如，1947年美国议会通过了《塔夫脱—哈特莱法》，大大地限制了罢工权。1957年法国通过了《保卫共和国劳动自由法》，用严厉手段镇压工人运动。

20 世纪 60 年代后，随着客观形势的变化，一些主要的资本主义国家相继颁布了一些改善工人劳动条件的新的法律。如法国颁布了关于改善劳动条件、实现男女同工同酬、限制在劳动方面的种族歧视的法律。1976 年日本重新修订了《劳动标准法》，制定了关于最低工资、劳动安全与卫生、职业培训、女工保护等方面的法律，改善了工人的劳动条件。

随着形势的发展，劳动法的某些内容也发生了改变。在劳动立法的形式上，各国一般都提出了制定劳动法典的要求，相继颁布了自己的劳动法，如加拿大于 1965 年、土耳其于 1974 年颁布了劳动法。经过近两个世纪的历程，劳动法越来越被各国所重视，在世界各国的法律体系中也占有了重要的地位。

国际劳动立法

国际劳动立法，是指由国际劳工组织召开的国际劳工大会所通过的国际劳工公约和建议书。这些国际劳工公约和建议书为各国劳动立法提供了立法标准，对各国的劳动法产生了积极影响。

国际劳动立法起源于 20 世纪初期的欧洲。1890 年 3 月，在柏林召开了有 15 个国家参加的国际劳动立法会议。1900 年在巴黎成立了国际劳动立法协会，相继在代表大会上通过了一些公约。1919 年在巴黎签订的《凡尔赛和平条约》的第十三篇，即“国际劳动宪章”，为国际劳动立法的开展奠定了基础，也促使了国际劳工组织的产生。国际劳工组织制定了大批的国际劳工公约和建议书，供各会员国批准和采纳，这就是我们所说的国际劳动法。

国际劳工组织从 1919 年第一届大会以来通过的国际劳动公约和建议书，大多是改善劳动条件、保护工人健康方面的规定，几乎所有的劳动问题都有了相应的公约和建议书。

国际劳工公约和建议书对世界各国劳动立法的发展起着促进作用，它的一般原则和具体规定为各会员国制定国内劳动立法提供了重要的依据和标准，有力地推动了本国劳动立法的进程。有的公约已被 100 多个国家批准。随着劳动力的国际流动越来越频繁，国际劳工公约和建议书越来越有利于公正地解决外籍工人的劳动条件和生活条件，保障外籍工人的正当权益以及劳动力输入国与输出国的互利。国际劳动立法对动员国际舆论谴责违背工人利益的行为也发挥了一定的积极作用，对公约实施的检查活动也在一定程度上促进了工人阶级为维护自身权益而进行的斗争。但由于各会员国经济发展水平不同，工业化程度和生活水平相差很大，劳动标准差别也很大，这使国际劳动立法很难适应各种不同类型国家的具体条件，国际劳工公约不易获得各会员国的普遍批准。

我国是国际劳工组织的原始会员国之一。从 1919 年到 1928 年，北洋军阀政府曾指派驻外使领馆人员作为政府代表参加历届国际劳工大会。从 1929 年开始，国民党政府每年都派遣包括政府、雇主和工人三方代表的代表团出席国际劳工大会。自 1944 年起中国成为国际劳工组织的常任理事国之一。从 1930 年起，国民党政府先后批准了 14 个国际劳工公约。新中国成立后，我国从 1983 年起正式恢复了与国际劳工组织的关系，并自这年召开的第六十九届国际劳工会议开始派代表团参加会议。我国已批准了国际劳工公约 20 个。

我国的劳动立法

（一）新中国成立前的劳动立法

中国共产党历来重视劳动立法工作。1922 年七八月间拟定了《劳动法大纲》19 条，要求承认劳动者有集会结社权、同盟罢工权、缔结团体契约权、国际联合权；并要求规定每日工作时间不得超过8小时，不得雇用16岁以下的男女工人，应该制定最低工资保障法，各种劳动者，一年劳动期间中应有一个月之有薪休假，半年中应有两星期之休假，应以法律保障劳动者享受补习教育之机会，应设立劳动检查局。

在土地革命时期，中央苏区于1931年制定了《中华苏维埃共和国劳动法》。主要规定有：(1) 雇用工人须经过劳动介绍所进行，禁止私人设立工作介绍所或雇用代理处。(2) 实行集体合同、劳动合同制度。(3) 每日工作时间通常不得超过8小时，16～18岁之青工，每日不得超过6小时，14～16岁之童工，每日不得超过4小时。(4) 在任何企业内工人工作到6个月以上者至少须有两星期的假期，工资照发。(5) 工资不得少于劳动部规定的最低额，各种工业部门的最低工资额，至少每3个月由劳动部审查一次。(6) 对女工、青工及童工给予特殊保护。(7) 社会保险对于一切雇用劳动者，不论是在国家企业、协作社或私人企业，不论工作时间之长短，均得施行之。(8) 劳动纠纷由人民法院的劳动法庭判决，或由劳资双方代表组成的评判委员会及设在劳动部的仲裁委员会处理。

抗日战争时期，根据《陕甘宁边区施政纲领》中确定的劳动立法原则，1942年制定了《陕甘宁边区劳动保护条例（草案）》。主要规定有：(1) 工人每日实行8小时工作制，青年工人工作6小时，如确因工作过忙，雇主要求做额外工作时，必须先征得工人之同意。(2) 孕妇、哺乳妇，禁止做夜间工作。(3) 工人工资不得低于最低工资率，最低工资率以所在地之生活状况为标准。(4) 工人得自由组织工会。(5) 各企业有劳动人员5人以上者，得制定内部管理规则，向全体劳动人员宣示后生效。(6) 发生劳动争议，各级政府得到当事人双方同意，得进行调解及仲裁，但发生重大争议时，得不经同意进行仲裁，企业设立劳资争议委员会，由管理部门和工会各派相等数目之代表组成。

解放战争时期，先是沿用了抗日战争时期的劳动法规，后来各地也相继发布过一些劳动法规。如1948年东北行会颁布了《东北公营企业战时暂行劳动保险条例》，1949年上海市军管会公布了《关于私营企业劳资争议调处程序的暂行办法》。

新中国成立前夕，1948年8月，在哈尔滨举行的第六次全国劳动大会上通过了《关于中国职工运动当前任务的决议》。决议中提出了劳动立法的建议。主要有：(1) 工厂工人一般实行8～10小时工作制。除战争紧急需要外，每日包括加班在内不超过12小时，加班连续不得超过4天，全月不得超过48小时。(2) 必须保障职工的最低生活水准，即职工最低工资连本人在内要够维持两个人的生活。(3) 男女青工同工同酬。(4) 劳动须有契约并尽可能采用集体契约的形式。(5) 劳动争议处理程序为调解、仲裁和法院审理。这些建议不仅为各解放区调整劳动关系提供了指导，而且为新中国成立初期制定劳动政策和法规奠定了一定的基础。

(二) 新中国成立以后至党的十一届三中全会以前的劳动立法

新中国成立前夕制定的起临时宪法作用的《中国人民政治协商会议共同纲领》，对劳动关系的调整做出原则规定，包括劳动者的结社权、企业民主管理、工作时间、最低工资、劳动保险、工矿检查制度等方面。1954年宪法则更规范化地明确并保证公民所享有的劳动权、休息权、物质帮助权和受教育权等。《工会法》、《劳动保险条例》、《劳动争议解决程序的规定》等法律法规也相继颁布。在劳动安全与卫生方面，1956年同时发布了三大规程和一个决定，《工厂安全卫生规程》、《建筑安装工程安全技术规程》、《工人职员伤亡事故报告规程》和《关于防止厂矿企业中矽尘危害的决定》，并开始建立安全卫生监察制度。在劳动保险方面，1958年国务院发布了《关于工人、职员退休处理暂行规定》等文件。在职业培训方面，初步规定了学徒培训制度和技工学校制度。1956年党的“八大”一次会议上，董必武同志曾强调要制定劳动法。1957年，劳动部邀请全国总工会及有关院校的同志组成了劳动法起草小组，开始准备《中华人民共和国劳动法（草案）》的起草工作。

但是，随着“极左”错误思潮的干扰，劳动立法也受到严重影响。有的法规被错误地停止执行（如有关劳动争议处理的规定、有关计件工资和奖励制度的规定），有的立法工作刚开始就夭折了（如《劳动法（草案）》、《女工保护条例》等）。在“文化大革命”期间，法律虚无主义盛行，社会主义民主和法制建设遭到践踏，劳动立法不但没有进展，许多行之有效的规定反而被废弃（如计件工资和奖励制度再度被否、停止执行企业职工劳动保险费用统筹制度）。同时，由于有关管理机构或组织停止活动，相应的有关法律法规实际上得不到执行。

粉碎“四人帮”以后，劳动立法开始逐步走上正轨。1978年《宪法》恢复了有关劳动权利的规定，有关劳动法规和规章得到恢复和改进。党的十一届三中全会以后，劳动立法得到党和国家的重视，逐步走向全面发展。

（三）党的十一届三中全会以来的劳动立法

1982年，《宪法》就劳动者享有的劳动权、休息权、获得物质帮助权、接受教育权等做出全面规定，有关劳动方面的条文有20余条。据此，随着改革开放形势的发展，制定了大量劳动法规和规章。

（1）劳动就业。1981年中共中央、国务院颁发的《关于广开就业门路，搞活经济，解决城镇就业问题的若干决定》，确定了“三结合”的就业方针。随后劳动部发布有关规章，初步建立了劳动服务公司管理制度和待业登记制度。1990年1月劳动部发布《职业介绍暂行规定》，规定在各地就业服务部门设置职业介绍所，进行职业介绍。此外，劳动人事部、公安部于1987年发布的《关于未取得居留证件的外国人和来中国留学的外国人在中国就业的若干规定》，初步规定了有关审批制度、就业许可证及其签发条件、聘雇合同等问题。

在招工制度方面，国务院或有关部门曾先后发布《国营企业招用工人暂行规定》、《关于招工考核择优录用的暂行规定》等文件，规定企业招用工人，贯彻先培训后就业的原则，面向社会、公开招收、全面考核、择优录用，企业不得以任何形式进行内部招工，废除退休工人“子女顶替”的办法，企业招用工人，凡适合妇女从事劳动的工作，应当招收女工，企业招用的工人应符合年满16周岁等基本条件，各用人单位向农村招收工人时，在同等条件下应当优先录用退伍义务兵。

（2）劳动合同。1986年7月国务院发布的《国营企业实行劳动合同制暂行规定》是我国现行劳动合同制度方面的主要法规。其中规定，企业在国家劳动工资计划指标内招用常年性工作岗位上的工人，除国家另有特别规定者外，统一实行劳动合同制，企业招用一年以内的临时工、季节工，也应当签订劳动合同，签订劳动合同时应坚持平等自愿、协商一致的原则，劳动合同一经签订，就受到法律保护，双方必须严格执行。此外，在有关中外合资经营企业、私营企业方面的法规中，也规定了劳动合同问题。

（3）职业培训。1982年《宪法》明确规定“国家对就业前的公民进行必要的劳动就业训练”。为此有关部门相继修改或制定了一些规章，如《技工学校工作条例》、《关于加强和改进学徒培训工作的意见》、《关于就业训练若干问题的暂行办法》等。与此同时，为了加强在职培训，发布了《关于加强职工教育工作的决定》、《关于举办职工中等专业学校的试行办法》。1990年7月经国务院批准，劳动部发布《工人考核条例》，规定实行工人考核制度，考核与使用相结合，并按照国家有关规定确定其工资待遇，还全面规定了考核种类、内容、方法、组织管理等问题。

(4) 工作时间与休息时间。宪法明确规定“劳动者有休息的权利”。劳动法规定了职工的工作时间和休假制度。但目前除在节假日、加班加点方面有规定外，尚无其他有关工时与休息休假的法律规定。

(5) 工资。围绕工资制度改革，国务院发布了《关于国营企业工资改革问题的通知》及试行办法、《关于国家机关和事业单位工作人员工资制度改革问题的通知》及改革方案等政策性规定。此外，有关法规还就奖金与津贴制度、工资基金管理、限制工资扣除等问题做了规定。

(6) 劳动安全与卫生。1982 年 2 月国务院颁发《锅炉压力容器安全监察暂行条例》、《矿山安全条例》和《矿山安全监察条例》。劳动安全监察工作得到很大的加强，并逐步形成了国家监察、行业管理和群众监督相结合的体制。1984 年 7 月国务院发出《关于加强防尘防毒工作的决定》，提出各地区、各部门基本建设项目和全厂性的技术改造，其尘毒治理和安全设施必须与主体工程同时设计、审批，同时施工，同时验收、投产使用。1987 年 12 月国务院发布《尘肺病防治条例》。有关部门发布规章，扩大了职业病范围，规定了职业病患者处理办法。此外，1989 年 3 月国务院颁发的《特别重大事故调查程序暂行规定》，专门规定了对特别重大事故的调查办法。1992 年颁布了《矿山安全法》，这是我国第一部专项劳动法律。

(7) 女职工劳动保护。1988 年 7 月国务院发布的《女职工劳动保护规定》，为我国首次系统规定女职工劳动保护法律制度的专门法规，它就女职工的招收、禁忌从事的劳动、产假及其待遇、有关保护设施等问题，做了全面规定。

(8) 未成年工劳动保护。目前尚未制定专门法规，某些保护规定分散在有关法规中。如《中华人民共和国尘肺病防治条例》第 12 条第 3 款规定：不满 18 周岁的未成年人，禁止从事粉尘作业。

(9) 企业职工奖惩。1982 年 4 月国务院发布的《企业职工奖惩条例》为这方面的主要法规。它明确规定了企业职工奖惩应遵循的基本原则，以及奖惩种类、适用条件、申诉程序等问题。1986 年 7 月国务院又发布了《国营企业辞退违纪职工暂行规定》，作为前项法规的一种补充形式，凡是违反了劳动纪律或犯有某种严重错误，不够开除或除名条件，符合该规定的适用条件即可予以辞退。

(10) 社会保险。1978 年 5 月经全国人大常委会原则批准，国务院于同年 6 月发布的《关于安置老弱病残干部的暂行办法》、《关于工人退休、退职的暂行办法》。此外，1986 年 7 月国务院发布的《国营企业实行劳动合同制暂行规定》、1993 年发布的《国有企业职工待业保险规定》，初步建立了劳动合同制工人的养老保险制度，以及国有企业职工待业保险制度。

(11) 工会和企业民主管理。1988 年 4 月全国人民代表大会通过的《全民所有制工业企业法》规定：企业工会代表和维护职工利益，依法独立自主地开展工作。企业工会组织职工参加民主管理和民主监督，“职工代表大会是企业实行民主管理的基本形式”，并且还就职工代表大会所享有的职权做了具体规定。

(12) 劳动争议处理。主要法规为 1987 年 7 月国务院发布的《国营企业劳动争议处理暂行规定》，几经修改，于 1993 年颁布《企业劳动争议处理条例》，系统规定了劳动争议处理的机构和程序。该规定适用于企业行政与职工之间发生的因履行劳动合同发生的争议，以及因开除、除名、辞退违纪职工发生的争议。处理程序为调解、仲裁和法院审判。调解程序可由当事人自由选择决定，仲裁为起诉前的必经程序，法院审判为最终程序。

第四节　我国劳动法和社会保障法的立法过程

《劳动法》的起草经历了两个阶段

1978年12月，邓小平同志在中央工作会议上的讲话《关于解放思想，实事求是，团结一致向前看》中指出，应集中力量制定工厂法、人民公社法、森林法、草原法、环境保护法、劳动法、外国人投资法等。国家劳动总局传达了党的十一届三中全会文件后，决定组织力量起草劳动法。1979年1月成立了起草小组，并邀请了全国总工会、农业部、北京大学、北京经济学院、中国政法大学、中国社会科学院法学所等单位的有关同志和专家学者参加讨论和起草工作。1979年7月，写出了《劳动法（草案）》初稿。至1983年3月，形成《劳动法（草案）》第17稿。1983年3月29日，国务院常务会议讨论并原则通过。1983年7月，将修改后的第18稿作为送审稿提交全国人大常委会审议。1984年2月，根据全国人大常委会法制工作委员会有关领导同志的意见做了修改。由于种种原因，《劳动法（草案）》未能审议，起草工作中断。

但是，现实中的各种劳动关系亟待法律调整，改革的深化更增加了制定劳动法的迫切性。许多基层干部和职工群众经常以各种形式呼吁尽早颁布劳动法，全国人大和全国政协的代表也多次提出议案，希望劳动法尽快出台。

1989年2月，重新开始起草工作，分别成立了劳动法研究小组和起草小组。1990年成立了以阮崇武同志为组长，由劳动部、国务院法制局、全国总工会、国家计委、国务院生产委、国家体改委、卫生部、人事部、机电部、能源部、农业部领导参加的劳动法起草领导小组和起草办公室，重新研究确定了劳动法起草的基本原则和主要内容。收集整理了近30万字的国内外资料，翻译出版了50多个国家的劳动法及单项劳动法律，形成了新的《劳动法（草案）》。先后召开了华北、东北、西北、华东四个地区劳动行政部门、工会组织、企业行政代表和职工代表及有关专家200多人参加的讨论会，在全国劳动系统征求了意见，在全国劳动厅局长会议和全国劳动政策法规处处长会议上进行了讨论。1990年8月在北京、11月在成都、重庆、武汉又分别召开了有100多人参加的论证会，并两次组织有关专家进行了专门论证。同时，还向国务院各部、委、局及社会团体、民主党派等150多个单位征求了意见。在起草领导小组和国务院法制局的具体指导下，反复修改8稿，形成了《劳动法（草案）》第27稿。1991年1月，经领导小组讨论通过，将《中华人民共和国劳动法（草案）》送审稿报送了国务院。

国务院法制局将送审稿发往各省市征求了意见。有关部门对全部意见进行了逐条整理。从各地返回的意见看，认为草案基本可行，希望尽快颁布。针对一些需要再修改的问题，又在调查的基础上做出进一步修改，形成了提请国务院常务会议审议的《劳动法（草案）》。

1994年1月7日，国务院第十四次常务会议审议通过了《劳动法（草案）》，一致认为制定劳动法十分迫切和必要，条件已成熟，并提请全国人大常委会审议。全国人大常委会经过认真审议，于1994年7月5日通过了《中华人民共和国劳动法》，并决定于1995年1月1日起实施。

《劳动合同法》的立法过程

制定《劳动合同法》主要有两方面的原因。一方面是劳动关系出现了许多新的形式，比如灵活就业的形式。另一方面是《劳动法》中有关劳动合同的一些条款已经不适用，如劳动合同到期终止用人单位不承担经济补偿的规定；一些条款的实施效果与立法初衷适得其反，如年满十年应当订立无固定期限合同的规定；一些条款需要限定适用条件和期限，如劳动合同试用期约定的规定。

《劳动合同法》将对《劳动法》中劳动合同的内容进行更为具体和详尽的规定，它的一些规定与《劳动法》相比也将有改进、有变更、有进步，从而为司法实践提供更加充分、有效和具体的法律依据。

正是在这样的背景下，劳动和社会保障部（现人力资源和社会保障部）起草了《劳动合同法（草案）（送审稿）》，于2005年1月报请国务院审议。国务院法制办公室（以下简称国务院法制办）会同劳动和社会保障部、全国总工会经过广泛征求意见，反复研究修改，形成了《中华人民共和国劳动合同法（草案）》。2005年10月28日，经国务院第一百一十次常务会议讨论通过后报送全国人大常委会。2005年12月24日，第十届人大常委会第十九次会议对《中华人民共和国劳动合同法（草案）》进行了第一次审议。2006年3月20日向社会征求意见。这也是自1954年第一次公布宪法草案以来，我国第十三部法律草案面向全社会公开征集立法建议和意见。截至2006年4月20日，全国人大常委会共收到意见191 849件。

后经全国人大常委会2006年12月24日、2007年4月24日、6月28日共四次审议，于2007年6月29日第十届全国人大常委会第二十八次会议以145票赞成、1人未按表决器，高票通过了《中华人民共和国劳动合同法》。该法于2008年1月1日起实施。

《社会保险法》的立法过程

《社会保险法》的立法工作早在1994年就已经起步，第八届全国人大也曾将《社会保险法》列入立法计划。在1994年到2001年间，《社会保险法》草案还曾两次向国务院上报。此后一轮起草工作始于2003年，由劳动和社会保障部牵头起草了《社会保险法（草案）》，并于2006年年底上报国务院法制办，且被国务院列入一类立法项目。2007年11月28日，国务院召开常务会议，讨论并原则通过了《社会保险法（草案）》。国务院常务会议在对该法的说明中要求《社会保险法》应当从我国的基本国情出发，坚持广覆盖、保基本、多层次、可持续的方针，明确我国社会保险制度的基本法律框架，对社会保险的覆盖范围、社会保险费的征收、社会保险基金的管理和运营、社会保险经办机构的职责和社会保险监督等作出规定。本次会议决定，社会保险法草案经进一步修改后，由国务院提请全国人大常委会审议。①

2007年12月23日，《社会保险法（草案）》首次提交全国人大审议，社会保险立法正式驶入快车道。在《社会保险法（草案）》一审稿中，一些重要的法律制度更多地表现为指导性的原则框架。一审稿确定了所有社会群体的多种社会保险框架，为我国的社会保险法律制度和法律体系勾画了基本轮廓。但在社会保险的具体内容上，一审稿没有给出确定的解决办法，而是通过授权条款，为未来的解决留出空间。例如，关于个人跨地区流动或者发生职业转换需要转移接续社会保险关系的，一审稿规定按照国家有关规定办理。又如，社会保险基金的统筹层次，一审稿规定基本养老保险基金实行省级统筹，其他社会保险基金实行省级统筹的时间、步骤，由国务院规定。再如，社会保险费的征收机构和办法由于争议很大，一审稿采取了回避的方式，即不做明确规定，而是规定社会保险费的征收机构和征收办法由国务院规定。

---

① 任波：《社会保险法草案获国务院讨论通过》，载《财经》，2007-11-28。

时隔一年，《社会保险法（草案）》在2008年12月22日举行的第十一届全国人民代表大会常务委员会第六次会议上接受第二次审议。与一审稿相比，二审稿从结构到具体制度都有较大调整。在立法结构上，一审稿在第三、第四章集中规定养老保险、医疗保险、工伤保险、失业保险、生育保险的缴费范围和待遇，二审稿则将五大险种分别专章规定，对每个险种的法律规范进行了专门的规定。在具体制度上，最大的亮点是对基本养老保险关系的转移接续方法进行法律规范。由于转移接续制度的缺陷，跨地区就业劳动者的缴费年限不能累计计算，导致劳动者因此不能享受基本养老保险待遇，每到年底，沿海地区都会出现“退保”高峰。为此，二审稿把一审稿中的“个人跨地区流动或者发生职业转换需要转移接续的，按照国务院有关规定办理”明确为“个人跨地区就业的，其基本养老保险关系随本人转移。个人退休时，基本养老金按照退休时各缴费地的基本养老金标准和缴费年限，由各缴费地分段计算，退休统一支付。”同时，二审稿在一审稿将社会保险统筹层次提高到省级的基础上，增加了对基本养老保险基金“逐步实行全国统筹”的规定。在社会保险基金的监管方面，二审稿则明确地区应当成立社会保险监督委员会，以实施对社保基金的社会监督。社会保险监督委员会由参加社会保险的用人单位代表、个人代表，以及工会代表、法律专家、精算专家组成，不仅可以监控社保基金的收支、管理和投资运营情况，对社保工作提出意见、建议，还可聘请会计师事务所进行审计。

但是，一审稿遗留的一些重大分歧却没有在二审稿中得到解决。比如，按照1999年1月施行的《社会保险费征缴暂行条例》的规定，社会保险费的征收机构由省、自治区、直辖市人民政府规定，可以由税务机关征收，也可以由劳动保障行政部门按照国务院规定设立的社会保险经办机构征收。这直接导致税务机构与社保部门的分歧，其后社保费征收改革的议题一直处于部门之间的纠结和纷争之中。对此，一审稿彻底规避了这个问题，二审稿也未进行具体的法律规范，只是原则性地规定为“社会保险费的征收机构和征收办法由国务院规定”。对于社保基金的投资运营这一为社会各界所关注的事项，二审稿也只是原则性地规定为“社会保险基金在保证安全的前提下，按照国务院有关规定通过投资运营实现保值增值”。在我国资本市场及基金监管体系不完善的情况下，这样的规定没有满足规范相关行为的社会需求。

2008年12月28日，全国人大常委会办公厅向社会全文公布《社会保险法（草案）》及关于草案修改情况的汇报，并从即日起至2009年2月15日征求社会各界的意见和建议。2009年2月15日前，社会各界可将意见寄送各省、自治区、直辖市人大常委会，也可直接寄送全国人大常委会法制工作委员会，或直接登录中国人大网提出意见。草案在广泛征求意见并作进一步修改后，将提请全国人大常委会会议继续审议。在2008年12月28日到31日12时这段时间里，中国人大网征集到28 667条意见，涉及跨地区就业人员的社会保险关系转移接续、社会保险的缴费基数和费率、消除社会保险中的户籍和身份歧视、提高社会保险基金的统筹层次、明确政府在社会保险中所应承担的责任以及加强对社会保险基金的监管等问题。截至2009年2月15日，全国人大常委会办公厅共收到各界反馈的修改意见和建议70 501件。从地域看，提出意见和建议的有全国三十一个省、自治区、直辖市和香港、澳门、台湾地区；从人群看，提出意见和建议的有企业职工、城镇居民、自由职业者、农民工、农民、军人、学者、公务员、退休人员。意见和建议数量之大，在历次法律草案公开征求意见中属罕见，反映了社会各界和广大人民群众对社会保险法的高度关注和热切期盼。①

---

① 孙宇挺：《社保法草案征意见截止，意见指体系完善遇好时机》，见中国新闻网，2009-02-19。

在草案征求意见期间，全国人大常委会法工委采取了分阶段汇总各方面意见向社会反馈的方法，使立法过程更加透明，也更加紧密地与社会公众相联系。2009 年 1 月 12 日，法工委通报了第一阶段征求意见的情况，反映了群众对社会保险法草案比较集中的意见。截至 2009 年 2 月 1 日 10 时，共收到意见 56 194 条。其中，通过中国人大网提出的意见 54 206 条，通过人民日报、法制日报等主要报刊刊登的意见 35 条，来信 1 953 封。在这一年的春节期间，许多群众仍继续献言献策，表现出令人感动的参与热情。大家除继续对社会保险的覆盖范围、降低缴费负担、提高待遇水平、实现待遇公平、提高社会保险的统筹层次和加强社会保险监督等问题提出意见和建议外，还主要对以下几个方面提出意见和建议：(1) 期待着社会保险法早日出台。(2) 加大财政投入，明确中央和地方政府的责任。(3) 农民工应当与城镇职工享受同样的社保权利，履行同样的社保义务。(4) 建议降低退休后享受基本医疗保险待遇的门槛。(5) 基本医疗保险应实行医保机构预付费制度。(6) 应当把工伤认定的最终确认权赋予人民法院。(7) 认为社会保险法中没有必要单独设置生育保险制度。(8) 社会保险法应当解决养老保险的历史遗留问题。(9) 立法应当关注困难人群的社会保险，如已退休但不能享受社会保险人员、下岗失业职工、失地农民、自由职业者和残疾人。

在 2010 年 10 月 20 日中国人大网所发布的《中国人大网征求社会保险法草案意见的情况分析》中，公众对于事业单位工作人员以及公务员参加养老保险的问题意见较大。其中，关于草案中"公务员和参照公务员法管理的工作人员参加养老保险的办法由国务院规定"的表述，有 2 125 条意见提出异议。公众的反馈显示，公务员不需缴纳养老保险费而享受高额养老金，同时企业职工缴费负担沉重但养老金水平却远远低于公务员。在过去公务员与有的企业职工都属于干部的历史背景下，这种悬殊差距的不合理性更加凸显。草案的规定使已有的不平等合法化，建议公务员与企业职工实行统一的养老保险制度。同时，有 1 076 条意见认为草案应当明确规定社会保险费征收机构，但对具体由哪个部门来征收有分歧。劳动部门的人员认为由社保经办机构征收有利于履行对参保人"记录一生、跟踪一生、服务一生、保障一生"的职责。税务部门的人员则认为由地税来征收更安全、更有效。有的意见从防范道德风险考虑，认为劳动部门自收自付会导致社保基金的滥用和部门利益。而在现实生活中，社会保险费的征收工作形成了由税务部门和社会保险部门"齐抓共管"的格局。一些地方由税务机关征收，另一些地方则由社保经办机构办理。学者们强调，无论由谁征收，统一征收、权责一致是必然的导向。①

然而，原定 2008 年 8 月付诸三审的社会保险法草案被推迟。三审延后的原因之一是当时经济形势不明朗，为避免因社保问题加重企业负担；原因之二是公务员养老金制度。社会保险法草案第 9 条第 3 款的规定，公务员和参照公务员法管理的工作人员，"参加基本养老金保险的办法由国务院规定"，有人为造成不同群体间的身份歧视，有让公务员置身"法外"之嫌。②

2009 年 12 月 22 日，全国人大常委会第三次审议社会保险法草案。社会保险法草案三次审议稿对许多百姓关注的热点问题有了回应。第一，养老保险降低缴费"门槛"。按照现行做法，享受基本养老保险待遇的最低缴费年限为 15 年，缴费不足 15 年的，退休后不享受基础养老金，其个人账户储存额一次性支付给本人。有些常委委员、地方和社会公众认为该

① 《中国人大网征求社会保险法草案意见的情况分析》，见 www.npc.gov.cn，2010-05-31。
② 《社会保险法草案三审被延后，经济形势不明为首因》，载《瞭望东方周刊》，2009-08-17。

做法不合理。三审稿增加规定：参加基本养老保险的个人，达到法定退休年龄时累计缴费不足 15 年的，可以缴费至满 15 年，按月领取基本养老金；也可以领取一次性养老保险待遇。第二，明确医保基金先行支付义务。二审稿规定应当由第三人负担的医疗费用不纳入基本医疗保险基金支付范围。但是，实践中由第三人侵害发生的医疗费用，有的第三人拒不支付或者无法确定第三人，参保人员的医疗费用只能由自己承担。三审稿增加规定："医疗费用依法应当由第三人负担，第三人拒不支付或者无法确定第三人的，由基本医疗保险基金先行支付；基本医疗保险基金先行支付后，有权向第三人追偿。"第三，增加用人单位和参保人员权利。有些常委委员和社会公众提出，草案规定社会保险管理的内容比较多，规定用人单位和参保人员的内容比较少，应当增加规定用人单位和参保人员的监督等权利。三审稿建议将草案二审稿第 4 条修改为："中华人民共和国境内的用人单位和个人依法缴纳社会保险费，有权查询缴费记录、个人权益记录，要求社会保险经办机构提供社会保险咨询等相关服务。""个人依法享受社会保险待遇，有权监督本单位为其缴费情况。"同时增加规定："社会保险费征收机构应当按时足额征收社会保险费，并将缴费情况定期告知用人单位和个人。"第四，城乡居民养老保险有望"统一"。国务院《关于开展新型农村社会养老保险试点的指导意见》已出台，要求 2009 年前开展新型农村社会养老保险试点，2020 年之前覆盖全国所有的农村适龄居民等。有的常委委员提出，建立新型农村社会养老保险制度，实现城乡居民在社会养老保险方面的制度平等，社会保险法应当对此作出规定。三审稿增加规定："新型农村社会养老保险实行个人缴费、集体补助和政府补贴相结合。""新型农村社会养老保险待遇由基础养老金和个人账户养老金组成。""参加新型农村社会养老保险的农村居民，符合国家规定条件的，按月领取新型农村社会养老保险。"第五，社会保险费实行统一征收。二审稿第 57 条第 2 款规定，社会保险费的征收机构和征收办法由国务院规定。有些常委会成员和部门、地方提出，现在有些地方不同险种的社会保险费征收机构不统一，影响了征缴效率，增加了征收成本，同时也不方便单位和个人缴费，建议作出更明确的规定。三审稿将此款修改为："社会保险费实行统一征收，实施步骤和具体办法由国务院规定。"第六，社保基金应定期公布收支情况。常委会部分成员和全国社会保障基金理事会提出，全国社会保障基金作为社会保障的战略性储备保障资金的属性，应当在社会保险法中作出规定。三审稿增加规定："国家设立全国社会保障基金，由中央财政预算拨款以及国务院批准的其他方式筹集的资金构成，用于社会保障支出的补充、调剂。全国社会保障基金由全国社会保障基金运营机构负责管理运营，在保证安全的前提下实现保值增值。""全国社会保障基金应当定期向社会公布收支、管理和投资运营的情况。国务院财政部门、社会保险行政部门、审计机关对全国社会保障基金的收支、管理和投资运营情况进行监督。"第七，加强人大对社会保险基金的监督。有的常委会成员和部门、地方提出，对社会保险基金的监督是全社会十分关注的问题，应当加强人大对社会保险基金的监督。三审稿建议增加规定：各级人民代表大会常务委员会听取和审议本级人民政府对社会保险基金的收支、管理和投资运营情况进行监督检查的专项工作报告，组织对本法实施情况的执法检查等，依法行使监督职权。①

草案三审稿在前两稿的基础上充实、完善了社会保险制度的相关规定，但在重大制度方面的授权性条款仍然过多。比如，社保基金统筹层次的问题，依然等待"逐步实现全国统筹"，其他或"由国务院规定"。再如，公务员和参照公务员法管理的工作人员养老保险的办

① 李有军等：《社保法草案回应公众关注》，载《人民日报（海外版）》，2009－12－23。

法，也将由国务院规定。不同的养老保险制度如何转接，也未提及。而且，仍有不少代表、学者提出“立法时机不成熟”，建议《社会保险法》暂缓出台。

2010年10月25日，第十一届全国人大常委会第十七次会议召开，《社会保险法（草案）》第四次上会接受审议。在审议中，对于达到法定退休年龄时累计缴费不足十五年的养老金领取方式；建立异地就医医疗费用结算制度，以便参保人员享受基本医疗保险待遇；社会保险行政部门和其他有关行政部门、社会保险经办机构、社会保险费征收机构及其工作人员应对用人单位和个人的信息保密；社会保险基金不得违反投资运营，不得用于平衡其他政府预算等成为公众关注的热点。经过审议，全国人大常委会28日下午高票通过了《社会保险法》。这是最高国家立法机关首次就社会保险制度进行立法。

本章小结

劳动法是调整劳动关系以及与劳动关系密切相联系的某些其他关系的法律规范的总称。劳动法是我国社会主义法律体系中一个重要的独立部门。

从改革的实际需要看，《劳动法》是劳动制度改革，也是整个经济体制改革的法律保障，从我国法律体系的要求看，《劳动法》是健全社会主义法制的重要环节，从国际劳工关系看，尽快颁布《劳动法》是实施国际劳工公约的需要。

劳动法的基本原则包括：充分体现宪法原则，突出对劳动者权益的保护，确认劳动力市场的主体资格，规定统一的基本标准和规范，建立完善的劳动合同制度，劳动合同的自由与政府适度的干预相结合，保护公平竞争与保护弱者权益相结合。

1802年英国政府通过了《学徒健康与道德法》，它标志着劳动法的产生。在之后百余年的时间内，劳动立法经历了从制定某一方面的劳动事项开始，到制定全面的劳动立法，从制定某一部分劳动者的劳动问题，扩大到实施于各种劳动者的立法过程。劳动法终于从民法中分离了出来，成为一个独立的法律部门。

我国的劳动立法包括：新中国成立前的劳动立法，建国以后至党的十一届三中全会以前的劳动立法，党的十一届三中全会以来的劳动立法。市场经济劳动法律体系在内容上主要由规范劳动力市场主体行为的法律、保护劳动者权益的法律、规范劳动行政管理行为的法律和解决劳动纠纷的法律所构成。在层次上，包括基本法律、法律、行政法规和行政规章。

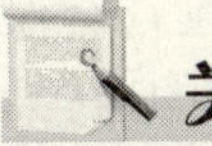

关键概念

劳动法概念	劳动	劳动法基本原则	劳动法内容
劳动法在法律体系中的地位		国际劳动立法	国际劳工公约

思考题

1. 如何理解劳动法意义上的劳动？
2. 劳动法在我国市场经济条件下有何意义？
3. 试述劳动法产生的历史背景。

第二章 劳动法总论

学习目标

本章主要内容包括：劳动法的立法目的、调整对象、渊源以及国家和用人单位在劳动法中的职责。通过本章学习，了解劳动法的立法目的以及劳动法如何通过具体的制度来贯彻和实现其立法目的；明确劳动法的调整对象，理解劳动关系的特点及其如何具体地决定劳动法的调整对象；明确劳动法适用的主体范围、空间范围；了解劳动法的渊源；了解国家和用人单位在劳动法中的职责。

第一节 劳动法的立法目的

自 19 世纪以来，劳动法以其对劳动关系的稳定和社会经济的促进等特殊作用而产生以来，其地位和作用已为世界各国普遍认同，在世界范围内得到了迅速发展。在我国长期的计划经济体制下，即使劳动力的供求和劳动关系的稳定主要通过行政力量实现，但劳动法对商品经济历史阶段的本质作用和特殊功能，仍然在客观上形成了我国大量单行的劳动法律规范。随着社会主义市场经济的建立和完善，必须有一个劳动基本法加以协调和统一，而且我国经济体制改革的进一步推进，也迫切依赖着劳动用工制度、劳动报酬分配制度和社会保障制度等有重大的突破。因此，在这样前提下产生的我国《劳动法》，除了基于劳动法的本质属性和基本社会功能决定的具有的特定内涵之外，还有其特定的立法目的。

劳动法立法目的的意义

任何法律都有其立法目的，因为立法是人的一项活动。如同人的其他活动一样，立法是人的一项有目的的活动。马克思正是依据人的活动的目的性把人的自觉与其他动物的本能区别开来。马克思说，蜘蛛的活动与织工的活动相似，蜜蜂建筑蜂房的本领使人间的许多建筑师感到惭愧。但是，最蹩脚的建筑师从一开始就比最灵巧的蜜蜂高明的地方，是他在用蜂蜡建筑蜂房以前，已经在自己的头脑中把它建成了。劳动过程结束时得到的结果，在这个过程开始时就已经在劳动者的表象中存在着，即已经观念地存在着。他不仅使自然物发生形式变化，同时他还在自然物中实现自己的目的，这个目的是他所知道的，是作为规律决定着他的活动的方式和方法的，他必须使他的意志服从这个目的。人的目的是人的活动的动力源泉，也直接规定了活动的指向、过程和结果。立法是人为了满足于人的法律需要（或人的需要法律化），为实现这种需要而进行的活动。在立法中，立法者首先有了明确的立法目的，才能着手具体的立法活动，使整个立法活动始终围绕着立法目的展开，并根据立法目的对立法活动进行控制和调整。

作为一项法律的立法目的，它不仅界定了该项法律的基本原则，规定了该项法律的法律制度和全部法律规范的基本内容，而且也为该项法律的理解、解释、适用和遵守提供了依据和指南。① 因此，我国《劳动法》的立法目的，也必须贯穿于整个劳动法律规范体系之中；各项具体的劳动法律制度和法律规范必须旗帜鲜明地为其立法目的服务。认真研究和领会我国劳动法的立法目的和精神，才能在《劳动法》的贯彻实施中准确掌握和运用。我国《劳动法》第1条规定：为了保护劳动者的合法权益，调整劳动关系，建立和维护适应社会主义市场经济的劳动制度，促进经济发展和社会进步，根据宪法，制定本法。根据这条规定，我国《劳动法》的立法目的包括保护劳动者的合法权益，确立、维护和发展稳定和谐的劳动关系，促进经济发展和社会进步三个方面。

保护劳动者的合法权益

保护劳动者的合法权益，是我国《劳动法》最基本的目标之一。我国是社会主义公有制国家，劳动者是公有制经济的生产资料的主人。这种社会制度的性质决定了劳动者在企业中的地位和享有充分的民主管理等权利。为了保护劳动者的合法权益，建立起劳动者当家做主的社会制度，中国共产党无论在为新中国成立而斗争的过程中，还是在新中国成立之后的经济建设中，始终都将这一由社会性质决定的最高目的贯穿于所有的决策和工作实践之中。对此，我国《宪法》第42条至第45条做出全面而系统的规定，《劳动法》将此作为保护劳动者合法权益立法目的的最高效力的法律依据。《劳动法》把保护劳动者合法权益作为首要任务，就是充分体现宪法有关规定的精神，把劳动者享有的合法权益明晰化、具体化，使宪法赋予劳动者的合法权益得以真正实现。

《劳动法》把保护劳动者的合法权益作为首要目的，也是由我国社会主义法律的本质决定的。在社会主义国家，法律所体现的是人民的意志，是以维护广大人民利益为其根本目的的。我国是社会主义国家，劳动者是社会财富的创造者，是社会生活的主体，《劳动法》首先要体现保护劳动者的各种需要和利益。同时，劳动者的利益需要是劳动者从事生产劳动的内在动因和动力。当劳动者的这种利益需要得到满足和保护时，劳动者便越有劳动的创造性。《劳动法》正是以法律手段来满足、支持和保护劳动者不断得到这些物质利益的需要。总之，如果不将保护劳动者的合法权益作为《劳动法》的基本立法目的，《劳动法》本身也会失去其制定的意义。

另一方面，保护劳动者的合法权益，也是实现稳定劳动关系、正常劳动秩序、促进社会经济发展和社会进步的前提与保障。劳动者的合法权益得不到有效的保护，和谐和稳定的劳动关系以及正常的劳动秩序便不可能存在。劳动者的合法权益长期不被重视和遭受侵害，必然影响社会经济的发展。而劳动者合法权益受到保护的程度，又是反映一个国家社会进步的重要标志。因此，保护劳动者的合法权益，是我国《劳动法》的最基本的立法目的。

---

① 参见黎建飞：《立法学》，147页，重庆，重庆出版社，1992。

为了保障《劳动法》保护劳动者合法权益的立法目的真正得以实现，我国《劳动法》依据宪法的规定，在法典的内容体系中，建立了完善的保护劳动者合法权益的法律制度体系。具体包括：(1) 法律规范结构体系。具体表现为《劳动法》总则中第3条的规定以及以后各章中有关保护劳动者合法权益的规定。(2) 法律规范内容体系。具体表现为《劳动法》中对劳动者就业权益的保护、民主管理权益的保护、休息权益的保护、劳动报酬权益的保护、生命安全和身体健康权益的保护、女职工和未成年劳动者权益的特殊保护、职业教育和职业培训权益的保护、劳动保险和福利方面权益的保护以及权益遭受侵害时的法律保护等。(3) 权益保护的法律措施和方法。包括行政保护方法、民事保护方法、经济保护方法、刑事保护方法。

确立、维护和发展稳定和谐的劳动关系

我国劳动法的立法目的，不仅在于保护劳动者的合法权益，而且还同时确立、维护和发展用人单位与劳动者之间稳定和谐的劳动关系。

无论从人类劳动法产生、发展的历史考察，还是从现实和社会生产方面考察，只要有众多人在一起劳动，即进行社会劳动，就必然要求有一定的劳动规则，以实现正常的劳动秩序。正常的劳动秩序，只能建立在稳定和谐的劳动关系的基础之上。没有稳定和谐的劳动关系，就没有稳定和正常的生产秩序和社会秩序。因此，劳动法从它在人类社会诞生以来，一直肩负着维护正常劳动秩序的重大使命。

一方面，尽管我国是以生产资料公有制为主体的社会主义国家，劳动者是生产资料的主人，并享有最广泛的民主管理权利，但是，人类现阶段共处于市场经济的历史阶段决定了社会各群体之间仍然存在着各自的利益差别，特别是用人单位和劳动者之间的利益差别。因利益关系决定的各种差别，无时不在威胁着正常的劳动秩序。另一方面，我国经济体制改革的深化，促进了我国非公有制的多种经济形式迅速发展，如外国资本经济、私营经济等。在这类非公有制经济中，用工一方与劳动者之间的利益冲突更加明显和突出。因此，将确立、维护和发展用人单位与劳动者之间稳定和谐的劳动关系，作为我国《劳动法》的立法目的，是劳动法的基本功能和我国社会经济的必然要求和结果。

确立、维护和发展稳定和谐的劳动关系，三者之间是既相互独立、又相互依赖和联系的辩证统一体。确立用人单位与劳动者之间的稳定和谐的劳动关系，其实质是要求用人单位与劳动者建立劳动关系时，必须在平等自愿、协商一致基础上，充分考虑双方各自的利益要求，依法形成一种良好的、健康的劳动关系，不隐含发生冲突的各种人为因素。这一立法目的，在我国《劳动法》中，主要通过第二章就业促进和第三章劳动合同法律制度保证实现。

(1) 根据就业促进立法，建立起劳动者之间平等就业的社会就业机制，使劳动者在与用人单位确立劳动关系时，不因民族、性别、宗教信仰等不同而在就业方面有所差别。

典型案例

2001年3月初，某城乡供销合作社通过市广播电台发布招用人员广告，因业务发展需要招收18名工作人员（秘书1名、会计员2名、出纳员1名、购销员10名、保管员2名、司机2名）。报名应聘者共52名，考试合格者共13名（其中市民12名、农民1名；男5

名、女8名；12名汉族，1名回族）。共招收录用10名，未录用的有1名农民、1名30周岁的单身妇女和1名回族女青年。这3名已达录取分数线而未被录用者联名向当地劳动和社会保障行政部门状告城乡供销合作社，要求其公布录取分数线，说明未录用的原因。经当地劳动和社会保障部门调查，城乡供销合作社承认这3名告状者虽然已达到录取分数线，但因以下原因未被录用：农民无城镇居民户口，需办理农民录用审批手续，管理麻烦；30周岁单身妇女不具备秘书、会计、出纳、保管、司机的工作条件，从事购销工作经常出差多有不便；1名回族女青年在单位用餐不便等。经过当地劳动和社会保障行政部门依法做工作，商议解决具体问题的措施后，由城乡供销合作社补办了相关手续，向上述3名应录用人员补发了录用通知书。

资料来源：王昌硕主编：《劳动法学案例教程》，17页，北京，知识产权出版社，2001。

（2）通过劳动合同法律制度，建立平等自愿、协商一致的确立劳动关系的原则，保障用人单位与劳动者之间意志的合理实现，为确立稳定和谐的劳动关系构建了和谐的人际环境。

（3）规定了劳动合同生效的必备条件、主要条款和书面形式，以避免和减少劳动合同意思表示的缺欠和无效劳动合同产生的可能性，防止劳动争议的发生。

根据我国《劳动法》第19条的规定，劳动合同应当具备以下条款：（1）劳动合同期限。劳动合同期限分为有固定期限、无固定期限和以完成一定的工作为期限三种。一般由双方当事人商定，并明确规定在劳动合同之中。（2）工作内容。包括劳动者从事劳动的工种、岗位、生产或工作应达到的数量指标或应完成的任务以及对工作的质量要求和工作进度等。（3）劳动保护和劳动条件。用人单位应当为劳动者提供的劳动保护措施和劳动条件，包括劳动安全和劳动卫生方面的设施、设备、防护措施以及工作环境等。（4）劳动报酬。包括工资、奖金、津贴等。劳动合同中规定的劳动报酬必须符合法律的规定，不得低于最低工资标准。（5）劳动纪律。通常通过劳动合同的附件——用人单位内部规章制度来体现。（6）劳动合同终止的条件。是指除法律、法规规定的合同终止条件之外，当事人双方协商确定的终止劳动合同效力的条件。（7）违反劳动合同的责任。包括相应的民事、行政或刑事责任。

维护用人单位与劳动者之间稳定和谐的劳动关系，就是指通过各项法律制度和法律措施，保证已确立的良好的劳动关系得到巩固。稳定和谐的劳动关系，是《劳动法》立法目的对劳动关系存在质量的一种经常性和长期性的要求，确立良好和健康的劳动关系，仅仅是稳定和谐的劳动关系存在的良好开端和基础，它并不能保证正常的劳动秩序的实现。因此，《劳动法》不仅要求确立稳定和谐的劳动关系，而且更重要的还在于维护和巩固已经确立的稳定和谐的劳动关系。

这一立法目的，在《劳动法》中具体表现为：（1）通过劳动纪律和劳动监督等立法，防止和制裁劳动过程中破坏稳定和谐劳动关系的越轨行为。如《劳动法》第4条规定，用人单位应当依法建立和完善规章制度，保障劳动者享有劳动权利和履行劳动义务。（2）通过签订集体合同巩固已经形成的劳动关系。集体合同法律制度的主要作用，就在于巩固已经形成的劳动关系，因此，《劳动法》第33条规定，企业职工一方与企业可以就劳动报酬、工作时间、休息休假、劳动安全卫生、保险福利等事项，签订集体合同。集体合同草案应当提交职工代表大会或者全体职工讨论通过。（3）通过劳动争议的处理，解决和消除用人单位与劳动者之间的冲突和矛盾，以维护稳定和谐的劳动关系。《劳动法》第77条规定，用人单位与劳动者发生劳动争议，当事人可以依法申请调解、仲裁、提起诉讼，也可以协商解决。

发展用人单位与劳动者之间稳定和谐的劳动关系，是我国《劳动法》确立、维护、发展稳定和谐劳动关系，建立社会主义市场经济的劳动制度立法目的中一个重要目的。这一目的不仅将稳定和谐劳动关系置于发展变化之中，而使其更切合实际和便于实现。同时，还对稳定和谐的劳动关系提出了更高的要求，即最大限度地激发劳动者的劳动积极性和创造性，以及高涨的劳动热情，使稳定和谐的劳动关系不断地提高其存在的质量。

这一立法目的在《劳动法》中主要表现为：

(1) 通过规定劳动者享有民主管理的权利，树立和增强劳动者的主人翁责任感，使劳动者同用人单位之间在根本利益基本一致的基础上进行协调的劳动。《劳动法》第 8 条规定，劳动者依照法律规定，通过职工大会、职工代表大会或者其他形式，参与民主管理或者就保护劳动者合法权益与用人单位进行平等协商。职工民主管理是建立在社会主义公有制基础上的一种经济民主制度，是人民的权力的一种实现形式。在社会主义国家，职工群众是国家的主人，管理国家、管理企业是其应有的合法权利。同时，企业实行民主管理，可以使企业管理的权威性与劳动者的主人翁责任感统一起来，同劳动者的积极性、创造性统一起来，能够使职工与企业同呼吸共命运，能够有效地提高劳动生产率，提高企业的经济效益。企业民主管理是社会生产力发展到一定阶段的历史现象，是生产资料公有制的必然产物，它又受多种因素的影响和制约，这包括生产资料所有制形式、经营管理体制的模式、企业组织结构、领导制度、经营方式等等。我国是以生产资料社会主义公有制为主体、多种经济成分并存的所有制结构，这就决定了企业民主管理的程度、形式、方法均有所不同。

(2) 通过劳动竞赛、合理化建议和奖励制度，激发劳动者的创造性和劳动热情，使劳动者在心情舒畅和精神愉快的情境下实现劳动过程。对此，《劳动法》第 6 条规定：国家提倡劳动者参加社会义务劳动，开展劳动竞赛和合理化建议活动，鼓励和保护劳动者进行科学研究、技术革新和发明创造，表彰和奖励劳动模范和先进工作者。《劳动法》的这一规定完全适应我国劳动者的文化传统和社会观念，通过这些活动，可以使用人单位与劳动者之间形成一种非常融洽和协调的劳动关系。社会义务劳动与劳动者在劳动关系范围内的法定的劳动义务不同。社会义务劳动是有关社会公益的活动，是不为报酬而进行的劳动。这种劳动是完全建立在劳动者的主动性、自觉性的基础之上的，体现了劳动者高尚的品质和情操。劳动竞赛，是工人阶级以主人翁责任感，在生产中发挥高度积极性和创造性，积极参加社会主义建设的群众性生产活动。同时，由于广大职工最熟悉自己岗位的情况，发动职工群众提建议，最容易及时地解决问题，从而促进企业技术进步和管理的合理，进而提高企业经济效益。通过发动职工提合理化建议，也有助于增强职工主人翁意识，使他们主动关心企业的生产和管理，提高自己的业务技术水平和参与管理的能力。国家对于在遵守劳动纪律、出色完成劳动任务，在发明、技术改进或提出合理化建议方面取得重大成果或者显著成绩；在改进企业经营管理，提高经济效益方面取得显著成绩；保护公共财产免受重大损失，一贯忠于职守、积极负责、廉洁奉公、舍己为人的优秀劳动者予以表彰和奖励。这也有助于劳动关系的稳定与和谐。

(3) 通过职业培训制度，促进用人单位与劳动者之间劳动关系的进一步深化。通过劳动关系存续期间企业对职工职业培训计划的实施和劳动技能的提高，可以使用人单位与劳动者之间的劳动关系延伸到劳动关系的存续期间之外，即劳动合同期限外，当劳动关系依法终止时，其职业培训便有利于促进双方当事人继续确立新的劳动关系。对此，《劳动法》第 68 条规定，用人单位应当建立职业培训制度，按照国家规定提取和使用职业培训经费，根据本单位实际，有计划地对劳动者进行职业培训。

典型案例

某服装公司开业 3 年来，年年提取职工培训经费，但从未对新录用职工和老职工进行过培训，所有职工仅凭工作前的学习积累和工作后的经验工作。职工张某就此找到公司经理反映问题，要求为职工组织职业培训，提高技能、素质。公司经理称："公司没钱！怎么办？"张某说："公司不是每年都提取职工培训经费吗？"经理回答说："现在是市场经济，也是买方市场，为稳定客户，把咱们的服装销出去，职工培训经费都补贴到公关费用上去了！"张某遂向本市劳动行政部门举报。劳动行政部门接到举报后，查核属实，即对某服装公司经理和董事长进行了批评教育，责令改正，限期将改正情况上报。

资料来源：王昌硕主编：《劳动法学案例教程》，144 页，北京，知识产权出版社，2001。

（4）通过建立安全卫生和劳动保护制度、社会保险与福利制度以及劳动争议的处理制度，不断提高用人单位和劳动者之间稳定和谐的劳动关系的质量，并使稳定和谐的劳动关系不断被赋予崭新的内容。为此，《劳动法》在第六章劳动安全卫生、第七章女职工和未成年工特殊保护、第九章社会保险和福利和第十章劳动争议等章中，都分别做出了相关的规定。

促进经济发展和社会进步

组织和促进经济发展，是社会主义国家的基本职能之一，以经济建设为中心，改革开放，经济发展与社会稳定相互促进、相互统一是我国长期坚定不移的基本方针。可以说，所有的有关市场经济的立法，都直接或间接地在为社会主义经济建设服务，我国《劳动法》将促进经济发展和社会进步作为一项重要的立法目的，不仅符合我国社会主义市场经济的基本要求，而且通过立法确认了经济发展与社会进步之间的辩证的关系，即将"效率优先，兼顾公平"的原则在《劳动法》中具体体现出来。

劳动是经济和社会发展的基础，而经济发展和社会进步又是人们进行生产劳动，不断满足自身物质文化生活需要的重要条件。《劳动法》通过保护劳动者的合法权益，调整劳动关系，提高劳动者的生产积极性促进经济发展和社会进步。

为了贯彻和实现促进经济发展的立法目的，我国《劳动法》建立了以下具体法律制度：

（1）建立以劳动合同制为劳动关系的依据，以规范解除劳动合同的法定条件和社会保险等为配套的劳动力资源市场配置机制。通过签订劳动合同实行双向选择，同时将劳动合同履行过程中的违纪人员、企业剩余人员依法解除劳动关系，这种以市场配置为基本形式的就业机制，可以极大地促进劳动者提高劳动技能，认真履行劳动义务，不断提高劳动生产率。劳动合同是劳动者与用人单位确立劳动关系、明确双方权利和义务的协议。劳动合同是确立劳动关系的法律凭证，在市场经济条件下，企业成为用人主体，劳动者也有了自主就业的权利，用人单位与劳动者之间建立劳动关系，必须订立劳动合同。劳动合同一经订立，就成为规范双方当事人劳动权利和义务的法律依据。劳动合同的内容是明确当事人双方的权利和义务，主要以劳动法律、法规为依据。劳动法律、法规规定了最低的劳动条件和劳动标准，要求用人单位必须遵守，只能在法律规定的最低劳动条件和劳动标准之上使用劳动者，而不能降低国家规定的劳动条件和劳动标准。

（2）确立"效率优先，兼顾公平"的劳动报酬分配制度，促使劳动者从自身物质利益出发，努力提高劳动生产率，最终促进全社会经济的发展。《劳动法》第五章规定，工资分配

应当遵循按劳分配原则，坚持效率优先，兼顾公平，实行同工同酬。用人单位根据本单位的经济效益、劳动生产率和劳动就业供求状况，确立工资分配方式和工资水平。

（3）通过构建公平合理的竞争机制，促进经济的发展。高速的经济发展，依赖于激烈的竞争，激烈的竞争依赖于公平竞争的法制环境。我国《劳动法》通过构建劳动竞赛、就业职业培训、劳动报酬、奖励制度等方面的公平的竞争的环境，最终促进经济的发展。

促进社会进步与促进经济发展，是一个国家一定历史时期内的两项最主要的任务。因此，我国《劳动法》也将促进社会进步作为其重要目的之一。根据这一目的，要求我国《劳动法》在促进经济发展的同时，必须考虑社会进步，在选择促进经济发展、提高劳动生产率的各项具体措施时，必须将是否影响或危害社会进步这一因素作为主要依据，并给予充分考虑。在确立的各项促进经济发展的制度机制实施后影响不好或与社会进步不一致时，必须有相应的补救措施，以消除追求经济发展目的所采取措施的不足和不完善。对此，我国《劳动法》在其法律规范的具体内容中，均做了相应的规定，具体表现在：

（1）以促进社会进步为目标，确立和贯彻了平等原则。人人平等是社会进步的重要标志，我国《劳动法》不仅确立了这一原则，而且将这一原则贯穿于《劳动法》的各项具体法律规范之中。如《劳动法》第3条确立了劳动者平等地享有各项权利的原则，这项原则通过第11条和12条的规定，保障劳动者就业权的平等行使；通过第三章劳动合同，保证了职业选择权的平等性；通过第五章工资按劳分配和同工同酬的规定，保证取得劳动报酬的平等性；通过劳动安全卫生与劳动保护、职业培训、社会保险、劳动争议的处理等规则，保障平等原则在各方面得到贯彻实行。

典型案例

许某，女，原系某市的一家铝制品加工厂的制造工人。在原工作单位时虚心学习，刻苦钻研，成为技术上的能手。1995年6月，许某为了解决两地分居进入另一铝制品厂，仍然是制造工。许某很快适应了新环境，并与同事建立了良好的关系，其高超的技术水平得到了广泛的承认。1995年7月，许某在领工资时发现自己的工资比同车间的男性制造工的工资低。许某在同厂方协商无果后，向当地劳动争议仲裁委员会提起仲裁申请，请求责令铝制品厂支付与其男性制造工相同的报酬，保护女职工的合法权益。劳动争议仲裁委员会经过调查，对厂方进行了法制宣传教育，铝制品厂认识到自己的错误。在仲裁委员会主持下双方达成协议，由铝制品厂按与男性制造工同等的工资标准向许某支付工资，并保证今后在支付工资时同工同酬。

资料来源：黄成建主编：《劳动法新释与例解》，226页，北京，同心出版社，2000。

（2）以促进社会进步为目的，建立职业培训制度。劳动者的素质是社会进步的重要因素，我国《劳动法》不仅在总则中将提高职业技能，遵守劳动纪律和职业道德作为劳动者的基本义务，将发展职业教育作为国家的责任，并且通过第八章职业培训专章对国家、用人单位和劳动者个人在职业培训中的地位、作用、职责和义务做出专门规定。

（3）通过规定逐步提高劳动安全卫生、劳动保护条件和水平以及提高劳动保险待遇等规定，促进社会进步。劳动环境的劳动安全卫生状况和设施，劳动保护的条件和水平，以及社会保障的程度和范围等，不仅反映一个国家经济发展程度，同时也直接反映了一个国家的社会进步程度。对此，我国《劳动法》都做了专章规定，对劳动安全卫生规章和标准，劳动保护设施和劳动保护用品，女职工和未成年工的特殊的劳动保护，多层次的广泛的社会保险制度和社会保险水平等均做了详细而具体的规定。通过推行每周工作 40 小时的工时制度、节假日制度、带薪年休假制度和严格限定加班的具体规定，在工作时间和休息时间方面，充分反映了劳动法促进社会进步的目的。

（4）建立最低工资法律制度，促进社会进步。《劳动法》第 46 条规定：工资分配应当遵循按劳分配原则，实行同工同酬。在这一规定中，按劳分配和同工同酬原则，主要服务于《劳动法》的促进经济发展的目的，而兼顾公平，则主要反映了促进社会进步的要求。当劳动者通过自身的主观努力向社会提供劳动之后，根据按劳分配原则取得的工资仍然无法维持本人及平均赡养人口的最低生活费用时，就应当依据最低工资立法，将劳动者实际领取的工资提高到能够维持本人及平均赡养人口最低生活费用的数额，即最低工资标准。对此，劳动法对最低工资法律制度的确立，最低工资标准的确定和调整等都做了具体规定。

应当特别指出，《劳动法》的三个方面的立法目的，是一个辩证的统一体，三项具体的立法目的，构成了我国《劳动法》立法目的的科学体系。在这个目的体系之中，最高层次的目的是促进经济发展和社会进步。这一目的，不仅是《劳动法》的一个最高的目的层次，而且也是我国市场经济立法的一个总目标。将这一目标作为《劳动法》的最高目的，不仅确立了《劳动法》在整个市场经济法律体系中的重要地位，同时，也起到了《劳动法》同相关的市场经济的其他立法相协调和衔接的作用。保护劳动者合法权益以及确立、维护和发展稳定和谐的劳动关系两个方面的立法目的，一方面反映了《劳动法》的本质和作用，直接地指导和制约着具体的劳动法律规范；另一方面又服务或作用于促进经济发展和社会进步的最高层次的立法目的。

第二节　劳动法的调整对象

任何一个独立的法律部门，都必须有自己特定的调整对象。法律的调整对象不仅是一个部门法成立的基本依据，而且也界定了该法所适用的具体范围。我国劳动法是一个独立的部门法，有自己特定的调整对象。

《劳动法》第 2 条规定：在中华人民共和国境内的企业、个体经济组织（以下统称用人单位）和与之形成劳动关系的劳动者，适用本法。该条同时规定：国家机关、事业组织、社会团体和与之建立劳动合同关系的劳动者，依照本法执行。这就确立我国劳动法的调整对象是劳动关系。正确理解劳动法所调整的劳动关系，就能准确把握《劳动法》的适用范围。

劳动关系确定了劳动法的调整对象

劳动是劳动者在运用劳动能力，实现社会劳动过程中与用人单位之间产生的社会关系。劳动推动了人类社会的发展，为了进行生产，人们便发生一定的联系和关系；只有在这些社会联系和社会关系的范围内，才会有他们对自然界的关系，才会有生产。劳动在社会的地位和重要性，决定了产生于它的劳动关系的地位和重要性；劳动关系的地位和重要性，决定了必须由一个独立的部门法加以调整，以保证其法律对社会关系调整的有效性。这一基本过程，便是我国劳动法作为一个独立的部门法的理论和社会依据。

在我国，作为劳动关系一方当事人的“劳动者”，是为用人单位提供劳动力的自然人。常常也被称为“职工”、“工人”和“雇员”。劳动法律关系所涉及的劳动者，是指依据劳动法律和劳动合同规定，在用人单位从事体力或脑力劳动，并获取劳动报酬的自然人。作为劳动者，必须具备法律规定的条件：（1）年龄条件。我国劳动法规定，公民的最低就业年龄是16周岁。不满16周岁不能就业，不能与用人单位发生劳动法律关系。我国法律禁止用人单位招用未满16周岁的公民就业，否则将承担相应的法律责任。对有可能危害未成年人健康、安全或道德的职业或工作，劳动法规定就业年龄不应低于18周岁。如劳动法禁止用人单位使用不满18周岁的劳动者从事过重、有毒、有害的劳动或者危险作业。（2）劳动能力条件。由于劳动者进行劳动只能由劳动者亲自进行，因此要求劳动者必须具有劳动能力。而且，对于一些特定的行业，劳动者的劳动能力还必须满足该行业的特殊要求，如患有传染病的人不能从事餐饮业。在更广泛的意义上，劳动者的劳动能力还应当包括劳动者必须具备的行为自由。因为有劳动能力的公民，还需要具有行为自由，才能以自己的行为去参加劳动。所以，被依法剥夺人身自由的公民，如被劳动教养、被判处有期徒刑的人，不能与用人单位建立劳动关系。另外，我国法律对劳动者的国籍没有限制性规定，我国公民、外国公民和无国籍人，具备我国劳动法规定的条件，都可以成为我国的劳动者。

用人单位又称用工单位，常常也被称为企业主、资方、雇主、雇用人等，我国在法律上统一称为用人单位。用人单位是指依法招用和管理劳动者，对劳动者承担有关义务者。我国的用人单位有不同的类型：（1）在中国境内的依法核准登记的企业。包括各种所有制性质、各种组织形式的企业。如国有企业、集体所有制企业、私营企业、外商投资企业、港澳台企业、混合型企业、股份制企业、联营企业、乡镇企业等。（2）依法核准登记的个体经济组织。即依法取得营业执照的个体工商户，个体工商户可以请帮手，带学徒。（3）依法成立的事业单位，包括文化、教育、卫生、科研等各种单位，如学校、医院、出版社等。用人单位在国家法律规定的权限范围内有权使用劳动者。（4）依法成立的国家机关。它们在法律规定的权限范围内，有权使用劳动者。（5）依法成立的社会团体。包括工会、妇联、研究会、协会等社会团体组织。依法成立的社会团体在法律规定的权限范围内，有权使用劳动者。

劳动法调整的劳动关系具有以下特点，并因为这些特点与其他部门法相区别：

（1）劳动关系只产生于劳动过程之中。劳动过程是劳动关系产生的前提和基础，没有劳动过程，便不可能产生劳动关系；凡不属于劳动过程中产生的关系，都不属劳动关系，根据这一特点，劳动法所涉及的范围只限于劳动过程之中。

《劳动法》作为调整劳动关系的法律规范，从严格意义上讲，不应包括未形成劳动关系之前的就业过程。但是，由于我国是一个劳动力资源大国，就业问题作为一个社会问题在今后相当长的一个时期内，都关系到社会经济的发展和稳定。同时就业与劳动关系又有特别紧密的联系。因此，《劳动法》将就业纳入自己的调整范围，并在第二章做了专章规定，这种规定是符合我国国情的。

（2）劳动关系只能在劳动者和用人单位之间产生。在各种社会活动中，劳动者或用人单位，都分别与各种社会主体发生着各种不同性质的社会关系，但只有劳动者同用人单位之间在劳动过程中发生的社会关系，才属于劳动关系，并属于劳动法的调整范围。而且，根据我国劳动法规定，劳动者与用人单位之间的劳动关系还应当具有排他性，即其作为自然人的劳动者，在同一时间只能与一个用人单位签订劳动合同、建立劳动关系。任何劳动者都不能与两个用人单位同时签订劳动合同、建立劳动关系；任何两个用人单位也不得同时与一个劳动者签订劳动合同、建立劳动关系。否则，将因违反《劳动法》的规定，承担《劳动法》第99条规定的法律责任。

（3）劳动关系的存在，必须以劳动为目的。用人单位与劳动者形成劳动关系，其目的在于实现劳动过程，为社会生产或社会产品提供服务。没有这一特定目的，劳动关系便无存在的价值和意义。因此，依据这一特点，作为劳动关系中的用人单位，必须依法享有用人的权利，劳动者则必须具备一定的劳动权利和行为能力。例如用人单位依照法律或合同的规定，有使用和管理劳动者的权利。根据我国《劳动法》规定，用人单位可以与职工签订有固定期限、无固定期限或者为完成一定工作任务为期限的劳动合同；还可通过制定用人单位的内部劳动规则来实现用工权。企业依法制定的用人单位内部劳动规则，是劳动合同的附件，与劳动合同具有同等法律效力。

（4）劳动关系既具有法律上的平等性，又具有实现这种关系的隶属性。劳动关系的双方当事人，在法律上享有平等的权利，劳动者向用人单位提供劳动或服务。用人单位支付劳动报酬，双方的权利义务在平等自愿的基础上通过劳动合同约定。但是在劳动关系目的的实现过程中，用人单位负有对生产的组织、指挥、协调和监督的职责，劳动者必须接受用人单位的组织指挥，遵守用人单位制定的各项规章制度和劳动规则。

典型案例

胡某系某市味精厂职工，1998 年入厂工作，合同期限 5 年。2000 年 11 月 7 日下午，胡某向主管其工作车间的味精厂副总经理于某请假 2 周，接待外地来的女朋友。于某以目前厂里生产任务紧张为由，没有批准。但胡某即从次日起到同年 12 月 8 日未再去上班。在此期间，厂人事部门工作人员两次上门对胡某进行批评教育，但胡某仍不上班。2000 年 12 月 9 日，胡某上班后被告知去厂办公室。胡某到厂办公室后，办公室主任通知他说："昨天厂领导办公会议研究决定，将你除名了！"并将一份通知书交给胡某。胡某不服，以请假 2 周不构成除名条件为由向当地劳动争议仲裁委员会申请仲裁。仲裁委员会查核情况属实，在调解不成的情况下，裁决维持某市味精厂对胡某的除名决定。

资料来源：王昌硕主编：《劳动法学案例教程》，159 页，北京，知识产权出版社，2001。

由于劳动法的调整对象是劳动关系，这就使它与调整其他不同社会关系的相关法律部门区别开来。

1. 劳动法与民法的区别

首先，二者调整的社会关系不同。民法调整的社会关系是平等主体之间的财产关系和人身关系，尽管这类关系在个别情形下与劳动相关，如加工承揽、工程承包等，但它并不具备劳动关系应有的特征。其次，法律关系的主体不同。民事法律关系的主体，双方均可以是法人或自然人，或者一方是法人一方是自然人；劳动法律关系的双方当事人，一方只能是用人单位，另一方只能是劳动者。再次，民事法律关系双方当事人的法律地位一律平等；劳动法律关系双方当事人既具有法律地位的平等性，又具有实现这种关系的隶属性。民事法律关系的实现过程中，不要求自然人一方遵守法人的内部规章和纪律；劳动法律关系的实现过程中，劳动者必须遵守用人单位的内部规章和各项劳动纪律。最后，调整方法和调整原则不同。民法主要采取民事调整方法和坚持平等、自愿、等价有偿原则；劳动法主要运用行政方法、经济方法，贯彻按劳分配、劳动保护等原则。①

① 参见黎建飞：《劳动争议案件与民事案件辨析》，304 页，北京，人民法院出版社，2002。

2. 劳动法与社会保障法的区别

劳动法主要调整劳动者与用人单位之间的劳动关系，社会保障法调整国家、用人单位、公民（劳动者）、社会保障经办机构因社会保险、社会救助、社会福利、优抚安置等发生的关系；劳动法调整的劳动关系的主体是用人单位和与之建立劳动关系或劳动合同关系的劳动者（公务员、军人等不适用劳动法），社会保障法的主体包括国家、用人单位、社会保障经办机构、公民（劳动者）；劳动法的目的主要是为了协调劳动关系，保障劳动者的合法权益，社会保障法的目的主要是为了保障社会全体成员在遭受各种意外和风险时的基本生活，促进社会安全。① 劳动法调整的劳动关系的内容是劳动者的劳动，社会保障法调整的内容则是社会保障机构应当给予被保障人的各项待遇；劳动法律关系强调权利与义务相统一的原则，而社会保障关系中的一些项目则并不要求权利义务的对等性。

劳动关系界定了劳动法的主体范围

劳动关系是一种涵盖面非常广泛的社会关系。依据不同的标准，劳动关系可划分为很多具体的种类，不同种类的劳动关系，有其自身的特殊性。就主体而言，劳动关系具体包括了企业单位的劳动关系，事业单位的劳动关系，国家机关的劳动关系，社会团体和个体经济组织的劳动关系等。在企业单位的劳动关系中，又包括全民所有制企业的劳动关系，集体企业的劳动关系，私营企业的劳动关系，中外合资、中外合作和外商独资企业的劳动关系，联营经济组织的劳动关系等。

在计划经济的条件下，对于这些具备特殊性的劳动关系，我国采取了依据各自特点分别立法加以调整的法制模式。如外商投资企业主要通过《中华人民共和国中外合资经营企业劳动管理规定》及其《实施办法》、《关于外商投资企业用人自主权和职工工资、保险福利费用的规定》，私营企业主要通过《私营企业劳动管理暂行规定》等分别加以规定。这种完全按照用人单位的不同所有制性质以及劳动者的不同身份（全民、集体、干部、工人、临时工、农民轮换工等）进行法律调整，不仅与我国现阶段市场经济不协调，而且也导致了执法中人为的复杂性和不便于实际操作。

鉴于劳动关系本身的复杂性和广泛性，在《劳动法》起草过程中，曾经设计过三种方案：第一种方案是适用于所有用人单位和全体劳动者；第二种方案原则上适用于所有用人单位和与之形成劳动关系的劳动者，但对国家公务员的劳动关系，《公务员条例》有规定的从其规定；第三种方案是只适用于企业及其职工。在这三种方案中，虽然第一种方案符合市场经济的要求，是进入市场的用人单位和劳动者均适用统一的劳动法规则，但由于其调整范围太宽，不仅不能反映一些劳动关系的特殊性，而且“全体劳动者”中包括了军人和以个人或家庭方式从事农业生产的农民，这两类人员并不存在与用人单位的劳动关系问题，因而不属于《劳动法》的调整范围。第三种方案由于调整的范围过窄，不仅不符合市场经济建立统一的劳动力市场及其规则的要求，而且也与国际惯例差异较大。第二种方案适用范围基本上覆盖了所有的劳动关系，同时也对特殊情况做了具体的处理，因此，我国《劳动法》基本上用了第二种方案。

根据《劳动法》第2条的规定，在中华人民共和国境内的企业、个体经济组织和与之形成劳动关系的劳动者，适用本法。国家机关、事业组织、社会团体和与之建立劳动合同关系

① 参见林嘉：《社会保障法的理念、实践与创新》，35页，北京，中国人民大学出版社，2002。

的劳动者，依照本法执行。同时，《关于贯彻执行〈中华人民共和国劳动法〉若干问题的意见》规定：中国境内的企业、个体经济组织与劳动者之间，只要形成劳动关系，即劳动者事实上已成为企业、个体经济组织的成员，并为其提供有偿劳动，适用《劳动法》。

这些规定表明，在我国从事产品生产、流通或服务性活动等实行独立核算的经济单位，包括各种所有制类型的企业，如工厂、农场、公司、个体经济组织是劳动法所调整的对象。

（1）这里的企业主体是以该企业在我国境内为界限的，这与企业的出资人国别或者企业的所有制性质无关，包括：法人企业和非法人企业；国有企业和非国有企业；内资企业和涉外企业；本国企业和外国企业。

（2）个体经济组织，是指雇工在 7 人以下的个体工商户，一种为具有法人资格的私营企业，另一种为不具有法人资格但经工商登记注册的个体工商户。前一种个体经济组织已涵盖在我国境内的企业中，后一种是指招用雇工的个体工商户。

（3）国家机关、事业组织与社会团体。国家机关和社会团体只有在通过劳动合同或应实行劳动合同与其工作人员之间建立关系时，才适用劳动法。事业组织适用劳动法的有两种情况：其一为实行企业化管理的事业组织；其二为通过劳动合同（聘用合同）或应通过劳动合同与其工作人员建立关系的事业组织。

劳动者是达到法定年龄，具有劳动能力，能够依法签订劳动合同，独立给付劳动并获得劳动报酬的自然人，是劳动法所调整的主体范围。具体包括：（1）与企业、个体经济组织之间形成劳动关系的劳动者；（2）国家机关、事业组织、社会团体的工勤人员；（3）实行企业化管理的事业组织的非工勤人员；（4）其他通过劳动合同（包括聘用合同）与国家机关、事业单位、社会团体建立劳动关系的劳动者。

劳动法排除了公务员和比照实行公务员制度的事业组织和社会团体的工作人员、农业劳动者（乡镇企业职工和进城务工、经商的农民除外）以及现役军人和家庭保姆等。

（1）公务员和比照实行公务员制度的事业组织和社会团体的工作人员。公务员依法行使国家职权的行为，不是履行合同约定的义务，而国家职权不能作为合同的对象，从而不能把公务员视为雇员。我国当前采取的是公务员和非公务员分别立法的模式，公务员劳动关系，由国家公务员法和其他法律加以规范。比照实行公务员制度的工作人员（如工、青、妇等社会团体的机关工作人员）也不由《劳动法》调整。

（2）农村劳动者。农村劳动者通过家庭联产承包合同确定其权利和义务，农民与村民委员会之间不属劳动关系，不受劳动法调整。因为我国农村目前主要实行以家庭为单位的联产承包责任制，农业劳动多以家庭的组织形式进行，国家对家庭内的劳动关系不予干预。但是如果作为乡镇企业的职工或进城务工经商的农民与相应的企业、雇主之间形成的劳动关系，仍应是本法的适用范围。所以，乡镇企业职工和进城务工、经商的农民、农场的农业劳动者与用人单位之间的劳动关系，由于其具备了工业劳动关系的特点，是我国《劳动法》所调整的主体范围。

（3）现役军人。正在服役的军人肩负着保卫祖国和人民安全的重任，这是符合服役条件的公民应尽的义务，现役军人与军队之间的关系不适用我国《劳动法》。现役军人是根据国家《兵役法》义务服兵役或志愿服兵役的人员，现役军人与军队之间的关系有其特殊性，是一种命令和服从的关系，因而他们之间的关系不由《劳动法》调整。

（4）家庭保姆。由于城市居民生活水平的提高，为了工作和家庭生活的便利，有许多城市居民雇用保姆从事家务劳动。对这种关系法律上称为家庭雇用劳动关系。家庭雇用劳动关系是否列入劳动法的调整范围各国规定不同，有的国家规定家庭保姆适用劳动法，我国将家

庭雇用劳动关系列入民法的调整范畴，未列入劳动法范畴，因而家庭雇用劳动关系不适用我国劳动法。但并不是家庭保姆的合法权益不受保护，一旦家庭保姆的权利受到损害，可以通过民法予以保护。而且从发展的眼光看，家务劳动社会化以后，我国劳动法的调整范围会逐渐扩大。

对于国家机关、事业组织、社会团体与其订立劳动合同的劳动者，《劳动法》同样适用。这里面包括了：(1) 国家机关、事业组织、社会团体与其工勤人员之间的劳动关系，如电工、水暖工等。在国家机关、事业组织、社会团体中工作的工勤人员，应与用人单位签订劳动合同，实行劳动合同制或者按规定应实行劳动合同制，而未实行劳动合同制的在其中工作的工勤人员，均应适用我国《劳动法》。(2) 其他通过劳动合同与国家机关、事业组织、社会团体建立劳动关系的劳动者，也适用我国《劳动法》。这里的“其他劳动者”，是指不属于国家公务员，同时又不是工勤人员的其他人员，如国家机关、事业组织、社会团体中的工程师、编辑、记者、医生、教师、资料员等，这些其他人员适用我国《劳动法》是有前提条件的，即他们必须与国家机关、事业组织、社会团体之间签订劳动合同。(3) 实行企业化管理的事业组织与其工作人员之间的劳动关系适用《劳动法》。实行企业化管理的事业组织是指国家不再核拨经费，实行独立核算、自负盈亏的事业组织。例如，某出版社本是事业组织，为多创收，实行企业化管理，国家不再核拨经费，有独立账号，它与其工作人员之间的劳动关系适用我国《劳动法》。

《劳动法》的空间适用范围

《劳动法》第 2 条的规定，不仅规定了劳动法调整的社会关系是劳动关系，以及劳动法在主体上的适用范围，而且也同时界定了《劳动法》在空间的适用范围，即中华人民共和国境内的企业、个体经济组织都受《劳动法》的管辖。

这一规定，既符合国际惯例，也是国家主权原则在《劳动法》中的体现，因此，只要在我国境内的用人单位，如合资经营企业、中外合作经营企业或者外商独资企业等，所发生的劳动关系，都必须由我国《劳动法》调整；在中国境外从事实际劳动的中国境内用人单位的劳动者，由于其用人单位机构在中国境内，并在中国境内进行了登记注册，因此，也应认定为是中国境内企业或其他用人单位的劳动关系，并受《劳动法》的管辖；外国企业、机构在中国境内的分支机构与劳动者产生的劳动关系，同样也应当认定为属于中国境内的劳动关系，并受我国《劳动法》管辖。

典型案例

李某与在我国香港注册的一家外国公司分别于 1994 年 1 月 24 日和 1995 年 6 月 20 日签订了劳动合同及劳动合同补充协议，受聘在该公司的中国办事处工作。双方在劳动合同中约定由该公司为李某提供住房资金，李购房后每月向其支付 1/240 的购房款。合同写明：鉴于李某系公司聘用的高级雇员，公司期望并经当事人同意，合同至少履行 10 年。2000 年 7 月 17 日，公司单方决定解除与李某的劳动合同，并要求李某立即偿还全部住房资金。李某以不服被公司解雇为由向劳动争议仲裁委员会提起劳动仲裁，劳动争议仲裁委员会受理并立案。就本案而言，虽然用人单位是一家外国公司，但双方当事人建立的劳动关系在我国，当事人依据我国劳动法签订劳动合同，应当由劳动争议仲裁委员会仲裁。双方当事人争议的事项是劳动权益，也应当由劳动争议仲裁委员会仲裁。案件所涉及住房资金是劳动者的劳动福利权，是该公司执行《中华人民共和国劳动法》第76条的规定，即用人单位应当为劳动者提供并“提高劳动者的福利待遇”的行为，这些都是劳动仲裁应当审理和裁决的事项。

资料来源：黎建飞：《是劳动争议还是借款纠纷》，载《人民法院报》，2002-03-20。

第三节　劳动法的渊源

法律渊源是法律的具体表现形式。劳动法的渊源即由我国国家制定或认可的劳动法律规范的表现形式，它包括下面几个方面。

宪法中有关劳动事项的规定

宪法是我国的根本法，是由最高国家权力机关——全国人民代表大会制定和修改，并监督实施的，它具有最高的法律权威和法律效力。一切基本法律、行政法规和地方性法规都不得与其相抵触，也是制定劳动法律规范的依据。例如，在劳动权利和义务方面，我国宪法把劳动既规定为公民的权利，同时又规定为公民的义务。为保障公民劳动权利与义务的实现，宪法规定国家通过各种途径，创造劳动就业条件，加强劳动保护，改善劳动条件，在发展生产的基础上，提高劳动报酬和福利待遇，同时国家对就业前的公民进行必要的劳动就业训练。在劳动者的休息权上，我国劳动者的休息权受宪法和法律的保护，为实现这一权利，宪法规定，国家发展劳动者休息和休养的设施，规定职工的工作时间和休假制度。对于退休人员的生活保障，我国宪法和有关法律、法规都对退休制度做了规定，使退休人员的生活受到国家和社会的保障。宪法规定了我国公民在年老、疾病或者丧失劳动能力的情况下，有从国家和社会获得物质帮助的权利。对于保护妇女的权益，依照宪法规定，我国妇女在政治经济、文化、社会和家庭生活等各方面，享有同男子平等的权利，如实行男女同工同酬，培养和选拔妇女干部等。我国宪法中有关劳动问题的规定，构成全部劳动法律规范的立法基础。

全国人民代表大会及其常委会制定的有关劳动的基本法律

在我国，由全国人民代表大会及全国人民代表大会常务委员会负责制定和发布基本法律和其他法律。一切基本法律和其他法律不得与宪法相抵触，其效力仅次于宪法。

属于这一层次的劳动法的渊源，最重要的是1994年7月5日由第八届全国人民代表大会常务委员会第八次会议审议通过的《中华人民共和国劳动法》。它是我国有关劳动问题的基本法律。我国的一切劳动法规都应与《中华人民共和国劳动法》所确立的规范相一致。它是我国调整劳动关系的准则。2007年6月29日颁布的《中华人民共和国劳动合同法》是劳动法领域的一部重要法律。除此之外，在《中华人民共和国工会法》、《中华人民共和国妇女权益保障法》、《中华人民共和国全民所有制工业企业法》、《中华人民共和国中外合资经营企业法》、《中华人民共和国外资企业法》等法律中，都包含有关调整劳动关系的规范。这些有关劳动关系的法律规范，同样应是劳动法的渊源之一。全国人民代表大会常务委员会制定的其他的法律规范，如1978年5月24日第五届全国人民代表大会常务委员会第二次会议原则批准的《关于安置老弱病残干部的暂行办法》、《关于工人退休、退职的暂行办法》等也是劳动法规的表现形式。

国务院制定的劳动行政法规

国务院是我国的最高国家行政机关，它有权根据宪法和法律制定和发布行政法规，包括条例、规定、决定、命令、办法、实施细则等。其内容不得与宪法和法律相抵触，而具有普遍的法律效力。国务院颁布的大量的劳动法规，是当前我国调整劳动关系的主要依据。如1982 年 4 月国务院发布的《企业职工奖惩条例》、1986 年 7 月国务院发布的关于劳动制度改革的《国营企业招用工人暂行规定》等四项暂行规定，1988 年 1 月国务院发布的《女职工劳动保护规定》等，都是劳动法的重要渊源。

国务院各部委制定的劳动规章

国务院所属各部委根据法律和行政法规、决定、命令，有权在本部门范围内发布命令、指示和规章，其中有关劳动关系的规章，也是劳动法的法律渊源。例如，劳动部就曾颁发了大量的有关劳动关系的规章，如 1990 年 1 月劳动部颁布的《女职工禁忌劳动范围的规定》，同年 7 月劳动部发布施行的《工人考核条例》等，都是调整劳动关系的重要规范。

地方性劳动法规

在我国，依据宪法规定，由省、直辖市人民代表大会及其常务委员会，在不同宪法、法律、行政法规相抵触的前提下，可以制定和发布地方性法规，报全国人民代表大会常务委员会备案。民族自治区地方的人民代表大会，有权依照当地民族的政治、经济和文化的特点，制定和发布自治条例和单行法规，报全国人民代表大会常务委员会批准后生效。按规定地方各级人民代表大会、地方各级人民代表大会常务委员会、县以上各级人民政府，依照法律规定的权限，发布决定和命令。这些适用于本地区的地方性法规中的劳动法规也都属于劳动法渊源的范畴。

我国政府批准生效的国际劳工组织通过的劳动公约和建议书

国际劳工组织通过的劳工公约和建议书属于国际劳动法的范畴，其中经我国政府批准后的公约和建议书在我国具有法律效力，因此也是我国劳动法的组成部分。例如，1984 年 5 月，我国承认的旧中国政府批准的 14 个国际劳工公约；1987 年 9 月，我国政府批准的《残疾人职业康复和就业公约》等。①

本章小结

我国《劳动法》的立法目的包括保护劳动者的合法权益，确立、维护和发展稳定和谐的劳动关系，促进经济发展和社会进步三个方面。三个方面的立法目的，是一个辩证的统一体，三项具体的立法目的，构成了我国《劳动法》立法目的的科学体系。

劳动法调整的主体范围包括：中华人民共和国境内的企业、个体经济组织和与之形成劳动关系的劳动者；国家机关、事业单位、社会团体和与之建立劳动合同关系的劳动者。中华人民共和国境内的企业、个体经济组织都受《劳动法》的管辖。

---

① 参见关怀主编：《劳动法》，16 页，北京，中国人民大学出版社，2001。

关键概念

劳动法立法目的　劳动法调整对象　劳动关系
劳动关系的特征　劳动关系的当事人　劳动法渊源
国家和用人单位在劳动法中的职责

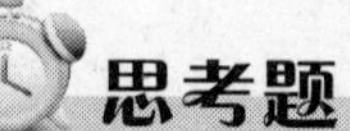

思考题

1. 如何理解我国劳动法的立法目的？
2. 简述劳动关系的特征。
3. 简述劳动法与其他部门法的区别。
4. 简述我国劳动法适用的主体范围。
5. 我国劳动法的渊源有哪些？

第三章 劳动者的权利与义务

学习目标

本章主要内容包括劳动者的权利与义务的法律特征、内容。通过本章的学习，了解劳动者的权利与义务的法律特征；明确劳动者的权利的具体内容及其在法律中的具体体现；明确劳动者的义务的具体内容。

劳动者的权利与义务，是我国《劳动法》中最核心的内容，具有特别重要的作用和地位。《劳动法》的立法宗旨、目的，最终几乎都通过关于对劳动者的权利与义务的具体规定来实现。因此，劳动者的权利与义务，在整个劳动法律规范内容体系中具有基本原则的地位和作用。各项具体的劳动法律规范，通过贯彻和反映劳动者的权利与义务，实现我国《劳动法》的立法目的。

第一节 劳动者的权利与义务的法律特征

劳动者的权利与义务在劳动法中这一重要地位，通过我国《宪法》第 44 条至第 46 条之规定给予了最高法律效力的确认。依据《宪法》的确认和规定，《劳动法》第 3 条规定：劳动者享有平等就业和选择职业的权利、取得劳动报酬的权利、休息休假的权利、获得劳动安全卫生保护的权利、接受职业技能培训的权利、享受社会保险和福利的权利、提请劳动争议处理的权利以及法律规定的其他劳动权利。劳动者应当完成劳动任务，提高职业技能，执行劳动安全卫生规程，遵守劳动纪律和职业道德。

可见，我国劳动者的权利与义务，具有两个最显著的法律特征：

（1）劳动权利与劳动义务具有对应性，即劳动者既享有法律规定的广泛的权利，同时又承担着法律规定必须履行的义务。如劳动者享有劳动的权利，同时就必须承担提高职业技能的义务；劳动者享有获取劳动报酬的权利，同时就负有提供劳动者完成劳动任务的义务；劳动者享有劳动保护的权利，同时就必须承担保守用人单位商业或技术上秘密的义务等等。

（2）劳动权利与劳动义务原则上只能由本人享有或履行，第三人不能行使权利和履行义务。劳动者因病或因工死亡产生的抚恤或供养人员的生活救济问题，其实是劳动者权利的一种延伸。劳动者权利义务的这一特征，是劳动关系本身具有人身属性这一性质决定的。

第二节　劳动者的权利

在我国，劳动者的权利具有广泛性和现实性。就广泛性而言，它包括三个方面的权利，即政治上的权利、经济上的权利和人身方面的权利。政治上的权利是由我国的社会主义性质和生产资料的公有制经济基础所决定的；经济上的权利是由社会主义市场经济和劳动关系的经济属性所决定的；人身方面的权利主要由《劳动法》促进社会进步的立法目的和劳动关系的人身属性所决定的。在我国《劳动法》中具体表现为：劳动权、劳动报酬权、休息权、劳动保护权、职业培训权、社会保险和福利权、提请劳动争议处理权以及法律规定的其他权利。

就劳动者权利的现实性，主要通过建立各项保障措施和制度得以充分实现。如在《劳动法》总则一章中，除了第 3 条规定了劳动者权利和义务之外，同时还通过其他各条从国家和用人单位的职责方面，确立了保障劳动者权利充分实现的原则。从劳动者权利与整个《劳动法》法律规范内容体系角度考察，几乎劳动者的每一项权利，都有一项具体的劳动法律制度保证其实现。如劳动者的劳动权主要通过第二章促进就业和第三章劳动合同和集体合同法律制度保证其实现；劳动报酬权主要通过第五章工资法律制度保证其实现；休息权主要通过第四章工作时间和休息休假法律制度保证实现；劳动保护权主要通过第六章劳动安全卫生、第七章女职工和未成年工特殊保护法律制度保证实现；职业培训权主要通过第八章职业培训法律制度保证实现；物质帮助权主要通过第九章社会保险和福利法律制度保证实现；请求保护的权利主要通过第十章劳动争议处理法律制度保证实现。

劳动权

劳动权，是劳动者以获取劳动报酬为目的依法享有的平等就业和选择职业的权利。劳动权具有以下法律特征：（1）劳动权既具有经济属性也具有政治属性。劳动权的经济属性表现为在社会主义市场经济条件下，劳动仍然是劳动者谋生的基本手段，通过向社会提供劳动和生产社会产品，取得满足自身及其家庭成员基本生活需要的劳动报酬。劳动权的这一性质，不仅将依据劳动权所产生的劳动与义务劳动和自己从事的家庭劳动区别开来，而且也将它与劳改人员所从事的以改造为目的劳动区别开来。劳动权的政治属性，主要由社会主义性质和生产资料的公有制所决定。依据这一属性，便产生了劳动者在享有劳动权时的平等原则。（2）劳动权是法律赋予劳动者的一种资格，它只有通过一定的法律事实才能成为现实的权利，即劳动者普遍通过订立劳动合同实现劳动权。劳动者在就业时，有权根据自己的意愿、兴趣选择用人单位。劳动者拥有择业自主权，用人单位享有用人自主权，用人单位和劳动者之间双向选择，在双方自愿基础上订立劳动合同，建立劳动关系。

我国《宪法》第 42 条规定：中华人民共和国公民有劳动的权利。这项规定作为宪法确立的一项基本原则，在我国的《劳动法》中得到充分而具体的贯彻和落实。《劳动法》第 3 条规定：劳动者享有平等就业和选择职业的权利。根据法律的这些规定，我国劳动者享有的劳动权具体包括：平等地享有就业的权利，职业选择的权利，不被非法和任意解雇、辞退的权利以及失业登记等项权利。为了保障这些具体权利的实现，我国《劳动法》第 5 条规定：国家采取各种措施，促进劳动就业。任何劳动者都有平等的机会按照自己的意愿选择职业，选择用人单位进行就业和参加社会劳动。在实现就业权利上，不因种族、民族、性别、年

龄、家庭出身、宗教信仰、生活经历和居住地等的各种差别而受到影响。劳动者的劳动权也都平等地受到保护，当劳动者的就业权益受到侵害时，所有劳动者都享有依法请求保护的权利。

劳动报酬权

劳动报酬是指劳动者基于劳动关系，向用人单位提供一定劳动量而获得的相应的货币收入。劳动报酬，就其实质而言，是按照劳动计算的必要劳动的转化形态，是以劳动作为计算尺度的个人消费品的分配。之所以将劳动报酬的实质确定为是个人消费品的分配，主要因为：第一，基于劳动报酬取得的货币，最终基本都投向个人消费市场，因此与其说是一种货币的分配，不如说是对个人消费品的分配；第二，劳动报酬在其功能上，具有一定的补偿性，即对劳动者的劳动消耗给予物质补偿，这种补偿最终反映为对消费品的消费；第三，既然劳动报酬是对劳动消耗的一种补偿，那么，以消费品为标准的衡量，显然比以货币为标准的衡量要准确得多。

劳动报酬权，是我国宪法规定的劳动者各项经济权利中最基本的一项权利，是劳动者及其家庭生活的主要来源。我国《宪法》第 6 条第 1 款规定：社会主义公有制消灭人剥削人的制度，实行各尽所能、按劳分配的原则。因此，我国《劳动法》将劳动者的劳动报酬权作为一项重要的基本权利。根据我国《劳动法》的规定，劳动报酬权具体包括：(1) 依据劳动者提供的劳动量和按劳分配的原则，取得应有的劳动报酬的权利。劳动报酬权不仅要求用人单位必须依法支付劳动者的劳动报酬，而且在劳动报酬数额的确定和支付中坚持平等原则，严格执行同工同酬的规定。按劳分配是我国社会主义初级阶段的主要分配形式，劳动者只要付出了劳动，就有权取得报酬，并按照自己提供的社会劳动数量和质量获取劳动报酬。同样的劳动，在同行业、同地区、同部门，应有同样的报酬，不应因劳动者的年龄、性别、种族等的不同而有所区别。(2) 劳动者通过劳动，取得国家规定的最低工资的权利。要求用人单位无论是否盈利，都必须依据《劳动法》的规定，支付给劳动者的劳动报酬不得低于国家规定的最低工资水平。即使是企业依法被宣告破产，也必须按《破产法》的规定，在破产清算时首先支付劳动者的工资。(3) 劳动者以货币的形式取得劳动报酬的权利。这项权利派生决定了用人单位不得以任何理由将劳动者的工资以商品或其他物资折抵。(4) 劳动者在法律规定的时间内领取劳动报酬的权利。这一权利要求用人单位不得以任何理由拖欠劳动者工资。

劳动者所享有的上述内容的劳动报酬权，我国《劳动法》通过各项具体制度严格保障其权利的实现，严禁非法扣除和延期支付劳动者的工资。

休息权

休息权，是指劳动者在劳动中经过一定的体力和脑力的消耗之后，依法享有的恢复体力、脑力以及用于娱乐和自己支配的必要时间的权利。我国《宪法》第 43 条规定：中华人民共和国劳动者有休息的权利。依据《宪法》的这一规定，我国《劳动法》第 3 条不仅将休息权作为劳动者的一项基本权利加以确认，而且通过第四章的专门规定，建立了保证其实现的具体法律制度。

劳动者的休息权及其状况，反映着一个国家的经济发展水平和社会进步的程度。随着社会的发展，休息时间不仅要求必须保证使劳动者恢复体力和脑力需要的时间，而且要求包括劳动者用于必要的娱乐和自由支配的时间。劳动者休息休假，是为了保证劳动者解除身体和精神上的疲劳，恢复体力和精力，从而更好地投入劳动。同时，也是为了使劳动者在业余时间参加学习、文体娱乐和各种社会活动，不断提高自身素质，有利于其身心健康。保证劳动者有一定的时间料理家务和个人事务，丰富家庭和业余生活。因此，劳动者的休息权具体包括：(1) 享有法律规定的休息时间总量的权利。(2) 享有在法定节日休息的权利。我国《劳动法》对元旦、春节、国际劳动节、国庆节等都规定了特定的休息时间，这些法定的节日休息时间，必须保证实现。(3) 享有法律规定的年休假的权利。(4) 享有在法律规定的特定时间内休息的权利。如我国《劳动法》规定：用人单位应当保证劳动者每周至少休息 1 日。

对于休息权的具体内容，我国《劳动法》通过严格控制加班和延长劳动时间的法律规定，保证劳动者休息权的切实实现。

劳动保护权

劳动保护权，是指劳动者享有的保护其劳动过程中生命安全和身体健康的权利。法律规定劳动保护权是为了维护劳动者生存权和健康权，也是生产发展的客观要求，是提高劳动生产率的重要手段。

为了切实加强劳动卫生保护工作，根据宪法规定，国家在各个时期都制定了一系列劳动安全卫生保护方面的法律、法规。尽管我国劳动者同用人单位之间形成的是一种新型的劳动关系，但在生产过程中，客观上仍然存在许多不安全和不卫生因素，特别在一些非公有制经济单位中，由于单纯地追求经济利益，不顾安全生产和卫生环境条件，使伤亡事故和职业病不断发生。如深圳一家企业发生火灾，一次死亡劳动者达 83 人之多。因此，保护劳动者的生命安全和身体健康，不仅是《劳动法》的基本要求，也是基本人权的重要内容。

背景知识

焊工四个月诊断为尘肺病

入职四个月，重庆农民工牟×华因病入院被确诊为尘肺三期。牟×华随后将工作的公司告上了法院，索赔工伤待遇等 50 余万元。这宗被用人单位称之为奇怪的案件，因为网上一则新闻报道出现逆转，法院直接驳回了这位农民工的诉讼请求。根据法院认定和判决，牟×华在 2004 年已经被确诊为尘肺病，他的 50 余万元的索赔未获支持。

2010 年 8 月 25 日，重庆农民工牟×华入职佛山市一家工程设备有限公司，从事焊接磨料工作。当年 12 月 11 日下午牟×华在焊接时眼部受伤，入院治疗时，他的病情引起医生重视，医生建议他做职业病诊断。

2011 年 3 月 15 日，佛山市职业病防治所诊断牟×华为职业病尘肺三期；5 月 10 日禅城区人社局认定其为工伤；7 月 13 日，劳动能力鉴定委员会鉴定为伤残二级。2011 年 8 月 11 日，牟×华向仲裁委提出劳动仲裁，请求职业病工伤待遇、双倍工资等各种赔偿共计 50 余万元。

牟×华提供给职防所的从业经历显示，1992 年起他在武汉从事建筑磨工 10 余年，中途职业经历不详。南海区劳动仲裁委员会受理该案后，组成仲裁庭于 2011 年 11 月 1 日公开开庭审理了此案。仲裁裁决书上称，被申请人用人单位无正当理由拒不到庭参加庭审，仲裁庭对本案作缺席裁决。仲裁裁决基本支持了牟×华的仲裁请求。

是否在佛山患病成焦点

2011 年 12 月，这起劳动争议纠纷案诉至禅城区法院，法院受理后先后三次开庭审理。

牟×华是否在佛山这家工程设备公司患病，成为双方争论的焦点。

被告认为，在涉案工程施工工地从事焊接磨料工作，工人均佩戴防护眼镜和口罩，短短四个月内可能接触粉尘作业工作强度及危害性不大，且为户外作业，患上尘肺病的可能性非常小。况且，尘肺病的潜伏期较长，四个月内患病无法解释。

不过，被告代理律师一个细小的举动彻底改变了事件的性质。代理律师在网上输入“尘肺病牟×华”进行搜索，竟然发现数十条显示结果。早在2000年，牟×华受聘于浙江省温州市龙湾区一家矿石研磨厂，2004年被确诊为尘肺二期，与工厂进行过诉讼，并获得赔偿。两个牟×华的名字一样，出生年月一致，家庭住址同为重庆万州。被告认为，此事已经过去七八年时间，牟×华尘肺病发展到三期是非常正常的，与被告无关。

禅城区法院通过温州市龙湾区法院也确认了牟×华患尘肺病诉讼的整个事实。2012年6月7日，牟×华到法庭表示档案材料上的“牟×华”就是他本人。

原告虚假诉讼构成诈骗罪？

被告认为，牟×华以非法取得赔偿为目的，以欺诈手段通过重复以尘肺病为由申请工伤认定，以获取工伤赔偿，这一行为已构成虚假诉讼。牟×华的这一行为已经触犯了刑法，符合诈骗罪的构成要件，已构成诈骗罪，应追究原告牟×华的刑事责任。

该案由禅城区法院宣判后，双方在法定期限内并未提出上诉。对于这起诉讼，牟×华告诉记者，他上有80多岁的父母，下有小孩，每月只靠妻子1 000多元的收入养活。他称，还将通过检察机关对法院判决提出抗诉。

资料来源：门君诚：《民工隐瞒尘肺病史索赔被驳回》，载《南方都市报》，2012-12-07。

劳动者享有的劳动保护权主要包括：（1）安全卫生环境条件获得权。即劳动者有权在安全和卫生的生产环境中从事劳动的权利。依据这项权利，用人单位必须建立健全安全卫生制度，严格执行国家安全卫生标准，安装安全卫生设施，使劳动工具、劳动场所和劳动环境保持安全和卫生的状态。（2）取得劳动保护用品的权利。有些劳动场所和岗位，即使按照国家规定符合安全卫生标准，但实际上也难以完全实现对劳动者的保护。因此，法律规定，对特定场合、岗位、职业的劳动者，用人单位应当提供必要的劳动保护用品。（3）获得法律规定的休息时间的权利。为了使劳动者能够恢复体力和脑力，《劳动法》规定了严格的工作时间和休息时间，并通过严格限制加班和延长劳动时间的规定，保证该项权利的实现。（4）定期健康检查权。为了切实保护劳动者的身体健康，《劳动法》规定，对从事有职业性危害作业的劳动者和未成年工，用人单位应当定期进行健康检查。因此，定期健康检查是劳动保护权的具体内容之一。（5）依法获得特殊保护的权利。我国《劳动法》规定：国家对女职工和未成年工实行特殊劳动保护。因此，取得法律规定的特殊保护的各项待遇和条件，是女职工和未成年劳动者劳动保护权的重要内容。（6）拒绝权。为了保护劳动者的生命安全和身体健康不受人为因素的侵害，我国《劳动法》还确立了保障劳动保护权切实实现的拒绝权，如劳动者对用人单位管理指挥人员违章指挥，强令冒险作业，有权拒绝执行；用人单位安排女职工和未成年劳动者从事国家规定禁忌范围劳动时，女职工和未成年劳动者有权拒绝接受等。

职业培训权

职业培训，是指以提高劳动者直接从事各种职业所需要的专业技术、业务知识和操作技能为目的的一种培训制度，它包括就业前培训和就业后培训。职业培训是国家教育制度中的一个重要的组成部分，它不仅通过提高劳动者专业技术、业务知识和操作技能，直接为促进经济发展和提高劳动生产率服务，而且也通过对劳动者的培训，提高劳动者的个人素质，提高劳动生产率，有利于失业人员重新就业，缓解失业问题，最终促进社会的发展和进步。

对于职业培训，我国历来非常重视，1982 年《宪法》规定：国家对就业前的公民进行必要的劳动就业训练。为此，有关部门都相继修改和制定了一些规章，如《技工学校工作条例》，《关于加强和改进学徒培训工作的意见》等。为了加强在职培训，国家有关部门先后制定了《关于加强职工培训，提高职工队伍素质的意见》、《加强职工教育工作的决定》、《关于举办职工中等专业学校的试行办法》、《工人考核条例》等等。《劳动法》根据国家加强职业教育的方针，不仅从劳动基本法地位对职业培训做出系统规定，并使现行的各种有关职业培训规章形成了科学和完备的职业培训法律规范体系，而且将职业培训作为劳动者的基本权利加以规定。这种从劳动者基本权利角度的规定，与单纯地通过立法和政策要求有关部门和用人单位加强和重视职业培训工作，在效果上有着质的差别。作为劳动者的一项基本权利，劳动者就会从维护自身的权利出发，要求国家有关部门和用人单位必须履行法律规定的职责或义务，以保障劳动者基本权利的实现。因此，这种作为基本权利的规定，本身就设置了一个保护我国职业教育目标实现的制度机制，这种机制无时不在为其设置目的发生作用。

劳动者的职业培训权，主要表现在劳动者在职业培训方面，但是它也包括就业前培训。这是因为：第一，虽然我国《劳动法》调整的对象是劳动关系，但对未形成劳动关系之前的劳动者的就业问题，《劳动法》采取了特殊的处理方法，即通过促进就业一章纳入了《劳动法》的范畴。第二，从《劳动法》第 3 条和第 66 条的具体规定分析，劳动者并非必然为劳动关系的一方主体。在未形成劳动关系的就业阶段，只要符合国家规定的劳动法主体的条件，就属于劳动者。同时劳动者在享有平等就业和职业选择的劳动权时，他同用人单位之间仍然未正式形成劳动关系。因此，《劳动法》规定劳动者的职业培训权，应当包括就业前培训的权利。

劳动者在就业之后的职业培训权，内容较为广泛，主要有：（1）获得参加各种职业培训资格的权利。劳动者依法要求参加规定的各种技能职业培训，用工单位不得拒绝。（2）在职业培训中，有权获得规定的学习时间的权利。对于按规定必须安排一定工作时间从事学习的，用人单位应当积极安排。（3）在培训经费方面的权利。在职业培训中，按规定由用人单位负担的费用，用人单位应当支付，已经由劳动者代付的，用人单位必须依法返还。（4）进行特殊培训的权利。《劳动法》第 55 条规定：从事特种作业的劳动者必须经过专门培训并取得特种作业资格。因此，从事特种作业的劳动者，要求进行专门培训，是职业培训权的具体内容之一。（5）获得职业培训证书或资格证书的权利。我国的职业培训要与国际标准接轨，中心环节就是建立统一的资格证书制度。为此，我国《劳动法》规定：国家确定职业分类，对规定的职业制定职业技能标准，实行职业资格证书制度。通过以《劳动法》为基础的国家职业分类、职业技能标准体系、职业技能培训网络、职业资格证书制度和职业技能鉴定网络，逐步建立和完善职业技能开发体系。

根据《劳动合同法》第 22 条的规定，只有当用人单位为劳动者提供专项培训费用，对其进行专业技术培训的，才可以与该劳动者订立协议，约定服务期。并且，违约金的数额不得超过用人单位提供的培训费用。用人单位要求劳动者支付的违约金不得超过服务期尚未履行部分所应分摊的培训费用。在约定的服务期内，不影响按照正常的工资调整机制提高劳动者的劳动报酬。

社会保险和福利权

社会保险权，是劳动者因暂时或永久丧失劳动能力以及暂时失业时，依法享有的物质帮助权。社会福利权，是指劳动者依据国家制定的社会福利制度所享有的权利。社会福利，是国家为提高劳动者物质文化生活水平，促进社会进步而设立的一项物质帮助的制度。劳动者享有社会保险权和社会福利权，是我国宪法确立的基本原则的要求。《宪法》第 45 条规定：中华人民共和国公民在年老、疾病或者丧失劳动能力的情况下，有从国家和社会获得物质帮助的权利。《宪法》的这一规定，不仅反映了劳动者生理规律和社会发展的客观需要，而且也体现了我国社会主义社会的本质。一方面，人的生理规律和特性，决定了社会上通过劳动取得报酬以满足生活需要的仅仅是一部分人，另一部分人虽然尚未形成劳动能力或已经丧失劳动能力，但仍然需要生活来源。社会保险正是因解决这一社会问题而产生的。另一方面，社会主义生产资料的公有制性质，不仅决定了立法必须以保护劳动者的合法权益为目的，而且通过建立社会保险和社会福利制度，解除劳动者的后顾之忧，激发劳动者的劳动积极性，推动社会经济的迅速发展。为此，我国《劳动法》将社会保险权和社会福利权作为劳动者的基本权利，并以劳动基本法的地位和规定为基础，建立和完善我国社会保险和社会福利法律规范体系。

劳动者的社会保险和社会福利权在《劳动法》第九章作出规定。如《劳动法》第 70 条规定：国家发展社会保险事业，建立社会保险制度，设立社会保险基金，使劳动者在年老、患病、工伤、失业、生育等情况下获得帮助和补偿。第 73 条规定："劳动者在下列情形下，依法享受社会保险待遇：(1) 退休；(2) 患病、负伤；(3) 因工伤残或者患职业病；(4) 失业；(5) 生育。劳动者死亡后，其遗属依法享受遗属津贴。"并且对社会保险水平、社会保险基金来源和监督、社会保险层次等做了规定，目的在于保证社会保险制度的运转，保障劳动者社会保险权利的实现。

根据法律的规定，劳动者的社会保险和社会福利权的具体内容主要包括：(1) 平等权。劳动者在享受和领取各项保险福利待遇时，必须坚持人人平等的原则，严格禁止有任何超越法律规定之外的特权存在。(2) 在社会保险和福利费用或其他待遇给付方面的权利。主要有退休费用及其待遇；患病或负伤费用及其待遇；因工负伤或职业病费用及其待遇；失业费用及其待遇；生育费用及其待遇等。(3) 在休息或休假方面的权利。如患病或负伤医疗期限，因工负伤或职业病的治疗休息期限，女职工产假期限等。(4) 请求兴建公共福利设施，提供休息、休养和疗养条件的权利。

提请劳动争议处理权

提请劳动争议处理权，是指劳动者在劳动过程中因权益问题与用人单位发生争议时，享有请求有关部门对争议进行处理的权利。我国《劳动法》第 3 条规定，劳动者有提请劳动争议处理的权利。劳动争议是用人单位与劳动者之间发生的争议。这种争议最终表现为双方的权益争议。劳动争议一旦发生，就直接关系着劳动者的工作和生活，关系着劳动者的切身利益。因此，法律赋予劳动者提请劳动争议处理的权利，实质就是劳动者享有的请求保护的权利，它有利于劳动争议的尽快解决，有利于保护劳动者的合法权益，也有利于培养和提高劳动者的法律意识。

劳动者提请劳动争议处理的权利，具体包括以下内容：(1) 争议处理方式选择权。即劳动者在行使提请劳动争议处理权时，依法享有的对争议处理途径和方式的选择权。我国《劳动法》第 77 条规定："用人单位与劳动者发生劳动争议，当事人可以依法申请调解、仲裁、提起诉讼，也可以协商解决。"因此，劳动者在行使该项权利时，有权根据法律的规定和自己的意愿选择劳动争议处理方式或途径。(2) 请求劳动争议处理机构依法受理争议的权利。要求劳动争议处理机构受理争议，是劳动者该项权利的实质和核心，立法授予劳动者这一权利的目的就在于杜绝对劳动争议不予受理的现象，切实保障其他权利的实现。因此，基于这一基本权利，当争议处理机构不予受理时，劳动者有权要求受理机构说明不予受理的理由和原因，受理机构必须做出答复。(3) 控告权。当劳动者的合法权益遭受侵害，劳动者行使请求争议处理权，而处理机构又不依法受理时，劳动者有权检举和控告。《劳动法》第 88 条第 2 款规定：任何组织和个人对于违反劳动法律、法规的行为有权检举和控告。

法律规定的其他劳动权利

劳动者除享有以上方面的基本劳动权利外，还依法享有其他劳动权利。根据《关于〈中华人民共和国劳动法〉若干条文的说明》第 3 条的规定，法律规定的其他劳动权利，是指劳动者依法享有参加和组织工会的权利，参加职工民主管理的权利，参加社会义务劳动的权利，参加劳动竞赛的权利，提出合理化建议的权利，从事科学研究、技术革新、发明创造的权利，依法解除劳动合同的权利，对用人单位管理人员违章指挥、强令冒险作业有拒绝执行的权利，对危害生命安全和身体健康的行为有权提出批评、检举和控告的权利，对违反劳动法的行为进行监督的权利等。

(一) 劳动者参加和组织工会的权利以及工会的权利

根据《工会法》规定，工会是职工自愿结合的工人阶级的群众组织。《中国工会章程》规定，中国工会是中国共产党领导的职工自愿结合的工人阶级群众组织，是重要的社会政治团体。我国工会的基本职能有：(1) 维护职能。工会在维护全国人民总体利益的同时，有责任维护职工的合法权益。工会必须密切联系职工，听取和反映职工的意见和要求，关心职工生活，全心全意为职工服务。(2) 参与职能。工会通过各种途径和形式，参与管理国家事务，管理经济和文化事业，管理社会事务，管理本企业有关事务，协助政府开展工作，巩固工人阶级领导的、以工农联盟为基础的人民民主专政的社会主义国家政权。(3) 组织职能。工会组织职工依照宪法和法律的规定行使民主权利，参加本单位的民主管理和民主监督，发动和组织职工努力完成生产任务和工作任务；组织职工开展劳动竞赛，开展群众性的合理化建议、技术革新和技术协作活动，提高劳动生产率和经济效益，发展社会生产力。(4) 教育职能。工会动员和教育职工以主人翁态度对待劳动，爱护国家和企业财产，遵守劳动纪律。工会对职工进行爱国主义、集体主义、社会主义教育，民主、法制、纪律教育，以及科学、文化、技术教育，提高职工的思想、道德、科学、文化、技术、业务素质，使职工成为有理想、有道德、有文化、有纪律的劳动者。

劳动者有权依法参加和组织工会。参加和组织工会是法律赋予劳动者的神圣权利，任何组织和个人都不得侵犯。工会维护劳动者的合法权益，首先必须维护职工参加和组织工会的权利，把广大职工吸引和组织到工会中来，这一点在外商投资企业、乡镇企业和私营企业中尤其重要。在已开业的外商投资企业中，职工有权依法参加和组织工会。凡新开办外商投资企业，谈判签约应包括企业职工组建工会的内容，并将其写入企业章程，做到在筹建企业的同时筹建工会，在企业投产的同时成立工会。

工会在劳动关系中具有以下职权：

(1) 工会在参与民主管理方面的职权。《工会法》第 6 条第 3 款规定：工会依照法律规定通过职工代表大会或者其他形式，组织职工参与本单位的民主决策、民主管理和民主监督。劳动者在企业管理中有其自身的权利，因为企业的经营状况也直接关系到职工的利益。在企事业单位违反职工代表大会制度和其他民主管理制度时，工会有权提出意见，保障职工依法行使民主管理的权利。《工会法》第 27 条规定：企业、事业单位发生停工、怠工事件，工会应当代表职工同企业、事业单位或者有关方面协商，反映职工的意见和要求并提出解决意见。对于职工的合理要求，企业、事业单位应当予以解决。工会协助企业、事业单位做好工作，尽快恢复生产、工作秩序。

（2）工会在劳动合同的订立和解除方面的职权。首先是代表职工与企业签订集体合同。《劳动法》第 33 条规定：企业职工一方与企业可以就劳动报酬、工作时间、休息休假、劳动安全卫生、保险福利等事项，签订集体合同。集体合同草案应当提交职工代表大会或者全体职工讨论通过。集体合同由工会代表职工与企业签订；没有建立工会的企业，由职工推举的代表与企业签订。其次是帮助、指导职工与用人单位签订劳动合同。《工会法》第 20 条规定：工会帮助、指导职工与企业以及实行企业化管理的事业单位签订劳动合同。最后是用人单位解除劳动合同不适当，工会有权提出意见。《劳动法》第 30 条规定：用人单位解除劳动合同，工会认为不适当的，有权提出意见。如果用人单位违反法律、法规或者劳动合同，工会有权要求重新处理；劳动者申请仲裁或者提起诉讼的，工会应当依法给予支持和帮助。

（3）工会在用人单位辞退、处分职工时的职权。用人单位经济性裁员时，应当听取工会的意见。《劳动法》第 27 条规定：用人单位濒临破产进行法定整顿期间或者生产经营状况发生严重困难，确需裁减人员的，应当提前 30 日向工会或者全体职工说明情况，听取工会或者职工的意见，经向劳动行政部门报告后，可以裁减人员。同时，用人单位处分职工，工会有权提出意见。根据《工会法》第 21 条规定：企业、事业单位处分职工，工会认为不适当的，有权提出意见。企业单方面解除职工劳动合同时，应当事先将理由通知工会，工会认为企业违反法律、法规和有关合同，要求重新研究处理时，企业应当研究工会的意见，并将处理结果书面通知工会。

（4）工会在用人单位劳动安全卫生条件和设施方面的职权。这是《工会法》赋予工会的职权。《工会法》第 23 条规定：工会依照国家规定对新建、扩建企业和技术改造工程中的劳动条件和安全卫生设施与主体工程同时设计、同时施工、同时投产使用进行监督。第 24 条规定：工会发现企业违章指挥、强令工人冒险作业，或者生产过程中发现明显重大事故隐患和职业危害，有权提出解决的建议，企业应当及时研究答复；发现危及职工生命安全的情况时，工会有权向企业建议组织职工撤离危险现场，企业必须及时作出处理决定。

（5）工会在处理和解决劳动争议方面的职权。包括工会参与组成企业调解委员会，行使调解权。劳动争议调解委员会是用人单位内依法成立的调解劳动争议的群众性组织。《劳动法》规定：在用人单位内，可以设立劳动争议调解委员会，劳动争议调解委员会由职工代表、用人单位代表和工会代表组成。劳动争议调解委员会主任由工会代表担任。工会参与劳动争议仲裁委员会，行使劳动仲裁权。《劳动法》第 81 条规定：劳动争议仲裁委员会由劳动行政部门代表、同级工会代表、用人单位方面的代表组成。劳动争议仲裁委员会主任由劳动行政部门代表担任。劳动者因劳动争议申请仲裁或提起诉讼，工会应予以支持和帮助，《劳动法》第 30 条和《工会法》第 21 条都对此做了明确规定。

（6）工会有对用人单位遵守劳动法律、法规的情况进行监督的职权。工会有权对用人单位遵守劳动法律、法规的情况实施监督，依法维护劳动者合法权益的，对用人单位违反劳动法律、法规，侵犯职工合法权益的，工会有权要求企业、事业单位或者有关部门认真处理。

（二）劳动者参与企业民主管理的权利

这是指劳动者通过职工代表大会或其他形式，参加管理企业事务并对企业经营管理实行民主监督，进行平等协商的制度。劳动者依照法律规定，通过职工大会、职工代表大会或者其他形式，参与民主管理，是《劳动法》赋予职工的权利。劳动者在用人单位进行民主管理是职工行使当家做主权利的具体体现，是实现企业决策民主化、科学化和加强企业内部管理的重要内容。

因此，在国有企业要坚持和完善职工大会、职工代表大会制度，依法落实其各项职权。在国有独资公司和两个以上国有企业或其他两个以上国有投资主体投资设立的有限责任公司，依法通过职工代表大会和其他形式，实行民主管理；其他有限责任公司和股份有限公司，可以由职工代表大会，也可以由工会代表职工实行民主管理。小型国有企业实行承包、租赁经营的，要依法保障职工在企业的主人翁地位和工会组织正常活动的开展，并以班组民主管理会或工会小组会等形式，组织职工参与民主管理，加强民主监督。城镇和乡村集体企业必须贯彻《城镇集体所有制企业条例》和《乡村集体企业条例》，坚持和完善职工代表大会制度，保障职工依法行使民主管理企业的权利。股份合作制企业参照《城镇集体所有制企业条例》的规定，采取职工（代表）大会和其他形式实行民主管理。外商投资和私营企业，应建立职工参与制度，通过工会会员（代表）大会或建立协商谈判制度等多种形式实行职工参与。已建立职工代表大会制度的，应继续坚持并逐步完善。实行公司制的企业应选举工会主席（或副主席）和职工代表参加监事会，对公司的经营活动进行监督。以国有资产为主体的有限责任公司和股份有限公司，应有工会主席和一定比例的职工代表进入董事会，参与公司重大问题的决策。参加公司监事会、董事会的职工代表，应由公司工会组织职工通过职工（代表）大会或工会会员（代表）大会民主选举产生。

第三节　劳动者的义务

在我国，劳动者的权利和义务具有一致性和对应性，《劳动法》在赋予劳动者广泛的权利的同时，也要求劳动者必须履行相应的义务。对此，我国《劳动法》第 3 条第 2 款规定：劳动者应当完成劳动任务，提高职业技能，执行劳动安全卫生规程，遵守劳动纪律和职业道德。因此，我国劳动者的基本义务主要有：劳动义务，提高职业技能义务，执行安全卫生规程和劳动纪律的义务，遵守职业道德的义务等。

劳动义务

劳动义务是指劳动者依据合同或法律规定，提供劳动力，从事实际劳动并完成规定工作任务的义务。劳动义务，与劳动者享有的劳动报酬的基本权利相对应，是劳动者承担的一项最核心的义务。

劳动关系目的的产生，在于实现劳动过程，而劳动过程的实现，以劳动者从事实际劳动和完成工作任务为中心。劳动义务的内容，主要包括两个方面：一方面要求劳动者必须依约定或规定从事实际劳动，即对劳动义务在形式上的一种要求；另一方面要求劳动者必须完成工作任务，即对劳动义务在内容上的一种要求。这种劳动义务从形式到内容上的统一，是我国《劳动法》贯彻效率优先原则的具体体现，也是我国《劳动法》在劳动义务规定方面的一大特点。劳动者只有完成劳动义务，才能使整个劳动过程得以延续，生产得到发展。同时，这也是劳动者获得劳动报酬的基本前提，劳动者只有完成其劳动义务，才能获得相应的劳动报酬。

提高职业技能义务

提高职业技能，是指劳动者负有的不断提高劳动能力、业务知识水平，以促进劳动者职业技能不断提高的义务。这项义务要求劳动者在学习和实践中不断接受新的业务知识，提高业务能力和操作技能，改进生产工艺、提高产品质量。促进劳动者职业技能的提高，不仅有利于用人单位实现自身的经济盈利目的或推动本单位工作水平的提高，更重要的是通过提高劳动者基本素质，促进我国经济发展和社会进步。因此，我国《劳动法》将提高劳动技能作为劳动者的基本义务，不仅反映了市场经济的要求，而且也为社会的进步设置了一项激励机制。

这一激励机制表现为：(1) 无论劳动合同是否有要求劳动者提高技能的具体约定，劳动者都必然负有提高职业技能的义务；(2) 随着用人单位生产工艺、技术设备的更新改造，要求劳动者必须提高职业技能，以符合新的生产技术发展的需要；(3) 当用人单位生产技术不断提高，而劳动者职业技能无法随之提高，而变得不适应工作岗位或不符合工作条件时，用人单位可以劳动者未能履行法定义务而辞退劳动者，并不要求劳动者必须有违纪行为或主观上有过错。

执行安全卫生规程和劳动纪律的义务

劳动者在劳动过程中，必须遵守国家安全技术规章、生产卫生规程，服从用人单位的组织、指挥和监督，遵守用人单位劳动纪律和内部规章制度。保护劳动者的合法权益，维护稳定和谐的劳动关系，保证正常的生产秩序，是我国《劳动法》的主要目的。《劳动法》确立劳动者负有执行劳动安全卫生规程，遵守劳动纪律的义务，对于实现立法的目的，具有特别重要的意义。劳动者承担执行劳动安全卫生规程的义务，其目的仍在于保护劳动者的生命安全和身体健康。为了避免和减少事故，保护劳动者的身体健康和生命安全，国家历来都非常重视这方面的立法，并相继颁布了《中华人民共和国矿山安全法》、《工厂安全卫生规程》、《建筑安装工程安全技术规程》、《企业职工伤亡事故报告处理的规定》以及其他不同行业的安全卫生规程等。这些规程或规范的制定，最终依靠劳动者的严格执行来发挥作用。认真执行这些安全卫生规程，才能够避免或减少工伤事故和职业病的发生，保证安全生产。只有劳动者认真执行劳动安全卫生规程，照章操作，不违章作业，才能保护自身的生命安全和身体健康，才能督促劳动者树立劳动安全卫生的意识，减少或避免由于违章作业而造成的伤亡事故和职业病的发生，同时，劳动秩序的正常化，直接依赖于劳动者对劳动纪律的遵守程度。因此，《劳动法》将执行安全卫生规程和遵守劳动纪律，作为劳动者的基本义务，并要求其严格履行。

遵守职业道德的义务

职业道德是指特定职业范围内“做人的标准”和“做事的规矩”相结合而形成的职业生活所必须遵循的行为规范或准则。职业道德的基本特征，就是把社会道德的原则职业化和具体化。如医务工作者的职业道德为：“救死扶伤，实行革命人道主义”；商业道德要求买卖公平、服务热情周到；科学道德为尊重客观规律和治学严谨等等。职业道德属于对劳动的社会控制范畴，它对劳动者及其行为发生潜移默化的作用，是法律和纪律规范不能替代的。职业道德要求从事该职业的劳动者必须遵守一定的规范和原则，才能保证该职业的社会价值，才能保证该职业劳动者的劳动为社会所接受和承认。劳动者只有遵守职业道德，才能向社会提供按质按量的劳动，为社会创造物质财富和精神财富。我国《劳动法》将职业道德作为劳动者的一项基本义务加以规定，不仅符合我国现阶段的实际，而且对于填补我国社会道德在劳动生产领域的相对空白，具有十分重要的现实意义。将职业道德从立法上加以肯定，是我国《劳动法》的一大创举，它必然有助于推动我国劳动者素质的提高以及我国劳动者优良传统的发扬。

劳动纪律是人们在共同劳动过程中必须遵守的一定规则和秩序，是组织社会劳动的基础，也是社会化大生产进行的必要条件。劳动者只有遵守集体劳动所要求的一定秩序和规则，才能保证整个劳动过程的顺利实现。劳动者遵守劳动纪律，具体包括遵守厂规、厂纪等用人单位内部劳动规则。

法律规定的其他义务

根据《劳动法》的规定，劳动者除了依法履行上述义务之外，还应当履行法律规定的其他义务。所谓法律规定的其他义务，主要指：(1) 依法履行劳动合同的义务。劳动合同一经成立，对双方均具有强制性和约束力，劳动者必须严格履行。(2) 保密义务。即劳动者负有不泄露用人单位在生产、制造或营业上的技术秘密、经济秘密和商业秘密等义务。如我国《劳动法》第 22 条规定：劳动合同当事人可以在劳动合同中约定保守用人单位商业秘密的有关事项。(3) 参加社会保险，缴纳保险费的义务。社会保险具有强制性，劳动者必须按规定缴纳属于个人部分的保险费。我国《劳动法》第 72 条规定：用人单位和劳动者必须依法参加社会保险，缴纳社会保险费。

典型案例

1990 年，某中外合资电子公司招聘员工，杜某等被录用。他们与电子公司签订了为期 5 年的劳动合同。其中规定：公司组织被录用的员工进行技术培训；有关专有技术是公司的商业秘密，员工在公司工作期间，必须遵守公司的保密规则，若违反保密规则，泄露专有技术秘密，公司将解除劳动合同，并将依法追究当事人的法律责任。又规定，在合同有效期内未经公司同意，不得调动工作。合同期满或经公司同意调动工作的，必须交回所保管的全部技术资料，并向公司保证不泄露所知的专有技术秘密。1994 年 9 月，另外一家中外合资的电器公司对杜某说，若到他们公司去，将委以重任，给予高薪，只需将电子公司的专有技术资料带来。1994 年 10 月，杜某向电子公司建议解除劳动合同，电子公司不同意。11 月，杜某携带他所保管的技术资料，到电器公司上任。电子公司以杜某违反劳动合同中的保密条款，向劳动争议仲裁委员会提出申诉，同时在人民法院以违反《反不正当竞争法》起诉电器公司。

资料来源：黄成建主编：《劳动法新释与例解》，132 页，北京，同心出版社，2000。

本章小结

我国劳动者的权利与义务，具有两个最显著的法律特征：(1) 劳动权利与劳动义务具有对应性，即劳动者既享有法律规定的广泛的权利，同时又承担法律规定的必须履行的义务。

(2) 劳动权利与劳动义务原则上只能由本人享有或履行，第三人不能行使权利和履行义务，即使劳动者因病或因工死亡产生的抚恤或供养人员的生活救济问题，其实也是劳动者权利的一种延伸。劳动者权利义务的这一特征，是劳动关系本身具有人的身份属性这一性质决定的。

劳动者的权利包括：劳动权、劳动报酬权、休息权、劳动保护权、职业培训权、社会保险和福利权、提请劳动争议处理权以及法律规定的其他劳动权利。

劳动者的义务包括：劳动义务、提高职业技能义务、执行安全卫生规程和劳动纪律的义务、遵守职业道德的义务以及法律规定的其他义务。

关键概念

劳动者的权利　劳动者的义务　劳动权　劳动报酬权
休息权　劳动保护权　职业培训权　社会保险和福利权
提请劳动争议处理权　劳动义务　提高职业技能义务
执行安全卫生规程和劳动纪律的义务　遵守职业道德的义务
保密义务　参加社会保险和缴纳保险费的义务

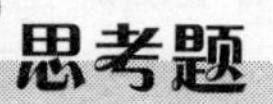

思考题

1. 简述我国劳动者的权利与义务的法律特征。
2. 简述我国劳动者的权利。
3. 简述我国劳动者的义务。
4. 如何理解我国劳动者的劳动权？

第四章 促进就业

学习目标

本章主要内容包括：劳动就业的要素、概念及其基本原则；职业介绍以及禁止使用童工的有关内容。通过本章的学习，了解劳动就业的基本概念及其基本要素；了解劳动就业的不同形式及其具体要求；理解劳动就业的基本原则；了解职业介绍在培育和发展劳动力市场中的作用，了解职业介绍机构及其职能；明确我国法律对于禁止使用童工的有关规定。

就业问题，历来与经济发展和社会稳定直接相联。通过建立科学合理的就业制度，实现劳动力与生产资料的最佳结合，达到提高劳动生产率和促进经济迅速发展的目的；通过最广泛的就业促进，减少失业人员，实现社会的稳定和国家的进步。因此，实现充分就业，始终是国家的一个重要目标。

第一节 劳动就业概述

劳动就业的概念及基本要素

劳动就业，是指有劳动能力的人，通过一定方式与生产资料相结合，实现劳动过程，获得劳动报酬或经营收入的活动。

劳动就业，从就业制度角度而言，其实质是劳动力与生产资料相结合，使劳动过程得以实现，通过劳动过程的实现，生产出社会所需要的产品，推动社会的进步和发展。由于劳动就业的这一重大意义和社会功能，才导致了几乎所有国家的政府都花大力气去思考本国的就业政策，并力求建立科学、合理和有效的劳动就业制度。我国《劳动法》专章规定就业促进，就是力求建立起市场对劳动力资源配置起基础性作用的就业制度。

国际上相关机构给“就业”定义的标准为凡在规定年龄以上并符合以下条件者都属于就业者：(1) 正在工作中，即在规定的时期内正在从事有报酬或收入的职业的人。(2) 有职业但临时停止工作的人。如由于疾病、事故、劳动争议、休假、旷工或气候不良、机件损坏、故障等原因而临时停工的人。(3) 雇主和个体经营者，或正在协助家庭经营企业或农场而不领取报酬的家属成员，在规定的时间内，从事正常工作时间的 1/3 以上者。劳动就业的范围，一般只包括国民经济各部门所使用的劳动力。武装部队中的人员和在校学习的学生不包括在劳动就业人员的范围内。

从劳动者的权利角度而言，劳动者依法享有的劳动权，只有通过劳动就业才能实现。在就业之前，劳动权利处于一种虚置状况；通过就业，劳动者与生产资料结合，劳动权才成为现实。因此，劳动就业通常应包括以下几个因素：

(1) 公民已进入劳动年龄。劳动年龄，是法律确认公民享有劳动权利能力的基本标志。关于劳动年龄的上下限，我国规定为，男性 16 岁至 60 岁，女性 16 岁至 55 岁。但这并不排除某些特殊情况下，劳动年龄可依照法定程序提前或延后。除法律有特殊规定外，任何人均不得与不满 16 周岁的公民订立劳动合同。同时，年满 18 周岁是具有完全劳动能力的起始年龄。只有进入完全劳动能力年龄段的成年人才可从事法律没有限制的任何劳动。劳动年龄的上限即为退休年龄。退休年龄并不标志着劳动行为能力的实际丧失，只是意味着在法律上该公民失去了劳动能力，从此应当退出劳动领域。

(2) 具有劳动的行为能力。劳动就业以实现劳动过程，生产出社会产品为目的，因此，必然要求劳动者具有劳动的实际行为能力，包括特定职业和岗位的专业技术要求。比如，健康状况会影响劳动者劳动行为能力，只有有强健身体的劳动者才能更好地进行劳动。如果身体状况较差或者由于特殊的情况，劳动者的工作范围就要受到相应的限制。如有些岗位的职工不允许患有某种特殊疾病的人担任，患有传染病的劳动者不得从事与饮食有关的工作。同时，劳动者的智力发育是否健全、文化水平高低、技术水平的熟练程度，以及人身的自由状态都会对就业产生影响。完全丧失行为能力的残疾人不能从事任何劳动，部分残疾人可以从事与健康状况相宜的工作。对于丧失劳动能力的人而言，所涉及的是社会救济问题，而非劳动就业问题。

(3) 有参加劳动的意愿。劳动就本质而言，是劳动者的一项基本权利。权利的行使与否，不具有强制性。对此，国际劳工组织第 29 号《强迫劳动公约》和第 105 号《废除强迫劳动公约》要求，批准国有义务在尽可能短的时间内，做到禁止所有形式的强迫或强制性劳动。第 29 号公约除规定了强迫或强制性劳动的定义外，同时规定了五种工作或服务不属于强迫劳动。即义务兵役制，某些公民义务，狱中劳役，紧急情况下需从事的工作和小型公用事业。

(4) 从事一定的社会劳动。劳动就业的基本作用，是将处于相对分离的劳动力与生产资料结合在一起，以实现劳动过程。因此，有必要将从事社会劳动作为就业的基本要素，以使其与家务劳动相区别。

(5) 取得相应的劳动报酬或经营收入。这一基本要素，使劳动就业的有酬劳动与无酬的义务劳动相区别。就业是劳动者使自己的劳动力与社会生产资料相结合和取得相应报酬的结合。如果劳动者参加的是没有报酬的劳动，则实现的不是劳动就业权，同样如果劳动者的收入不是基于劳动而取得的，那也不能成为劳动就业。所以，参加社会劳动和取得相应报酬是劳动就业权不可偏废的两个方面。

劳动就业的形式

随着我国社会主义市场经济的建立，我国的劳动就业也由原来的国家统包统配转变为通过市场配置劳动力资源的多渠道、多方位的就业方式。目前我国劳动就业的形式主要有：

1. 劳动者与用人单位直接洽谈就业

例如，国家每年在大中专院校学生毕业之前在各地举办大规模的人才交流洽谈会，即将就业的高校毕业生通过洽谈会与有关的用人单位直接见面、洽谈，双向选择后实现就业。这实际上是劳动者竞争就业，即劳动者之间为获得就业岗位而参与公平竞争。常见的方式是参加用人单位的考试考核，考试考核合格者获得就业岗位实现就业。劳动者竞争就业的程序通常为：(1) 由用人单位在劳动力市场发布招工或招聘广告，求职者报名登记。劳动者根据自己的意愿和条件决定是否报名。决定报名后，按用人单位要求将有关证件提供给用人单位，如毕业证书、资格证书等，并应根据用人单位招工简章做好文化考核准备。(2) 用人单位进行报名资格、学历资格、表现等审查。(3) 求职者参加文化考试，通过后进行体检。(4) 用人单位和劳动者面谈、面试。(5) 用人单位决定是否录用或聘用，决定录用或聘用后通知求职者。(6) 双方协商签订劳动合同，办理劳动关系手续。

由于我国劳动力市场供大于求的矛盾始终突出，就业竞争激烈，对劳动者的素质要求愈来愈高。作为劳动者应有劳动风险意识和就业竞争意识，努力提高自身能力，劳动者应不断提高自身技能水平，这样在就业上才能有更多的选择性。

2. 职业介绍机构介绍就业

由职业介绍机构为劳动力供求双方沟通联系和进行职业指导，由双方订立劳动合同实现就业。职业介绍机构是指依法设立的、从事职业介绍工作的专门机构。按我国法律规定，职业介绍机构应有常年固定的服务场所、专职从事就业服务工作的工作人员和相应的工作设施，为求职者和用人单位沟通联系，提供就业服务，促进求职者和用人单位相互选择，为充分开发和利用劳动力资源服务。例如，针对每年春节长假过后均有大量民工外出打工的情况，广西劳动和社会保障厅未雨绸缪，在年前即通过设在广东的劳动服务站和广东的一些企业联系好了劳务输出事宜。春节长假结束后，广西劳动服务公司在南宁及时举行了一场“广东企业用工专场招工会”，事先联系好的广东 54 家企业前来南宁招工，共提供了 3 000 多个就业岗位。①

3. 劳动者自己组织起来就业

劳动者在国家的扶持下，自愿组织起来通过各种集体经济组织实现就业，国家在资金、税收、场地等方面都给予政策照顾。国家鼓励城镇失业人员、下岗人员兴办集体企业，自愿组织起来就业，并为此规定了许多优惠政策。如规定失业人员和下岗人员可组建劳动就业服务企业，性质是股份合作制集体所有制经济组织，以安置城镇失业人员就业为主，国家和社会予以扶持，在开办条件、物资供应、固定资产和流动资金贷款等方面对劳动就业服务企业予以支持和照顾，并且给予减免税、调低税率等税收优惠和减免国有资产占用费等其他优惠。企业、事业单位，机关团体等主办或者扶持单位，对其所主办扶持兴办的劳动就业服务企业，在筹措开办资金、提供生产经营条件、办理审批和工商登记手续、指导制定企业管理制度、维护企业经营管理自主权等方面予以支持和帮助。如国家规定，大中城市的失业人员，特别是有技术或经营能力的人员，可保留大中城市户籍到小城市、集镇或农村兴办集体经济组织。

4. 自谋职业

即劳动者自谋就业的出路，例如，劳动者从事个体经营等。国家鼓励城镇失业人员、下岗人员从事个体劳动经营实现就业。失业人员、下岗人员欲从事个体经营的，应首先确定经营行业、经营项目，准备资金，借用、租赁或购置营业所需房屋、工具和设备，由所在街道

① 参见阮兴：《正规职介遭遇尴尬，大量民工找工难，三千岗位没人干》，载《法制日报》，2002-02-25。

办事处签署意见，然后报当地工商行政管理部门批准，发给营业执照，方可营业。

5. 国家安置就业

目前国家对少数劳动者仍然负有保证其实现第一次就业的机会。这是国家出于国家利益的考虑而规定的就业政策。列入国家安置就业的人员有：（1）原是城镇户口的退伍义务兵；（2）原是农业户口的退伍义务兵，仅限于在服役期间荣立二等功或以上等级的立功者和因战、因公致残的二等、三等伤残军人；（3）退出现役的志愿兵，但在服役期间因严重违反纪律或无正当理由坚持要求提前退出现役者应按退伍义务兵处理；（4）军队转业干部；（5）农村户籍的烈士子女（仅限1名）；（6）在内地定居的归侨、侨眷和港澳台同胞及其内地眷属；（7）纠正冤、假、错案后，因撤销原判、宣告无罪和依据政策法律不予追究刑事责任而释放的人员中，一般限于原有工作者和原无工作但释放后无家可归、无亲可投者；（8）刑满释放的原军队干部，犯过失罪并在服刑期间表现好适合继续担任干部的可安排转业，其余的一般按退伍处理；（9）按国家规定应当或可以由国家安置就业的其他劳动者。

除上述方式外，对于我国公民到境外就业，外国人在中国就业，以及台、港、澳居民在内地就业还有一些具体的要求。

1. 我国劳动者到境外就业

我国劳动者到境外就业，可通过在我国设立的境外职业介绍所办理有关手续。中级以上（含中级）专业技术人员申请出境就业，须申请人持单位介绍信、身份证、工作证、境外证明材料，到省或市人事部门办理专业技术人员出境审批手续。待获准后，到公安机关出入境管理部门申请办理护照。申请出境就业者申办护照，应持全部境内外的证明材料，到本人户口所在地的市、县公安局出入境管理部门申办。公安机关出入境管理部门受理申请后，应在30日内，地处偏僻、交通不便的在60日内，做出批准或者不批准的决定，并通知申请人。

2. 外国人在中国就业

我国允许没有取得居留证件的外国人和来中国留学的外国人在中国就业。① 没有取得居留证件的外国人包括持有FLGG字签证来中国的人员，以及因改变原有身份而被公安机关收缴了居留证件的人员；来中国留学的外国人，包括持有签证来中国留学、进修、实习的人员和来我国进行研究工作的学者。上述人员申请在中国就业必须符合以下条件：（1）年满18周岁，身体健康；（2）持有有效护照或可能代替护照的其他国际旅行证件；（3）具有从事其工作所必需的技能和专业知识；（4）无犯罪记录；（5）所从事的工作是国家法律允许外国人从事的。

外国人在中国就业，应向中国有关部门申办就业许可证、职业签证、就业证、居留证，否则视为非法就业。另外，我国尚有一些单行法规或规章对外国人到中国就业，要求具备中国政府承认的职业资格证书，否则，有关主管部门可以对非法聘用外国人就业的用人单位或者非法就业的外国人做出行政处罚。

有些外国人在我国就业可不申办就业许可证和就业证：（1）由我国政府直接出资聘请的外籍专业技术和管理人员，或由国家机关和事业单位出资聘请，具有本国或国际权威技术管理部门或行业协会确认的高级技术职称或特殊技能资格证书的外籍专业技术和管理人员，并持有外国专家局签发的《外国专家证》的外国人；（2）持有外国人在中华人民共和国从事海

---

① 参见《外国学生也想留京，期盼得到就业网络服务》，见 http://www.sina.com.cn，2001-04-01。来自25个国家的150余名北京语言大学留学生参观了亦庄北京经济技术开发区的可口可乐、安讯等公司。这些留学生的班主任刘丽英老师对记者介绍说，班上的许多学生想将来到北京就业，其中尤以韩国和日本的学生居多。

上石油作业准许证从事海上石油作业、不需登陆、有特殊技能的外籍劳务人员；（3）经文化部批准持有《临时营业演出许可证》进行营业性文艺演出的外国人。

典型案例

外国人讨薪酬因无就业证而败诉

上海市静安区人民法院对外国人甲诉请上海乙餐饮管理有限公司支付两周工资 1.9 万余元判决不予支持。法庭上，甲诉称签订录用函后，自己在乙公司工作，可在 2011 年 7 月 11 日乙公司口头通知立即解除雇佣关系却未说明理由，也未按录用函的约定提前两周通知，遂请求法院判令乙公司支付两周工资 1.9 万余元。乙公司辩称因甲未提供上一个单位就业证迁移或注销证明，导致公司无法为他办理就业证，签订的录用函也无法履行，且录用函没有约定违约责任，甲也未提供证据是本公司违约，更不存在口头解雇甲的说法，公司无须承担责任。被追加为第三人的上海丙餐饮管理有限公司（以下简称丙公司，丙公司系乙公司出资成立的一人有限责任公司，其法定代表人是乙公司全资股东之一）述称，甲先至乙公司应聘，办理不出就业证。于是临时要求甲来丙公司帮忙，甲在 2011 年 7 月 5 日至 7 月 11 日在丙公司提供劳务 7 天，公司支付甲劳务报酬 11 992.20 元。自 2011 年 7 月 11 日后，甲不再提供劳务。

法院认为，外国人在上海就业应当申请办理《外国人就业证》，本案中甲依据与乙公司间录用函关于“在试用期间，任何一方可提前 2 周通知以解除劳动关系”的约定，认定乙公司承担未提前两周通知的违约责任。但是，即便乙公司与丙公司间存在关联关系，但是甲对乙公司存在违约行为的主张，仍需承担举证责任，现对甲离开原因，各方各有说法，法院遂依法判决甲一审败诉。

资料来源：http://www.tj.xinhuanet.com/web/qypd/2012-07/26/c_112538705.htm，2012-07-26。

3. 台、港、澳人员在内地就业

2005 年 6 月 2 日，劳动和社会保障部公布《台湾香港澳门居民在内地就业管理规定》，自 2005 年 10 月 1 日起施行。本规定适用于在内地就业的台、港、澳人员和聘雇或者接受被派遣台、港、澳人员的内地企业事业单位、个体工商户以及其他依法登记的组织。在内地就业的台、港、澳人员，是指：（1）与用人单位建立劳动关系的人员；（2）在内地从事个体经营的香港、澳门人员；（3）与境外或台、港、澳地区用人单位建立劳动关系并受其派遣到内地一年内（公历年 1 月 1 日起至 12 月 31 日止）在同一用人单位累计工作三个月以上的人员。台、港、澳人员在内地就业实行就业许可制度。用人单位拟聘雇或者接受被派遣台、港、澳人员的，应当为其申请办理《台港澳人员就业证》；香港、澳门人员在内地从事个体工商经营的，应当由本人申请办理就业证。经许可并取得就业证的台、港、澳人员在内地就业受法律保护。用人单位聘雇或者接受被派遣台、港、澳人员，实行备案制度。

用人单位拟聘雇或者接受被派遣的台、港、澳人员，应当具备下列条件：（1）年龄 18 至 60 周岁（直接参与经营的投资者和内地急需的专业技术人员可超过 60 周岁）；（2）身体健康；（3）持有有效旅行证件（包括内地主管机关签发的台湾居民来往大陆通行证、港澳居民往来内地通行证等有效证件）；（4）从事国家规定的职业（技术工种）的，应当按照国家有关规定，具有相应的资格证明；（5）法律、法规规定的其他条件。

香港、澳门人员在内地从事个体工商经营的，由本人持个体经营执照、健康证明和个人有效旅行证件向所在地的地（市）级劳动保障行政部门申请办理就业证。劳动保障行政部门应当自收到香港、澳门人员提交的文件之日起5个工作日内办理。

用人单位与聘雇的台、港、澳人员应当签订劳动合同，并按照《社会保险费征缴暂行条例》的规定缴纳社会保险费。用人单位与聘雇的台、港、澳人员之间发生劳动争议，依照国家有关劳动争议处理的规定处理。

第二节　劳动就业的基本原则

劳动就业的基本原则是指在劳动就业过程中必须遵守的基本准则。根据我国《劳动法》的规定，劳动就业应遵守如下的基本原则：

国家促进就业的原则

促进就业是指国家采取的帮助公民实现劳动就业的一系列措施的总称。第二次世界大战以后，各国的失业问题都比较严重，几乎各国的经济政策都致力于解决就业问题，减少失业、促进就业是世界各国共同努力的目标。促进就业不仅是劳动就业权实现的内在要求，也是国家保障公民生存权的重要举措。我国《劳动法》对促进就业做了专章的规定。国家促进就业的措施主要有：

（1）国家通过促进经济发展，创造就业条件，扩大就业机会。一般而言，调整产业结构只能解决结构性失业问题，健全就业的服务体系只能使劳动力尽快地寻找到与之相适应的劳动就业岗位，不能从根本上解决劳动力市场严重地供大于求的失业问题。只有发展经济，创造就业条件，扩大就业机会，才是帮助公民实现就业权的最根本的措施。因为就业的实质是劳动者通过一定的形式与生产资料相结合。经济发展快，生产对劳动力的需要量大，职业岗位多，就能更多地吸纳劳动力。只有经济不断发展，才能不断扩大对劳动力的需求，这是实现充分就业最根本的途径。

（2）国家采取措施鼓励企业、事业组织、社会团体在法律、行政法规规定的范围内兴办产业或者拓展经营，增加就业。这是从国家的产业政策与就业政策相衔接的角度来促进就业。国家在产业政策的制定和调整方面促进就业主要是鼓励和调动社会方方面面的积极性，企业、事业组织、社会团体应按照国家有关发展集体经济、开展各种经营的法律、行政法规的规定发展经济事业，开辟就业门路，兴办各类产业。发展第三产业是我国增加就业岗位的重要途径，也是当前我国就业结构中的薄弱环节。因此，产业政策与就业政策的衔接一方面体现在通过调整产业结构，发展第三产业，增加就业岗位，扩大就业容量，另一方面也体现在通过调整就业结构，实现合理就业，促进产业结构的逐步调整和合理。

（3）支持劳动者自愿组织起来就业和从事个体经营实现就业。组织起来就业是通过兴办各种类型的集体经济实现就业，国家在资金、货源、场地、原材料、税收等方面给予支持并实行照顾政策。从事个体经营实现就业是自谋职业，是劳动者依靠自己的能力在国家法律允许的范围内，通过一定的手续，进行个体经营、家庭经营、合伙经营、聘工经营等方式，从事生产劳动。国家支持并依法保护自谋职业劳动者的合法权益。例如，我国有的地方性法规规定，享受失业保险的劳动者在失业期间，如果自愿兴办企业或从事个体经营解决失业问题，国家可提供一笔一次性的救济金，作为失业者自谋职业的启动资金。

（4）建立和完善劳动就业的服务体系。建立以职业介绍、职业指导和就业训练为核心的就业服务体系，汇集劳动力流动和用人单位用工的需求信息，为劳动者和用人单位缔结劳动关系服务。就业服务是在市场经济条件下促进就业工作开展和就业制度改革的一项新兴事业。就业服务包括职业介绍、转业训练、生产自救、失业救济等项内容，是各级人民政府帮助劳动者在市场就业中实现平等竞争的重要手段。就业服务主要包括：1）为劳动供求双方相互选择，实现就业而提供的各类职业介绍服务。办好职业介绍机构，形成全国职业介绍体系，为劳动力供求双方提供服务。2）为提高劳动者职业技术和就业能力的多层次、多形式的就业训练和转业训练服务。办好就业训练中心和各种职业训练班，开展职业培训，提高劳动者素质，增加自身就业储备，扩大就业机会。3）为保障失业者基本生活和帮助其再就业提供的失业保险服务。建立和完善失业保险金制度，为失业人员提供必要的社会救济。4）组织劳动者开展生产自救，创办劳动就业服务企业。管好、用好就业经费，促进集体经济和培训事业的发展。

劳动就业的市场原则

在市场经济体制，要求以市场作为劳动力资源配置的基础性手段，劳动力的开发、配置、使用，通过开放性、平等性和竞争性的劳动力市场进行。因此，我国《劳动法》整个法律体系都是以劳动力市场机制为基础设计的。劳动者不仅在求职、就业、失业和转业等方面通过劳动力市场实现，而且职业训练、劳动报酬等环节，也被全部纳入市场机制的运作之中，作为劳动力资源市场配置的核心环节——劳动就业必须坚持市场原则。

坚持劳动就业的市场原则，其实质就是坚持用人单位与劳动者之间的双向选择。一方面，要给予用人单位充分的用工自主权，用人单位不仅有权随时从劳动力市场选择自己生产经营所需要的劳动者，而且可以依照法律的规定解除劳动关系，或解聘不合格的劳动者。另一方面，劳动者可根据自身的条件、兴趣、专长和爱好选择用人单位，可以根据自身情况的变化，通过劳动力市场合理流动，重新选择用人单位或工作岗位。劳动就业的这一原则，通过《企业法》赋予用人单位用工自主权和《劳动法》建立劳动关系的基本形式——劳动合同得以实现。

平等就业和自主择业原则

1. 平等就业

平等就业是指我国公民不论其民族、种族、性别、宗教信仰的不同，均享有平等的获得就业机会的权利。具体包括两个方面的内容：一是就业资格的平等。只要是中华人民共和国的公民，就业资格人人平等，不因民族、种族、性别、宗教信仰和文化程度的不同而受歧视。一切有劳动能力和就业愿望的人，不分民族、种族、性别、宗教信仰等状况都能平等地依其兴趣、爱好、技能并结合社会的需要自由地选择职业。二是就业能力衡量尺度的平等。在劳动力资源严重地供大于求、就业机会相对不足的就业环境中，平等就业还意味着公民在就业过程中均享有平等竞争的权利，即社会对公民的劳动行为能力要以同一尺度和标准衡量，通过公平竞争择优吸收劳动者就业。

反对民族、种族、性别、宗教信仰等方面的歧视政策，是人类文明和社会发展的普遍要求，也是各国劳动就业立法的基本原则。1958 年国际劳工组织通过的第 111 号《就业和职业歧视公约》指出，国家应制定一项促进就业、职业机会均等和待遇均等的国家政策，以消除这方面的性别、种族等任何歧视，还应采取措施保证这一政策实施，如制定法规，废除、修改不符合这一政策的法规或指示和做法，国家控制并举办就业指导、职业训练和安置服务等活动。我国《宪法》第 4 条规定：中华人民共和国各民族一律平等。国家保障各少数民族的合法的权利和利益，维护和发展各民族的平等、团结、互助关系。禁止对任何民族的歧视和压迫，禁止破坏民族团结和制造民族分裂的行为。依据宪法的基本精神，我国《劳动法》第 12 条规定：劳动者就业，不因民族、种族、性别、宗教信仰不同而受歧视。

平等就业是国家对公民生存权平等保护的要求在劳动就业上的反映，它客观上要求打破工人和干部、农村和城市的身份界限，冲破地区封锁，消除条块分割，在全国范围内形成统一的劳动力市场，建立劳动力平等就业的竞争机制。为公民将自己的劳动潜能最大化地释放于社会、服务于祖国建设事业提供条件。根据这项原则，要求用人单位：(1) 不得在为劳动者提供就业机会或者在招工简章中，有关于对民族、种族、性别、宗教信仰等方面的限制。(2) 不得在所从事的职业范围方面有关于民族、种族、宗教信仰等方面的限制。如不能因为劳动者信仰宗教而限制其从事司法工作等。(3) 不得在劳动者所从事的专业范围，包括就业前专业培训和中等专业以上学校学习时，有关于民族、种族、性别、宗教信仰等方面的专业限制等。

消除就业中的歧视行为，是实现劳动者平等就业的一项重要任务。劳动权与生存权一样不容许被任意剥夺。就业歧视实质是剥夺某些公民的劳动权，应当从法律上消除。就业机会均等是劳动者获得的法律权利，应贯穿于就业、转业、调动和再就业过程的始终。国际劳工组织第 111 号《就业和职业歧视公约》也明确要消除就业"歧视"，包括依据种族、肤色、性别、宗教、政治观点、民族血统或社会出身所造成的任何区别、排斥和偏见，并因此产生剥夺或损害就业以及职业机会均等的影响。在一些国家，反对歧视的原则也适用于职业工作中。①

典型案例

公务员 90%来自普通家庭

人力资源和社会保障部部长尹蔚民指出，中央机关新录取的公务员当中，60%以上来自农村或城市的普通家庭，没有任何背景。虽然近年来社会上对公务员考试热有很多议论，但没有人质疑这项制度的公正性，公务员凡录必考体现了社会的公平正义。

中央机关招考近 3 年来的录用情况统计显示，新录用人员中 60%左右来自于工人、农民家庭，再加上来自教师、医生、工程师、个体经营者、自由职业者、退休或无业人员等家庭的人员，新录用的来自普通家庭的公务员达到 90%左右。

资料来源：http://news.sina.com.cn/c/2013-01-08/122325984269.shtml，2013-01-08。

2. 自主择业

自主择业是指公民根据自己的意愿和才能，结合社会的需要自主地选择职业。劳动者作

① 参见贺萌：《美国"通用"公司种族歧视，员工起诉索赔巨款》，见 http://finance.sina.com.cn，2002-03-24。美国通用汽车公司最近被自己的员工告上了法庭。大约 50 名员工提起集体诉讼称，他们和另外 450 名工人在通用公司庞蒂亚克卡车车间工作时，民事权利受到了严重的侵害，他们据此索赔 74 亿美元。原告代理律师华莱士·帕克说，他的当事人多是有色人种，他们已在庞蒂亚克卡车车间工作了 18 年至 20 年，其间受到白人员工的侮辱，但通用公司总部对此置若罔闻，采取不管不问的态度。帕克列举了几个事例：如一名白人员工穿着白色长袍，戴上面罩装扮成三 K 党党徒骚扰黑人同事；黑人工人的工作台横梁上被拴上绞索；车间主管经常对黑人员工使用"黑鬼"等侮辱性的词汇。帕克说，庞蒂亚克卡车车间的非洲裔、墨西哥裔和美洲土著工人都对公司的冷漠态度怨声载道。

为自身劳动力的所有者，有权根据自身的实力，通过平等竞争获得自己理想的职业和工作岗位，取得理想的经济利益。确立劳动者的自主择业权，不仅符合公民行使劳动权的价值取向，而且有利于调动公民劳动的积极性和主观能动性。

劳动者平等就业和自主择业的原则表明凡是法律上没有限制的，用人单位不应当对劳动者做出职业限制的规定。例如成都一女青年在体检时被查出是乙肝病毒携带者，遂被单位强行辞退。再次应聘时，用人单位又以同样的理由拒绝。① 又如用人单位在招工启事中规定身高，因身高不够而被排除在报名对象范围之外的四川大学毕业生蒋某，将中国人民银行成都分行告上法庭，请求法院判令被告将该广告中“男性身高不到 1.68 米，女性身高不到 1.55 米”作为不属招录对象，含有身高歧视的具体行政行为违法，责令被告停止发布该违法广告，公开更正并取消报名资格的身高歧视限制。② 有的用人单位竟以劳动者的姓氏作为拒绝聘用的理由。一些地区实行“职业保留”，即禁止和限制某类劳动者从事某些职业（或行业），而让另一类劳动者独占这些职业或者享受就业优先权的，试图以此解决当地劳动者的就业问题，但却事与愿违。在一些地区普遍存在的收取外来人员“务工费”，或者要求额外办理相关手续的做法也都是值得商榷的。2001 年 11 月，到城市打工的农民将不用再交一些繁杂的费用，包括暂住费、暂住人口管理费、计划生育管理费、城市增容费、劳动力调节费、外地务工经商人员管理服务费、外地建筑企业管理费等在内的 7 种收费将一律取消。③ 一些城市的某些行业，农民和外来人员是没有资格进入的。为了保证所在城市居民的就业，这些城市明确规定，某些行业和工种必须有该城市的户口方可录用。这一现象也已经越来越引起人们的关注。④

男女就业权利平等原则

妇女在政治的、经济的、文化的、社会的和家庭的生活等方面享有与男子平等的权利，是我国《宪法》确立的一项基本原则，也是《中华人民共和国妇女权益保障法》和《女职工劳动保护规定》确立的基本原则。这一原则在就业促进方面，表现为男女就业权利的平等。我国《劳动法》第 13 条规定：妇女享有与男子平等的就业权利。凡适合妇女从事的劳动岗位，用人单位不得以性别为由拒绝录用或者提高录用标准。我国城镇现有女职工 5 687 万人，占职工总数的 38.8%。全国妇联提供的数字表明，农村生产劳动力中妇女占 65.6%；城市从业人员中女性约占 47%，女性从业人员占城市女性总数的 85%，分别比世界平均水平高出 11 和 20 个百分点。⑤

妇女是一支重要的劳动力资源，但妇女由于自身生理、身体及心理素质方面的原因，就业机会和从事职业的岗位往往比男子要少，较男子承受着更大的压力；女性特殊的生理及身体条件，有很多劳动不能适应；妇女生育补偿社会化程度低，致使企业不愿意招收女工；家务劳动社会化程度低，妇女在双重负荷下参与竞争，使竞争力减弱。这些都增加了妇女劳动者就业的难度。因此必须对妇女就业给予保障，才能使妇女享有同男子平等的就业权利，为妇女创造更多的就业机会。

---

① 参见党胜德、张登伟：《被辞退后女青年绝望自杀》，见 http://www.sina.com.cn，2002-04-11。

② 参见蔡宇：《身高不够找工作遭拒，首例宪法平等权案在成都被受理》，见 http://www.sina.com.cn，2002-01-08；王锋：《是身高不够，还是宪法意识不强?》，载《法制日报》，2002-01-27。

③ 参见陶峰：《农民的“国民待遇”》，见 http://www.sina.com.cn，2001-11-30。

④ 参见王会伟：《户籍管理制度改革：还户籍的本来面目》，载《法制日报》，2001-10-21。

⑤ 参见吕诺：《我国城镇现有女职工 5 687 万人，妇女擎起半边天》，见新华网，2002-11-13。

依据男女就业权利平等原则，用人单位必须做到：

（1）向妇女劳动者提供与男性劳动者均等的就业机会，凡适合妇女从事劳动的岗位，用人单位不得拒绝招用。妇女劳动者有权与男性劳动者一样参加招工报名考核等活动，通过公开招收录用和竞争，获得劳动岗位。《国营企业招用工人暂行规定》第8条规定：企业招用工人，凡适合妇女从事劳动的工种，应当招用女工。《女职工劳动保护规定》第3条规定：凡适合妇女从事劳动的单位，不得拒绝招收女职工。我国《妇女权益保障法》第23条第1款规定：各单位在录用职工时，除不适合妇女的工种或者岗位外，不得以性别为由拒绝录用妇女或者提高对妇女的录用标准。同时该法还规定，依照法律、法规规定，应当录用而拒绝录用妇女的，由其所在单位或者上级机关责令改正，并可根据具体情况，对直接责任人员给予行政处分。

对于不适合妇女从事劳动的工种或岗位必须严格依据法律的规定来理解，不能由用人单位自行确定。国家对于不适合妇女的工种或者岗位具体规定在《女职工禁忌劳动范围的规定》中，包括：1）矿山井下作业；2）森林业伐木、归楞及流放作业；3）《体力劳动强度分级》标准中第四级体力劳动强度的作业；4）建筑业脚手架的组装和拆除作业，以及电力、电信行业的高处架线作业；5）连续负重（指每小时负重次数在6次以上）每次负重超过20千克，间断负重每次负重超过25千克的作业。

为了保证这一原则的贯彻，保障妇女劳动者的合法权益，劳动行政管理部门应当对用人单位的招工工作加强管理和监督，对有适合妇女从事的劳动岗位而拒绝招收的，应限期改正或依法给予法律制裁。

（2）不得提高妇女劳动者的录用标准。向妇女劳动者提供与男性劳动者均等的就业机会，并不能保证男女就业权利平等原则的真正实现。因为即使给予均等的就业机会，如果录用标准和条件不平等，妇女劳动者的劳动权也无法得以保障。所以，男女就业权利平等原则，还要求用人单位不得提高妇女劳动者的录用标准。《劳动法》就业原则的这一要求具有十分重要的意义，它使妇女劳动者的就业平等权落到了实处。

尽管我国《宪法》早已确立男女平等原则，但由于只是原则性规定，使之在实际招工过程中，许多用人单位擅自提高妇女劳动者录用标准，使妇女劳动者的平等权经常被侵害。比如，北京市教委有关部门负责人回顾2000年大学生就业情况时谈到，目前女研究生就业难形成了一个怪圈：本科时就业难就考研，硕士毕业后就业难就考博士，学历层次越高，女生比例增大，就业越困难。虽说人才市场上对学历的要求越来越高，研究生颇为抢手，但对女研究生而言，就业相对于男研究生就更为困难。① 女大学生应聘工作时也遭遇不公正的对待。

典型案例

全球男女就业不平等加剧

国际劳工组织发布的《2012年全球妇女就业趋势报告》认为，全球男女就业不平等的现象近来不断加剧，女性失业率持续高于男性，而这一现象未来几年内仍无法得到有效改善。

---

① 参见张闻天、戴军：《就业季节不好过，女研究生陷入怪圈》，载《人民日报（海外版）》，2001-02-27。

经过对不同时期和地区男女就业、失业、劳动率、贫困率等情况的分析，报告认为，世界经济危机之前，全球男女就业不平等的现象曾得到一定的缓解，但当前的危机又再次加剧了这一现象。在 2002 年至 2007 年期间，男女失业率分别为 5.3%和 5.8%，而当前的危机又拉大了男女失业率的差距。女性在低收入岗位的占比高于男性，特别是在北非、中东和撒哈拉以南非洲地区。女性在不同产业之间的就业也发生了变化，发达国家和发展中国家妇女分别呈现远离工业和农业的就业现象，均向教育、医疗等服务业聚集。

为解决这一现象，该组织提出了一些建议并认为合适的政策有助于缓解当前经济危机的影响，比如增加包括儿童看护在内的关怀服务岗位、提供针对双职工家庭的税收优惠、减少产假待遇和为育婴妇女重回岗位提供扶助以及消除就业性别歧视现象等。

资料来源：http://discovery.163.com/12/1216/10/8IRCC5LP000125LI.html，2012-12-16。

特殊就业群体就业保障原则

特殊就业群体是因特殊原因而在就业竞争过程中处于不利地位的人员的总称，具体包括妇女、残疾人、少数民族人员和退出现役的军人。

通过劳动力市场用人单位和劳动者双向选择，确立劳动关系，劳动者通过市场公开竞争获得就业岗位，是劳动就业的市场原则和劳动就业权利平等原则的基本要求，并对劳动就业工作具有普遍的适用性。然而，任何一个历史时期，国家除了建立普遍适用的原则和制度规范之外，还应当对阶段的特殊问题做出特殊规定。因此，特殊就业群体保障制度，便成为《劳动法》必不可少的制度内容。《劳动法》在坚持劳动就业权利人人平等的前提下，对特殊群体的劳动者就业实行就业保障政策；在坚持劳动就业市场原则的基础上，对少数的劳动者就业群体实行政策性保护。

1. 残疾人的就业保障

理解、尊重、帮助残疾人，是社会共同的责任。根据我国《残疾人保障法》第 2 条的规定：残疾人是指在心理、生理、人体结构上，某种组织、功能丧失或者不正常，全部或者部分丧失以正常方式从事某种活动能力的人。残疾人包括视力残疾、听力残疾、言语残疾、肢体残疾、智力残疾、精神残疾、多重残疾和其他残疾的人。残疾人是一个特殊的就业困难群体，实现生存权的平等保护，应对残疾人就业做特殊保障。

1983 年国际劳工组织第 69 届大会通过的第 159 号《残疾人职业康复和就业公约》规定：会员国应制定、实施并定期检查有关残疾人职业康复和就业的国家政策。制定实施这一政策时，应与有代表性的残疾人组织协商，应以残疾工人与一般工人机会均等原则为基础，以增加残疾人在公开的劳动力市场中的就业机会为目的。主管当局应当提供职业指导、职业培训、安置就业等有关服务项目，以便使残疾人获得和保持职业并得以提升。

为了履行成员国在该公约的义务，我国不仅在《劳动法》中规定对残疾人就业实行特殊保护，即法律、法规有特别规定的，从其规定，而且于 1989 年制定了《社会福利企业招用残疾人职工暂行规定》，1990 年颁布了《残疾人保障法》，并专门颁布了《做好“九五”期间残疾人就业工作的通知》、《国务院办公厅转发劳动部等部门关于进一步做好残疾人劳动就业工作若干问题的意见》。

我国保障残疾人劳动的权利。各级人民政府应当对残疾人劳动就业进行统筹规划，为残疾人的劳动就业创造条件。国家对残疾人就业采取集中和分散相结合的方针，采取优惠政策和扶持保护措施，通过多种渠道、多层次、多种形式，使残疾人劳动就业逐步做到普及、稳定、合理。

我国保障残疾人的就业措施有：(1) 残疾人的集中安置。《残疾人保障法》第32条规定：政府和社会举办残疾人福利企业、盲人、按摩机构和其他福利性单位，集中安排残疾人就业。(2) 分散吸收残疾人就业。《残疾人保障法》第33条规定：国家实行按比例安排残疾人就业制度。国家机关、社会团体、企业事业单位、民办非企业单位应当按照规定的比例安排残疾人就业。(3) 鼓励、帮助残疾人自愿组织起来从业或者个体开业。《残疾人保障法》第36条中规定：对申请从事个体经营的残疾人，有关部门应当优先核发营业执照。

2007年2月25日，国务院颁布《残疾人就业条例》，在“用人单位的责任”中规定，用人单位应当按照一定比例安排残疾人就业，并为其提供适当的工种、岗位。安排残疾人就业的比例不得低于本单位在职职工总数的1.5%。安排残疾人就业达不到比例的，应当缴纳残疾人就业保障金。政府和社会依法兴办的残疾人福利企业、盲人按摩机构和其他福利性单位，应当集中安排残疾人就业。集中使用残疾人的用人单位中从事全日制工作的残疾人职工，应当占本单位在职职工总数的25%以上。招用残疾人职工，应当依法与其签订劳动合同或者服务协议。应当为残疾人职工提供适合其身体状况的劳动条件和劳动保护，不得在晋职、晋级、评定职称、报酬、社会保险、生活福利等方面歧视残疾人职工。

2. 退出现役的军人就业

退出现役的军人就业的特殊保障，主要表现在就业形式上。《中华人民共和国兵役法》和《退伍义务兵安置条例》规定，符合安排工作条件的义务兵退出现役后，由当地政府负责安排工作。按照从哪里来，回哪里去的原则，由原征集地的县、自治县、市、市辖区的人民政府接收安置。家居城镇的退伍义务兵退出现役后，由县、自治县、市、市辖区的人民政府安排工作。入伍前是机关、团体、企业等单位正式职工的，允许复工、复职。原是城镇户口的退伍义务兵，服役前没有参加工作的，由国家统一分配工作，实行按系统分配任务，包干安置办法，各接收单位必须妥善安排。

具体安置办法如下：(1) 退伍义务兵回到原征集地前，省、自治区、直辖市应当下达预分劳动指标，退伍义务兵回到原征集地先安置，待国家统一计划下达后统一结算。(2) 在部队获得大军区（含大军区）以上单位授予的荣誉称号和立二等功以上的，安排工作时，应优先照顾本人志愿。(3) 在部队荣立三等功和超期服役的，安排工作时，在条件允许的情况下，应当照顾本人特长和志愿。(4) 在部队被培养成有一定专业和特长的，安排工作时，应尽量做到专业对口。(5) 无正当理由，本人要求中途退伍的；被部队开除军籍或除名的；在部队或者退伍后待安排期间犯有刑事罪（过失罪除外）被判处有期徒刑及其以上处罚的，退伍军人安置机构不负责安排工作，按社会待业人员对待。

对于因战、因公致残的二等、三等革命伤残军人，原是城镇市户口的，由原征集地的退伍军人机构安排力所能及的工作。对于义务兵入伍前原是学校（含中等专业学校和技术学校）未毕业的学生，退伍后要求继续学习而本人又符合学习条件的，在年龄上可适当放宽，原学校应在他们退伍后的下一学期准予复学。如果学校已撤销、合并或者由于其他原因在原学校复学确有困难，可以由本人或者原学校申请县、市以上教育部门另行安排他们到相应的学校学习。退伍义务兵报考高等院校和中等专业学校，在与其他考生同等条件下，优先录用。对于在服役期间家庭住址变迁，退伍时要求到父母所在地落户的，经父母所在单位和当地公安机关证明，应当允许。

原是农业户口的退伍军人安置。家居农村的义务兵退出现役后，由乡、民族乡、镇的人民政府妥善安排他们的生产和生活。机关、团体、企业事业单位在农村招收职工时，对他们给予适当照顾。具体办法如下：(1) 对确无住房或者严重缺房而自建和靠集体帮助又确有困难的，应当按照国家规定安排一定数量的建筑材料和经费帮助解决；(2) 在服役期间荣立二等功（含二等功）以上的，应当安排工作；(3) 对有一定专长的，应当向有关部门推荐录用；(4) 各用人单位向农村招收工人时，在同等条件下应当优先录用退伍义务兵。对在服役期间荣立三等功、超期服役的退伍义务兵和女性退伍义务兵，应当给予适当照顾。

对于因战、因公致残的二等、三等革命伤残军人，原是农业户口的，原征集地区有条件的，可以在企业、事业单位安排适当工作；不能安排的，按照规定增发残废抚恤金，保障他们的生活。

提前退出现役的义务兵安置。经部队师（旅）以上机关批准提前退出现役的义务兵，在具备下列情形时，原征集地退伍军人安置机构应予接收，并按有关规定予以妥善安置：(1) 因战、因公负伤（含因病）致残，部队发给《革命伤残军人抚恤证》的；(2) 经驻军医院证明，患病基本治愈，但不适应在部队继续服役以及精神病患者经治疗半年未愈的；(3) 部队编制名额缩编，需要退出现役的；(4) 家庭发生重大变故，经所在地的县、市、市辖区民政部门和人民武装部证明，需要退出现役的；(5) 国家建设需要调出部队的。

为与市场经济接轨，对退伍军人自愿到劳动力市场竞争就业和自谋职业的，政府应予支持和鼓励。有条件的地区可试行"供需见面、双向选择、包底安置"的办法。

3. 少数民族人员的就业保障

对少数民族人员就业实行特殊保护的政策，是我国民族政策的重要组成部分，是国家促进少数民族地区经济和社会发展的重要手段。我国《劳动法》和《民族区域自治法》都做出专门规定。

对于少数民族的劳动者的就业，国家采取扶持和帮助的特殊政策：(1) 优先招用少数民族人员。民族自治地方的用人单位在招收人员时，要优先招收少数民族人员。上级国家机关隶属的在民族自治地方的企事业单位招收人员时，也应当优先招收当地少数民族人员。民族自治地方每年编制内的干部和职工自然减员、缺额及国家当年新增用人指标由民族自治地方通过考核予以补充，对少数民族人员优先录用。上级政府在每年下达的"农业户口转非农业户口"计划中，划出一定指标用于民族自治地方在农牧民中招收少数民族职工。(2) 培养少数民族人才。民族自治地方的自治机关要采取各种措施从当地民族中大量培养各级干部和各种科学技术、经营管理等专业人才和技术工人。国家举办民族学院，在高等学校举办民族班、民族预科，专门招收少数民族学生，并且可以采取定向招生、定向分配的办法。高等学校和中等专业学校招收新生时，对少数民族考生适当放宽录取标准和条件。

4. 未成年人劳动就业的保护

保护未成年人的身心健康，保障未成年人的合法权益，促进未成年人在品德、智力、体质等方面全面发展，是国家和整个社会的共同责任。对未成年人劳动就业的保护，是保护未成年人合法权益的重要内容。未成年人是指未满 18 周岁的公民。其中把未满 16 周岁就业的未成年人称为童工，已满 16 周岁不满 18 周岁就业的未成年人称为未成年工。因为未成年人的身体还处于成长发育的时期，过早地参加社会劳动或承担超过一定劳动强度的劳动会影响其身体的健康发育。因此，对未成年人的就业进行特殊保护是非常必要的。

国际劳动组织关于未成年人劳动就业的公约有近 20 个，主要是对不同行业就业最低年龄标准进行规定。如在第 5 号、第 7 号、第 33 号关于就业年龄的公约中规定：受雇于工业、

非工业、海上工作的最低年龄均限定在 14 岁。第 58、59、60 号公约修正了这一标准，将最低年龄提高到 15 岁。第 127 号公约规定：从事货物手工搬运的最低年龄为 18 岁。1973 年国际劳工组织又制定了一个关于就业年龄一般标准的第 138 号《准予就业最低年龄公约》，规定：应逐步把准许就业的最低年龄提高到与幼年人体力智力充分发展相适应的水平，不应低于完成国家义务教育的年龄，并在任何情况下不得低于 15 岁。对于发展中国家最低就业年龄可初步计为 14 岁，对有可能危害未成年人健康、安全或道德的职业或工作，最低就业年龄不应低于 18 岁。

我国对未成年人的就业保障，历来非常重视，先后曾发布一系列法律、法规和部门规章，如《中华人民共和国未成年人保护法》、《中华人民共和国义务教育法》、《禁止招用童工的规定》等。《劳动法》参照国际劳工组织的标准和我国九年制义务教育立法原则，在第 15 条明确规定：禁止用人单位招用未满 16 周岁的未成年人。文艺、体育和特种工艺单位招用未满 16 周岁的未成年人，必须依照国家有关规定，履行审批手续，并保障其接受义务教育的权利。我国是发展中国家，将未成年人最低允许就业年龄规定为 16 周岁，充分反映了我国对未成年人保护的重视。这些规定也表明我国对未成年人就业的保护包括禁止未满 16 周岁的未成年人就业；对已满 16 周岁不满 18 周岁的未成年人，在其可以从事的职业、工种上做了排除规定，未成年人只能从事与其身体的成长发育程度相适应的劳动，用人单位还应对其进行特殊劳动保护。

第三节　职业介绍

职业介绍，是市场经济的必然产物。在计划经济体制下，我国实行统包统分的固定工用工制度，用人单位按国家计划招工，劳动者只进不出。在这种情形下，不可能产生职业介绍。随着我国劳动用工制度的改革，开始了全方位的由计划经济向市场经济的转轨，作为市场经济的重要组成部分的劳动力市场的建立、完善和发展，必然要求建立发达和完备的职业介绍体系，为劳动力主体双方提供信息，提供咨询和指导。同时，职业介绍又能促进劳动力市场的建立和完善。培育和发展劳动力市场，是我国劳动体制改革的中心任务。劳务市场的健全是建立竞争公平、运行有序、调控有力、服务完善的现代劳动力市场的前提。因此，就业服务体系是劳动力市场的基本要素之一。没有就业服务体系，劳动力市场便不可能形成。在就业服务体系中，职业介绍属于首要地位。只有通过遍布城乡各地的职业介绍机构和网络，才能沟通地区之间、行业之间、企业之间、城乡之间的劳动力供求信息，充分发挥劳动力市场平抑失业率，调节劳动力供求关系，减少盲目流动，加快劳动力同生产资料的结合速度等方面的特殊作用。国际劳工组织在《1919 年失业公约》中就要求会员国建立公立免费职业介绍所，为劳资双方的就业和用人提供服务。后又通过了《1948 年职业介绍所组织公约》和《收费职业介绍所公约》，要求会员国发展公益性的职业介绍所，强化职业介绍所的服务性质，同时逐步废除营利性收费职业介绍机构。

职业介绍机构及其应具备的条件

就业服务体系主要通过职业介绍机构形成。职业介绍机构通过发布用人单位和劳动力供求信息，帮助推荐和介绍劳动者就业。职业介绍机构是指依法设立的、从事职业介绍工作的专门机构。它有常年固定的服务场所、专职从事就业服务工作的工作人员和相应的工作设施。

根据《劳动力市场管理规定》的规定，职业介绍机构分为非营利性职业介绍机构和营利性职业介绍机构。非营利性职业介绍机构包括公共职业介绍机构和其他非营利性职业介绍机构。公共职业介绍机构，是指各级劳动保障行政部门举办，承担公共就业服务职能的公益性服务机构。公共职业介绍机构使用全国统一标识。例如广西劳动服务公司就是由政府举办的职业中介机构，这种公益性职业中介机构不以营利为目的，信息比较可靠，而且推荐的用人企业都是经过严格审核过的，后继服务也比较好。

其他非营利性职业介绍机构，是指由劳动保障行政部门以外的其他政府部门、企事业单位、社会团体和其他社会力量举办，从事非营利性职业介绍活动的服务机构；营利性职业介绍机构，是指由法人、其他组织和公民个人举办，从事营利性职业介绍活动的服务机构。名称亦统一为职业介绍所。

开办职业介绍机构应当具备下列条件：(1) 有明确的业务范围、机构章程和管理制度；(2) 有开展业务必备的固定场所、办公设施和一定数量的开办资金；(3) 有一定数量具备相应职业资格的专职工作人员；(4) 法律、法规规定的其他条件。

职业介绍机构从事的业务有：(1) 为求职者介绍用人单位；(2) 为用人单位和居民家庭推荐求职者；(3) 开展职业指导、咨询服务；(4) 收集和发布职业供求信息；(5) 根据国家有关规定，从事互联网职业信息服务；(6) 经劳动保障行政部门批准，组织职业招聘洽谈会；(7) 具备相应资格的，从事劳动力跨省流动就业中介服务；(8) 经劳动保障行政部门核准的其他服务项目。

法律禁止职业介绍机构有下列行为：(1) 超出核准的业务范围经营；(2) 提供虚假信息；(3) 超标准收费；(4) 介绍求职者从事法律、法规禁止从事的职业；(5) 为无合法证照的用人单位或者无合法身份证件的求职者进行职业介绍服务活动；(6) 以暴力、胁迫、欺诈等方式进行职业介绍活动，如某市“诚信”公司人才信息咨询部在媒体上刊登招聘广告，以先交钱后面试的方式骗取介绍费，致使多人上当受骗①；(7) 伪造、涂改、转让批准文件；(8) 以职业介绍为名牟取不正当利益或进行其他违法活动。

典型案例

非法中介公司害苦打工仔，出国半年坐牢3个月

由于非法中介公司开造假证明，青岛一名到新加坡打工的王先生身受其害，出国仅半年却坐牢3个月。2001年8月，王先生通过一家中介公司办理了到新加坡打工的手续。然而，到新加坡的第3个月就发生了一件意想不到的事。一天，当地政府部门找王先生，让他看一张文凭是不是他的，王先生发现这张文凭不是他的，拒绝在文凭上签字，政府部门以制造假文凭为由当场取消了王先生在新加坡的工作准证，并把他送上法庭，法庭判他入狱3个月，后被遣送回国。据王先生的律师介绍，介绍王先生出国的那家中介公司根本没有办理出国劳务的资质，他们弄虚作假，给出国人员办理假文凭、假证件等出国手续，严重损害了出国人员的利益。

资料来源：http://news.sina.com.cn/s/271106.html，2001-06-07。

---

① 参见钱俊毅：《广告甜言蜜语，瞬间人去屋空，谁骗走了职业介绍费》，载《新民晚报》，2002-03-24。

职业介绍机构的功能

我国的各类职业介绍机构的建立及其在全社会范围内网络的形成，不仅成为劳动力市场运作的支撑点和主要载体，而且在国家对劳动力市场进行宏观调控方面，发挥着更加重要的作用。

具体表现在：(1) 国家通过对职业介绍机构工作方针、原则和方法的指导，调节劳动力市场的供求平衡。如通过就业服务网络向农村的延伸，向农村剩余劳动力提供准确和合理的劳动力信息，使农村劳动力向城市的无序流动变为有序流动等。(2) 监测和调整失业率。将失业率控制在社会可承受范围内，是国家对劳动力市场宏观调控的重要目标。国家通过职业介绍机构和网络，监测城镇失业率，就业转失业人员占失业人员总数比率、长期失业人员比率等，并把失业监测结果作为制定就业政策，以及推进制度改革的重要依据，如对农民进城的调控力度，在劳动制度改革过程中向社会释放富余人员的规模，以及破产企业人员安置等，都必须以失业监测为重要依据。(3) 指导劳动者就业，合理就业结构。通过职业介绍和就业服务网络，更好地引导劳动力的重新组合和合理流动，使就业结构日趋合理，并适应产业结构的需要，使劳动者人尽其才，充分发挥其特长和创造性。(4) 为劳动科学研究和预测分析工作提供可靠依据。完善和有效运行的劳动力市场机制，不仅要研究现实问题和采取有效调控措施，而且更重要的是对劳动力市场培育和运转中的问题，以及劳动力市场的发展趋势进行预测分析、研究。这些具有超前性的分析和预测，必须以劳动力市场的客观实际为基础，因此，要求职业介绍机构和网络在职业介绍过程中收集分析各种数据，总结经验和发现问题，为国家劳动科学的研究和决策提供可靠的依据。

第四节　禁止使用童工

童工是指未满 16 周岁，与单位或者个人发生劳动关系从事有经济收入的劳动或者从事个体劳动的少年、儿童。未满 16 周岁的少年儿童，身体正处于发育成长时期，过重的体力劳动会损害他们的身体健康。在心理上讲也不成熟，是增长知识、培养情操和基本素质的时期，尚不具备作为一个完全的劳动者的条件。使用童工不仅剥夺了少年、儿童身心健康发育的权利及受教育的权利，甚至会对国家和社会未来劳动力的供给水平发生影响。因此，禁止使用童工是各国劳动立法的重要内容。在我国，公民的最低就业年龄标准为 16 周岁，用人单位不得招用未满 16 周岁的未成年人。

我国对未成年人的保护，有《宪法》、《劳动法》、《未成年人保护法》等法律。1991 年 4 月国务院颁布《禁止使用童工规定》，2002 年 12 月 1 日国务院实施新的《禁止使用童工规定》。这些法律法规构成了我国未成年人保护的法律法规体系，明确规定包括国家机关、社会团体、企事业单位、民办非企业单位、个体工商户在内的用人单位，均不得招用不满 16 周岁的未成年人（即童工）；禁止任何单位或个人为不满 16 周岁的未成年人介绍工作，禁止不满 16 周岁的未成年人开业从事个体经营活动。凡用人单位使用童工的，将由劳动保障部门按每使用一名童工每月处 5 000 元罚款的标准给予处罚，最高额度可达每人每月罚款 1 万元。

我国法律对于使用童工的禁止性规定具体包括：禁止国家机关、社会团体、企事业单位和个体工商户、农户和城镇居民使用童工。禁止各种职业介绍机构以及其他单位和个人为未满16周岁的少年儿童介绍职业。各级工商行政管理部门不得为未满16周岁的少年、儿童核发个体营业执照。父母或者其他监护人不得允许未满16周岁的子女或者被监护人做童工。

根据法律的规定，使用童工的用人单位应当立即将童工送回原居住地交其父母或者其他监护人，并承担因此所需全部费用。如在规定期限内仍不改正的，将按照每使用一名童工每月处1万元罚款的标准给予处罚，并吊销营业执照或撤销民办非企业单位登记。对被送回原居住地之前患病或伤残的童工应当负责治疗，并承担治疗期间全部医疗和生活费用，医疗终结后，还应当向伤残童工本人发给致残抚恤费。对使用童工并造成童工伤残或死亡的，用人单位不仅要对伤残的童工、死亡童工的直系亲属给予赔偿，用人单位还将被吊销营业执照或撤销民办非企业单位登记，并将依法对机关、事业单位性质的用人单位直接负责的主管人员和其他直接责任人员给予降级或者撤职的行政处分或纪律处分。拐骗童工，强迫童工劳动，使用童工从事高空、井下、放射性、高毒、易燃易爆以及国家规定的第四级体力劳动强度的劳动，使用不满14周岁的童工，或造成童工死亡或严重伤残的，依照刑法关于拐卖儿童罪、强迫劳动罪或者其他罪的规定追究刑事责任。

单位或个人为不满16周岁的未成年人介绍就业的，每介绍一人罚款5 000元。职业中介机构为不满16周岁的未成年人介绍就业的，由劳动保障行政部门吊销其职业介绍许可证。不满16周岁的未成年人的父母或者其他监护人应当保护其身心健康，保障其接受义务教育的权利，不得允许其被用人单位非法招用。不满16周岁的未成年人的父母或者其他监护人允许其被用人单位非法招用的，所在地的乡（镇）人民政府、城市街道办事处以及村民委员会、居民委员会应当给予批评教育。

在一些例外的情况下，让未满16周岁的少年儿童参加劳动不属于使用童工：

（1）未满16周岁的少年、儿童参加家庭劳动，学校组织的勤工俭学和省、自治区、直辖市人民政府允许从事的无损于身心健康的、力所能及的辅助性劳动，不受关于禁止童工从事劳动的限制，但要禁止以“勤工俭学”为名使用童工。如在湖南省的长沙县，一些中小学强迫学生停课，集体下田收稻，名为“勤工俭学”，实际是为学校赚钱。据悉，全校学生“勤工俭学”一般每年两季，可为学校增加收入3万元人民币。①

（2）文艺、体育和特种工艺单位，确需招用未满16周岁的文艺工作者、运动员和艺徒时，经未成年人的父母或者其他监护人同意，并报经县级以上（含县级）劳动行政部门批准。运动员系指专门从事某项体育运动训练和参加比赛的人员；艺徒系指在杂技、戏曲以及工艺美术等领域中从师学艺的人员；文艺工作者系指专门从事表演艺术的人员。经批准招用的文艺工作者、运动员、艺徒，用人单位应当切实保护他们的身心健康，促使他们在德、智、体等方面健康成长，并负责创造条件，保证少年、儿童依法接受当地规定年限的义务教育。

本章小结

劳动就业，是指有劳动能力的人，通过一定方式与生产资料相结合，实现劳动过程，获得劳动报酬或经营收入的活动。劳动就业，通常应包括以下几个因素：公民已进入劳动年龄；具有劳动的行为能力；有参加劳动的意愿；从事一定的社会劳动；取得相应的劳动报酬

① 参见周锐鹏：《湖南一些学校令学生下田收稻牟利》，载新加坡《联合早报》，2001-10-24。

或经营收入。目前我国劳动就业的形式主要有：劳动者与用人单位直接洽谈就业；职业介绍机构介绍就业；劳动者自己组织起来就业；自谋职业；国家安置就业。除上述方式外，尚有农村劳动者到城镇就业，我国公民到境外就业，外国人在中国就业，以及台、港、澳居民在内地就业。

我国劳动就业的基本原则包括：国家促进就业的原则；劳动就业的市场原则；平等就业和自主择业原则；男女就业权利平等原则；特殊就业群体就业保护原则。

职业介绍机构是指依法设立的、从事职业介绍工作的专门机构。它有常年固定的服务场所、专职从事就业服务工作的工作人员和相应的工作设施。开办职业介绍机构应当具备相应的条件。我国的各类职业介绍机构的建立及其在全社会范围内网络的形成，不仅成为劳动力市场运作的支撑点和主要载体，而且在国家对劳动力市场进行宏观调控方面，发挥着更加重要的作用。

禁止使用童工的法律规定具体包括：禁止国家机关、社会团体、企事业单位和个体工商户、农户和城镇居民使用童工；禁止各种职业介绍机构以及其他单位和个人为未满 16 周岁的少年儿童介绍职业；各级工商行政管理部门不得为未满 16 周岁的少年、儿童核发个体营业执照；父母或者其他监护人不得允许未满 16 周岁的子女或者被监护人做童工。在一些例外的情况下，让未满 16 周岁的少年儿童参加劳动不属于使用童工。

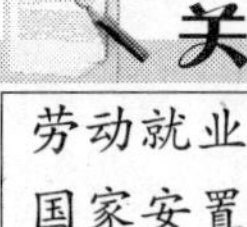

关键概念

劳动就业	劳动者自己组织起来就业	自谋职业
国家安置就业	农村劳动者到城镇就业	我国劳动者到境外就业
外国人在中国就业	台、港、澳居民在内地就业	劳动就业的基本原则
国家促进就业的原则	劳动就业的市场原则平等就业和自主择业原则	
男女就业权利平等原则	特殊就业群体就业保护原则	职业介绍机构
禁止使用童工		

思考题

1. 简述劳动就业的基本要素。
2. 简述我国劳动就业的形式。
3. 试述我国劳动就业的基本原则。
4. 如何理解平等就业和自主择业原则？
5. 如何理解特殊群体就业保护原则？
6. 简述我国对于使用童工的禁止性规定。

第五章 劳动合同

学习目标

通过本章的学习，掌握劳动合同的定义及其区别于其他合同的法律特征；明确劳动合同订立的条件、原则以及劳动合同变更、终止的法定条件；掌握劳动合同无效的法定条件。明确劳动合同的必备条款以及有关补充条款；了解劳动合同的期限、劳动合同的形式；明确用人单位解除劳动合同的条件及其相应的法律后果；明确劳动者解除劳动合同的条件及其法律后果。了解劳动合同双方当事人违反劳动合同的法律责任。

第一节 劳动合同概述

劳动合同的定义

我国《劳动法》第 16 条第 1 款规定：劳动合同是劳动者与用人单位确立劳动关系、明确双方权利和义务的协议。第 2 款规定：建立劳动关系应当订立劳动合同。劳动合同是确立劳动关系的法律依据。在市场经济条件下，用人单位成为用人主体，劳动者也成为自主就业的主体。用人单位与劳动者之间建立劳动关系，必须订立劳动合同。劳动合同一经订立，就成为规范双方当事人劳动权利和义务的法律依据。

劳动合同的内容是明确当事人双方的权利和义务，这些内容通过一定的形式表现出来才得以实现。根据劳动合同，劳动者必须成为用人单位的一名成员，遵守用人单位内部的规章、制度，完成用人单位分配的生产、工作任务；用人单位必须为劳动者提供必需的劳动条件，依照法律、法规和合同的规定，为劳动者支付劳动报酬和给予劳动者保险和福利的待遇。劳动合同的内容主要以劳动法律、法规为依据。劳动法律、法规规定了最低的劳动条件和劳动标准，要求用人单位必须遵守，用人单位只能在法律规定的最低劳动条件和劳动标准之上使用劳动者，而不能由劳动关系双方当事人自由协商降低国家规定的劳动条件和劳动标准。

劳动合同是确立劳动关系的法律形式，是组织社会劳动，合理配置劳动力资源，稳定劳动关系，促进社会经济发展的重要手段。劳动合同规范劳动过程的劳动行为，明确劳动的目的，确立用人单位与劳动者之间相互约束的权利义务关系。

劳动合同作为市场经济体制下确立劳动关系的形式，是市场有效配置劳动力资源的主要方式，也是劳动者实现劳动权利的保障，是用人单位进行劳动管理的重要手段，也是劳动力合理流动的有效途径。

劳动合同与民事合同不同。民事合同是确立当事人之间民事权利义务的协议。虽然当事人之间进行承包经营、加工承揽等均可通过订立民事合同进行，并与劳动有一定联系，但仍有显著的区别。例如，劳动合同主体具有特定性，即劳动合同的主体一方是劳动者，另一方是用人单位，双方至少有一方是自然人，并且双方是既平等又隶属的劳动关系；而民事合同主体则是平等的自然人、法人、其他组织之间的民事权利义务关系的协议。在劳动关系中，劳动者必须加入用人单位，成为其一员，并且遵守单位内部劳动规则；在民事关系中，当事人无须加入用人单位，不受用人单位内部劳动规则约束。作为劳动关系当事人一方的用人单位组织劳动，享有劳动支配权，因而有义务承担劳动风险责任；作为劳务关系当事人一方的劳务提供者自行安排劳动，自己承担劳动风险责任。劳动合同的目的是建立劳动法律关系；民事合同的目的是在自然人、法人、其他组织之间设立、变更、终止民事关系。劳动合同以劳动权利和义务为内容，由劳动法调整；民事合同则以民事权利和义务为内容，由民法调整。

与劳动合同密切相关的还有录用合同、聘用合同和借调合同。录用合同是录用单位与被录用劳动者之间，为确立劳动关系，明确相互权利义务关系的协议。录用其实就是一种劳动合同，只不过叫法不同而已。聘用合同是用人单位与被聘用者之间，为确立劳动关系，明确相互间权利义务关系的协议。它通常用于招聘或聘请有特定技术业务专长的劳动者为技术专业人员或管理人员，如聘用顾问、专家等。用人单位与受聘者通过签订聘用合同的方式聘请受聘者从事某项工作，这也是劳动合同的一种形式。借调合同，又称借用合同，是指为了将某用人单位职工借调到另一用人单位从事短期性工作，而由借调单位、被借调单位和被借调职工三方当事人依法签订的，约定借调期间三方当事人之间权利义务的合同。借调合同适用于借调单位急需使用的工人、管理人员或技术人员。由于借调合同由三方当事人签订，即借调单位、被借调单位和被借调职工；被借调职工在借调期间，属于借调单位的劳动者，但其与被借调单位的劳动关系保留，当借调合同终止后，被借调职工仍回被借调单位工作，因此，借调合同不是劳动合同。

劳动合同的法律特征

劳动合同是一种特殊的合同，除有一般合同的特征外，有其自身的法律特征：

(1) 劳动合同的主体是由特定的用人单位和劳动者双方构成。劳动合同的当事人必须一方是企业、事业、机关、社会团体或私营业雇主，另一方是劳动者本人。两个单位之间有关劳务输出输入的协议不是劳动合同。

(2) 劳动合同的标的是劳动者的劳动行为。劳动合同订立后，劳动者一方必须加入到用人单位的生产和工作中去，成为该单位的一名职工，对内享受本单位职工的权利，承担本单位职工的义务。即劳动者有获得报酬的权利，有获得社会保险和生活福利的权利，相应地有完成其劳动行为的义务；用人单位有权依照劳动合同的规定组织管理劳动者，使其完成约定的劳动行为，有义务支付劳动者的劳动报酬、为职工参加社会保险和提供生活福利。

(3) 劳动合同一般有试用期限的规定。我国《劳动法》第 21 条规定：劳动合同可以约定试用期。试用期最长不得超过 6 个月。劳动过程是劳动力与生产资料两大要素组合的过程，也是劳动者智力与体力发挥的过程。劳动合同的试用期正是劳动者与生产资料组合的考察期，目的是使这两大要素实现最佳组合，取得最佳劳动效果。

（4）劳动合同的内容涉及劳动者完成再生产的过程。劳动力是一种特殊的商品，劳动力有本身再生产的特征。劳动合同订立时不仅要规定用人单位与劳动者本人的权利义务关系，而且还要涉及劳动者的直系亲属在一定条件下享有的物质帮助权。如果职工因年老、疾病、工伤、残废、死亡等原因，暂时或永久丧失劳动能力，中断劳动可能不能获得劳动报酬时，用人单位不仅要负担职工本人的社会保险待遇，而且要对职工所供养的直系亲属给予一定的物质帮助。

（5）劳动合同的目的在于劳动过程的实现，而不是劳动成果的给付。劳动过程是一个复杂的体能与智能发挥的过程，有的劳动直接创造价值，有的劳动间接地实现价值；有的劳动成果当时就能衡量，有的劳动成果则需要一定时间才能看到。因此，劳动合同的目的在于确立劳动关系，使劳动过程得以实现。

第二节　劳动合同的订立、变更、终止与无效

劳动合同的订立

（一）劳动合同订立的条件

1. 用人单位订立劳动合同的条件

我国《劳动法》第 2 条规定：在中华人民共和国境内的企业、个体经济组织（以下统称用人单位）和与之形成劳动关系的劳动者，适用本法。国家机关、事业组织、社会团体和与之建立劳动合同关系的劳动者，依照本法执行。

从上述规定中可以看出，作为用人单位一方的当事人多数是以法人的资格出现的。我国《民法通则》对法人资格有明确的规定，只有具备了这些条件，用人单位才能在行使权利的同时履行其对等的义务。在劳动关系双方当事人之间，法人凭借其完备的主体资格，足够的财力物力在缔结劳动合同后能够依据合同的约定，为劳动者按时足额地支付报酬，为劳动者参加社会保险和提供生活福利。

用人单位类型除法人外，还有许多非法人组织或个体经济组织。这些用人单位虽然不具备法人资格，但仍可以成为劳动合同订立的主体，尤其在个体经济组织作为劳动合同主体订立合同的时候。在个体经济组织与劳动者订立劳动合同时，劳动者应当考虑该用人单位有无资信能力，能否为劳动者按时足额地支付劳动报酬。非法人资格的用人单位订立劳动合同时，就应当对该用人单位的财产状况，有无承担民事责任的能力等进行考察，这样才能保证订立的劳动合同有效，才能保证劳动者自己的劳动报酬权以及其他各项权利的实现。

2. 劳动者订立劳动合同的条件

劳动者订立劳动合同的条件，是指劳动者作为劳动合同的一方当事人必须具备的主体资格。订立劳动合同是公民实现自己的劳动权利、履行劳动义务的途径，订立劳动合同对当事人一方的劳动者也是有一定条件限制的。

（1）年龄条件。这是指劳动者订立劳动合同必须达到合法的劳动年龄。我国《劳动法》第 58 条第 2 款规定：未成年工是指年满 16 周岁未满 18 周岁的劳动者。这表明，年满 18 周岁的劳动者达到了订立劳动合同的条件；年满 16 周岁不满 18 周岁的劳动者依照《劳动法》

的有关规定及劳动合同的约定，在劳动合同约定的权利义务关系不违背有关法律、法规前提下订立劳动合同。

（2）劳动能力的条件。劳动能力是指劳动者凭借自己的智力或体力完成某项工作的能力，各类劳动者的劳动能力差别很大，脑力劳动者的劳动能力与体力劳动者的劳动能力，成年工与未成年工的劳动能力，男性劳动者与女性劳动者的劳动能力都是有区别的，订立劳动合同时应根据合同的内容，分别与有相应劳动能力的劳动者订立，这样，才能保证劳动合同的正确履行。

（二）劳动合同订立的注意事项

根据《劳动合同法》的规定，建立劳动关系应当订立书面劳动合同。用人单位自用工之日起即与劳动者建立劳动关系。用人单位与劳动者在用工前订立劳动合同的，劳动关系自用工之日起建立。已建立劳动关系，未同时订立书面劳动合同的，应当自用工之日起一个月内订立书面劳动合同。

用人单位应当建立职工名册备查，应当如实告知劳动者工作内容、工作条件、工作地点、职业危害、安全生产状况、劳动报酬，以及劳动者要求了解的其他情况；用人单位有权了解劳动者与劳动合同直接相关的基本情况，劳动者应当如实说明。不得扣押劳动者的居民身份证和其他证件，不得要求劳动者提供担保或者以其他名义向劳动者收取财物。

用人单位未在用工的同时订立书面劳动合同，与劳动者约定的劳动报酬不明确的，新招用的劳动者的劳动报酬按照集体合同规定的标准执行；没有集体合同或者集体合同未规定的，实行同工同酬。

（三）劳动合同订立的原则

订立和变更劳动合同应当遵循平等自愿、协商一致和诚实信用的原则，不得违反法律、行政法规的规定。

1. 平等自愿

平等，是指用人单位和劳动者在缔结合同时法律地位上的平等。在订立劳动合同过程中，当事人双方都是以劳动关系主体资格出现的，是平等主体之间的关系。双方都要依法在协商一致的基础上达成协议，用人单位不得借助于我国劳动力市场供大于求的现实，在订立劳动合同时提出对劳动者不平等的附加条件。

典型案例

安徽一公司奇特规定：同事之间不准恋爱结婚

合肥一家合资公司的王小姐可以说现在是爱并痛着：与她同一公司的一位小伙子的热情和忠厚深深吸引了她，而小伙子也为王小姐的善良与美丽所打动。但是公司明确规定：本公司员工不得相互恋爱结婚，否则解除劳动关系。在我国，公民有权利按照自己的意志，自主自愿恋爱、结婚或离婚，不受他人干涉。王小姐所在公司利用所谓的公司规定来约束员工的恋爱结婚，并且以解除劳动关系要挟员工放弃婚恋自由，不仅对员工不公平，而且明显违反了国家法律。

资料来源：http://news.sina.com.cn/s/256538.html，2001-05-19。

劳动者和用人单位在法律上处于平等的地位，平等地决定是否缔约，平等地决定合同的内容。在计划经济的条件下，用人单位是国家机关的下属单位或本身就有行政职能，劳动者只能接受安排的工作；随着市场经济体制初步建立和逐渐完善，劳动者与用人单位享有同样的权利，有权拒绝与用人单位签订劳动合同。

自愿，是指订立劳动合同完全是出自于双方当事人自己的真实意志，是双方在意思表示一致的情况下，经过平等协商而达成协议。自愿主要是指劳动合同的订立必须由当事人自己的意愿独立地完成意思表示，他人不得强迫对方完成这种意思表示。根据自愿原则，双方当事人对于劳动合同的订立不得享有任何特权。当事人订立劳动合同只能出于其内心意愿。其他任何机关、团体和个人都无权强迫劳动者订立劳动合同。同样，用人单位也有权不与劳动者签订不符合法律规定或者不符合用人单位录用条件的劳动合同。

典型案例

十三岁少年走亲戚，被骗砖场当“奴隶”

据侯先生介绍，8月23日，表弟胡某从陕西老家来郑州走亲戚，刚出火车站，碰到两个热情的“阿姨”，她们关心地问胡某要到哪里，胡某如实相告。两人“惊讶”地说：“真巧，我们也是到那里，你的亲戚我们认识，我们一起走吧。”说完，一人拿着胡某的包袱，一人把他推上了318路公交车，最后来到了侯寨乡铁三官庙村一砖场。两名妇女从工头处得到50元钱后，便告诉胡某说“一会儿你的亲戚就过来”，然后走了。在砖场，胡某没有了人身自由，每天只能和其他人一起充当苦力，拉煤打砖坯。并且不准说自己13岁，而是18岁。9月5日，胡某趁人不备跳窗逃走。

资料来源：http://news.sina.com.cn/s/2001-09-13/355918.html，2001-09-13。

2. 协商一致

所谓协商一致，是指劳动合同的内容、条款，在法律、法规允许的范围内，由双方当事人共同讨论、协商，在取得完全一致的意思表示后确定。协商一致是在合同的内容、条款上都取得了一致。只有双方当事人就合同的主要条款达成一致意见后，合同才成立和生效。在实践中，常见的是用人单位事先拟好劳动合同，由劳动者做出是否签约的决定，根据我国《合同法》的有关规定，采用格式条款订立合同的，提供格式条款的一方应当遵循公平原则确定当事人之间的权利和义务，并采取合理的方式提请对方注意免除或者限制其责任的条款，按照对方的要求，对该条款予以说明。

对此，《劳动合同法》第8条专门规定，用人单位招用劳动者时，应当如实告知劳动者工作内容、工作条件、工作地点、职业危害、安全生产状况、劳动报酬，以及劳动者要求了解的其他情况；用人单位有权了解劳动者与劳动合同直接相关的基本情况，劳动者应当如实说明。

3. 遵守法律、法规

订立劳动合同必须符合法律的要求，这是劳动合同有效并受法律保护的前提条件。否则，劳动合同当事人的权利不仅得不到保护，还要承担相应的法律责任。

订立劳动合同要求劳动合同的内容合法，订立劳动合同的目的不能违背法律、法规的规定，也不得违背社会基本道德和善良风俗。当事人双方均不得以订立劳动合同的合法形式掩盖不法意图。劳动合同中约定的权利、义务也不得违背法律、法规的规定。这项原则要求劳动合同的内容不违法或不得对社会公共利益有害，例如劳动者不得与用人单位订立盗窃其他企业技术秘密的合同，并且劳动合同必须采用法律规定的形式，主体符合法律规定的条件。

用人单位在公开招收工人时，要贯彻公开招收、自愿报名，德智体全面考核、择优录用的原则。

劳动合同的变更

劳动合同的变更，是指劳动合同在履行过程中，由于法定原因或约定条件发生变化，对已生效的劳动合同进行条款的修改或补充。

劳动合同变更的条件是指引起劳动合同变更的要素。由于劳动合同执行过程中，客观情况发生了重大变化，原劳动合同的部分条款不做修改或补充，便不能继续适应新的情况下双方或单方当事人的要求，劳动合同当事人可以依照法律、法规，或者协商变更劳动合同。

（1）经双方当事人协商同意的。双方当事人经协商，达成一致的，可以变更劳动合同。

（2）订立劳动合同时所依据的法律、法规已经修改或废止。

（3）法律、法规允许的其他情况。

变更劳动合同时应注意：第一，变更劳动合同必须遵循平等自愿、协商一致原则和合法原则，在国家法律、法规允许的范围内经过充分协商，达成一致意见后，才能变更；第二，变更劳动合同必须在原劳动合同的有效期内进行，即劳动合同期满前这一段时间内，当事人一方或双方提出变更要求的。劳动合同期满属于合同终止，不是变更的问题了。劳动合同变更时，如在协商过程中达不成一致意见发生争议，任何一方都可以向当地劳动争议仲裁委员会申请仲裁。

《劳动合同法》对于劳动合同变更进一步规定为：用人单位与劳动者协商一致，可以变更劳动合同约定的内容。变更劳动合同，应当采用书面形式。变更后的劳动合同文本由用人单位和劳动者各执一份。用人单位变更名称、法定代表人、主要负责人或者投资人等事项，不影响劳动合同的履行。用人单位发生合并或者分立等情况，原劳动合同继续有效，劳动合同由承继其权利和义务的用人单位继续履行。

劳动合同的终止

劳动合同的终止，是指劳动合同的法律效力自然消失或经判决、裁决而消失。劳动合同的终止，即当事人双方建立的劳动关系的终结。劳动合同的终止必须符合法定的条件。

除合同期限届满劳动合同终止外，下列情况下劳动合同也应终止：

（1）劳动合同双方当事人发生劳动争议，经劳动仲裁机关裁决或人民法院判决终止其效力的劳动合同应当终止。

（2）劳动者达到退休年龄，或者劳动者死亡、劳动者完全丧失劳动能力。劳动合同主体一方已不存在或不具有劳动能力，劳动合同关系自然终止。劳动者达到退休年龄，标志着劳动者自然退出工作岗位，尽管劳动合同期限尚未到期，应在劳动者达到退休年龄之时，即行办理退休和终止劳动合同手续。

（3）用人单位因破产或依法被解散、撤销及其他法定事由，使得原劳动关系一方主体不复存在，劳动合同也应终止。

（4）劳动合同履行中，由于自然因素或社会因素而发生了不可抗力的情况，如地震、水灾、火灾、战争等事由，在合同期限内不可能恢复，原合同无法继续履行或履行成为不必要，合同可以终止。

（5）劳动合同经劳动仲裁机关或人民法院确认无效后，即行终止。

(6) 经双方当事人协商同意终止劳动合同，可以终止。

劳动合同期满，劳动者有下列情形之一的，劳动合同应当续延至相应的情形消失时终止：(1) 从事接触职业病危害作业的劳动者未进行离岗前职业健康检查，或者疑似职业病病人在诊断或者医学观察期间的；(2) 在本单位患职业病或者因工负伤并被确认丧失或者部分丧失劳动能力的；(3) 患病或者非因工负伤，在规定的医疗期内的；(4) 女职工在孕期、产期、哺乳期的；(5) 在本单位连续工作满十五年，且距法定退休年龄不足五年的；(6) 法律、行政法规规定的其他情形。对丧失或者部分丧失劳动能力劳动者的劳动合同的终止，按照国家有关工伤保险的规定执行。

根据《劳动合同法》的规定，劳动合同终止是因劳动合同期满的，除用人单位维持或者提高劳动合同约定条件续订劳动合同，劳动者不同意续订的情形外，用人单位应当向劳动者支付经济补偿；或者是因用人单位被依法宣告破产的、用人单位被吊销营业执照、责令关闭、撤销或者用人单位决定提前解散的，用人单位也应当向劳动者支付经济补偿。

经济补偿按劳动者在本单位工作的年限，每满一年支付一个月工资的标准向劳动者支付。六个月以上不满一年的，按一年计算；不满六个月的，向劳动者支付半个月工资的经济补偿。劳动者月工资高于用人单位所在直辖市、设区的市级人民政府公布的本地区上年度职工月平均工资三倍的，向其支付经济补偿的标准按职工月平均工资三倍的数额支付，向其支付经济补偿的年限最高不超过十二年。月工资是指劳动者在劳动合同解除或者终止前十二个月的平均工资。

用人单位违反法律规定终止劳动合同，劳动者要求继续履行劳动合同的，用人单位应当继续履行；劳动者不要求继续履行劳动合同或者劳动合同已经不能继续履行的，用人单位应当支付赔偿金。

用人单位应当在解除或者终止劳动合同时出具终止劳动合同的证明，并在十五日内为劳动者办理档案和社会保险关系转移手续。劳动者应当按照双方约定，办理工作交接。用人单位在办结工作交接时向劳动者支付经济补偿。用人单位对已经终止的劳动合同的文本，至少保存两年备查。

劳动合同的无效

无效劳动合同，是指劳动合同因为违反法律、法规的规定，或者采取不正当手续订立，因而不具备法律效力的合同。劳动合同违反法律、行政法规的规定，是违反了国家的意志和劳动者的意愿，因而是无效的；劳动合同当事人一方采取欺诈、威胁等手段，故意隐瞒真实情况，制造假象，使另一方当事人上当受骗或违背自己真实意愿的情况而订立，违背了劳动合同的订立原则，侵害了一方当事人的权益，因而是无效的。

1. 违反法律、行政法规强制性规定的劳动合同

劳动合同违反法律、行政法规是指劳动合同的内容违反法律、行政法规的强行性法律规定。强行性法律规定是具有强制性的法律规范，当事人在其订立劳动合同的活动中必须遵守，否则即属违法。这类强行性规范主要有劳动保护规定、工作时间规定、劳动者基本权利规定、对妇女和未成年人特殊保护规定等。

2. 以期诈、胁迫的手段或者乘人之危，使对方在违背真实意思的情况下订立或者变更的劳动合同

欺诈是一方当事人故意捏造虚伪情况或者歪曲、掩盖真实情况，使对方陷入错误认识而与之签订劳动合同。如福利待遇好、工资多、劳动条件优越等。威胁是指以某种现实或将来

的危害使他人陷入恐惧而签订劳动合同的行为。如以伤害用人单位负责人相威胁而迫使其与之签订劳动合同。同样，在订立劳动合同时，任何一方都不得利用自己的优势地位或对方暂时面临的困难，强迫对方接受自己的条件，达到损人利己的目的。在乘人之危的情况下，双方所订立的合同由于不是真实的内心意志，所以不应当具有法律效力。

典型案例

1994 年 8 月初，京郊某私营服装厂到河北省某县招收女工。招工简章载：实行计件工资，备有免费宿舍及浴池，1 个月回家 1 次，并发给路费。8 月 6 日，赵某等 18 名女青年与该厂签订了为期 2 年的劳动合同。她们进厂后，发现厂内既无宿舍也无浴室，只能住在车间里。9 月 9 日，有 6 名女工要求领工资和探亲路费时，被告知是每年 1 月份回家，给一次车费；不是每月回家 1 次，每个月都给路费。至于工资待遇，每人每月只发 200 元生活费，其余工资等合同期满时才给。赵某等 18 名女工向厂长提出补发所欠工资、路费和解除劳动合同的要求，厂长则以其所欠工资用来冲销赵某等 18 名女工因提前解除劳动合同所应支付的违约金而予以拒绝。劳动争议仲裁委员会经审理确认双方签订的劳动合同无效，厂方在招工简章中写明的工资福利待遇等条件与实际情况不符，属欺骗行为。厂方应当补发所欠赵某等 18 名女工工资，并依法支付其受损害的赔偿金。

资料来源：王昌硕主编：《劳动法学案例教程》，36 页，北京，知识产权出版社，2001。

3. 用人单位免除自己的法定责任、排除劳动者权利的劳动合同

劳动者的劳动权利具有法定性，不允许用人单位一方或者双方通过约定或者自行规定的方式加以改变，否则会导致劳动合同无效。例如，有的用人单位限制妇女就业，或在合同中以不得于合同期间结婚或生育为条件，或在劳动合同中规定了较长的劳动时间。

典型案例

孙某与某建筑施工队签订了一份劳动合同，合同中规定有“发生死伤事故建筑施工队概不负责”的条款。由于工地上缺乏必要的防护设备，孙某在一次施工中不慎从脚手架上摔下来，当即身负重伤，造成腰椎粉碎性骨折，虽经医院抢救脱险，但已下身瘫痪，生活不能自理。在发生事故后，孙某家中无力承担巨额费用，又少了主要的收入来源，生活顿陷困境，孙某家属找到建筑施工队要求支付医疗费。建筑队则以劳动合同中有规定“死伤概不负责”的条款为由，拒绝支付孙某的医疗费用。建筑施工队与孙某签订的劳动合同从表面上看是双方自愿达成的协议，但劳动合同中有关“死伤概不负责”的条款明显违反了法律规定，是无效的条款。最高人民法院针对合同里订立“工伤自理”、“工伤概不负责”之类的条款曾批复：“这种行为既不符合宪法和有关法律规定，也严重违反社会主义公德，应属于无效的民事行为。”劳动部《关于企业内部个人承包中保障待遇的问题和复函》也指出企业内部承包合同中关于“伤残亡由个人负责”的条款不具有合法性。

资料来源：黄成建主编：《劳动法新释与例解》，98 页，北京，同心出版社，2000。

无效劳动合同，从订立的时候起，就没有法律约束力。确认劳动合同部分无效的，如果不影响其余部分的效力，其余部分仍然有效。根据这一规定，劳动合同被确认为无效以后，

该劳动合同从订立起就没有法律效力。劳动合同被确认为部分无效的，其余的部分仍然有效，如劳动合同中有关保守商业秘密的条款无效，并不影响其他条款的效力。

无效劳动合同的订立和履行，会给当事人造成一定的损失。当劳动合同被确认为无效后，因无效劳动合同给一方当事人造成实际损失时，由有过错的一方负责赔偿。如用人单位使用童工造成其伤残的，用人单位要对损失承担相应的赔偿责任。如果双方对劳动合同的无效都有责任的，各自承担相应的责任。根据原劳动部发布的《违反〈劳动法〉有关劳动合同规定的赔偿办法》的规定，因用人单位的原因订立了无效的劳动合同给劳动者造成损害的，用人单位应承担赔偿责任。

无效劳动合同的效力虽然自始得不到承认，但是，并不是任何人都有权宣布劳动合同无效。我国有权宣布劳动合同无效的机关是劳动争议仲裁委员会和人民法院。《劳动合同法》第 26 条规定：对劳动合同的无效或者部分无效有争议的，由劳动争议仲裁机构或者人民法院确认。劳动合同被确认无效，劳动者已付出劳动的，用人单位应当向劳动者支付劳动报酬。劳动报酬的数额，参照本单位相同或者相近岗位劳动者的劳动报酬确定。

第三节　劳动合同的内容、形式、期限

劳动合同的内容

劳动合同的内容是指劳动者与用人单位之间设定劳动权利与义务的具体规定。劳动合同的内容直接涉及劳动者与用人单位的切身利益，也关系到国家劳动法律、法规和政策的贯彻实施，是劳动合同法律制度中的一个重要问题。

根据条款内容是否为一个劳动合同所必需，可将劳动合同的内容分为必备条款和补充条款两部分：必备条款是劳动合同必须具备的内容，欠缺了必备条款劳动合同就不能成立。必备条款中有些是由法律规范规定的劳动合同当事人必须遵守的法定内容，也有一些是由劳动合同当事人协商议定的内容。补充条款并不是劳动合同成立必须具备的条件，缺少了其劳动合同依然能够成立，补充条款都是当事人议定的内容。

从《劳动法》第 19 条和《劳动合同法》第 17 条的规定中可以看出，劳动合同的必备条款有：

1. 劳动合同期限

是指合同的有效时间，起于合同生效之时，终于合同终止或解除之时。劳动合同可以有固定期限，也可以无固定期限，或者以完成一定的工作为期限。合同中应有规定期限的条款，若没有规定又不能通过其他方法明确必要的期限时，合同不能成立。就具体的劳动合同而言，当事人在不违背法律禁止性规定的前提下，可自行协商合同期限。

2. 工作内容和工作地点

主要是指劳动者为用人单位提供的劳动，是劳动者应履行的主要义务。劳动者被录用到用人单位以后，他应担任何种工作或职务，工作上应达到什么要求等。都应在劳动合同中加以明确。双方可在协商一致的基础上明确劳动者所应从事工作的类型及其应达到的数量指标、质量指标等，也可以参照同行业的通常情形来执行。关于劳动或工作的时间、地点、方法和范围等，法律有统一规定的，依照法律执行；没有统一规定的，可由双方协商，但不能违背法律的基本原则。

3. 劳动报酬

用人单位应向劳动者支付劳动报酬，这是用人单位的主要义务，相对应的获得劳动报酬是劳动者的权利。劳动报酬，专指劳动法中所调整的劳动者基于劳动关系而取得的各种劳动收入，其主要支付形式是工资，此外还有津贴、奖金等。在劳动合同中应明确工资的数额，支付方法，奖金、津贴的数额及获得的条件等。若法律、法规已有明文规定的，应从规定，若无规定，当事人可议定。

4. 劳动保护、劳动条件和职业危害防护

在劳动关系中，由于安全保障、改善劳动条件所需要的成本较高，用人单位可能利用稍高的劳动报酬来诱使劳动者从事高危险和高危害劳动，导致劳动者的身体健康和生命安全遭受巨大损害。因此，需要通过立法的方式引导用人单位积极创造条件保证劳动者的劳动安全和切身利益。并且，有关劳动保护和劳动条件的内容，在劳动法中都有规定。

5. 社会保险

社会保险主要包括养老保险、失业保险、医疗保险、工伤保险和生育保险。用人单位和劳动者必须依法参加社会保险，缴纳社会保险费。劳动者在下列情形下，依法享受社会保险待遇：(1) 退休；(2) 患病、负伤；(3) 因工伤残或者患职业病；(4) 失业；(5) 生育。劳动者死亡后，其遗属依法享受遗属津贴。劳动者享受社会保险待遇的条件和标准由法律、法规规定。劳动者享受的社会保险金必须按时足额支付。

6. 工作时间和休息休假

工作时间与休息休假的内容和标准也大都由法律作了明确的规定。在劳动合同中，应当明确用人单位与劳动者执行的工时制度和形式。对于法律规定的劳动者应当享受的休息与休假，用人单位应当予以充分保障。

此外，用人单位的名称、住所和法定代表人或者主要负责人；劳动者的姓名、住址和居民身份证或者其他有效身份证件号码也应当在劳动合同中明确体现出来。

《劳动合同法》第 17 条同时规定：劳动合同除必备条款外，用人单位和劳动者可以约定试用期、培训、保守秘密、补充保险和福利待遇等其他事项。这表明劳动合同的当事人还可以在充分协商一致的基础上约定其他内容。补充内容并不是每一个劳动合同所必备，如果欠缺这些内容，合同仍可以成立。补充内容对于明确当事人的权利、义务和责任，同必备内容一样有着重要意义。补充内容同样不得违背法律的有关规定。

补充内容可由当事人针对具体劳动关系中的问题有针对性地加以规定，常见的内容有关于试用期的约定。试用期是指对新录用的职工进行试用的期限，是用人单位和劳动者为相互了解、选择而约定的不超过 6 个月的考察期。其目的在于考察职工是否符合录用条件，单位介绍的劳动条件是否符合实际情况。职工和用人单位在试用期内对彼此的情况做进一步了解，根据具体情况做出是否履行或解除劳动合同的决定。用人单位可在试用期内考察职工所具备的基本素质和品行，看其是否与劳动职责相称。如发现其不称职或不符合招工条件，用人单位可随时解除劳动合同。劳动者可利用试用期进一步了解用人单位的状况，看其工作条件和福利待遇是否如招工时所说的，自己是否适合目前的工作，是否对工作有兴趣并愿意长期从事此项工作。如发现自己不适合此项工作或发现用人单位的情况与自己希望的不符，劳动者也可随时提出解除合同。

我国《劳动法》第 21 条规定了劳动合同的试用期。相比之下，《劳动合同法》对于试用期进行了具体的规定：劳动合同期限三个月以上不满一年的，试用期不得超过一个月；劳动合同期限一年以上不满三年的，试用期不得超过两个月；三年以上固定期限和无固定期限的劳动合同，试用期不得超过六个月。同一用人单位与同一劳动者只能约定一次试用期。以完成一定工作任务为期限的劳动合同或者劳动合同期限不满三个月的，不得约定试用期。试用期包含在劳动合同期限内。劳动合同仅约定试用期的，试用期不成立，该期限为劳动合同期限。劳动者在试用期的工资不得低于本单位相同岗位最低档工资或者劳动合同约定工资的百分之八十，并不得低于用人单位所在地的最低工资标准。用人单位在试用期解除劳动合同的，应当向劳动者说明理由。

保守商业秘密条款也是常见的补充内容。约定这一条款的目的在于，保护用人单位的经济利益，防止了解或掌握用人单位商业秘密的劳动者，故意或擅自泄露用人单位的商业秘密，给用人单位造成经济损失。商业秘密是指不为公众所知悉，能为权利人带来经济利益，具有实用性，经权利人采取保密措施的技术信息和经营信息，包括经营信息、技术信息，如管理方法、产销策略、客户名单。货源情报等经营信息；生产配方、工艺流程、技术诀窍、设计图纸等技术信息。它的特点是非公开、不为公众所知悉；能使经营者获得利益，获得竞争优势，或具有潜在的商业利益。我国民法、反不正当竞争法以及有关科技管理法规都规定窃取、贿赂、违约取得他人商业秘密构成侵权。反不正当竞争法还将侵犯他人商业秘密的行为作为不正当竞争行为予以禁止。我国刑法规定有侵犯商业秘密罪。在劳动合同中约定这一条款时，应确定劳动者保守商业秘密的范围，保守商业秘密的方式，劳动者承担这一义务的时间期限，一般可以约定在终止劳动关系的1年以内劳动者继续承担保守商业秘密的义务，但做这种约定的同时应给予劳动者一定经济补偿。双方还可以约定劳动者违约应承担的违约责任、赔偿责任等。

典型案例

涉嫌侵犯商业秘密，北京一牙医跳槽被索赔百万

牙医林某没有想到，自己竟然因为跳槽而坐上了被告席。他原来就职的医院以侵犯商业秘密为由将他告上法庭，并索取百余万元巨额赔偿。据原告北京国际医疗中心有限公司称，新加坡籍牙医林某从1998年以来，一直在该中心进行口腔全科医疗工作。2001年10月，林某突然不辞而别去了一家诊所。10月6日，国际医疗中心医务人员连续接到两个病人家属的电话，询问该中心是否通知他们去别的诊所看林医生。以后，每天都有病人来询问林医生的情况并索要病历、X光片和牙模型等，还有一些病人打电话取消已有的预约。10月16日，国际医疗中心接到林医生的传真，才确认其离职，并从传真上得知，林医生带走了属于国际医疗中心的病人资料。国际医疗中心认为，病人资料是医院的经营信息，属于商业秘密。林医生的行为已侵犯了该中心的商业秘密，故要求林医生及维世达诊所赔偿各项损失总额134万余元。而林医生则称，自己与国际医疗中心以口头协议方式确立劳动合同关系，自己跳槽并通知未完成治疗的病人，是对病人负责，也是国际惯例，因为病人有选择医疗机构和选择医生的自由以及获得连续治疗的权利。而所谓病人资料是自己看病时的记录，并非医疗中心的商业秘密。

资料来源：http://news.sina.com.cn/s/2002-04-10/0325540758.html，2002-04-10。

补充保险和福利待遇条款有：用人单位是否提供商业保险，是否给职工提供住房，解决职工生活需要的各种福利设施等。禁止同业竞争条款作为补充条款，可以约定掌握用人单位商业秘密的劳动者在终止或解除劳动合同后一定期限内（一般不超过3年），不得到与用人单位生产同类产品或经营同类业务且有竞争关系的其他单位任职，也不得自己生产、经营同类产品或业务，但用人单位应当给予劳动者补偿。

对于双方当事人约定的内容，劳动法也有明确加以禁止的。例如，用人单位在与劳动者订立劳动合同时，不得以任何形式向劳动者收取定金、保证金（物）或抵押金（物）；在招收、录用人员时，不得以任何名义收取集资费、培训费、体检费等。对违反规定的，由公安部门和劳动行政部门责令用人单位立即退还给劳动者本人。对此，《劳动合同法》第 9 条规定：用人单位招用劳动者，不得扣押劳动者的居民身份证和其他证件，不得要求劳动者提供担保或者以其他名义向劳动者收取财物。

劳动合同的期限

劳动合同的期限，是指劳动合同的有效时间，是劳动关系双方当事人行使权利和履行义务的时间。劳动合同订立后当事人双方即构成了权利义务约束的劳动关系，各自都要以自己的行为来行使权利和履行义务。这种具有约束力的权利义务关系是有一定期限的。它可能是较长期的，也可能是短暂的。《劳动法》第 20 条第 1 款规定：劳动合同的期限分为有固定期限、无固定期限和以完成一定的工作为期限。根据上述规定，我们可以把劳动合同的期限分为三类。

1. 有固定期限的劳动合同

有固定期限的劳动合同，是指劳动合同当事人双方所订立的劳动合同规定了具体明确的起始时间和终止时间。劳动合同期限届满，劳动关系即告终止。经当事人双方协商同意，可以续订合同，但续订的劳动合同的期限也是具体明确的。定期劳动合同的具体期限可由当事人双方根据工作需要和各自的实际情况确定。

定期的劳动合同运用范围广，应变能力强，既能保持劳动关系的相对稳定，又能促进劳动力的合理流动，同时也能减少不必要的劳动纠纷。

2. 无固定期限的劳动合同

无固定期限的劳动合同，又称不定期的劳动合同，指劳动合同当事人双方订立的劳动合同没有规定明确的时间界限。订立无固定期限的劳动合同，除法律、法规规定外，当事人双方应当约定变更和解除劳动合同的条件。

无固定期限的劳动合同并不是针对短期性的劳动行为规定的，与有固定期限劳动合同相比，无固定期限劳动合同对劳动者更有利。有固定期限劳动合同到期后，用人单位可以拒绝与劳动者重新订立劳动合同。无固定期限劳动合同不存在到期的问题，除非发生法定原因或双方之合意才可解除。

根据《劳动合同法》第 14 条的规定，有下列情形之一，劳动者提出或者同意续订、订立劳动合同的，除劳动者提出订立固定期限劳动合同外，应当订立无固定期限劳动合同：（1）劳动者在该用人单位连续工作满十年的；（2）用人单位初次实行劳动合同制度或者国有企业改制重新订立劳动合同时，劳动者在该用人单位连续工作满十年且距法定退休年龄不足十年的；（3）连续订立二次固定期限劳动合同，且劳动者没有本法第 39 条和第 40 条第 1 项、第 2 项规定的情形，续订劳动合同的。用人单位自用工之日起满一年不与劳动者订立书面劳动合同的，视为用人单位与劳动者已订立无固定期限劳动合同。

3. 以完成一定工作为期限的劳动合同

以完成一定工作为期限的劳动合同，是指当事人双方把完成某一项工作或工程，确定为合同起始和终止的期限。某一项工作或工程开始之日即为合同开始之时，此项工作或工程完毕，合同即告终止。

这种劳动合同实际上属于特殊的定期劳动合同，只不过表现形式不同。一般的定期劳动合同以时间的长短作界定，而完成一定工作的劳动合同是以一项工作或工程的起始与完成作界限的。它的特点是，既不是没有期限，也不是有确定的具体时间期限，而是以合同中规定的工作任务的完成作为合同期满的有效期限。

劳动合同的形式

劳动合同的形式，是指劳动合同当事人确立、变更、终止劳动权利义务关系的表现方式。劳动合同的订立、履行、变更和解除是通过双方当事人的意思表示来实现的，意思表示必须以一定的方式来体现，劳动合同必须具备一定的形式。

书面形式的劳动合同，是指直接使用书面文字形式表达当事人经过协商而达成的一致意见，确定权利义务。书面形式的劳动合同严肃、慎重，合同内容白纸黑字写得清清楚楚，准确可靠，有据可查，便于当事人行使权利，履行义务，也便于主管部门和劳动合同管理机关的监督检查。一旦发生争议，可以取得确切的证据，从而可以查明事实、分清是非，正确运用法律、法规处理争议。

非全日制用工作为一种特殊形式或例外形式，《劳动合同法》第 69 条允许非全日制用工双方当事人订立口头协议。

第四节　劳动合同的解除

劳动合同的解除，是指劳动合同签订以后，没有履行完毕之前，由于某种因素导致双方提前终止合同效力的法律行为。一般包括法定解除和协商解除两种情况。法定解除，是指出现国家法律、法规或合同规定的可以解除劳动合同的情况时，不需双方当事人一致同意，合同效力可以自然或单方提前终止。协商解除是指合同双方当事人因某种原因，在双方自愿的情况下，互相协商，在彼此达成一致的基础上提前终止劳动合同的效力。《劳动合同法》第 36 条规定：用人单位与劳动者协商一致，可以解除劳动合同。

解除劳动合同是劳动合同从订立到履行过程中的可以预见的中间环节，解除劳动合同是不可避免的客观现实。依法解除劳动合同是维护劳动合同双方当事人正当权益的重要保证。由于劳动合同的解除是在当事人未完全履行合法法律行为的情况下发生的，当事人双方订立劳动合同的目的没有实现或没有彻底实现，必然会给一方或者双方的造成影响。因此，劳动合同的解除，涉及合同双方当事人的切身利益，必须依法解除。

用人单位解除劳动合同的条件及限制

我国《劳动法》和《劳动合同法》都规定了用人单位解除劳动合同的情形及限制。

（一）用人单位解除劳动合同的情形

1. 用人单位根据劳动者在工作中的主观表现决定解除劳动合同

我国《劳动法》第 25 条规定：劳动者有下列情形之一的，用人单位可以解除劳动合同：（1）在试用期间被证明不符合录用条件的；（2）严重违反劳动纪律或者用人单位规章制度的；（3）严重失职、营私舞弊，对用人单位利益造成重大损害的；（4）被依法追究刑事责任的。《劳动合同法》增加规定了劳动者同时与其他用人单位建立劳动关系，对完成本单位的工作任务造成严重影响，或者经用人单位提出，拒不改正的以及劳动者以欺诈、胁迫的手段或者乘人之危，使对方在违背真实意思的情况下订立或者变更劳动合同致使劳动合同无效的两种情形。

上述规定是依据劳动者在用人单位工作表现为用人单位提前解除劳动合同提供的法律依据：

(1) 劳动者在试用期间被证明不符合录用条件的。劳动合同的订立、履行的可能性很大程度上依赖劳动者的劳动力使用价值，《劳动法》规定劳动合同的试用期就是对劳动者的这种使用价值的现实考察。在试用期间，用人单位对劳动者从各个方面进一步做全面严格的考察，发现有不符合合同条款或有关规定的，如身体条件、年龄条件、文化程度、个人专业、职业道德、个人文化修养、品德修养等不符合录用约定条件的，或是经试用期培训后仍不能胜任其工作岗位要求的，用人单位有权解除劳动合同。

(2) 劳动者严重违反劳动纪律和用人单位规章制度的。劳动纪律是组织社会劳动的基础，是人们从事社会劳动的必要条件。用人单位的规章制度是根据国家法律、法规制定的企业、事业单位的规章制度，它具体规定了劳动纪律的要求，是保证用人单位全体人员协调一致地进行劳动的行为准则。因此，劳动者必须遵守劳动纪律和用人单位的规章制度。劳动者严重违反劳动纪律、影响生产和工作秩序、严重违反操作规程，损坏设备、工具，浪费原材料、能源，给用人单位造成经济损失，或者是工作态度不好，服务态度很差，经常与顾客吵架，损害消费者利益，不服从正常的工作调动，盗窃、赌博、损公肥私、打架斗殴以及犯有其他严重错误的，用人单位都有权解除其劳动合同。

(3) 劳动者严重失职、营私舞弊，对用人单位利益造成重大损害的。劳动者坚守工作岗位，尽心尽责地工作，按照劳动合同的约定完成工作任务是劳动合同的实质所在。劳动者擅离岗位，工作上玩忽职守，损公肥私，给用人单位经济上造成巨大损失的，用人单位有权解除劳动合同。

(4) 劳动者被依法追究刑事责任的。劳动者被劳动教养或被判刑的，违反了法律或治安管理处罚条例的有关规定，给社会带来了危害；劳动者本人因被劳动教养或被判刑影响了劳动合同的正确、及时的履行，不仅因其失去人身自由而延误劳动合同履行的时效，也因其违法行为或犯罪行为本身违反劳动纪律和用人单位规章制度，使得用人单位的生产、工作秩序无法正常进行，使得劳动合同的履行成为不必要，用人单位有权解除劳动合同。

(5) 劳动者同时与其他用人单位建立劳动关系，对完成本单位工作任务造成严重影响，或者经用人单位提出，拒不改正的。劳动者与用人单位之间的劳动关系应当具有排他性，除特殊就业形式外，在同一时间只能与一个单位签订劳动合同，建立劳动关系。任何劳动关系都不能与两个用人单位同时签订劳动合同；任何两个用人单位也不得同时与一个劳动者签订劳动合同，建立劳动关系。劳动者同时与其他用人单位建立劳动关系，对完成本单位工作任务造成严重影响，使用人单位不能获得其与劳动者订立劳动合同时的预期利益，有权依法解除与劳动者订立的劳动合同。

(6) 以欺诈、胁迫的手段或者乘人之危，使对方在违背其真实意思的情况下订立劳动合同的，该劳动合同无效或部分无效。即劳动者以欺诈、胁迫的手段或者乘人之危，使用人单位在违背其真实意义的情况下订立劳动合同而致使劳动合同无效的，用人单位具有解除该劳动合同的权利，这是对用人单位的自由用工权的保护，也是公平正义原则的体现。

2. 用人单位根据劳动合同履行中客观情况的变化解除劳动合同

《劳动法》第26条规定：有下列情形之一的，用人单位可以解除劳动合同，但是应当提前三十日以书面形式通知劳动者本人：(1) 劳动者患病或者非因工负伤，医疗期满后，不能从事原工作也不能从事由用人单位另行安排的工作的；(2) 劳动者不能胜任工作，经过培训或者调整工作岗位，仍不能胜任工作的；(3) 劳动合同订立时所依据的客观情况发生重大变化，致使原劳动合同无法履行，经当事人协商不能就变更劳动合同达成协议的。《劳动合同法》在此基础上增加了新的内容：用人单位提前三十日以书面形式通知劳动者本人或者额外支付劳动者一个月工资后，可以解除劳动合同。

劳动者患病或非因工负伤，按其在本单位工作时间的长短，给予一定时间的医疗期。根据劳动部有关医疗期的规定，医疗期为3～24个月，对于患某些特殊疾病（如癌症、精神病、瘫痪等）的职工，在24个月内尚不能痊愈的，经企业和当地劳动部门批准，可适当延长医疗期。医疗期满后，不能从事原来的工作，或者是经用人单位调整工作岗位仍然不能胜任，用人单位可以解除劳动合同。

劳动者经过培训，调整工作岗位，仍不能胜任工作的，用人单位对其岗位进行调整，经过培训仍然不能胜任新岗位工作的，用人单位有权解除劳动合同。

劳动合同订立时所依据的客观情况发生变化，例如所依据的法律、法规已经废止或修改，原劳动合同的履行无法可依，双方经协商不能就劳动合同达成变更协议的，用人单位可以解除劳动合同；又如不可抗力原因造成的劳动合同内容履行已经成为不必要，或者是劳动合同内容变更后劳动者不能胜任其工作，双方没有达成变更劳动合同协议的，用人单位可以解除劳动合同。

3. 用人单位因经济性裁员解除劳动合同

我国《劳动法》第27条第1款规定：用人单位濒临破产进行法定整顿期间或者生产经营状况发生严重困难，确需裁减人员的，应当提前三十日向工会或者全体职工说明情况，听取工会或者职工的意见，经向劳动行政部门报告后，可以裁减人员。《劳动合同法》第41条进一步明确：有下列情形之一，需要裁减人员二十人以上或者裁减不足二十人但占企业职工总数百分之十以上的，用人单位提前三十日向工会或者全体职工说明情况，听取工会或者职工的意见后，裁减人员方案经向劳动行政部门报告，可以裁减人员：(1) 依照《企业破产法》规定进行重整的；(2) 生产经营发生严重困难的；(3) 企业转产、重大技术革新或者经营方式调整，经变更劳动合同后，仍需裁减人员的；(4) 其他因劳动合同订立时所依据的客观经济情况发生重大变化，致使劳动合同无法履行的。裁减人员时，应当优先留用下列人员：(1) 与本单位订立较长期限的固定期限劳动合同的；(2) 与本单位订立无固定期限劳动合同的；(3) 家庭无其他就业人员，有需要扶养的老人或者未成年人的。用人单位依照本条第一款规定裁减人员，在六个月内重新招用人员的，应当通知被裁减的人员，并在同等条件下优先招用被裁减的人员。

企业破产，是指企业因经营管理不善造成严重亏损，不能清偿到期债务的，由债权人或者债务人依法申请，由人民法院依法宣告破产并按法定顺序偿还债权人债务的制度。用人单位生产经营发生严重困难，确需裁减人员的，可以裁员。

经济性裁员，用人单位应按照法定程序与被裁减人员解除劳动合同：(1) 用人单位应提前30日向工会或全体职工说明情况，并提供有关生产经营状况的资料；(2) 提出裁减人员方案，包括：被裁减人员名单，裁减时间，实施步骤，依据的法律、法规，给予经济补偿的办法；(3) 将裁员方案征求工会或全体职工的意见，并修改方案；(4) 向当地劳动保障行政部门报告裁减方案和工会或全体职工的意见，听取劳动保障行政部门的意见；(5) 公布裁减方案，与被裁减人员办理解除劳动合同手续，支付经济补偿金，出具裁减人员证明书。

为了保护特定劳动者及其家庭，法律规定了例外情形，即裁减人员时，优先留用与本单位订立较长期限的固定期限劳动合同的人员；与本单位订立无固定期限劳动合同的人员；家庭无其他就业人员，有需要扶养的老人或者未成年人的劳动者。为了防止用人单位以经营状况严重困难为借口任意裁减职工，侵犯职工的合法权益，用人单位在 6 个月内录用人员的，应当优先录用被裁减的人员。

（二）用人单位解除劳动合同应当支付的经济补偿

《劳动法》第 28 条规定：用人单位依据本法第 24 条、第 26 条、第 27 条的规定解除劳动合同的，应当依照国家有关规定给予经济补偿。《劳动合同法》第 46 条增加了除用人单位维持或者提高劳动合同约定条件续订劳动合同，劳动者不同意续订的情形外，依法终止固定期限劳动合同等情形。用人单位解除劳动合同的经济补偿，是指解除劳动合同后用人单位给劳动者的经济上的补助。一般包括两方面：一是生活补助费，二是医疗补助费。这是为了使劳动者在被解除劳动合同以后，找到新的工作以前，基本生活开支、继续医治疾病有必要的保障。

经济补偿按劳动者在本单位工作的年限，每满一年支付一个月工资的标准向劳动者支付。六个月以上不满一年的，按一年计算；不满六个月的，向劳动者支付半个月工资的经济补偿。劳动者月工资高于用人单位所在直辖市、设区的市级人民政府公布的本地区上年度职工月平均工资三倍的，向其支付经济补偿的标准按职工月平均工资三倍的数额支付，向其支付经济补偿的年限最高不超过十二年。月工资是指劳动者在劳动合同解除或者终止前十二个月的平均工资。

当用人单位违法解除劳动合同时，劳动者可以要求继续履行劳动合同，用人单位应当继续履行。当劳动者不要求继续履行劳动合同或者劳动合同已经不能继续履行的，用人单位就应当依法支付赔偿金。经济补偿应当在办结工作交接时支付。

（三）对用人单位解除劳动合同的限制

《劳动法》第 29 条规定，劳动者有下列情形之一的，用人单位不得依据本法第 26 条、第 27 条的规定解除劳动合同：（1）患职业病或者因工负伤并被确认丧失或者部分丧失劳动能力的；（2）患病或者负伤，在规定的医疗期内的；（3）女职工在孕期、产期、哺乳期内的；（4）法律、行政法规规定的其他情形。《劳动合同法》第 42 条在此基础上增加了从事接触职业病危害作业的劳动者未进行离岗前职业健康检查，或者疑似职业病病人在诊断或者医学观察期间的；在本单位连续工作满十五年，且距法定退休年龄不足五年的情形，并在第（1）项情形前加上了“在本单位”四个字。

1. 劳动者在本单位患职业病或者因工负伤并被确认丧失或者部分丧失劳动能力的

劳动者在劳动过程中，会遇到有毒有害气体、粉尘、危险物品、工业噪声、强光、高温、低温造成的伤害。劳动者被确认为患有职业病的，其所在单位应根据职业病诊断机构的意见，安排其医疗或疗养，经医疗或疗养后，被确诊为丧失劳动能力或部分丧失劳动能力的，用人单位不得解除劳动合同。如果部分丧失劳动能力的，可以调整工作岗位，安排其进行力所能及的工作；如果是被确认为完全丧失劳动能力的，应当依据国家有关社会保险的规定安排其生活。因工负伤是指劳动者在工伤事故中负伤或者在工作区域内因工作原因或者属于劳动法规规定范围内的其他原因造成的伤害。劳动者因工负伤被确认为完全丧失劳动能力的，依据国家有关工伤保险待遇的规定安排劳动者的工作和生活，用人单位不得解除劳动合同。

2. 劳动者患病或者负伤，在规定的医疗期内的

劳动者患病、负伤停止工作，进行诊疗和休养，在医疗期间内用人单位不得解除劳动

合同。

3. 女职工在孕期、产期、哺乳期内的

在生产、工作过程中，女性劳动者在月经期间、生育期间及哺乳期间受到特殊的劳动保护。女性劳动者在产假期间、哺乳期间、月经期间用人单位不得解除劳动合同，这是对女性劳动者产期、哺乳期和孕期特殊保护的具体体现。

4. 从事接触职业病危害作业的劳动者未进行离岗前职业健康检查，或者疑似职业病病人在诊断或者医学观察期间的

劳动者在劳动过程中，有可能遇到有毒有害气体、粉尘、危险物品、工业噪声、强光、高温、低温等对人体有损害的劳动环境。对于从事接触职业病危害的作业的劳动者的健康检查问题，《职业病防治法》第 36 条作了专门规定：对从事接触职业病危害的劳动者，用人单位应当按照国务院安全生产监督管理部门、卫生行政部门的规定组织上岗前、在岗期间和离岗时的职业健康检查，并将检查结果书面告知劳动者。根据《职业病防治法》第 38 条的规定：对遭受或者可能遭受急性职业病危害的劳动者，用人单位应当及时组织救治、进行健康检查和医学观察，所需费用由用人单位承担。疑似职业病病人在诊断或者医学观察期间的，也不允许用人单位解除与劳动者的劳动合同，因为如果在此期间解除了劳动合同，劳动者在此之后确诊为职业病会增加向用人单位主张自己权益的难度。

5. 在本单位连续工作满十五年的，且距法定退休年龄不足五年的

当劳动者在某一用人单位连续工作十五年，且年龄满足离上述退休年龄不足五年时，禁止用人单位解除与其解除劳动合同。这是对在用人单位工作时间较长且年龄较大的劳动者的一种特殊保护，这类劳动者对用人单位或者说对社会已有较大的贡献且难以再就业，这也是《劳动法》上保护劳动者合法权益的重要体现。

6. 法律、法规规定的其他情形

除上述三种情况外，法律、法规另行做出特殊规定的用人单位不得解除劳动合同的情形，比如，特种行业、特种人员，国家法律、法规专门作出规定不得解除劳动合同。用人单位应当在解除劳动合同时出具解除劳动合同的证明，并在十五日内为劳动者办理档案和社会保险关系转移手续。劳动者应当按照双方约定，办理工作交接。用人单位对已经解除的劳动合同的文本，至少保存两年备查。

劳动者解除劳动合同及应注意的事项

根据《劳动法》第 31 条、第 32 条和《劳动合同法》的规定，劳动者解除劳动合同分以下两种情形：

1. 解除合同需提前通知用人单位

《劳动法》第 31 条规定：劳动者解除劳动合同，应当提前三十日以书面形式通知用人单位。《劳动合同法》第 37 条规定：劳动者提前三十日以书面形式通知用人单位，可以解除劳动合同。劳动者在试用期内提前三日通知用人单位，可以解除劳动合同。这是劳动者解除劳动合同的一般情形。

劳动合同既然是劳动者自愿签订，当然也有权自愿解除，只要这种解除符合法律、法规的规定。因此，法律规定了劳动者解除劳动合同的权利，为劳动者行使上述权利提供了法律依据。

但劳动者必须注意，行使上述权利时必须提前以书面形式通知用人单位，以避免给用人单位造成不必要的损失。

2. 解除合同无需提前通知用人单位

根据《劳动法》第 32 条的规定：有下列情形之一的，劳动者可以随时通知用人单位解除劳动合同：(1) 在试用期内的（《劳动合同法》修改为需要提前 3 天通知用人单位）；(2) 用人单位以暴力、威胁或者非法限制人身自由的手段强迫劳动的；(3) 用人单位未按照劳动合同约定支付劳动报酬或者提供劳动条件的。

《劳动合同法》第 38 条在此基础上增加了用人单位未依法为劳动者缴纳社会保险费的；用人单位的规章制度违反法律、法规的规定，损害劳动者权益的；因《劳动合同法》第 26 条第 1 款规定的情形致使劳动合同无效的和法律、行政法规规定劳动者可以解除劳动合同的其他情形。

针对劳动关系中出现的极端现象，《劳动合同法》还专门规定：用人单位以暴力、威胁或者非法限制人身自由的手段强迫劳动者劳动的，或者用人单位违章指挥、强令冒险作业危及劳动者人身安全的，劳动者可以立即解除劳动合同，不需事先告知用人单位。

背景知识

《劳动合同法》对劳务派遣的限制与修改

劳务派遣是劳动合同法规范的一项重要内容，也是劳动合同法实施中遇到的一个重大问题。劳动合同法颁布实施后，出现了劳务派遣单位数量大幅增加、劳务派遣用工规模迅速扩大的情况。劳务派遣用工存在的突出问题：一是劳务派遣单位过多过滥，经营不规范；二是许多用工单位长期大量使用被派遣劳动者，有的用工单位甚至把劳务派遣作为用工主渠道；三是被派遣劳动者的合法权益得不到有效保障，同工不同酬、不同保障待遇的问题比较突出，参与企业民主管理和参加工会组织等权利得不到很好落实，一些被派遣劳动者长期没有归属感，心理落差较大。劳务派遣用工制度的滥用不仅损害了劳动者的合法权益，也对常规的用工方式和劳动合同制度造成较大冲击。这些问题如不尽快解决，必然给和谐劳动关系和社会稳定带来负面影响。全国人大常委会在 2008 年和 2011 年对劳动合同法进行的执法检查中都明确要求，要严格规范劳务派遣用工，保障被派遣劳动者的合法权益。

全国人大常委会法制工作委员会、全国人大内务司法委员会和财政经济委员会在分别与中央有关部门反复沟通协调的基础上明确了这次修法的原则和重点：一是严格规范劳务派遣用工，不能把劳务派遣变成用工主渠道；二是维护工人阶级主体地位，保障被派遣劳动者实现同工同酬等权利；三是加强对劳务派遣单位的管理，强化劳动行政部门的监督职责；四是规范劳务派遣既要积极又要稳妥，妥善处理好修法前后法律实施的衔接问题，实现平稳过渡。按照上述要求，由全国人大常委会法制工作委员会牵头起草了劳动合同法修正案草案，经财政经济委员会第六十七次全体会议审议通过后，提请本次常委会会议审议。

（一）严格限制劳务派遣用工岗位范围

现行劳动合同法第六十六条规定，劳务派遣一般在临时性、辅助性或者替代性的工作岗位上实施。为严格限制劳务派遣用工，草案规定劳务派遣“只能”在“三性”岗位上实施，并对“三性”岗位的具体含义作了进一步界定。

（二）对设立劳务派遣单位实行行政许可

现行劳动合同法第五十七条规定，劳务派遣单位应当依照公司法的有关规定设立，注册资本不得少于五十万元。由于劳务派遣单位准入门槛低，承担责任能力差，被派遣劳动者的合法权益受到侵害后，难以获得有效赔偿。为促使劳务派遣单位依法经营，草案规定，经营劳务派遣业务应当向劳动行政部门依法办理行政许可，并对取得许可的条件作了具体规定。

（三）切实维护被派遣劳动者享有与用工单位的劳动者同工同酬的权利

同工同酬是劳动合同法规定的一项重要原则。现行劳动合同法第六十三条规定，被派遣劳动者享有与用工单位的劳动者同工同酬的权利。用工单位无同类岗位劳动者的，参照用工单位所在地相同或者相近岗位劳动者的劳动报酬确定。劳动合同法实施以来，对被派遣劳动者与本单位劳动合同制职工实行不同的工资福利标准和分配办法，有的被派遣劳动者的劳动报酬、社会保险、企业福利等与用工单位的劳动合同制职工相比差距较大。为落实被派遣劳动者同工同酬的权利，草案增加向被派遣劳动者支付的劳动报酬应当符合同工同酬的原则的规定。

（四）增加对相应违法行为的处罚

根据上述修改内容以及进一步严格规范劳务派遣用工的要求，草案对劳动合同法法律责任部分作了相应修改：一是增加规定，对未经许可擅自经营劳务派遣业务的，由劳动行政部门依法予以取缔，没收违法所得，并处以罚款。二是进一步明确规定劳务派遣单位、用工单位违反劳动合同法规定的，处以罚款，并适当提高了罚款额度；对劳务派遣单位可吊销其经营劳务派遣业务的行政许可。

2012年12月28日，第十一届全国人民代表大会常务委员会第三十次会议通过了《劳动合同法》修正案：

一、将第五十七条修改为：经营劳务派遣业务应当具备下列条件：（一）注册资本不得少于人民币二百万元；（二）有与开展业务相适应的固定的经营场所和设施；（三）有符合法律、行政法规规定的劳务派遣管理制度；（四）法律、行政法规规定的其他条件。经营劳务派遣业务，应当向劳动行政部门依法申请行政许可；经许可的，依法办理相应的公司登记。未经许可，任何单位和个人不得经营劳务派遣业务。

二、将第六十三条修改为：被派遣劳动者享有与用工单位的劳动者同工同酬的权利。用工单位应当按照同工同酬原则，对被派遣劳动者与本单位同类岗位的劳动者实行相同的劳动报酬分配办法。用工单位无同类岗位劳动者的，参照用工单位所在地相同或者相近岗位劳动者的劳动报酬确定。劳务派遣单位与被派遣劳动者订立的劳动合同和与用工单位订立的劳务派遣协议，载明或者约定的向被派遣劳动者支付的劳动报酬应当符合前款规定。

三、将第六十六条修改为：劳动合同用工是我国的企业基本用工形式。劳务派遣用工是补充形式，只能在临时性、辅助性或者替代性的工作岗位上实施。前款规定的临时性工作岗位是指存续时间不超过六个月的岗位；辅助性工作岗位是指为主营业务岗位提供服务的非主营业务岗位；替代性工作岗位是指用工单位的劳动者因脱产学习、休假等原因无法工作的一定期间内，可以由其他劳动者替代工作的岗位。用工单位应当严格控制劳务派遣用工数量，不得超过其用工总量的一定比例，具体比例由国务院劳动行政部门规定。

四、将第九十二条修改为：违反本法规定，未经许可，擅自经营劳务派遣业务的，由劳动行政部门责令停止违法行为，没收违法所得，并处违法所得一倍以上五倍以下的罚款；没有违法所得的，可以处五万元以下的罚款。劳务派遣单位、用工单位违反本法有关劳务派遣规定的，由劳动行政部门责令限期改正；逾期不改正的，以每人五千元以上一万元以下的标准处以罚款，对劳务派遣单位，吊销其劳务派遣业务经营许可证。用工单位给被派遣劳动者造成损害的，劳务派遣单位与用工单位承担连带赔偿责任。

修改后的条款自2013年7月1日起施行。此前已依法订立的劳动合同和劳务派遣协议继续履行至期限届满，但是劳动合同和劳务派遣协议的内容不符合本决定关于按照同工同酬原则实行相同的劳动报酬分配办法的规定的，应当依照本决定进行调整；本决定施行前经营劳务派遣业务的单位，应当在本决定施行之日起一年内依法取得行政许可并办理公司变更登记，方可经营新的劳务派遣业务。具体办法由国务院劳动行政部门会同国务院有关部门规定。

资料来源：http://www.npc.gov.cn/npc/xinwen/lfgz/flca/2012-07/06/content_1729107.htm，2013-01-01。

本章小结

劳动合同是劳动者与用人单位之间确立劳动关系、明确双方权利和义务的协议。建立劳动关系应当订立劳动合同。劳动合同与民事合同不同。

劳动合同是一种特殊的合同，除有一般合同的特征外，有其自身的法律特征，其法律特征主要体现在合同的主体、标的、内容、试用期、目的等方面。

劳动合同订立的条件，是指用人单位和劳动者建立起有权利义务约束的劳动关系后，履行其义务行使其权利的资格。包括用人单位订立劳动合同的条件、劳动者订立劳动合同的条件。

劳动合同的变更，是指劳动合同在履行过程中，由于法定原因或约定条件发生变化，对已生效的劳动合同进行条款的修改或补充。

订立和变更劳动合同应当遵循平等自愿、协商一致的原则，不得违反法律、法规的规定。

劳动合同的终止，是指劳动合同的法律效力自然消失或经判决、裁决而消失。劳动合同的终止，即当事人双方建立的劳动关系的终结。劳动合同的终止必须符合法定的条件。

无效劳动合同，是指劳动合同因为违反法律、法规的规定，或者采取不正当手段订立，因而不具备法律效力的合同。

劳动合同的内容是指劳动者与用人单位之间设定劳动权利与义务的具体规定。根据条款内容是否为一个劳动合同所必需，可将劳动合同的内容分为必备条款和补充条款两部分。

劳动合同的期限，是指劳动合同的有效时间，是劳动关系双方当事人行使权利和履行义务的时间。劳动合同可以有固定期限、无固定期限和以完成一定的工作为期限。

劳动合同的形式，是指劳动合同当事人确立、变更、终止劳动权利义务关系的表现方式。劳动合同应当以书面形式订立。

劳动合同的解除，是指劳动合同签订以后，没有履行完毕之前，由于某种因素导致双方提前终止合同效力的法律行为。一般包括法定解除和协商解除两种情况。

关键概念

劳动合同录用合同　借调合同　聘用合同　有固定期限劳动合同
无固定期限劳动合同　以完成一定工作为期限的劳动合同　无效劳动合同
劳动合同订立　劳动合同内容　劳动合同期限　试用期
劳动合同变更　劳动合同履行　劳动合同解除　劳动合同终止
违反劳动合同的法律责任

思考题

1. 简述劳动合同的法律特征。
2. 简述劳动合同的变更条件。
3. 简述劳动合同的必备条款。
4. 简述劳动合同无效的法定条件及其后果。
5. 简述用人单位解除劳动合同的条件及其限制。
6. 简述劳动者解除劳动合同的条件。

第六章 工作时间与休息休假

学习目标

通过本章学习，掌握工作权和休息权的宪法依据、意义；掌握工作时间及其表现形式、确定标准；掌握我国现时的工时制度；掌握休息时间的意义、种类和内容；掌握职工休假的意义、种类以及休假待遇；明确延长工作时间的含义、允许延长工作时间的法定条件及相应工资待遇，了解对延长工作时间加以限制的措施、意义。

第一节 工作权和休息权

工作权和休息权是劳动者的基本权利

劳动者的工作权和休息权是宪法规定的基本权利。我国宪法第 43 条规定：中华人民共和国劳动者有休息的权利。国家发展劳动者休息和休养的设施，规定职工的工作时间和休假制度。根据宪法的这一规定，二者是紧密联系的。《劳动法》根据宪法的这一规定，对职工的工作权和休息权做出具体规定。

职工的工作权和休息权是通过工作时间和休息时间而体现出来的。工作时间和休息时间由职工在一天内生产、活动和休息所占用的整个时间构成。如果工作时间的长度没有法律规定的限制，就会缩短休息时间的长度。同样，如果没有休息时间的法律规定，也会形成对职工休息时间的各种不同形式的侵占。从这种意义上讲，《劳动法》对工作时间和休息休假的规定，是对职工工作时间和休息时间的保障。

工作权和休息权的意义

工作权和休息权作为宪法规定的职工的基本权利，在劳动法中得到了具体的保护，有其重要的现实意义。

劳动法对职工的工作时间和休息休假加以保障的主要目的，在于保障职工的身体健康。职工在一天的紧张劳动后，身心都已经疲劳，只有经过休息，才能恢复体力，使职工有健康的身体和充沛的精力去进行再生产，参加社会活动，进行业务学习、料理家务和个人生活以及教育子女。同时，也有利于保证职工完成生产和工作任务，提高工作效率和劳动生产率。

第二节　工作时间和工作日

工作时间

工作时间是职工根据法律的规定，在用人单位中用于完成本职工作的时间。它是人们进行劳动的时间，是劳动的自然尺度，是衡量每个职工的劳动贡献和付给报酬的计算单位。工作时间是劳动者为用人单位从事生产和工作的时间。工作时间一般以小时为计算单位，它包括每日工作的小时数和每周工作的天数和小时数。工作时间由法律进行限制，用人单位安排劳动者工作不能突破法律的限制。

工作时间的主要表现形式是工作日。工作日是指法律规定的职工在一昼夜内的工作时间长度，是以日为计算单位的工作时间。工作时间包括日工作时间（即一昼夜内职工进行的工作时间）和周工作时间（即一周内工作的时间数）。

确定工作时间主要依据以下几方面：（1）保证每个劳动者能为社会的需要进行必要的劳动；（2）保证劳动者的休息时间，使劳动者获得参加社会、政治和文化生活以及学习、料理家务所需的时间；（3）符合国家经济、科技和社会发展的水平。

工作日

根据《劳动法》和有关法规的规定，工作日分为定时工作日、不定时工作日和计件工作日。

（一）定时工作日

定时工作日是法律规定的职工在每个工作日内固定的工作时间，是我国工时制度的主要形式。根据我国现行的工时制度，定时工作日又可分为标准工作日、缩短工作日和延长工作日。劳动法对定时工作日做具体规定。工作时间是指劳动者为用人单位从事生产和工作的时间。工作时间一般以小时为计算单位，它包括每日工作的小时数和每周工作的天数和小时数。

1. 标准工作日

标准工作日是法律规定的国家机关、社会团体、企业事业单位在正常情况下普遍实行的工作日。《劳动法》第 36 条规定，劳动者每日工作时间不超过 8 小时。

我国的标准工作日原先实行的是每日 8 小时，每周 48 小时，每周工作 6 天，给予 1 天的休息日。这一工作日制度是沿用《中国人民政治协商会议共同纲领》的规定。随着生产的发展和社会的进步，缩短工时已成为一种世界趋势。

1994 年 3 月 1 日起根据《国务院关于职工工作时间的规定》第 3 条的规定，在保证完成生产和工作任务，不增加人员编制和财政支出的条件下，职工实行每天八小时，平均每周四十四小时的工时制度。1995 年 3 月 25 日国务院发布了《国务院关于修改〈国务院关于职工工作时间的规定〉的规定》，其第 3 条规定：职工每日工作 8 小时、每周工作 40 小时。即从 1995 年 5 月 1 日起，我国标准工作时间为每日工作 8 小时、每周工作 40 小时的 5 日工作周。该规定自 1995 年 5 月 1 日起施行。

背景知识

国际劳工组织工时休假标准

我国承认的国际劳工组织颁布的《工业企业中实行每周休息公约》，是 1921 年在日内瓦举行的第三届国际劳工大会通过的，称之为 1921 年（第 14 号）每周休息（工业）公约。

关于适用范围的规定：

(1) 本公约所称的“工业”包括：1）矿场、采石场及其他土石矿物开采业。2）从事各种物件的制造、更改、刷新、修理、装饰、完成、整理待售、分散或拆毁，或从事各种原料的变换的工业，船舶制造及电力或他种动力的产出、变换与传送亦包括在内。3）房屋、铁路、电车路、海港、船坞、码头、运河、内河、公路、隧道、桥梁、栈道、暗渠、明沟、水井、电报或电话装置、电器设备和企业、煤气企业、自来水企业或其他建筑的建筑、改建、维修、修理、更改或拆毁，以及此类企业或建筑物的准备与奠基。4）公路、铁路或内河的客货运输，包括船坞、码头、埠头或货栈的货物搬运，但用手运输者除外。

(2) 限制工业工作时间每日为 8 小时，每周为 48 小时的华盛顿公约内原有的特殊国家例外规定，如其能适用于本公约者，应适用于前款所述的定义。

(3) 除以上的列举外，各会员国在必要时，得将工业有别于商业与农业的界限予以划明。

公约在关于工业企业中每周休息一日的规定：

(1) 凡公营或私营的工业企业或其任何分部所使用的全体职工以下各条所规定者外，均应于每七日的期间内享有连续至少 24 小时的休息时间。

(2) 此项休息时间，如可能时，应同时给予每一企业的全体职工。

(3) 休息时间的规定，如可能时，应与本国或当地的风俗或习惯符合。

公约规定，各会员国对于仅使用同一家庭成员的工业企业所使用的人得以除外，不适用第二条的规定。

公约规定，各会员国对于暂停或缩短的休息时间，应在可能范围内规定补偿时间，但如协议或习惯已订有补偿休息时间者，不在此限。

关于本公约的实施，公约规定，各雇主、董事或经理应依照下列规定办理：

(1) 如每周的休息，系同时给予全体职工者，应在工作场所中或其他任何适当地点张贴明显的通知，或采用政府所许可的其他方法，以公布全体同时休息的日期与时间。

(2) 如休息时间非同时给予全体职工者，应依照本国法律或主管机关规定所许可的方法，拟订名册，到公布适用特别休息办法的工人或雇员，并应揭示该项办法。

国际劳工组织《商业和办事处每周休息公约》（1957 年）（第 106 号）对休息时间作了规定，“保证每周至少休 24 连续小时”，“对某些例外情况，应尽可能地给予补休”。《带酬休假公约》（修订本 1970 年）（132 号）规定，“年休假时间的长短应该由每一成员国在批准本公约时予以规定，对工作满一年者，最少应给予三周的休假。”

资料来源：http://www.chinajob.gov.cn/LabourRelations/content/2010-03/03/content_372435.htm，2012-12-25。

根据国务院的规定，工时制度在全国是统一的，适用于中华人民共和国境内的一切机关、社会团体、企业事业单位以及其他组织的职工，其中企业包括国有、集体、私营、个体、外商投资等各类单一或混合型经济所有制形式和矿山、工厂、建筑、交通运输、森林采伐、农场、商业、服务业等行业的单位。

2. 缩短工作日

缩短工作日是职工在每个工作日的工作时间少于标准工作日时间长度的工作时间。一般情况下，主要适用于从事有毒有害作业工种、条件艰苦或高度紧张的工作，以及从事特别繁重体力劳动的职工。

《劳动法》未对缩短工作日做出明确规定，但在第39条规定：企业因生产特点不能实行本法第36条、第38条规定的，经劳动行政部门批准，可以实行其他工作和休息办法。这就为企业根据生产特点实行变通的工作和休息办法提供了法律依据。缩短工作日就是这种变通办法的一种。

根据我国对特殊条件下从事劳动和有特殊情况的职工的工作时间的特殊规定，适用缩短工作日的情况有以下几种：

（1）夜班工作时间。夜班工作时间一般是指当日晚上10时至次日早晨6时之间的时间。从事夜班工作的企业、事业、机关、团体等单位的职工，其工作时间比标准工作日减少1小时，同时按照规定发给夜班津贴。

（2）哺乳时间。哺乳时间是指有不满一周岁婴儿的女职工在工作时间内哺乳婴儿所占用的时间。国务院1988年7月21日发布的《女职工劳动保护规定》对此做了规定。

（3）特殊劳动岗位。从事矿山井下作业、高山作业、严重有毒有害作业、特别繁重或过度紧张的体力劳动等岗位的职工，其每日工作时间应少于8小时。如一般有毒有害作业工人，可以采用“三工一休制”，即工作3天，休息1天，或每日实行7小时工作制。煤矿井下实行的4班6小时工作制，化工企业试行的“五班三运转”，以及建筑、冶炼、地质勘探、森林采伐、装卸搬运等行业根据本行业情况实行的不同形式的缩短工作日。

3. 延长工作日

延长工作日是指职工在每个工作日的工作时间超过标准工作日时间长度的工作日制度。它主要适用于那些受自然条件或技术条件限制的具有突击性、季节性特点的行业。如制盐业、制糖业、菜园、农场等。这些行业忙季可延长工作时间，闲季可缩短工作时间。延长工作日后，应该补休，无法补休时，可以补发工资。

（二）不定时工作日

不定时工作日是指对按其职责要求很难实行定时工作日的职工所实行的工作日制度。适用于那些因工作职责范围和工作条件不受标准工作时间限制的工作。如外勤工作人员，专用汽车司机，铁路、水运、邮电等企业的部分职工，工作无法按时计算的（如职业作家、外勤人员等）；森林巡查人员以及某些勤杂人员等，因工作性质特殊，需要机动进行工作的人员（如出租汽车司机等）。不定时工作日也属于变通的工作和休息办法的一种。

（三）计件工作日

计件工作日是指职工以完成一定劳动定额为计酬标准的工作时间制度。计件工作日实际上是定时工作日的一种特殊形式。《劳动法》第37条对计件工作日所做的规定如下：对实行计件工作的劳动者，用人单位应当根据本法第36条规定的工时制度合理确定其劳动定额和计件报酬标准。根据这一规定，计件工作日应有合理的劳动定额和计件报酬标准。而合理的劳动定额，应当以职工在一个标准工作日（每日8小时）或标准工作周（每周不超过40小

时）的工作时间内能够完成的计件数量为标准，超过这个标准就等于延长了工作日时间，侵犯了职工的休息权。

从这个意义上说，合理确定计件劳动定额是实行计件工作日的关键。计件工作时间实际上是标准工作时间的特殊转化形式，又具有更大的灵活性。对实行计件工作的劳动者来说，当用人单位合理地确定了劳动定额和计件报酬标准后，劳动者可以比实行标准工作日的职工有更大的灵活性，即当完成了当日或当月的定额后，可以把剩余时间作为休息时间，也可以超定额以取得相应的额外报酬。当未完成当日的定额时，则可以在 8 小时的工作时间之外加点来完成定额。

劳动定额是指在一定的生产技术和生产组织条件下，为生产一定量合格产品或完成一定量的工作所预先规定的劳动消耗标准，或是在单位时间内预先规定的完成合格产品数量的标准。

由于计件报酬标准体现了劳动成果与劳动报酬的关系，直接影响到职工的工资水平，因此，确定计件报酬标准必须以标准工时制为基础，使劳动报酬能够准确地反映出劳动者付出的劳动量。

背景资料

《国务院关于职工工作时间的规定》问题解答

问：哪些企业职工可实行不定时工作制？

答：不定时工作制是针对因生产特点、工作特殊需要或职责范围的关系，无法按标准工作时间衡量或需要机动作业的职工所采用的一种工时制度。例如：企业中从事高级管理、推销、货运、装卸、长途运输驾驶、押运、非生产性值班和特殊工作形式的个体工作岗位的职工，可实行不定时工作制。鉴于每个企业的情况不同，企业可依据上述原则结合企业的实际情况进行研究，并按有关规定报批。

问：哪些企业职工可实行综合计算工时工作制？

答：综合计算工时工作制是针对因工作性质特殊，需连续作业或受季节及自然条件限制的企业的部分职工，采用的以周、月、季、年等为周期综合计算工作时间的一种工时制度，但其平均日工作时间和平均周工作时间应与法定标准工作时间基本相同。主要是指：交通、铁路、邮电、水运、航空、渔业等行业中因工作性质特殊，需要连续作业的职工；地质、石油及资源勘探、建筑、制盐、制糖、旅游等受季节和自然条件限制的行业的部分职工；亦工亦农或由于受能源、原材料供应等条件限制难以均衡生产的乡镇企业的职工等。另外，对于那些在市场竞争中，由于外界因素影响，生产任务不均衡的企业的部分职工也可以参照综合计算工时工作制的办法实施。

对于因工作性质或生产特点的限制，实行不定时工作制或综合计算工时工作制等其他工作和休息办法的职工，企业应根据《中华人民共和国劳动法》和《国务院关于职工工作时间的规定》的有关条款，在保障职工身体健康并充分听取职工意见的基础上，采取集中工作、集中休息、轮休调休、弹性工作时间等适当的工作和休息方式，确保职工的休息休假权利和生产、工作任务的完成。同时，各企业主管部门也应积极创造条件，尽可能使企业的生产任务均衡合理，帮助企业解决贯彻《国务院关于职工工作时间的规定》中的实际问题。

资料来源：http://www.chinajob.gov.cn/LabourRelations/content/2010-03/03/content_372440.htm，2012-12-25。

第三节　休息与休假

休息时间

休息时间是劳动者根据法律规定，在企业事业单位、机关团体以及其他组织任职期间内，不必从事生产和工作而自行支配的时间。它包括职工在法定工作时间之外用以消除疲劳、进行业务学习、参加社会活动和料理家务等所占用的时间。休息时间是职工依法享有的权利，是和职工的工作时间紧密联系的。没有工作时间，就谈不到休息时间；没有休息时间，就不能使职工的工作时间更好地加以利用。

休息时间的种类，随社会经济状况的发展而变化，并且因产业、行业的不同而不同。根据《劳动法》和其他法规的规定，我国现行的休息时间的种类和内容如下：

（一）一个工作日内的休息时间

一个工作日内的休息时间是指职工在每日的工作岗位上生产或工作过程中的工间休息时间和用膳时间，又称间歇时间。工间休息时间和用膳时间因工作岗位和工作性质的不同而有不同，一般休息一至两小时，最少不能少于半小时。间歇时间一般于工作 4 小时后开始，不算作工作时间。有的岗位由于生产不能间断，不能实行固定的间歇时间，应使职工在工作时间内有用膳时间。

有些单位实行工间操制度，即在上午和下午各 4 小时的工作时间中间，规定 20 分钟的休息时间，一般在工作两小时后开始。这种工间操时间与间歇时间不同，计入工作时间。

（二）两个工作日之间的休息时间

两个工作日之间的休息时间是指职工在上个工作日结束后至下一个工作日开始的期间内所享有的休息时间。其长度应以保证劳动者的体力和工作能力能够得到恢复为标准，一般为 15～16 小时。实行轮班制的，其班次必须平均调换，一般可在休息日之后调换。在调换班次时，不得让工人连续工作两班。因为这既侵犯了劳动者的休息权，也会导致严重伤害劳动者的后果。例如，17 岁河南劳动者胡某，在深圳平湖一家工厂上班时突然晕倒，厂方立即把她送到附近医院救治，没想到胡某苏醒后突然精神失常，从医院住院部二楼跳下摔成重伤。胡某在这间工厂工作了一年多的时间，10 多天前有发病的迹象，曾向主管请假但没批准。工厂每天从早上 7 点半上班，晚上要工作到 11 点，有时候甚至要加班到晚上 12 点以后。工人近两个月都没有休息一天。延时加班使得胡某精神失常并跳楼受伤。

背景知识

手机 24 小时待命降低工作效率

美国皮尤研究中心 2012 年的一项研究发现，虽然手机是保持生产力的重要渠道，但如果要因此而随时待命，便会降低工作效率。对全美 2 254 名成年人的调查显示，44%的手机用户睡觉时把手机放在床边，67%的人患有“幻听症”——即使没有铃声或震动，也会查看手机。不过，认为没有手机照样可以生活的人群比例也在增加，从 2006 年的 29%增长至 37%。

芝加哥 Empower Public Relations 公司 CEO 山姆·查普曼（Sam Chapman）表示，他原本

患有幻听症，而且经常半夜三更用黑莓收发电子邮件。他睡眠质量很差，早晨起来困意重重，他认为自己对手机上瘾了。“我必须避免我身上发生的一切在我的员工身上重演。”他说。

于是，查普曼制定了所谓的“黑莓关机”政策。他和他手下的20名员工在工作日的晚上6点到早上6点都会关闭黑莓手机，周末则会全天关闭，鲜有例外。“当我获得充分休息后，便会干劲十足。”他说。

即使是出门在外，他也遵守这一政策。他还表示，这项举措提升了公司的生产力。珀洛教授也认为，如果企业鼓励员工偶尔切断与工作的联系，反而可以提升公司业绩。“随时待命反而会有损工作效率。”

但说起来容易，做起来难。美国咨询公司 Family Business Institute 总裁维尼·雷沃斯（Wayne Rivers）表示，很多企业“都很看重那些能在凌晨一点接电话的员工。”在很多情况下，能否按照规定避免过劳取决于员工自己。世界银行个人与生活压力咨询部门主管斯图尔特·费舍尔（Stuart Fisher）表示“把充裕的时间留给自己非常重要。”但他也补充道，在一个跨国组织中，随时待命是至关重要的，不仅可以确保项目的成功，还是一种责任，“因为我们的员工经常前往遥远、艰苦甚至危险的环境。”

资料来源：http://tech.sina.com.cn/t/2013-01-01/14257941152.shtml，2013-01-01。

（三）休息日

休息日，又称公休假日，是劳动者满一个工作周后的休息时间，即至少有一次连续24小时不间断的休息。《劳动法》第38条规定：用人单位应当保证劳动者每周至少休息一日。

背景知识

准确理解《劳动法》第38条

2013年元旦长假后连续8天或者连续7天上班“涉嫌违法”在网上炒得正热。的确，《劳动法》第38条规定“用人单位应当保证劳动者每周至少休息一日”。但我清楚地记得起草这个条文时我们反复强调和论证的是“不能让劳动者长期持续过度疲劳地工作”，尤其是那些季节性生产单位，如冷饮行业在夏季、制糖行业在甘蔗收割时。但一个劳动者在连续休息7天后，连续工作几天恐怕算不上“长期持续过度疲劳地工作”吧。又或者，安排为上3天班后休息2天，再上2天班后再休息2天，再上班再休息，恐怕也会引来骂声一片吧！这让我想起老农、孙子、犁和牛的故事来。乡间小道上有一老农、一头牛、一张犁、一孙子，老农把孙子放牛背上，自己牵着牛、扛着犁行走着。路人甲见状指责：“孙子不孝，应行走于道。”老农放下孙子，把犁放在牛背上继续行走。路人乙见状：“老农不义，应让牛休假。”老农把犁扛在肩上继续行走。路人丙见状：“老农不慈，应抱孙于怀。”老农抱着孙子牵着牛扛着犁继续行走。路人丁见状：“老农真笨，应让孙骑牛。”老农把孙子放牛背上……

对立法文字的准确理解应当是对其立法背景、立法意图、立法目的和立法精神的实质性解读。对此，韩大元教授在“认真对待宪法文本”中表述为：“宪法文本是一种价值与规范体系，其存在形式表现为文本之上、文本之下、文本之内、文本之外，构成完整的价值与规则体系。”（载《清华法学》2012年第6期）对此，我解读为“理解法律文字的四维术”，这不仅适用于宪法，而且适用于任何立法文字。

资料来源：http://www.rucdpls.com/blog/home.php?mod=space&uid=4&do=blog&id=530，2012-12-25。

原先，大多数职工实行的是6日工作周，即每周工作6天，休息1天。《国务院关于职工工作时间的规定》将我国职工的休息时间增加了4小时，即从原先的工作6天，休息1天，改为工作5天。《关于职工工作时间的规定》还规定："国家机关、事业单位实行统一的工作时间，自本规定施行之日起，第一周星期六和星期日为休息日，第二周星期日为休息日，依此循环。"这样，职工可隔一个星期，享有一个连续两天的休息日，依此循环，不受月份、年份限制。《贯彻〈国务院关于职工工作时间的规定〉的实施办法》对休息日做出进一步规定：因工作需要，个别部门、单位不能执行上述统一规定，为保证工作的正常运行需要轮班的，可根据实际情况自行安排，并报各级人事部门备案。

一般情况下，星期日和星期六（每隔一周）为公休假日。由于生产或工作需要（例如为居民服务的电报、电话、电视等业务），或者由于供电、供水的原因，以及为了减少交通的拥挤及能源供应的紧张，劳动者不能在星期日休息的，用人单位应安排其在一周内的其他时间休息。凡因工作情况特殊，休息日必须轮流工作时，应给予相等时间的补休。定时或不定时工作日的职工，在休息日值班时，应在一周内补给与值班时间相等的休息时间。

特殊行业实行缩短工作周，其休息日有特殊规定。《劳动法》第39条规定：企业因生产特点不能实行第36条、第38条规定的，经劳动行政部门批准，可以实行其他工作和休息办法。如接触有毒有害作业的劳动者实行的"三工一休"制度，纺织行业实行的"四班三运转"制度，每个职工在8天内可以休息两天。

典型案例

自愿加班过限企业违法

某儿童服装厂缝纫车间共招用100多名农民工，订立的劳动合同期为一年，职工都希望在合同期限内多挣些钱，因此，厂方便在合同里约定每天工作12小时，厂方按规定支付加班费，职工也都同意加班。半年后，职工王某、刘某感到工时长，有些疲劳，提出了不再加班的请求。厂方以加班是职工自愿，并在劳动合同里作了规定，不加班就是违反合同，要承担违约赔偿责任为由，不答应王某、刘某的请求。为此，双方发生争议，王某、刘某向当地劳动争议仲裁委员会提出申诉。劳动争议仲裁委员会受案后，裁决该厂与职工所签每日工作12小时的条款无效，必须执行每日8小时工作制。

本案涉及一个重要法律问题，即法定工作时间标准与劳动合同约定及劳动者自愿之间的关系。根据《劳动法》的规定，只有按照法定工作时间标准安排劳动者劳动才是合法的、有效的。违反法定标准所订立的劳动合同以及虽经劳动者自愿的超时劳动，都是违法的，约定和自愿也是无效的。无效劳动合同从订立的时候起，就没有法律约束力，而且无效的劳动合同是以法律规定为依据来确认的，而不是依据劳动合同的当事人自愿或非自愿。

资料来源：http://www.chinajob.gov.cn/FAQs/content/2004-07/01/content_372981.htm，2013-01-09。

休假时间

职工用于消除疲劳，料理个人生活，从事业余学习、文化娱乐和社会活动所需要的时间称为休息时间。休假是休息时间的一部分。职工休假有如下几种。

（一）节假日休息

指国家法定的全体人民或部分人民的休息日。1949 年 12 月 23 日，政务院发布的《全国年节及纪念日放假办法》中除规定了属于全体人民的假日外，还规定了属于部分人民的节日可放假半天，或只其中一部分人放假，其他一部分人推举代表参加庆祝。包括：妇女节（限于妇女），3 月 8 日；青年节（限于中等学校以上的学生），5 月 4 日；儿童节，6 月 1 日；中国人民解放军建军纪念日（限于军队及军事机关），8 月 1 日。此外，凡属少数民族习惯的假日，由各少数民族聚集地区的地方人民政府，斟酌各民族习惯，规定放假日期。凡属于全体人民的假日，如适逢星期日，应在次日补假。凡属部分人民的假日，如逢星期日则不补假。

《劳动法》也以此为依据做出相应的规定。《劳动法》第 40 条规定：用人单位在下列节日期间应当依法安排劳动者休假：（1）元旦；（2）春节；（3）国际劳动节；（4）国庆节；（5）法律、法规规定的其他休假节日。

1999 年 9 月 18 日，国务院发布《国务院关于修改〈全国年节及纪念日放假办法〉的决定》，第一次修订了 1949 年 12 月 23 日中国政务院发布的《全国年节及纪念日放假办法》，将每年春节、“五一”和国庆节法定节日加上调休，全国放假 7 天。

2007 年 12 月 14 日，国务院第二次修订《全国年节及纪念日放假办法》，将春节的放假起始时间由农历年正月初一调整为除夕；“五一”由 7 天调整为 3 天；清明节、端午节、中秋节增设为法定节假日。

五一国际劳动节

18 世纪末，资本家不断增加劳动时间和劳动强度，美国工人们每天要劳动 14 至 16 个小时，有的甚至长达 18 个小时。马萨诸塞州一个鞋厂的监工曾经说过这样的话：“让一个身强力壮、体格健全的 18 岁小伙子，在这里的任何一架机器旁边工作，我能够使他在 22 岁时头发变成灰白。”

1877 年，芝加哥工人在大罢工中要求实行八小时工作制，美国国会制定了八小时工作制的法律，但并未真正实施。1884 年 10 月，美国和加拿大的八个国际性和全国性工人团体在芝加哥集会，决定于 1886 年 5 月 1 日举行总罢工，迫使资本家实施八小时工作制。5 月 1 日，美国 2 万多个企业的 35 万工人停工上街，举行了声势浩大的示威游行，美国的主要工业部门处于瘫痪状态，所有的仓库也都关门并贴上封条。罢工工人中流传着一首“八小时之歌”：“我们要把世界变个样，我们厌倦了白白的辛劳，光得到仅能糊口的工饷，从没有时间让我们去思考。我们要闻闻花香，我们要晒晒太阳，我们相信：上帝只允许八小时工作日。我们从船坞、车间和工厂，召集了我们的队伍，争取八小时工作，八小时休息，八小时归自己！”5 月 3 日，芝加哥政府当局用暴力镇压工人。他们组织罢工破坏者在警察的保护下混进工人的罢工队伍，故意制造混乱，并以此为借口，当场开枪打死六个工人。为纪念这次伟大的工人运动，1889 年 7 月，恩格斯组织召开的第二国际宣布将每年的五月一日定为国际劳动节。这一决定立即得到世界各国工人的积极响应。1890 年 5 月 1 日，欧美各国的工人阶级率先走向街头，举行盛大的示威游行与集会，争取合法权益。从此，每逢这一天世界各国的劳动人民都要集会游行。

中国人民庆祝劳动节的活动可追溯至1918年。这一年，一些革命的知识分子在上海、苏州、杭州、汉口等地向群众散发介绍“五一”国际劳动节的传单。1920年5月1日，《新青年》7卷6号“劳动节纪念号”出版，发表蔡元培“劳工神圣”的题词及孙中山“天下为公”的题词，介绍了“五一”国际劳动节的来历和美法等国工人纪念“五一”国际劳动节的活动，号召中国工人把这年的“五一”国际劳动节作为觉醒的日期。陈独秀也为庆祝这个节日发表了《上海厚生纱厂湖南女工问题》一文，揭露资本家剥削工人剩余价值的真相。陈独秀还在上海船务栈房工界联合会作了《劳苦者的觉悟》的演说，阐明了“劳动创造世界”、“做工的人最有用最贵重”的观点。同一天，北京、上海、广州、九江、唐山等各工业城市的工人群众走向街市，举行了声势浩大的游行、集会。上海5 000多名工人召开了由中华全国工界协进会等7个团体联合筹备的世界劳动纪念大会，陈独秀当选筹备大会顾问。在纪念会上，各界代表发表演说，工人提出8小时工作、8小时休息、8小时教育的“三八制”要求，会后发表了上海工人宣言和答俄国劳农政府的通告。李大钊领导了以北京大学为中心的纪念活动，北京大学学生在这一天罢课，《北京大学学生周刊》出版了“劳动纪念号”。1921年“五一”前夕，在北京的共产主义小组成员邓中夏等人创办的长辛店劳动补习学校里，工人们学唱《五一纪念歌》。

新中国成立以后，中央人民政府政务院于1949年12月将5月1日定为法定的劳动节，全国放假一天。每年的这一天，举国欢庆，人们换上节日的盛装，兴高采烈地聚集在公园、剧院、广场，参加各种庆祝集会或文体娱乐活动，并对有突出贡献的劳动者进行表彰。

资料来源：http://baike.baidu.com/view/44253.htm，2012-12-25。

（二）年休假

年休假是指除了公休假、节假日休息外，还要给职工享受保留工资的一段连续休息时间。我国曾在新中国成立初期，在部分职工中试行过带薪年休假制度。后来，由于国家经济条件的限制，就中止了这一制度的实行。

1991年6月15日，中共中央、国务院发出的《关于职工休假问题的通知》规定：(1)各地区、各部门在确保完成工作、生产任务，不另增人员编制和定员的前提下可以安排职工的年休假。(2)确定职工休假天数时，要根据工作任务和各类人员的资历、岗位等不同情况，有所区别，最多不得超过两周。休假时间要注意均衡安排。休假方式一般以就地休假为主，一律不准搞公费旅游，也不得以休假为由向职工发放或变相发放钱物。

《劳动法》第45条根据我国当前的情况和部分单位试行的情况，又重新规定了这一制度，即“国家实行带薪年休假制度”。同时还规定了劳动者享受这一权利的条件：劳动者连续工作一年以上的，享受带薪年休假。具体办法由国务院规定。

2007年12月7日，国务院第一百九十八次常务会议通过《职工带薪年休假条例》，自2008年1月1日起施行。该条例是根据《劳动法》和《公务员法》制定的，机关、团体、企业、事业单位、民办非企业单位、有雇工的个体工商户等单位的职工连续工作1年以上的，享受带薪年休假。

职工累计工作已满1年不满10年的，年休假5天；已满10年不满20年的，年休假10天；已满20年的，年休假15天。国家法定休假日、休息日不计入年休假的假期。单位根据生产、工作的具体情况，并考虑职工本人意愿，统筹安排职工年休假。单位确因工作需要不能安排职工休年休假的，经职工本人同意，可以不安排职工休年休假。对职工应休未休的年休假天数，单位应当按照该职工日工资收入的300%支付年休假工资报酬。

2009年4月15日，人力资源和社会保障部办公厅在给上海市人力资源和社会保障局《关于〈企业职工带薪年休假实施办法〉有关问题的复函》中明确，一、关于带薪年休假的享受条件：《企业职工带薪年休假实施办法》第3条中的“职工连续工作满12个月以上”，既包括职工在同一用人单位连续工作满12个月以上的情形，也包括职工在不同用人单位连续工作满12个月以上的情形。二、关于累计工作时间的确定，《企业职工带薪年休假实施办法》第4条中的“累计工作时间”，包括职工在机关、团体、企业、事业单位、民办非企业单位、有雇工的个体工商户等单位从事全日制工作期间，以及依法服兵役和其他按照国家法律、行政法规和国务院规定可以计算为工龄的期间（视同工作期间）。职工的累计工作时间可以根据档案记载、单位缴纳社保费记录、劳动合同或者其他具有法律效力的证明材料确定。

 **背景知识**

年休假与其他休假的关系

我国职工可以享受的其他休假主要有寒暑假、探亲假、病假、事假，《职工带薪年休假条例》（以下简称条例）对年休假与这些休假的关系作了明确规定：

第一，年休假与寒暑假。在我国，学校一直实行寒暑假制度，教职员工享受的寒暑假天数（寒假2～3周，暑假5～6周）远远超过条例规定的年休假天数。因此，条例规定：职工依法享受寒暑假，其休假天数多于年休假天数的，不享受当年的年休假。

第二，年休假与病、事假。在征求意见过程中，一些部门、地方和网民提出，在保障职工年休假权利的同时，也要保证单位正常的工作秩序，对于较长时间休病假、请事假的职工，不应当再享受年休假待遇。对此，条例规定：职工请事假累计20天以上且单位按照规定不扣工资的，不享受当年的年休假；累计工作满1年不满10年的职工请病假累计2个月以上的，累计工作满10年不满20年的职工请病假累计3个月以上的，累计工作满20年以上的职工请病假累计4个月以上的，不享受当年的年休假。

第三，年休假与探亲假。在征求意见过程中，一些部门、地方和网民提出，探亲假与年休假是两种功能不同的休假制度，不应互相冲抵。经与有关部门研究，认为这种意见有道理。据此，条例删去了征求意见稿中关于探亲假冲抵年休假的规定。

资料来源：http://baike.baidu.com/view/1313650.htm，2012-12-25。

（三）探亲假

探亲假是为解决与亲属分居两地职工的探亲问题，而专门规定的休假。我国最早的相关规定是1958年2月9日《国务院关于工人、职员回家探亲的假期和工资待遇的暂行规定》。

《国务院关于职工探亲待遇的规定》是1981年3月6日由第五届全国人民代表大会常务委员会第十七次会议批准，1981年3月14日由国务院公布施行的。凡在国家机关、人民团体和全民所有制企业、事业单位工作满一年的固定职工，与配偶不住在一起，又不能在公休假日团聚的，可以享受本规定探望配偶的待遇；与父亲、母亲都不住在一起，又不能在公休假日团聚的，可以享受本规定探望父母的待遇。但是，职工与父亲或与母亲一方能够在公休假日团聚的，不能享受本规定探望父母的待遇。

职工探亲假期分别为：（1）职工探望配偶的，每年给予一方探亲假一次，假期为30天。（2）未婚职工探望父母，原则上每年给假一次，假期为20天。如果因为工作需要，本单位当年不能给予假期，或者职工自愿两年探亲一次的，可以两年给假一次，假期为

45 天。(3) 已婚职工探望父母的，每四年给假一次，假期为 20 天。

探亲假期是指职工与配偶、父、母团聚的时间和根据实际需要给予的路程假。上述假期均包括公休假日和法定节日在内。凡实行休假制度的职工(例如学校的教职工)，应该在休假期间探亲；如果休假期较短，可由本单位适当安排，补足其探亲假的天数。

职工在规定的探亲假期和路程假期内，按照本人的标准工资发给工资。职工探望配偶和未婚职工探望父母的往返路费，由所在单位负担。已婚职工探望父母的往返路费，在本人月标准工资 30%以内的，由本人自理，超过部分由所在单位负担。

(四) 女职工保护休假

这是指根据女职工生理特征，保护其特殊需要而规定的休假。主要内容规定在《女职工特殊劳动保护条例》中。

背景知识

65%女性每天工作不超 8 小时

武昌区非公企业从业女工 171 363 人，占非公企业从业人数的 61.2%。调查问卷显示，女职工“四期”保护基本落实。女职工在怀孕期间，能够保证定期进行产前检查，在劳动时间内进行产前检查，所需时间计入劳动时间的占 76%；怀孕期间不加班，并且能够享受 1 小时休息时间的女职工占 84.2%；怀孕期间享受法定产假，并享有工资和生育费用报销的占 88.9%。

调查问卷显示，仍有 11.1%的女职工没有享受国家法定的产假待遇；产假期间不发放工资或生育津贴的占 9.9%；怀孕期间仍要加班的占 8.8%，怀孕 7 个月以上未安排一定休息时间的占 8.2%；没有安排哺乳时间的占 7%；21.2%的女职工表示企业不能按月发放卫生费，28.3%的女职工对企业发放卫生费情况并不清楚，经期保护相对较差。

为了避免与企业发生纠纷，处于弱势的流动妇女一旦怀孕，通常的做法就是自动离职，返回原籍生养孩子，并不能够在正常工作的情况下向所在企业要求享受孕期、产期、哺乳期应享受的权利。

调查表明，58.3%的流动妇女文化程度在高中及以下，在这类妇女中，明确知道女职工特殊劳动保护内容的只占 58.1%，甚至还有 5.4%被调查对象完全不知道女职工特殊劳动保护规定。

资料来源：王荣海：《65%女性每天工作不超 8 小时》，载《长江商报》，2012-09-05。

第四节 延长工作时间及其限制

规定延长工作时间制度的意义

(一) 延长工作时间的含义

延长工作时间，也就是加班加点。加班是企业、事业等单位经过一定的批准手续，要求职工在法定节日或者休息日从事工作的时间。加点是企业、事业等单位经过一定的批准手续，要求职工在正常工作日之外延长工作时间。加班加点必然占用职工的休息时间，因此，应严格按照法律、法规的规定执行。

为了有效地控制加班加点，我国先后多次予以限制。《劳动法》对此做出明确规定，对加班加点采取了严格的限制措施。《劳动法》第 43 条规定：用人单位不得违反本法规定延长劳动者的工作时间。《劳动法》之所以这样规定，是因为加班加点减少了职工的休息时间和业余学习、料理家务及参加社会活动的时间，因而，不利于职工的健康和业务技术水平的提高，同时，也必然影响职工料理家务和对子女进行教育，不利于加强管理、提高工时利用率和巩固劳动纪律。

（二）对延长工作时间限制的意义

《劳动法》对延长工作时间加以限制的意义在于：

1. 有利于促进企业、事业、机关等单位改进劳动组织，提高劳动生产率和经济效益

在法律上限制加班加点，就迫使经营者为提高劳动生产率和经济效益，不断改进劳动组织，采用先进技术、革新设备和工艺，提高工作时间的利用率，以确保完成生产定额和增加产品产量。

2. 实行劳逸结合，保护职工的身体健康

我国法律对工作时间和休息时间的规定，是根据各个历史时期社会经济的发展和生产力水平而确定的。严格限制加班加点，是我国的国家制度所决定的，社会主义生产的目的是为了提供丰富的物质条件，改善人民的生活，保护人民的身体健康，而加班加点却是与这一目的相违背的。

3. 节约加班加点工资的开支

根据《劳动法》的规定，延长工作时间确实不能补休的，要支付高于劳动者正常工作时间工资的加班工资。过多地支付加班加点工资，会影响到企业经济效益的提高，也会增加生产和经营成本，减少国家的利润收入。用法律形式对加班加点进行限制，对国家和企业都是有利无害的。

延长工作时间制度的内容

《劳动法》在总结了原先规定内容的基础上，又做出新的规定。延长工作时间制度的主要内容有：

1. 允许延长工作时间的法定条件

《劳动法》第 42 条规定：有下列情形之一的，延长工作时间不受本法第 41 条规定的限制：(1) 发生自然灾害、事故或者因其他原因，威胁劳动者生命健康和财产安全，需要紧急处理的；(2) 生产设备、交通运输线路、公共设施发生故障，影响生产和公众利益，必须及时抢修的；(3) 法律、行政法规规定的其他情形。

《〈国务院关于职工工作时间的规定〉实施办法》明确规定：各单位在正常情况下不得安排职工加班加点。下列情况除外：(1) 在法定节日和公休假日内工作不能间断的；(2) 必须利用法定节日或公休假日的停产期间进行设备检修、保养的；(3) 由于生产设备、交通运输线路、公共设施等临时发生故障，必须进行抢修的；(4) 由于发生严重自然灾害或其他灾害，使人民的安全健康和国家资财遭到严重威胁，需进行抢修的；(5) 为了完成国防紧急生产任务，或者完成上级在国家计划外安排的其他紧急生产任务，以及商业、供销企业在旺季完成收购、运输、加工农副产品紧急任务的。

根据上述规定，只要具备上述情形之一，就可以延长工作时间，而且可以不经过协商，由用人单位直接决定。这是因为上述情形都涉及公众利益，如不及时解决，必将影响到广大人民

群众的生产、生活甚至生命安全，所以，通过延长工作时间及时解决这些问题就非常必要。

《〈国务院关于职工工作时间的规定〉实施办法》对机关、事业单位职工的加班加点作出规定：国家机关、事业单位职工由于需要完成紧急任务加班加点的，应安排同等时间的补休。这一规定在企业职工加班加点需要安排补休的规定上前进了一步，保护了机关、事业单位职工的休息权利。

2. 对延长工作时间的限制措施

由于延长工作时间直接涉及职工的休息权，《劳动法》对延长工作时间做出限制性规定。

（1）从手续和时间上限制延长工作时间。《劳动法》第 41 条规定：用人单位由于生产经营需要，经与工会和劳动者协商后可以延长工作时间，一般每日不得超过 1 小时；因特殊原因需要延长工作时间的，在保障劳动者身体健康的条件下延长工作时间每日不得超过 3 小时，但是每月不得超过 36 小时。

根据这一规定，延长工作时间不是随意的，必须经过一定的手续，符合一定的条件，并且还必须把延长工作的时间长度限定在国家规定的范围以内。具体说来，延长工作时间的条件有：

一是由于生产经营需要。生产经营需要主要是指紧急生产任务，如果不如期完成生产经营任务，势必影响到企业的经济效益和职工的收入，在这种情况下，可以延长工作时间。

二是必须与工会和劳动者协商。企业决定延长工作时间的，必须把延长工作时间的理由、人数、时间长短等向工会说明，以征得工会的同意。如果工会认为延长工作时间的理由充分，就可以同意延长工作时间。如果工会认为延长工作时间的理由不充分，也可以进一步协商。因为延长工作时间直接涉及职工的休息时间，要占用劳动者的休息时间，必须与工会和劳动者协商才行。《劳动法》这样规定的目的在于，延长工作时间必须劳动者自愿，不得强迫。企业只有在劳动者自愿的情况下才可以延长工作时间。

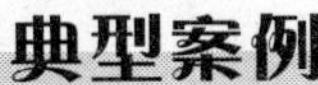

典型案例

不加班就辞退？不堪重负的 3 名打工者讨回违约金

企业三天两头加班，还以不堪重负的职工不服从管理为由将其辞退。昨日，城阳区劳动保障局为杨某等 3 名打工者讨回 1.5 万元违约金。

今年 7 月，杨某等 3 人与城阳某服装有限公司签订劳动合同。由于该企业订单较多，职工三天两头加班，有时甚至需要连轴干。本月 5 日晚 6 时，杨某等 3 名职工刚回到宿舍休息，又接到企业要求加班的通知。三人因患流感便没有到车间干活。第二天，企业以 3 名职工“不服管”为由将他们辞退。

3 名职工向劳动保障部门投诉，城阳区上马劳动管理所工作人员立刻前往企业调查。经调解，杨某等终于每人拿到 5 000 元的违约金。

资料来源：刘承智、王光辉、毕可湖：《不加班就不辞退？不堪重负的 3 名打工者讨回违约金》，见青岛新闻网，2002 - 12 - 13。

三是延长工作时间的长度还必须符合《劳动法》规定，即每日不得超过 1 小时，因特殊需要延长工作时间的，在保障劳动者身体健康的条件下延长工作时间每日不得超过 3 小时，但每月不得超过 36 小时。可见，因特殊原因需要延长工作时间 1 小时以上的，还有一个前提条件，即应当保障劳动者的身体健康，而且每日不得超过 3 小时，每个月延长工作时间的总时数不得超过 36 小时。如果超过这一规定，即为违法并视情节轻重承担法律责任。

（2）从发放延长工作时间的工资上进行限制。《劳动法》第 44 条规定：有下列情形之一的，用人单位应当按照下列标准支付高于劳动者正常工作时间工资的工资报酬：1）安排劳动者延长工作时间的，支付不低于工资的 150%的工资报酬；2）休息日安排劳动者工作又不能安排补休的，支付不低于工资的 200%的工资报酬；3）法定休假日安排劳动者工作的，支付不低于工资的 300%的工资报酬。

根据上述规定，延长工作时间的工资报酬因延长工作时间的情况不同而分为三个档次，即平日延长工作时间的，为工资的 150%；休息日安排劳动者工作的，为工资的 200%；节假日延长工作时间的，为工资的 300%。这样，就从法律上明确了延长工作时间的工资支付标准。由于延长工作时间的工资明显高于正常工作时间的工资，这就迫使用人单位尽量减少加班加点，以减少劳动成本的增加，从而达到保护劳动者身体健康，提高劳动者劳动积极性的目的。

背景知识

上海劳动者“五一”加班 3 天最低加班费 466 元

“五一”国际劳动节期间，如果一位在上海工作的劳动者连续 3 天加班，那么他最少应该拿到 466.69 元的加班费。法定假日 5 月 1 日加班，应按不低于劳动者本人日或小时工资的 300%支付加班工资。而 4 月 29 日和 4 月 30 日加班，可以给劳动者安排补休而不支付加班工资；如不给补休，则应当按本人日或小时工资的 200%支付加班工资。据了解，计算加班工资时，日工资按平均每月计薪天数 21.75 天折算，小时工资则在日工资的基础上再除以 8 小时。在确定加班工资的计算基数时，劳动合同对工资有明确约定的，按不低于劳动者所在岗位相对应的工资标准确定；劳动合同对工资没有明确约定的，按集体合同约定执行。用人单位与劳动者无任何约定的，按劳动者本人所在岗位正常出勤月工资收入的 70%确定。如按上述规定计算出的基数低于当地最低工资标准的，按当地最低工资标准计算。从 4 月 1 日起，上海市月最低工资标准调整为 1 450 元。按此标准计算，劳动者若“五一”假期中 3 天均加班，最低可获 466.69 元；劳动者在劳动节当天加班，最低可获加班费 200.01 元。

资料来源：http://www.chinajob.gov.cn/LabourRelations/content/2012-05-01/content_708756.htm，2012-05-01。

3. 劳动者对待延长工作时间的态度

劳动者对符合法定条件和手续的延长时间工作，应该给予支持。在延长时间的工作中，以积极的态度进行生产和工作，力争完成延长工作时间内的工作任务。

劳动者对不符合法定条件和手续的延长时间工作，有权向工会组织反映，要求工会组织与用人单位协商处理。在问题得不到解决时，劳动者也可以向企业主管部门反映，通过企业主管部门的监督制止企业不合法的延长工作时间。因延长工作时间引起劳动争议的，劳动者可以依照劳动争议的处理程序依法要求调解、仲裁，直至提起诉讼。

本章小结

我国《宪法》第 43 条规定：中华人民共和国劳动者有休息的权利。国家发展劳动者休息和休养的设施，规定职工的工作时间和休假制度。《劳动法》根据宪法的这一规定，对职工的工作权和休息权做出具体规定。

工作时间是职工根据法律的规定，在用人单位中用于完成本职工作的时间。工作时间的主要表现形式是工作日。工作日是指法律规定的职工在一昼夜内的工作时间长度，是以日为计算单位的工作时间。我国现行的工时制度，工作日分为定时工作日、不定时工作日和计件工作日。

休息时间是劳动者根据法律规定，在企业事业单位、机关团体以及其他组织任职期间内，不必从事生产和工作而自行支配的时间。我国现行的休息时间的种类包括：一个工作日内的休息时间、两个工作日之间的休息时间、休息日。

职工用于消除疲劳，料理个人生活，从事业余学习、文化娱乐和社会活动所需要的时间称为休息时间。休假是休息时间的一部分。职工休假有如下几种：节假日休假、年休假、探亲假、女职工保护休假。

延长工作时间，也就是加班加点。加班是企业、事业等单位经过一定的批准手续，要求职工在法定节日或者休息日从事工作的时间。加点是企业、事业等单位经过一定的批准手续，要求职工在正常工作日之外延长工作时间。加班加点必然占用职工的休息时间，因此，应严格按照法律、法规的规定执行。

延长工作时间制度的主要内容有：允许延长工作时间的法定条件、对延长工作时间的限制措施、劳动者对待延长工作时间的态度。

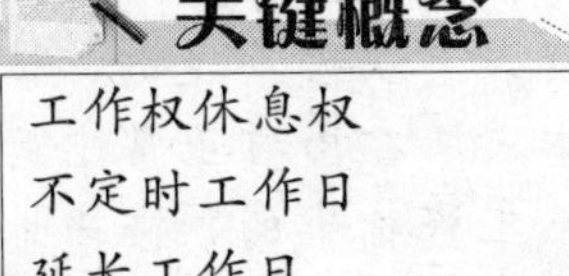

关键概念

工作权休息权　工作时间　工作日　定时工作日
不定时工作日　计件工作日　标准工作日　缩短工作日
延长工作日　休息时间　一个工作日内的休息时间
两个工作日之间的休息时间　休息日　休假时间
节假日休息　年休假探亲假　女职工保护假　延长工作时间
允许延长工作时间的法定条件

思考题

1. 什么是工作时间？它的表现形式和确定标准是什么？
2. 简述我国现行的工时制度。
3. 简述定时工作日。
4. 简述不定时工作日。
5. 简述计件工作日。
6. 简述我国现行休息时间的种类和内容。
7. 简述年休假制度。
8. 简述允许延长工作时间的法定条件。
9. 简述《劳动法》对延长工作时间的限制性规定。

第七章 劳动报酬

学习目标

本章主要内容包括：劳动报酬的概念、构成、法律原则以及基本工资制度、最低工资制度和工资支付的保障。通过本章学习，掌握劳动报酬的概念、构成以及法律原则；明确基本工资制度的主要内容；了解最低工资制的意义，其适用范围、确定标准以及相应的法律责任；掌握法律对于工资支付的形式、对象以及时间上的要求。

第一节　劳动报酬的概念和法律原则

劳动报酬的概念

（一）劳动报酬的基本概念

劳动报酬即我们通常所说的工资，有广义、狭义之分。广义的工资，泛指人们从事各种劳动而获得的货币收入或有价物。它既包括国家公职人员的各种收入，也包括公民个人因加工承揽、委托、运输、约稿等各种劳动的收入。狭义的工资，专指劳动法中所调整的劳动者基于劳动关系取得的各种劳动收入，它包括计时工资、计件工资、奖金、津贴和补贴、延长工作时间的工资报酬以及特殊情况下支付的工资等。本章所称说的劳动报酬是指后一种含义的工资。

凡是有正当职业的劳动者，每个月都可以从其单位领到一份工资。所不同的是，每个人的工资有多有少，有高有低。《劳动法》中所讲的工资具有其规范的内涵和外延。工资是指劳动者通过提供劳动从其所在用人单位获得的全部劳动报酬，包括用人单位以各种形式支付的基本工资、奖金、津贴、补贴、加班加点工资以及特殊情况下支付的工资等，但不包括支付给劳动者的保险福利费用及其他非劳动收入。

背景知识

零工资就业有违劳动力价值

据职介有关人士透露，有的毕业生为了挤进自己向往的单位，竟主动提出“零工资就业”。“零工资就业”，这能算就业吗？用这种方式击败其他竞争者，挤进自己向往的单位，到底是求职，还是在乞职？

近日，《报刊文摘》讲述了这样一则故事：某人到德国柏林工作，住进克罗伊茨贝格区的一栋旧房。房内有些电器线路出现了损坏和老化，继续用下去可能会有危险。有位老同学恰好认识一位懂电路维护的网络工程师朋友，于是就建议请他帮忙维护一下。工程师如约而至，进门掏出一本二级电路工程师的资格证，然后很专业地将线路修好。主人深表谢意，可工程师却开了一张票单递过来，上面赫然写着劳务费11欧元。工程师解释：“很抱歉，我所能做的只是牺牲自己的休息时间帮助你，但我还是要收取一个二级工程师的基本劳务费。我拥有这本二级工程师的证书，我必须维护它的基本社会价值，以免对我的同行们的社会价值造成伤害！”

这位德国工程师“不谙人情”的行为，透射出无法抗拒的道理：任何劳动力都有社会价值，带有技术含量的劳动力尤甚，别人固然不可以践踏，自己也不能例外。用这样的眼光看当前职场中的“低工资就业”、“零工资就业”现象，出于某种目的和动机的降薪求职行为，的确是对整体劳动力价值的贬损，极大地损害了同行的利益，破坏了劳动力市场公平公正的法则，很容易引发“多米诺骨牌效应”，致使全社会劳动力价值观念的颠覆。

资料来源：成彪：《零工资就业有违劳动力价值》，载《中国青年报》，2005-07-08。

（二）劳动报酬的构成形式

我国劳动者的劳动报酬，从其构成形式而言，主要有计时工资和计件工资；辅助工资形式主要有奖金和津贴。

（1）计时工资。计时工资是指按计时工资标准和工作时间支付给个人的劳动报酬。包括对已做工作按计时工作标准支付的工资，实行结构工资制的单位支付给职工的基础工资和职务工资或岗位工资，新参加工作职工的见习工资和运动员体育津贴。根据计算工资的时间单位的不同，计时工资可分为月工资制、日工资制和小时工资制。计时工资的优点是操作简单易行，适用于任何企业和工种；缺点是以劳动时间作为计算工资报酬的依据，不能完全将工资报酬与劳动的数量和质量挂钩。

（2）计件工资。计件工资是指对已做工作按计件单价支付的劳动报酬。包括实行超额累进计件、直接无限计件、限额计件、超额计件等工资制度下，按劳动部门或主管部门批准的定额和计件单价支付给个人的工资；按工作任务包干办法支付给个人的工资；按营业额提成或利润提成办法支付给个人的工资。它是用一定时间内的劳动成果来计算的工资，即用间接劳动时间来计算，因此它是计时工资的转化形式。计件工资的优点是能够使劳动成果与劳动报酬直接联系起来，更好地体现了按劳分配的原则。缺点是容易因追求数量而忽视了质量，甚至影响安全生产。

（3）奖金。奖金是指支付给职工的超额劳动报酬和增收节支的劳动报酬。奖金是超额劳动报酬，是计时工资的辅助形式。奖金按劳动者付出的超额劳动来支付，是对劳动者做出优异成绩的一种奖赏。奖金对于调动劳动者的生产积极性，更好地体现按劳分配的原则具有重要的意义。

奖金的种类很多，主要有以下几种：1）超产奖，按超额劳动成果的数额来计付。2）质量奖，在完成产量的前提下，以产品质量合格率作为考核标准。3）节约奖，在完成生产任务的前提下，按节约原材料、燃料消耗的数额计付。4）安全生产奖，在完成生产任务的前提下，按安全生产的情况给予奖励。包括生产奖、节约奖、劳动竞赛奖、机关事业单位的奖励工资以及其他奖金。

（4）津贴和补贴。津贴和补贴是指为了补偿职工特殊或额外的劳动消耗和因其他特殊原因支付给职工的津贴，以及为了保证职工工资水平不受物价影响而支付给职工的物价补贴。津贴的种类繁多，主要可分为以下几类：为补偿劳动者在特殊劳动条件下的劳动消耗和额外劳动消耗而设的津贴，有矿山井下津贴、高温津贴、野外施工津贴等；为补偿劳动者特殊劳动消耗和额外生活费支出而设的津贴，有林区津贴、山区津贴、驻岛津贴、艰苦气象台站津贴等；为特种保健要求而设的津贴，有保健津贴、医疗卫生津贴等。

（5）加班加点工资。加班加点工资是指按规定支付的加班工资和加点工资。

（6）特殊情况下支付的工资。包括根据国家法律法规和政策规定，因病、工伤、产假、计划生育假、婚丧假、事假、探亲假、定期休假、停工学习、执行国家或社会义务等原因按计时工资标准或计件工资标准的一定比例支付的工资，以及附加工资和保留工资。

劳动者的以下劳动收入不属于劳动报酬范围：

（1）保险福利费用。指各单位在工资总额以外实际支付给本单位全部职工个人的劳动保险和福利费用。包括：丧葬抚恤救济费、生活困难补助费，各种非工资性补贴（如上下班交通费补贴、洗理卫生费、托儿补助费、计划生育补贴、冬季取暖补贴、防暑降温费等）以及实行公费医疗制度改革的单位直接支付给职工个人的医药费等。

（2）劳动保护方面的费用。指职工从单位得到的由劳动保护费开支的保健食品待遇、解毒剂、清凉饮料以及夏季冷饮费等。

（3）按规定未列入工资总额的各种劳动报酬。包括：创造发明奖、国家星火奖、自然科学奖、科学技术进步奖、合理化建议和技术改进奖，支付给运动员的名次奖、运动水平奖、破纪录奖和教练员的培训成绩奖，稿费、翻译费、讲课费、课题费，第二职业收入、兼职收入，以及各单位利用业余时间组织职工进行生产、咨询服务、科研、设计和其他活动，从得到的收入中支付给职工的现金和实物，单位之间业务往来收取的回扣、好处费、手续费收入中给职工个人的提成等。

（4）实物折款。指职工个人从单位内外得到的，按规定未列入工资总额和保险福利费用的各种实物折款。

（5）财产性收入。包括职工个人从银行和企业获得的存款利息、债券利息、股息和股金分红等。

（6）转移性收入。包括职工从职工以外其他阶层人员中得到的赠送收入、亲友搭伙费、遗产收入以及从各种意外事故中得到的补偿和由于各种灾害从非营利机构得到的捐赠收入等。

（7）其他。指在上述各项以外职工得到的其他现金收入，包括实行租赁经营单位承租人的风险性补偿收入、职工的误餐补贴、出国置装费以及职工从出差补助和调动工作的旅费和安家费中净结余的现金等。

劳动报酬的法律原则

劳动报酬立法在我国劳动立法中占有重要的地位，它直接关系到劳动者劳动报酬权的实现。《劳动法》第46条规定："工资分配应当遵循按劳分配原则，实行同工同酬。工资水平在经济发展的基础上逐步提高。国家对工资总量实行宏观调控。"这是我国劳动报酬法律调整的基本原则。

（一）按劳分配原则

按劳分配是指根据劳动者提供的劳动数量和质量分配个人消费品，等量劳动领取等量报酬，多劳多得、少劳少得，不劳动者不得食。每个劳动者根据自己提供的劳动量，取得与他所提供的劳动量相当的消费品。

按劳分配原则是由生产资料的社会主义公有制所决定的，是公有制条件下劳动者对生产资料所有权的具体实现形式。在生产资料公有制条件下，社会每一个劳动者都平等地享有参加劳动的权利和义务，都应当尽自己之所能为社会劳动，社会则以劳动为尺度，在做出各项社会扣除后，按劳动者提供的劳动的数量和质量进行分配，多劳多得，少劳少得。

按劳分配，要充分体现脑力劳动和体力劳动、复杂劳动和简单劳动、熟练劳动和非熟练劳动、繁重劳动和非繁重劳动之间的差别，要体现奖勤罚懒、奖优罚劣的原则，既要反对平均主义，也要反对分配不公、收入高低过分悬殊的做法。

实现按劳分配，有利于调动劳动者的生产积极性，促使劳动者提高劳动技能，提高劳动生产率，为国家和社会创造更多的财富。

（二）同工同酬原则

同工同酬，是指用人单位对所有劳动者同等价值的劳动应付给同等的劳动报酬。在同一分配单位中，从事同种类工作、同样熟练程度的劳动者，不分性别、年龄、民族、种族，只要付出同等劳动，就应当领取同等报酬。

国际劳工组织1951年通过的《对男女工人同等价值的工作付予同等报酬公约》规定，对于所有劳动力即男劳动力和女劳动力同等价值的劳动，应付给同等的报酬。这一原则适用于基本工资以及一切因雇佣而由雇主直接或间接付给劳动者的现金形式或实物形式的其他收入。该公约还提出，这一原则的实行可由下列方式来保障：国家立法、任何合法确定的工资制度、集体协议或以上办法混合使用。我国政府已经批准这一公约。为使这一原则得到更好的贯彻，将同工同酬写入了《劳动法》，并作为工资分配的一个基本原则。

根据同工同酬原则，用人单位在工资支付过程中不得对于从事相同工作、提供同等价值劳动的劳动者因其性别、民族、年龄等方面的不同而支付不等量的报酬。规定这一原则是为了保护全体劳动者的合法权益，防止发生性别歧视、民族歧视等各种歧视性行为。它并不排斥用人单位可以对虽从事同种工作但技能和劳动贡献不同的劳动者支付不等量的报酬。

实行同工同酬，充分体现了我国公民在法律面前一律平等，也是实行按劳分配原则的具体体现。只有实行同工同酬，才能保证我国公民享有真正平等的劳动报酬权。

（三）在经济发展的基础上逐步提高工资水平的原则

工资水平是指一定时期内职工平均工资的高低程度。工资水平是反映经济发展水平和劳动者物质文化生活水平的一个重要指标，同时也在一定程度上体现着国家、用人单位、劳动者个人三者之间的利益分配关系，以及不同行业、不同地区、不同单位、不同工种之间各类劳动者的工资关系。工资水平的高低，直接关系着职工生活的改善。工资水平的增长速度，则直接影响着国民经济的发展。《劳动法》第46条规定：工资水平在经济发展的基础上逐步提高。

这一原则有两层含义：一是职工工资水平，必须建立在发展生产的基础上，而且在劳动生产率提高之后，必须逐步提高工资水平；二是要使劳动生产率的增长与工资水平的增长保持适当的比例关系，要求劳动报酬增长的速度不超过劳动生产率提高的速度。

其一，要逐步提高工资水平。社会主义的生产目的，就是要在高度技术基础上通过经济的不断增长，最大限度地满足社会不断增长的物质和文化的需要。只有在经济发展的基础上逐步提高劳动者的工资水平，才能不断改善劳动者的物质文化生活水平，才能实现劳动者生活从温饱型向小康型的转化。

其二，工资水平只能在经济发展的基础上逐步提高。工资属于分配范畴，分配是由生产所决定的。工资水平的提高只能建立在经济增长和劳动生产率提高的基础上。

一般说来，影响工资水平的因素主要是：(1) 国内生产总值的增长速度；(2) 积累基金与消费基金的比例关系；(3) 社会生活消费品可供量；(4) 新增就业人口数量。根据这些因素，我国长期以来工资总额的增长速度不超过国民收入的增长速度；平均工资增长速度不超过社会劳动生产率增长速度。工资水平的提高要以国民收入的增长和社会劳动生产率的提高为前提，并且在提高的速度上要与之相适应。

第二节　最低工资制度

最低工资的概念和标准

(一) 最低工资的概念

最低工资是指劳动者在法定工作时间内，提供正常劳动的前提下，用人单位应支付的最低劳动报酬。其中，法定工作时间是指国家规定的工作时间；正常劳动是指劳动者按照劳动合同的有关规定，在法定工作时间内从事的劳动。劳动者因探亲、结婚、直系亲属死亡按规定休假，以及依法参加国家和社会活动，也应当视为提供了正常劳动。

根据国家有关规定，下列各项不得作为最低工资组成部分：(1) 加班加点工资；(2) 中班、夜班、高温、低温、井下、有毒有害等特殊工作环境、条件下的津贴；(3) 国家法律、法规、政策规定的劳动保险、福利待遇等。企业对职工进行培训的费用，按国家有关规定而发放给职工的防护用品及企业自身的各项用品，职工所得的计划生育补贴、特别困难补助，因住房改革发给的职工住房补贴均不属于最低工资的组成部分。劳动部《关于实施最低工资保障制度的通知》还规定，用人单位通过贴补伙食、住房等支付给劳动者的非货币性收入不包括在最低工资内。职工所得的非经常性奖金，如竞赛奖、体育奖、合理化建议奖等也不得纳入企业最低工资的范畴。

(二) 最低工资制的适用范围

国际劳工组织第 131 号公约和第 135 号公约建议书规定，发展中国家最低工资制度的适用范围应包括雇用条件理应予以保护的各类产业，或者把不适用最低工资的规定限制在尽可能小的范围之内。

1993 年劳动部制定《企业最低工资规定》时，我国正处在经济体制变革的时期，制定的规章体现了当时的时代特色。事隔 10 年，随着经济体制改革的不断深入，社会主义市场经济体制的逐步完善，其中一些内容已不能适应社会的客观情况，有必要修改和增加新的规定。2003 年 12 月 30 日劳动和社会保障部发布了《最低工资规定》，自 2004 年 3 月 1 日起施行。最低工资的适用范围确定为在中华人民共和国境内的企业、民办非企业单位、有雇工的个体工商户和与之形成劳动关系的劳动者。国家机关、事业单位、社会团体和与之建立劳动合同关系的劳动者，依照本规定执行。这一适用范围比此前的相关规定更为宽泛。民办非企业单位作为一种新的社会组织形式出现，如一些民办学校、医院等，有必要将其纳入最低工资适用范围以保障民办非企业单位劳动者的合法权益。乡镇企业是否适用由省、自治区、直辖市人民政府决定。

(三) 最低工资标准

最低工资标准是指单位劳动时间的最低工资数额。《劳动法》第 48 条规定：最低工资的具体标准由省、自治区、直辖市人民政府规定，报国务院备案。表明我国不实行全国统一的最低工资标准，由各地根据其具体情况来确定最低工资标准。

1. 最低工资标准的内容与形式

针对实践中最低工资标准各异的现象，《企业最低工资规定》界定了“最低工资标准”，即指劳动者在法定工作时间或依法签订的劳动合同约定的工作时间内提供了正常劳动的前提下，用人单位依法应支付的最低劳动报酬。该规定也明确了正常劳动的内容。“正常劳动”是指劳动者按依法签订的劳动合同约定，在法定工作时间或劳动合同约定的工作时间内从事的劳动。鉴于生育（产）假、节育手术假等都是法律赋予劳动者应当享受的休息休假权利，为了更充分地保障劳动者休息休假期间的合法权益，将生育（产）假和节育手术假都列入视同提供了正常劳动的范围。劳动者依法享受带薪年休假、探亲假、婚丧假、生育（产）假、节育手术假等国家规定的假期间，以及法定工作时间内依法参加社会活动期间，均应视为提供了正常劳动。

在最低工资的形式上，规定了两种最低工资标准形式，即月最低工资标准和小时最低工资标准的形式。月最低工资标准适用于全日制就业劳动者，小时最低工资标准适用于非全日制就业劳动者。这是为适应发展灵活就业形式，促进就业的需要。原有的月最低工资标准不适应非全日制就业劳动者，也不利于保护其合法权益。为统一和规范小时最低工资标准的制定和实施，在现行最低工资规定中增加小时最低工资标准的有关规定十分必要。

背景知识

患病住院是否享受最低工资标准？

第一，病假工资可以低于最低工资标准。劳动和社会保障部最近颁布的《最低工资规定》第3条规定：“本规定所称最低工资标准，是指劳动者在法定工作时间或依法签订的劳动合同约定的工作时间内提供了正常劳动的前提下，用人单位依法应支付的最低劳动报酬。”由此可见，劳动者获得最低工资的条件：一是在法定工作时间内或依法签订的劳动合同约定的工作时间内；二是提供了正常劳动，履行了劳动义务。患病住院，显然是由于本人原因造成在法定工作时间内或依法签订的劳动合同约定的工作时间内未提供正常的劳动，因而用人单位可以不按最低工资标准的规定支付工资。

第二，病假工资应按不低于最低工资标准的80%支付。病假工资可以不受最低工资标准的保护，但应以最低工资标准为依据发放工资报酬。劳动部发布的［1995］309号文件第59条规定：职工患病或非因工负伤治疗期间，在规定的医疗期内由企业按有关规定支付其病假工资或疾病救济费，病假工资或疾病救济费可以低于当地最低工资标准支付，但不能低于最低工资标准的80%。

资料来源：涂志：《患病住院是否享受最低工资标准?》，载《中国劳动保障报》，2004-04-13。

2. 最低工资标准的确定因素

根据国际劳工组织的劳工公约，参考其他国家的做法，《劳动法》第49条规定，确定最低工资标准应综合考虑以下因素：

（1）劳动者本人及平均赡养人口的最低生活费用。实行最低工资保障的直接目的是确保劳动者维持最基本的生活需要。因此，最低工资标准不应低于劳动者本人的最低生活费用及其应尽法定义务所平均赡养人口的最低生活费用。所谓最低生活费用，是指为维持劳动者本人及其赡养人口的最低生活需要而必须支出的生活费用，包括吃、烧、穿、用、住、行等方面。一般可根据统计部门调查资料，确定一定比例的最低人均收入户为贫困户，统计出贫困户的人均生活费用支出水平，乘以每一个劳动者的赡养人口系数来计算。所谓平均赡养人口，按照国家 1991 年确定的 1.75 计算。

(2) 社会平均工资水平。是指政府统计部门提供的职工平均工资水平。最低工资标准应当低于职工平均工资，高于职业保险金、社会救济金的标准。国际上一般最低工资标准相当于平均工资的 40%～60%。

(3) 劳动生产率。是指政府统计部门提供的当地社会劳动生产率，即单位时间内劳动者为社会工作的效率，是有效劳动量与劳动时间之比。在不同行业、不同地区，劳动生产率的不同意味着在单位时间劳动者的社会贡献有所差别，也意味着各行业、各地区的用人单位对劳动者工资的支付能力存在着差别。劳动生产率的提高是平均工资增长的前提条件，确定和调整最低工资标准，也要充分考虑劳动生产率因素。

(4) 就业状况。就业状况与整个部门和地区的工资支付水平有一定关系，确定最低工资应当考虑整个社会劳动者的就业率和就业行业及部门的情况，尤其是社会或者行业的失业率，即最低工资标准的确定和调整要考虑失业率水平。当失业率偏高时，最低工资标准不宜定得太高，因为这将影响用人单位吸纳更多的劳动者就业，不利于扩大就业，降低失业率。

(5) 地区之间经济发展水平的差异。是指确定和调整最低工资标准应当根据不同地区经济发展水平有所差别，不能不顾不同地区之间经济发展水平上的差异而实行相同的最低工资标准。由省、自治区、直辖市人民政府规定最低工资标准，正是为了使最低工资标准能够比较准确地反映各省、自治区、直辖市之间经济发展水平的差异。各省、自治区、直辖市在确定本地区不同区域的最低工资标准时，也要充分考虑经济发展水平。各省、自治区、直辖市还应做到从本地实际情况出发，根据需要和可能允许同一地区内不同辖区的最低工资存在差异。

《最低工资规定》具体明确了确定和调整月最低工资标准应当考虑的因素。为适应建立社会保障制度和深化住房改革的需要，明确增加了职工个人缴纳社会保险费、住房公积金也应作为确定月最低工资标准的考虑因素。要求参考当地就业者及其赡养人口的最低生活费用、城镇居民消费价格指数、职工个人缴纳的社会保险费和住房公积金、职工平均工资、经济发展水平、就业状况等因素。并且规定：确定和调整小时最低工资标准，应在颁布的月最低工资标准的基础上，考虑单位应缴纳的基本养老保险费和基本医疗保险费因素，同时还应适当考虑非全日制劳动者在工作稳定性、劳动条件和劳动强度、福利等方面与全日制就业人员之间的差异。

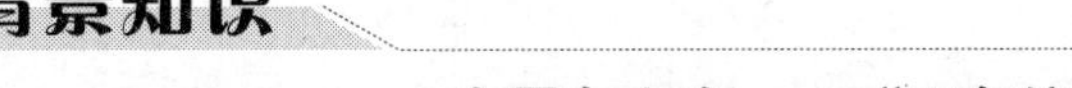

背景知识

白黑灰血金——“五色炫目”的收入

由于收入分配渠道复杂，同时缺乏基础性的国民收入记录制度，我国居民的收入渠道呈现五花八门的状态，可以用白色、黑色、灰色、血色、金色 5 种“颜色收入”来概括当前形形色色的收入。

白色收入：指当前收入分配领域中有据可查的收入，出身清白，可见、可控、可预测。人力资源和社会保障部劳动工资研究所所长苏海南指出，“白色收入”是我国收入分配制度的主渠道，所以必须不断提高初次分配中劳动报酬在国民收入分配的比重，建立工资的正常增长机制和支付保障机制，健全社会保障制度，增加养老金等转移性收入，让“白色”成为收入主色调，彰显公平正义，促进社会稳定与和谐。

黑色收入：包括一部分人依靠权力获取的非法收入，也包括走私、贩毒、偷盗、抢劫、绑架等违法犯罪活动获得的收入。中国社科院社会政策研究中心秘书长唐钧等专家认为，“黑色收入”使大量公共财富流进了权力拥有者、违法犯罪者的腰包，应坚决打击。

血色收入：指那些突破人类文明底线，以牺牲他人的生命和用鲜血榨取的收入。对“血色收入”也应严厉打击，如山西黑砖窑事件、哈尔滨呼兰区奴工事件等，这些行为践踏了人性与文明底线，影响了国家形象，必须坚决予以取缔。

金色收入：这是近年来随着经济发展而日显重要的一种收入，以资本收益为主要表现形式，也可以理解为财产性收入。如不少人从股市、楼市中获得资产增值，财富成倍增长。

灰色收入：学界对“灰色收入”的定义也不统一，有的专家定义为来路不明、没有记录在案、没有纳税、游离在申报之外的个人隐秘收入。也有学者认为收入“非白即黑”，无论如何冠冕堂皇，其本质是公权与私利交易而产生的“黑色收入”。

目前，“灰色收入”已经渗透到社会各行各业，返点、好处费、感谢费、劳务费、讲课费、稿酬、礼金等名目繁多。国家发改委宏观经济研究院教授常修泽指出，“灰色收入”主要有三种情况：一是“正灰色”收入，即违章不犯法的收入；二是名为“灰”实为“黑”的收入，比如商业回扣、年节收礼、小金库私分、庆典礼品等，属变相受贿；三是“浅灰色”收入，这一部分本来应该归到“白色收入”里，但制度中没有明确规定，虽然渠道正当，但缺乏税务监管。

资料来源：新华社调研小分队：《我国分配差距穷降富升逼近红线　白黑灰血金共存》，载《经济参考报》，2010-05-10。

3. 最低工资标准的发布

最低工资标准及其适用范围确定后，应向国务院劳动行政主管部门备案。由国务院劳动行政主管部门会同中华全国总工会、中国企业家协会共同研究，如认为有不妥的，可以提出变更意见，并以书面形式予以回复。在规定期限内未收到变更意见或收到变更意见后已按意见对原确定的最低工资标准及其适用范围做出修订，并报省、自治区、直辖市人民政府批准后，应将最低工资标准及其适用范围在当地政府公报和至少一种本地区报纸上发布。

在当地最低工资标准发布后，用人单位必须将政府最低工资的有关规定告之本单位劳动者，支付给劳动者的工资可以高于但不得低于其适用的最低工资标准。实行计件工资或提成工资等工资形式的用人单位，则必须进行合理折算，其相应的折算额不得低于按时、日、周、月确定的最低工资标准。但是，如果是由于劳动者本人的原因，造成在法定工作时间内未提供正常劳动，则不适用于这一规定。

4. 最低工资标准的调整

最低工资标准发布实施后，当最低工资标准制定时参考的各种因素，如当地最低生活费用、职工平均工资、劳动生产率、城镇就业状况和经济发展水平等发生变化，或本地区职工生活费用价格指数累计变动较大时，应当适时调整。

国际劳工组织第131号公约（即《特别参照发展中国家情况确定最低工资公约》）规定，最低工资应根据以下因素确定并进行调整：（1）工人及其家庭的生活需要；（2）生活费用；

(3) 社会工资总水平；(4) 其他社会阶层的生活水平；(5) 社会安全利益的需要；(6) 经济发展水平；(7) 雇主支付能力。

《最低工资规定》修改了最低工资标准的调整期限。《企业最低工资规定》规定：最低工资标准发布实施后，如本规定第 7 条所规定的诸项因素发生变化，或本地区职工生活费用价格指数累计变动较大时，应当适时调整，但每年最多调整一次。但通过近年来各地最低工资标准调整情况的汇总分析，发现有些地区最低工资标准调整期限过长，水平偏低。针对这一情况，为保障劳动者基本生活，规定最低工资标准每两年至少调整一次。

第三节 工资支付保障

《劳动法》第 50 条规定：工资应当以货币形式按月支付给劳动者本人。不得克扣或者无故拖欠劳动者的工资。第 51 条规定：劳动者在法定休假日和婚丧假期间以及依法参加社会活动期间，用人单位应当依法支付工资。上述规定包括工资支付形式、支付对象、支付时间以及特殊情况下的工资支付等问题。

工资支付形式

工资应当以货币形式支付，不以实物形式支付。

以货币形式支付工资，符合国际通行做法。这是为了限制以致取消实物支付，使个人收入货币化、规范化，有利于提高收入分配的透明度，加强对用人单位收入分配的财务监督，同时也有利于建立个人收入申报制度，强化个人所得税调节收入分配的功能。

典型案例

以实物代替工资违法

凯星公司由于产品滞销，职工工资很难保证。经理决定每人每月领取 10 件本公司生产的服装自行销售，销售所得作为当月工资。王山等 20 多名职工将公司诉至仲裁委，要求发放工资。仲裁委裁决凯星公司按职工原工资标准以货币形式补发王山等 20 多名职工的工资，并加发 25%的经济补偿金。

《劳动法》第 50 条规定："工资应当以货币形式按月支付给劳动者本人。不得克扣或者无故拖欠劳动者的工资。"《工资支付暂行规定》第 5 条明确指出，工资应当以法定货币支付。不得以实物及有价证券替代货币支付。显然，凯星公司以产品滞销、资金周转困难为由，用实物替代支付职工工资的做法是违法的。仲裁委裁决凯星公司支付职工工资理由充分、有法可依。《违反和解除劳动合同的经济补偿办法》第 3 条规定：用人单位克扣或者无故拖欠劳动者工资的，以及拒不支付劳动者延长工作时间工资报酬的，除在规定的时间内全额支付劳动者工资报酬外，还需加发相当于工资报酬 25%的经济补偿金。

资料来源：郑锴：《以实物代替工资违法》，载《法制日报》，2004-06-02。

工资支付对象

劳动者本人为工资领取人，用人单位应在工作地点将工资支付给劳动者本人，由劳动者本人直接领取。当劳动者本人因故不能领取工资时，也可以由劳动者授权的亲属代为领取。做出这一规定是为了使劳动者领取工资得到保障。按通常的做法，用人单位在支付工资时应向劳动者提供一份其个人的工资清单，列出应发工资额及其项目、扣款额及其项目、实发工资额等。为了便于查询，用人单位应当以书面形式记录支付工资的数额、时间、领取工资者的姓名及其签名。

工资支付时间

按照规定，工资应当按月支付。不论是实行小时工资、日工资、月工资等计时工资形式，还是实行计件工资形式，用人单位都要按月向劳动者支付工资。对实行年薪制的，则应每个月按一定比例预付。

用人单位不得克扣劳动者的工资。劳动者在法定工作时间内提供了正常劳动的前提下领取足额工资，是劳动者的合法权益，受法律保护，任何单位不得克扣，否则便构成对劳动者合法权益的侵害。

在下列情况下扣除劳动者部分工资不属于克扣工资：

(1) 由于劳动者本人过失造成事故，使单位或他人财产遭受损失时，按规定令其赔偿损失；

(2) 劳动者本人违反劳动纪律旷工或事假超过一定期限，按本单位有关管理制度扣除一定数额工资；

(3) 法院委托单位扣除的抚养费、赡养费或赔偿费等；

(4) 劳动者应偿还用人单位的债务；

(5) 法律规定应由劳动者本人负担的社会保险费用；

(6) 法律要求用人单位代扣代缴的其他费用。

特殊情况下的工资支付

《劳动法》第51条规定：劳动者在法定休假日和婚丧假期间以及依法参加社会活动期间，用人单位应当依法支付工资。特殊情况下的工资主要包括三方面的内容，即法定休假日工资支付、婚丧假期间工资支付、依法参加社会活动期间工资支付。在这三种情况下，用人单位都应按照劳动者本人履行正常劳动义务时应得的工资额支付工资。

(1) 法定休假日期间工资支付。法定休假日是指法律规定的放假节日。休息权是劳动者的一项基本权利，受到法律保护。法定休假日是休假制度的一种，依照规定，在元旦、春节、国际劳动节、国庆节以及法律法规规定的其他法定休假节日期间，用人单位应当依法安排劳动者休假。劳动者依照上述规定在法定休假日内休假，用人单位应当依法向劳动者支付工资，否则，即构成克扣劳动者工资行为。

(2) 婚丧假期间工资支付。婚丧假是结婚假和丧事假的总称，系指劳动者本人结婚以及其直系亲属死亡时其所在用人单位给予的假期（包括路程假期）。享受婚丧假是劳动者的合法权利。婚丧假期间由本单位给予1～3天的婚丧假。有的地方对于晚婚青年的婚假，除了国家规定的3天外，另给10天左右的带薪假。婚丧假期间（包括路程假）用人单位应向劳动者支付工资。

(3) 产假期间的工资支付。根据1993年人事部关于机关、事业单位女职工产假期间工资待遇的规定，机关事业单位女职工产假期间，其工资按下列各项之和计发：1）机关实行职级工资制的，为本人职务工资、级别工资、基础工资与工龄工资；2）机关技术工人，为本人岗位工资、技术等级工资与按国家规定比例计算的奖金；3）机关普通工人，为本人岗位工资与按国家规定比例计算的奖金；4）事业单位职工，为本人职务（技术等级）工资与按国家规定比例计算的津贴（其中，体育运动员为本人体育基础津贴、成绩津贴）。

女职工产假期间的工资待遇按照1988年国务院颁布的《女职工劳动保护规定》和1988年劳动部《关于女职工生育待遇若干问题的通知》执行，在女职工按规定享受的产假期间，工资照发。

（4）依法参加社会活动期间工资支付。依法参加社会活动是劳动者的政治权利，受法律保护。劳动者在法定工作时间内参加社会活动，应视为提供了正常劳动，用人单位应向劳动者支付工资。这里所讲的社会活动主要包括：1）依法行使选举权或被选举权；2）当选代表出席政府、党派、工会以及其他合法社会团体召开的代表大会；3）出任人民法院陪审员或者证明人；4）参加由用人单位安排和同意的会议或者其他活动；5）《工会法》规定的不脱离生产的工会基层委员会委员，因工会活动每月占用生产时间不超过2个工作日时；6）企业领导指定参加的会议或群众性工作时间；7）其他依法参加的活动等。

典型案例

某企业职工李某某，于1995年3月去青岛出差。在办事途中，其乘坐的长途公共汽车在某县的公路上与一逆行的大货车相撞。因当时雾大，能见度低，在公共汽车后部又有一桑塔纳车撞上汽车，造成重大伤亡事故。李某某在公共汽车中部，幸而没有受伤。他在现场参加了救助，并将亲眼所见告诉了当地交通民警。回到单位后，李某某于3月底收到了青岛某县法院的通知书，通知他该交通肇事案已立案受理，要求他于1995年4月5日参加法庭第一次审理，并出庭作证。李某某将这一情况向领导做了汇报，领导认为现在工作任务重，李某某一去就是好几天，会耽误很多工作，因此不希望他去。李某某认为不去可能会承担法律后果。领导则说去可以，但这期间的工资将扣发。李某某在保留意见的情况下，赶赴青岛出庭作证，于4月10日回到单位。当李某某拿着单据要求报销这次路费、住宿费时，厂财务科予以拒绝。后经几次交涉，才勉强同意报销部分费用，但这期间的工资将扣发。李某某认为该厂的做法侵犯了自己权益，遂向当地劳动争议仲裁委员会提请仲裁。

资料来源：黄成建主编：《劳动法新释与例解》，255页，北京，同心出版社，2000。

（5）探亲假期间的工资支付。1981年3月国务院在《关于职工探亲假待遇的规定》中规定，职工探望配偶和未婚职工探望父母的往返路费由所在单位负担；已婚职工探望父母的往返路费，在本人月标准工资30%以内的由本人处理，超过部分由所在单位负担。职工在探亲假期间的工资，按照本人的标准工资发给。

（6）停工期间的工资支付。《工资支付暂行规定》第12条规定，非因劳动者原因造成单位停工、停产在一个工资支付周期内的，用人单位应按劳动合同规定的标准支付劳动者工资。超过一个工资支付周期的，若劳动者提供了正常劳动，则支付给劳动者的劳动报酬不得低于当地的最低工资标准；若劳动者没有提供正常劳动，应按国家有关规定办理。

（7）企业依法破产时的工资支付。《工资支付暂行规定》第14条规定，用人单位依法破产时，劳动者有权获得其工资。在破产清偿中用人单位应按《中华人民共和国企业破产法》规定的清偿顺序，首先支付欠付本单位劳动者的工资。

（8）关于特殊人员的工资支付问题。

1）劳动者受处分后的工资支付：第一，劳动者受行政处分后仍在原单位工作，如留用察看、降级等或受刑事处分后重新就业的，应主要由用人单位根据具体情况确定其工资报酬；第二，劳动者受刑事处分期间，如收容审查、拘留（押）、缓刑、监外执行或劳动教养期间，其待遇按国家有关规定执行。

2）学徒工、熟练工、大中专毕业生在学习期、熟练期、见习期、试用期及转正定级前的工资待遇由用人单位自主确定。

3）新就业复员军人的工资待遇由用人单位自主确定；分配到企业的军队转业干部的工资待遇，按国家有关规定执行。

本章小结

劳动报酬即我们通常所说的工资，有广义、狭义之分。我们这里说的劳动报酬是指狭义的工资。我国劳动者的劳动报酬，从其构成形式而言，主要有计时工资和计件工资；辅助工资形式主要有奖金和津贴。

《劳动法》第46条规定：工资分配应当遵循按劳分配原则，实行同工同酬。工资水平在经济发展的基础上逐步提高。国家对工资总量实行宏观调控。这是我国劳动报酬法律调整的基本原则。

《劳动法》第47条规定：用人单位根据本单位的生产经营特点和经济效益，依法自主确定本单位的工资分配方式和工资水平。工资分配自主权是市场经济体制对现代企业制度的必然要求。企业自主确定工资水平要遵循“两低于”原则。目前的工资制度多种多样，包括：等级工资制、岗位工资制、结构工资制、岗位技能工资制。

最低工资是指劳动者在法定工作时间内，提供正常劳动的前提下，用人单位应支付的最低劳动报酬。在我国企业最低工资适用于中华人民共和国境内各种经济类型的企业以及在其中领取报酬的劳动者。但乡镇企业是否适用，由省、自治区、直辖市人民政府决定。我国不实行全国统一的最低工资标准，由各地根据其具体情况来确定最低工资标准。各级人民政府劳动行政主管部门负责对最低工资执行情况进行检查和监督。

《劳动法》第50条规定：工资应当以货币形式按月支付给劳动者本人。不得克扣或者无故拖欠劳动者的工资。第51条规定：劳动者在法定休假日和婚丧假期间以及依法参加社会活动期间，用人单位应当依法支付工资。

典型案例

“试运行”阶段，工资仍应按照约定支付

2012年11月，丹阳市劳动监察大队接到职工投诉，称丹阳市某单位扣除其2012年8月份部分工资。劳动监察大队到该单位调查了解后得知，该单位目前仍处于试运行阶段，该职工于2012年6月1日进入单位，已签订了书面劳动合同，劳动合同约定每月工资为4 000元。2012年8月底，该职工提出离职。因该单位处于试运行阶段，该名职工每天只是上班进行打卡考勤，没有进行具体的实际管理工作。

用人单位认为该名职工没有为单位创造任何效益，每天只是进行了打卡考勤，没有付出实际的劳动。单位为留住该职工，虽然每天没有什么工作安排给该职工，但还是按照劳动合同约定的标准支付该职工工资，但是在2012年8月底该职工提出离职。单位认为既然留不住该职工，基于该职工没有进行具体工作，所以就按照丹阳市最低工资标准即每月1 100

元，支付给该名职工 2012 年 8 月份工资。

丹阳市劳动监察大队认为该单位与职工签订的劳动合同是合法有效的，该职工没有进行具体的工作是由于该单位的原因所造成的，并不是该职工拒不工作。职工按照单位的制度进行了打卡考勤，单位应当按照劳动合同约定的工资标准支付工资。

经协商，该单位按照劳动合同的约定，将工资补发给该职工。

资料来源：http://www.chinajob.gov.cn/LabourRelations/content/2012-12/03/content_753853.htm，2012-12-26。

欠薪潜逃被控罪

现年 37 岁的河南青年马某东原系东莞大岭山镇奋进木器制品厂的经营者。因经营不善，马某东从 2011 年 8 月开始拖欠员工工资，并于同年 10 月收取客户支付的 71 000 元货款后携款潜逃。截至同年 10 月，马某东一共拖欠许某等 27 名员工约两个半月的工资款共计 130 785 元。马某东弃厂潜逃后，奋进木器制品厂员工要求市人力资源局大岭山分局进行处理，大岭山劳动监察部门多次设法通知马某东回来接受处理，包括打电话、寄信、在《东莞日报》上刊登公告等，但对方都杳无音讯。随后，劳动监察部门将该案移交大岭山公安分局。2012 年 5 月 13 日，马某东在浙江省温州市鹿城区某网吧内被公安机关抓获归案。

法庭上，马某东当庭认罪，但辩称自己并没有收到劳动部门的通知，加上文化水平低，请求法院轻判。马某东的律师辩护称，马某东是个上进青年，只是法律意识淡薄，希望法院能考虑予以缓刑。

资料来源：李金健：《东莞首宗“欠薪入刑”案开审，大岭山一木器厂老板当庭认罪》，载《东莞日报》，2012-10-26。

关键概念

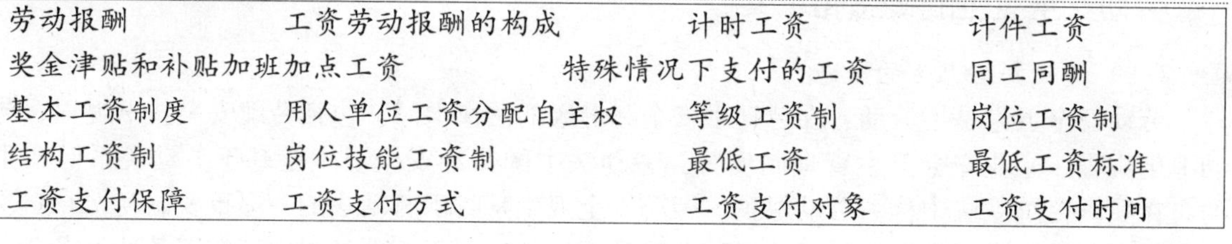

劳动报酬	工资劳动报酬的构成	计时工资	计件工资
奖金津贴和补贴加班加点工资		特殊情况下支付的工资	同工同酬
基本工资制度	用人单位工资分配自主权	等级工资制	岗位工资制
结构工资制	岗位技能工资制	最低工资	最低工资标准
工资支付保障	工资支付方式	工资支付对象	工资支付时间

思考题

1. 简述劳动报酬的概念及构成形式。
2. 简述劳动报酬的法律原则。
3. 简述用人单位工资分配自主权的内容。
4. 简述用人单位确定工资的影响因素。
5. 简述用人单位确定工资分配的方式。
6. 试述最低工资的适用范围及标准。
7. 简述特殊情况下的工资支付。
8. 简述《劳动法》关于工资支付的保障。

第八章 劳动安全卫生

学习目标

通过本章的学习，掌握劳动安全卫生的概念，理解其意义；了解外国以及我国劳动安全卫生的立法概况。掌握劳动安全规程以及劳动卫生规程的主要内容。了解企业安全卫生教育的意义及其内容以及特种作业人员的特殊培训要求。掌握劳动者在劳动安全卫生中的主要权利和主要义务。

第一节 劳动安全卫生概述

劳动安全卫生的概念和意义

（一）*劳动安全卫生的概念*

劳动安全卫生是指劳动者在劳动中安全和健康的法律保障，包括劳动安全技术规程、劳动卫生规程、企业安全卫生管理制度等。劳动法中的劳动安全卫生是基于劳动关系而产生的，在我国传统立法中称为劳动保护。劳动安全卫生是我国劳动法的一项重要制度。

获得劳动安全卫生保护是劳动者的一项基本权利。由于劳动过程中存在着各种不安全和不卫生的因素，给劳动者的生命安全和身体健康带来极大的危害，必须通过立法对劳动安全和劳动卫生做出规范，以保障劳动者在劳动过程中的安全和健康。劳动过程常常给劳动者带来伤害，尤其是现代工业给人类带来了许多伤害。劳动者在劳动过程中的危害日益增多，如矿井作业的瓦斯爆炸、冒顶、水灾，生产场所的机器绞碾、电击伤害、锅炉爆炸，从建筑工地的高空坠落、物体碰撞，生产过程中的烟雾、粉尘、有毒有害气体等，这些都会损害劳动者的身体和健康。

劳动者还受自身劳动能力和生理因素的限制，只能在一定的劳动强度和劳动时间下从事劳动，如果劳动强度和劳动时间超过了人体正常的生理限度，则会使人体机能不能自我恢复，导致劳动者早衰或死亡。为了保护劳动者的身体健康，维护劳动力的生产和再生产，国家必须采取各种措施改善劳动条件，通过制定各种劳动保护法来保护劳动者劳动过程中的安全和健康。

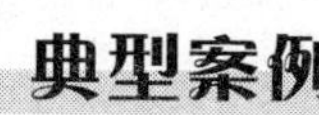

典型案例

职业危害，后果严重

辽宁省某矿务局现有职工 35 000 多名，接触粉尘作业的工人 12 000 多名。统计到 1996 年年底，累计发生矽肺病人数将近 5 000 名，矽肺病患病率占接尘工人的 40%左右，还有可疑矽肺病人 1 000 多名，矽肺加可疑矽肺人数占接尘工人的 50%。累计矽肺病死亡人数达 1 500 多人，死亡人数占矽肺病人的 30%以上。1990 年以来的 7 年间，平均每年新增矽肺病人 168 名，死亡 93 名。

该局早年统计因矽肺病死亡的 470 人中，大部分都是生产骨干。其中班组长以上者 57 人，党员 101 人，先进生产者和全国劳动模范 50 人。20 世纪 50 年代全国著名的该矿务局某掘进队，为发展我国煤炭事业做出了重大贡献，但由于没开展防尘工作，到 70 年代末期 3 个掘进队的大部分职工都患了矽肺病，基本上离开了人间。一些全国著名劳动模范也都过早去世。曾获全国煤炭战线“十面红旗”之一的某掘进队，是矿务局第二代全国驰名的标杆队，1958 年建队，已有 16 人患矽肺病。

此外，辽宁省某硫化铁矿，从 1949 年开采到 1968 年闭矿。矿虽关闭，但矽肺病人的发生、发展并未停止。至 1983 年止，累计发生矽肺病人 561 名，可疑矽肺病人 3 名，占全矿接触粉尘作业工人的 90%。井下接尘工人几乎全部患矽肺病。累计死亡 268 名，病死率为 47.8%。1983 年至 1997 年，新增矽肺病人 117 名。该矿从开矿到被迫闭矿的 20 年间，共上缴利润 367 万元，至 1994 年 12 月，仅支付的职业病医疗费就已花掉 553 万元，经济损失惊人。矿虽已停产了近 30 年，但矽肺疗养所至今仍存在，由民政部门承担费用。

资料来源：丁巍主编：《中华人民共和国职业病防治法释义及实用指南》，232 页，北京，北京出版社，2001。

（二）劳动安全卫生的意义

1. 有效地防止和减少伤亡事故，避免和降低职业危害，保证职工在劳动过程中的安全和健康

保证职工在劳动过程中的安全和健康，是由社会主义的根本目的决定的。社会主义的生产目的，是为了不断满足人们日益增长的物质文化生活的需要，随着生产技术的发展，不断改善劳动条件，用法律手段保障劳动者的安全和健康，严格执行国家劳动安全卫生规程和标准，减少伤亡事故，降低职业危害。对违反劳动安全卫生法规者依法追究责任，使劳动者的安全和健康得到有力的保证。

劳动者是社会生产力发展的推动者，也是社会财富的创造者。保护劳动者在劳动过程中的安全和健康，防止伤亡事故和职业病的危害是国家立法的重要任务。国家通过制定劳动安全卫生法，要求用人单位为劳动者提供安全卫生的物质条件和工作环境，不断改善劳动条件，防止和减少伤亡事故的发生，保护劳动者在生产过程中的安全与健康。

2. 改善劳动条件，保护劳动力

劳动者作为国家和企业的主人，是生产力中最活跃的因素，具有创造性。劳动者和生产资料结合起来，会创造出巨大的物质财富和精神财富。要发展生产力，提高劳动生产率，要求劳动者必须有充沛的精力和健康的体魄，要发挥劳动者的聪明才智，从而推动生产力的发展，促进社会的进步，更有效地改善劳动条件。因此，对劳动者的保护，也就是对生产力的保护。

用人单位要认真贯彻执行国家劳动安全卫生标准，为劳动者创造安全、卫生、舒适的劳动条件和劳动环境，消除伤亡事故和职业病对劳动者的威胁，使劳动者精神愉快地从事劳动，充分发挥劳动者的劳动积极性、主动性和创造性，从而推动劳动生产率的不断提高。

3. 促进劳动生产率的提高和技术的进步

提高劳动生产率是促进生产发展的最重要途径，而加强劳动安全卫生又是提高劳动生产率的先决条件，只有采取必要措施对生产中的不安全、不卫生因素加以防止和消除，才能保证生产的顺利进行。同时，现代化水平的劳动安全卫生规程和标准与先进的科学技术是分不开的，例如高质量的电子元件不可能在高浓度烟雾粉尘的作业环境中生产出来，因此，劳动安全卫生的法律保障，对促进劳动生产率的提高和技术的进步起重要作用。改善劳动条件件随着生产技术和生产工具的改进，而生产技术和生产工具的改进又是提高劳动生产率的另一重要因素。采用先进技术和设备，不仅能够减轻劳动者沉重的劳动负担，而且也推动了技术进步。因此，劳动安全卫生立法，能够有效地为促进生产力的发展和劳动生产率的提高创造有利的条件。

4. 对女工和未成年工的特殊劳动保护，有利于国家的兴盛发达，民族优秀体质的延续

对女工的特殊保护是由女职工的身体条件和所担负任务的特殊性所决定的。女性身体结构和生理机能的特点与男子不同。妇女在生产中所遇到的经期、孕期、产期、哺乳期生理机能的变化过程，更需要在劳动中给予特殊保护，它关系到我国下一代健康体质的延续和民族优秀体质的繁衍。

对未成年工的特殊保护也关系到我国职工队伍的健康水平。未成年工正处于生长发育时期，身体发育尚未成熟，某些劳动对他们的身体健康有不良影响。如繁重体力劳动、过度紧张劳动，接触有毒有害物质等。因此，在劳动时间、作业环境、工具的使用等方面要有特殊保护措施，以保护来成年工的身体健康。

劳动安全卫生的立法概况

（一）外国劳动安全卫生的立法

劳动安全卫生立法最早产生于资本主义工业革命以后。英国多次颁布工厂法来规定工人的劳动安全卫生问题，如1833年颁布了适用于棉毛麻丝等行业的《工厂法》，1842年颁布了《矿业法》，1845年颁布了《印染工厂法》，1847年颁布了新的《工厂法》，1850年颁布了新的《补充工厂法》，1869年颁布了《工厂法扩充条例》和《工厂管理条例》等。德国于1839年颁布了《普鲁士工厂矿山规则》，1869年制定了《北德意志联邦统一工业劳工法》，1891年颁布了《德意志帝国工业法》。法国在1806年制定了《劳工保护法》，1841年制定了《幼少年工保护法》，1874年制定了《劳工保护法》。此外，比利时、瑞士、意大利、挪威、丹麦等国都先后制定了有关劳动安全卫生的法规。

进入20世纪以来，各国劳动安全卫生立法有了很大发展。美国于1969年颁布了《煤矿安全与卫生法》，1971年颁布了《职业安全与卫生法》；日本于1972年颁布了《劳动安全卫生法》；英国于1974年颁布了《劳动安全与卫生法》。多个国家制定的《劳动法典》中，也都有关于劳动安全卫生的规定。

（二）我国劳动安全卫生立法概况

我国第一部《宪法》中明确规定：逐步扩大就业，加强劳动保护，改善劳动条件和工资待遇，以保障公民享有这些权利。劳动者有休息的权利，国家规定工人和职员的工作时间和休假制度，逐步扩充劳动者休息的物质条件，以保障劳动者享有这种权利，这些为劳动安全

卫生立法提供了法律依据。

第一届全国人民代表大会后，颁布的主要法规有：1956 年通过的“三大规程”，即《工厂安全卫生规程》、《建筑安装工程安全技术规程》和《工人职员伤亡事故报告规程》，国务院《关于防止厂、矿企业中矽尘危害的决定》，劳动部《关于进一步加强安全技术教育的决定》、劳动部《关于装卸、搬运作业劳动条件的规定（草案）》，卫生部、劳动部发布《关于实行职业中毒和职业病报告办法》的联合通知，卫生部、劳动部公布《橡胶业汽油中毒预防暂行办法》，卫生部发布《职业病范围和职业病患者处理办法的规定》等。

1982 年国务院颁发《锅炉压力容器安全监察暂行条例》、《矿山安全条例》和《矿山安全监察条例》，劳动安全监察工作得到很大加强，并逐步形成了国家监察、行业管理和群众监督相结合的体制。1984 年 7 月国务院发出《关于加强防尘防毒工作的决定》，提出各地区、各部门基本建设项目和全厂性的技术改造，其防毒治理和安全设施必须与主体工程同时设计、同时施工，同时验收、投产使用。1987 年 12 月国务院发布《尘肺病防治条例》规定：“作业场所的粉尘浓度超过国家卫生标准，又未积极治理，严重影响职工安全健康时，职工有权拒绝操作。”同年有关部门发布规章，扩大了职业病范围，规定了职业病患者处理办法。此外，1989 年 3 月国务院颁发的《特别重大事故调查程序暂行规定》，专门规定了对特别重大事故的调查办法。

《女职工劳动保护规定》是我国目前系统规定女职工劳动保护法律制度的专门法规。

1991 年国务院发布了《企业职工伤亡事故报告规程》，取代了 1956 年的《工人职员伤亡事故报告规程》。1992 年 11 月第七届全国人大常委会第二十八次会议通过了《中华人民共和国矿山安全法》，这是我国第一部有关劳动安全卫生的法律，该法于 1993 年 5 月 1 日起正式实施。1993 年 1 月国务院批转劳动部等部门《关于制止小煤矿乱挖滥采确保煤矿安全生产意见的通知》，同年 8 月劳动部还颁布了《劳动监察规定》。

《中华人民共和国劳动法》第六章专章规定了“劳动安全卫生”，以劳动基本法的形式对劳动安全卫生做出原则性规定。为进一步落实劳动法的规定，劳动部还颁布了一系列与劳动法相配套的有关劳动安全卫生的法规，如《劳动监察员条例》、《未成年工特殊保护规定》等。

我国还进行了劳动安全卫生标准化立法工作并取得了很大的进展，国家颁布了包括管理标准、作业标准、劳动生产设备、工具安全卫生、生产工艺安全卫生、防护用品等内容的国家标准。例如，有《安全帽标准》，《安全色标准》，《安全标志标准》，《高处作业分级》，《体力劳动强度分级》，《高温作业分级》，《生产性粉尘危害程度分级》，《有毒作业分级》，《冷水作业分级》，《低温作业分级》等。已颁布的国家标准达 150 多项。这些标准为我国劳动安全卫生工作法制化奠定了基础，是实行劳动安全卫生监察的重要依据。

《中华人民共和国职业病防治法》经第九届全国人大常委会第二十四次会议于 2001 年 10 月 27 日审议通过。2011 年 12 月 31 日，《全国人民代表大会常务委员会关于修改〈中华人民共和国职业病防治法〉的决定》由第十一届全国人民代表大会常务委员会第二十四次会议通过，自公布之日起施行。职业病是严重危害劳动者健康的疾病。各种形式的职业危害日趋严重，职业病发病率呈上升趋势。为了预防、控制和消除职业危害，防治职业病，保护劳动者健康，促进经济发展，职业病防治法在总结了我国职业病防治工作经验的基础上，借鉴了国外立法做法，它的颁布实施，将使我国的职业病防治工作进一步规范化、法制化。

背景知识

据世界卫生组织（WHO）和国际劳工组织（ILO）报告，当今，全球每年发生的职业病病例约1.6亿个；其中约110万人被工伤和职业病夺去生命；全球因工伤和职业病所造成的经济损失约占世界GNP的4%。

尽管我国在计划经济时期职业病防治取得过令世人瞩目的巨大成就，保障了亿万劳动者的健康。但近20年来，职业病再次进入高发期。职业病及职业危害又成为威胁劳动者健康、造成劳动者过早丧失劳动能力的严重社会问题。据不完全统计，目前我国是世界上尘肺发病最多的国家，现有42万尘肺病人，人数超过世界其他国家尘肺病人的总和，并仍以每年1.5万～2万例的速度增长，此外，还有60余万可疑尘肺人员；全国每年报告的各类急、慢性职业中毒数千人，死亡数百人，职业中毒事故的发生率呈上升趋势，其中许多是我国从未有过或极少有过的严重职业中毒；新技术、新原材料带来的职业危害、放射性危害和职业肿瘤等问题也比较突出。职业病危害不仅损害广大劳动者的健康，而且其高昂的诊疗、康复费用也给劳动者、企业和国家造成严重的经济负担。据卫生部对15个省（直辖市）30个县的乡镇企业职业危害情况调查，83%的乡镇企业存在不同程度的职业危害，其中60%的企业没有配备任何卫生防护设施，90%以上的粉尘作业场所超过国家卫生标准，几种主要职业病和疑似职业病人检出率高达15.8%。事实表明，目前职业病危害的人群覆盖面已经远远超出生产安全事故和交通事故，职业危害形势严峻。

资料来源：宋森：《〈中华人民共和国职业病防治法〉的立法背景》，见丁巍主编：《中华人民共和国职业病防治法释义及实用指南》，43页，北京，北京出版社，2001。

第二节　劳动安全规程和劳动卫生规程

劳动安全规程和劳动卫生规程，是保障劳动者进行安全生产和防止生产设备遭到破坏的重要法律依据。本节将分别从以下两方面加以介绍。

劳动安全规程

（一）劳动安全规程的概念

劳动安全规程是指国家为了防止和消除劳动者在生产和工作过程中的伤亡事故，保障劳动者安全和防止生产设备、工作环境遭到破坏而制定的各种法律规范。

《劳动法》有如下几处提到劳动安全规程：第52条规定：用人单位必须建立、健全劳动安全卫生制度，严格执行国家劳动安全卫生规程和标准……第53条规定：劳动安全卫生设施必须符合国家规定的标准。第54条规定：用人单位必须为劳动者提供符合国家规定的劳动安全卫生条件和必要的劳动防护用品……针对不同的劳动设备和条件以及不同行业的生产特点，国家还规定了各行业的劳动安全规程。如《工厂安全卫生规程》、《建筑安装工程安全技术规程》、《乡镇煤矿安全生产若干暂行规定》、《起重机械安全规程》、《剪切机械安全技术规程》、《磨削机械安全规程》、《工业企业煤气安全规程》、《工业企业厂内运输生产规程》和《爆破安全规程》等。

（二）劳动安全规程的主要内容

《劳动法》第52、53、54条规定，用人单位必须提供和执行符合劳动安全的规程，劳动安全设施必须符合国家规定的标准。我国在劳动安全规程方面规定的主要内容如下：

1. 建筑物和通道的安全

根据国家设计标准，工厂厂房的建筑要符合设计标准。各厂矿的通道设计标准有宽度的要求。工厂内的建筑物必须坚固安全，符合防火防爆的规定，发现建筑物有损坏或者危险象征，应立即修理。厂区内的道路要求平坦、畅通，夜间要有足够的照明设备。道路和轨道交叉处必须有明显的警告标志、信号装置或者落杆。为生产需要所设的坑、壕和池，应该有围栏或者盖板。原材料、成品、半成品和废料的堆放，应该不妨碍通行和装卸时的便利。电网内外都应该有护网和明显的警告标志。上述规定，要求在竣工验收或投产使用后，都要严格执行国家规定的标准。

2. 机器设备的安全

机器设备的安全装置是劳动安全规程中的重要内容。为预防和避免工人在使用机器设备过程中发生伤亡事故。劳动安全规程要求机器设备要有防护装置、保险装置、信号装置、危险牌示和识别标志等。机器设备和工具要定期检修，如有损坏，应及时修理。

3. 电气设备的安全

电气设备是许多企业都普遍采用的设备。为防止工人在生产中发生触电事故和电气设备引起火灾事故，劳动安全规程做出相应规定。

电钻、电镐等手持电动工具，在使用前必须采取保护性接地或者接零的措施。生产大量蒸气、气体、粉尘的工作场所，要使用密闭式电气设备。有爆炸危险的气体或者粉尘的工作场所，要使用防爆型电气设备，电气设备的开关要指定专人管理。

4. 动力锅炉和气瓶的安全

为防止锅炉和气瓶的爆炸事故，造成人员伤亡和财产损失，劳动安全规程对此做出专门规定。《工厂安全卫生规程》规定，锅炉要有安全阀、压力表和水位表，并保持其准确、有效，还要有一定的保养、检修和水压试验制度。锅炉的运行工作应该由经过专门训练并考试合格的人员担任。《电子工业安全卫生条例》规定，使用气瓶必须严格执行《气瓶安全监察规程》。

典型案例

设备老化、工艺落后，导致事故

1998年8月8日夜10时30分，某制药厂氰化工段沈某等3名操作工正在上班。车间内3只蒸馏锅蒸气阀门打开向夹套内通入蒸气，11时10分1号蒸馏锅因加热过快引起蒸馏锅中物料暴沸，造成锅内压力过高，蒸馏锅连接管与法兰黏合处脱落，大量苯蒸气冲出。沈某见状即去关1号蒸馏锅蒸气阀门，但未触到阀门，却吸入大量苯蒸气，随后与另2名操作工逃离现场。沈某跑出车间10米处即倒下，另外2名操作工见状急呼救。厂方即派消防车送沈某去场部医院，随后转送当地中心医院，去医院途中沈某已死亡。

资料来源：丁巍主编：《中华人民共和国职业病防治法释义及实用指南》，245页，北京，北京出版社，2001。

5. 建筑工程的安全

为保障建筑工人的安全和健康，防止恶性事故发生，我国制定了有关安全规程和标准。例如，《建筑安装工人安全技术操作规程》规定：从事高空作业要定期体检、经医生诊断，患高血压、心脏病、贫血病、癫痫病以及其他不适于高空作业的，不得从事高空作业。遇有恶劣气候（如风力在6级以上）影响施工安全时，禁止进行露天高空、起重和打桩作业。

6. 矿山安全

采矿业不同于其他行业，受地质、埋藏条件的约束大，影响安全的因素多。矿山安全是我国劳动保护的主要内容。矿山企业及其主管部门和工人必须在各自的业务范围内对安全生产负责。矿山企业及其主管部门要建立安全制度，由各级主要负责人直接领导。

矿山企业必须对下列危害安全的事故采取预防措施：(1) 冒顶、片帮、边坡滑落和地表塌陷；(2) 瓦斯爆炸、煤尘爆炸；(3) 冲击地压、瓦斯突出、井喷；(4) 地面和井下的火灾、水害；(5) 爆破器材和爆破作业发生的危害；(6) 粉尘、有毒有害气体、放射性物质和其他有害物质引起的危害等。

典型案例

44人全部遇难

据新华社鹤岗7月9日电，截至今天早晨6时55分，黑龙江省鹤岗市南山区鼎盛煤矿特大瓦斯爆炸事故（本报昨天一版曾作报道）救援工作基本结束。现已确认井下作业的44人全部遇难，此前核查并公布的井下作业人数是43人，漏掉1人。遇难者中包括这个煤矿的矿主邹天宇。经过16个小时的紧张救援，遇难人员遗体目前已全部抢运至地面。

据鹤岗市煤炭工业局局长高云介绍，南山区鼎盛煤矿系个体经营。矿主邹天宇在去年7月份接手后开工生产，此前这个矿已经过验收合格准予生产。因在今年新一轮的验收过程中，尚未发放工商执照，鹤岗市煤炭工业局和黑龙江省煤矿安全监察局驻鹤岗办事处分别于今年7月5日和6日，给这个矿下达了停产整顿通知书，但矿主邹天宇仍一意孤行，擅自开工，终于在2天后酿成悲剧。

鹤岗矿务局救护队大队长张福成介绍，由于瓦斯爆炸的破坏力较小，因而抢险难度不大。参加抢险的56名救护队员分6队次下井，经过16个小时的连续作战，将44名遇难者遗体运到地面。据了解，遇难者遗体辨认工作已经开始。

资料来源：杨海滨：《44人全部遇难》，载《北京晨报》，2002-09-14。

劳动卫生规程

（一）劳动卫生规程的概念

劳动卫生规程，指国家为了改善劳动条件，保障职工在生产过程中的健康，防止、消除职业病和职业中毒而规定的各种法律规范。主要包括各种生产卫生、医疗预防、健康检查等方面的规定。

劳动卫生规程的法律规范主要有：《工厂安全卫生规程》、《关于防止沥青中毒办法》、《工业企业设计卫生标准》、《工业企业厂界噪声标准》、《关于加强防尘防毒工作的决定》、《防暑降温措施暂行办法》、《放射防护规定》等。《中华人民共和国职业病防治法》是一项重要法律，它全面规定了职业病的前期预防、劳动过程中的防护与管理、职业病诊断与职业病人保障、监督检查和法律责任，全面具体地规定了劳动者和职业病人的健康权益。

（二）劳动卫生规程的主要内容

1. 防止粉尘危害

为消除厂、矿企业中粉尘的危害，保护工人、职员的安全和健康，劳动卫生规程要求，凡是有粉尘作业的环境，要努力实现生产设备的机械化、密闭化，设吸尘、滤尘和通风设备，矿山采用湿式凿岩和机械通风。劳动者在劳动过程中如果吸入过多粉尘，会引发肺组织纤维化的各种尘肺疾病。因此，国家对工作场所中的粉尘浓度含量做出严格规定，厂矿企业的车间或者工作地点每立方米所含游离二氧化矽 10%以上的粉尘或石棉尘，最高容许浓度为 2 毫克。1987 年 12 月 3 日，国务院发布的《中华人民共和国尘肺病防治条例》对防治粉尘危害做出全面规定。

2. 防止有毒有害物质的危害

在劳动中长期接触有毒有害物质会对劳动者的身体健康造成极大损害，甚至会中毒死亡。为防止有毒有害物质的危害，保障工人在劳动中的健康，劳动卫生规程对防止有毒有害物质的危害作出规定。作业场所中，有毒有害物质的浓度不得超过国家标准。

3. 防止噪音和强光的刺激

在从事衔接、锻压、风、电焊、冶炼等作业环境中所产生的噪音和强光，对工人的视觉和听觉都有影响。为防止工业企业噪声的危害和强光的刺激，劳动卫生规程要求作业环境要有消音设备，达到有关规定的要求。工人操作时要配备个人防护用品。

4. 防暑降温

为防止中暑，保障职工的身体健康，作业场所的温度应当有统一规定。室内工作地点的温度经常高于 32 摄氏度的，应该采取降温措施。为了减少车间内热量的散发，热源应尽量布置在车间外面，热源在车间内的应采取降温措施和各种有效的隔热挡热措施。在高温条件下操作的工人，应该由工厂供给含盐清凉饮料。

5. 通风和照明

工人从事生产劳动的场所，需要有整洁卫生的环境，通风良好，空气新鲜，照明合理，才有利于工人工作和保障工人的身心健康。为此《工厂安全卫生规程》规定：工作场所和通道，光线应该充足，局部照明的光度应该符合操作要求，也不要光度过强，刺目耀眼；通风装置和取暖设备，必须有专职或兼职人员管理；人工照明设备应该保持清洁完好；窗户要经常擦拭，启闭装置应该灵活等。

6. 防护用品

为预防工伤事故的发生，保护工人在生产过程中的安全和健康，劳动卫生规程对从事有关作业的人员发放劳动防护用品作出规定。劳动防护用品是使用一定的屏蔽体或浮体，采取阻隔、封闭、吸收、分散、悬、浮等手段，保护机体的局部或全身免受外来有毒有害物质的侵害。防护用品对于劳动者的安全健康，防止职业病和慢性病损害的发生，减少或杜绝伤亡事故的发生十分重要。

7. 职工健康管理

我国劳动卫生规程规定了职工健康管理的内容。加强职工健康管理是保障职工健康，预防、减少职业病的重要工作。

企业单位对准备从事矽尘作业的职工必须进行健康检查，未经检查和经过检查发现有结核病等禁忌证的，不得从事矽尘作业。对从事该作业的职工还必须进行定期的健康检查，发现患有矽肺病或结核病等禁忌证的应该及时调离。对矽肺病人，应该根据他们健康状况和劳动能力分配力所能及的工作，组织疗养和休养，不得安排从事繁重的体力劳动，也不得做病退处理。

对于经过劳动鉴定委员会鉴定，证明确实已经参加生产（工作），自愿要求回家休养的，可以允许。企业单位应该根据需要举办疗养所，供矽肺病人脱产疗养或业余疗养。对职业病患者，必须进行定期复查和鉴定。

对从事矿山工作的职工的健康管理：要求新工人入矿前，必须经过健康检查，不适于从事矿山作业的，不得录用。

（三）劳动安全卫生设施和“三同时”原则

劳动安全卫生设施必须符合国家规定的标准，是指用人单位必须为职工提供符合国家规定的劳动安全卫生设施，以保障职工在劳动过程中的健康与安全。劳动安全卫生设施包括安全技术设施、工业卫生设施及辅助设施。

用人单位新建、改建、扩建工程必须坚持“三同时”的原则是我国劳动安全卫生工作中的一项重要原则。新建、改建、扩建工程的劳动安全卫生设施必须与主体工程同时设计、同时施工、同时投入生产和使用的规定，包含以下几个方面的内容：

（1）建设项目在立项，进行可行性研究论证时，必须进行劳动安全卫生方面的论证。明确项目可能对职工造成危害的防范措施，并将论证结果载入可行性论证文件。

（2）设计单位在编制建设项目的初步设计文件时，应当同时编制《劳动安全卫生专篇》。劳动安全卫生设施的设计，必须符合国家标准或者行业标准。

（3）施工单位必须按照审查批准的设计文件进行施工，不得擅自更改劳动安全卫生设施的设计，并对施工质量负责。

（4）建设项目的竣工验收必须按照国家有关建设项目劳动安全卫生验收规定进行。不符合劳动安全卫生规程和行业技术规范的，不得验收和投产使用。

（5）建设项目验收合格，正式投入运行后，不得将安全卫生设施闲置不用，生产和安全卫生设施必须同时使用。

第三节　安全教育与培训

《劳动法》第55条规定：从事特种作业的劳动者必须经过专门培训并取得特种作业资格。为了保证生产和建设任务的完成，避免或减少伤亡事故，贯彻安全生产方针和各项政策法令，对职工进行安全教育与培训是十分重要的。为此，我国颁布了有关安全教育与培训的有关规定。

安全教育

劳动部《关于进一步加强安全技术教育的决定》规定：厂矿、工地应根据生产性质及技术设备，结合群众经验，分别工种、工序制定切合实际的安全操作规程，作为安全教育的主要内容之一。对新工人必须进行安全教育，在考试合格后方准独立操作。对从事危险工作者除上述教育外，还必须进行相关特殊安全操作训练后才准操作。对行政、技术管理人员主要进行劳动保护政策、安全技术知识和安全生产工作经验教训等教育。

安全培训

用人单位必须对劳动者进行劳动安全卫生教育，要向劳动者阐述清楚，从事某项工作可能对身体造成哪些损害，应当采取哪些防护措施，并有责任帮助职工掌握安全操作规程；劳动者从事工作，有义务接受用人单位关于安全卫生的培训、教育。《特种作业人员安全技术培训考核管理规定》规定，特种作业是指在劳动过程中容易发生伤亡事故，对操作者本人，尤其对他人和周围设施的安全有重大危害的作业。从事特种作业的人员称为特种作业人员。特种作业的范围包括：电工作业、金属焊接（切割）作业（不含锅炉压力容器）、起重作业、企业内机动车辆驾驶、建筑登高架设作业等。

用人单位对职工进行安全卫生教育的主要内容，包括两个方面：一方面，要学习劳动安全卫生方面的法律、法规和规程，使其了解劳动卫生的基本要求；另一方面，要学习和掌握所从事工作的具体的安全卫生规章制度，具备基本的安全卫生知识，以做到安全生产。

特种作业人员的培训考核

对特种作业人员的培训与一般的安全教育不同，有其独特的考核培训制度。特种作业人员在独立上岗作业前，必须进行安全技术培训。

特种作业人员必须具备以下基本条件：（1）工作认真负责，遵章守纪；（2）年满 18 岁；（3）初中以上文化程度；（4）按上岗要求的技术业务理论考核及实际操作技能考核成绩合格；（5）身体健康、无妨碍从事本工种工作的疾病和生理缺陷。

特种作业人员经考核成绩合格者，发给《特种作业人员操作证》。取得《特种作业人员操作证》者，每两年进行一次复审。未按期复审或复审不合格者，其操作证自行失效。特种作业人员必须持证上岗，严禁无证操作。

第四节　劳动者在劳动安全卫生中的权利与义务

在劳动安全卫生管理工作中，劳动者处于十分重要的地位，一方面必须严格遵守用人单位的安全操作规程；另一方面也有权利对安全卫生状况进行监督；对违章指挥和强令冒险作业的，有权予以拒绝；对危害健康安全的行为，有权检举、控告；在遇有紧急情况时，有权采取避险措施。

劳动者在劳动安全卫生中的权利

获得劳动安全卫生保护是劳动者的一项基本权利，是劳动权的重要组成部分。劳动者在劳动中首先必须有一个劳动安全卫生的保障。这也是用人单位的义务，用人单位有义务为劳动者提供符合安全卫生要求的劳动条件和劳动保护措施。

劳动者在劳动安全卫生方面的权利主要包括：

（1）职工有权利得知所从事工作可能对身体健康造成的危害和可能发生的不安全事故。用人单位有义务使职工了解从事该工作可能对身体造成的危害，并有责任对职工进行与其从事工作相适应的劳动安全卫生培训。

（2）职工有权获得保障其健康、安全的劳动条件和劳动防护用品，用人单位有责任改善职工的劳动条件，为其发放符合安全卫生要求的劳动保护用品。

（3）职工有权对用人单位管理人员违章指挥、强令冒险作业予以拒绝。对于拒绝用人单位管理人员违章指挥、冒险作业的，用人单位不得以此为由给职工处分，更不得开除职工。

（4）职工对危害生命安全和身体健康的行为，有权提出批评、检举和控告。用人单位和有关部门必须采取积极措施，消除危害职工健康安全的状况和行为，并不得对职工进行打击报复。

（5）在发生严重危及其生命安全的紧急情况时，职工有权采取必要的措施拒绝作业，并应当将有关情况向用人单位的管理人员做出报告。用人单位不得因职工采取紧急措施而给职工任何处分，也不得扣发职工的工资、奖金。

劳动者的拒绝执行权是相对的，只有在用人单位管理人员违章指挥和强令冒险作业的情况下才能实施。违章指挥，是指用人单位管理人员违反安全技术操作规程的要求，指挥工人作业。冒险作业是指工人在不符合国家劳动安全卫生规程和标准的情况下，进行操作。

劳动者的批评、检举和控告权也是相对的。《劳动法》规定只有对危害生命安全和身体健康的行为才能行使。这是法律赋予劳动者的监督权，对于保障劳动者的身体健康和生命安全有重要作用。

劳动者在劳动安全卫生中的义务

职工在享受劳动保护权利的同时，也必须承担相应的义务，职工在劳动安全卫生方面的义务包括以下几个方面：

（1）职工在劳动过程中必须严格遵守安全操作规程，遵守用人单位的规章制度。安全操作规程和有关规章制度是职工生命安全的保障，违反操作规程和有关规章制度，将影响职工的健康与安全。

（2）职工必须按规定正确使用各种劳动防护用品。在劳动过程中，不按规定佩戴和使用劳动防护用品，往往容易造成伤亡事故。

（3）在劳动过程中，职工有义务听从用人单位管理人员的生产指挥，不得随意行动。

（4）职工在劳动过程中发现不安全因素或者危及健康安全的险情时，有义务向管理人员报告。

工会组织应当依法对劳动安全卫生工作实行监督，保护职工的身体健康与安全。一方面，工会组织要积极参与劳动安全卫生工作，反映职工的意见和建议，督促用人单位改善劳动条件，加强劳动保护；另一方面，工会组织应当帮助用人单位做好劳动安全卫生的教育培训工作，教育职工遵守安全操作规程和有关规章制度，督促职工遵守劳动纪律。此外，工会组织应当监督和协助用人单位贯彻执行劳动安全卫生法律、法规，有权要求用人单位和有关部门对违反安全卫生法律、法规的行为进行查处。

本章小结

劳动安全卫生是指劳动者在劳动中安全和健康的法律保障，包括劳动安全技术规程、劳动卫生规程、企业安全卫生管理制度等。劳动法中的劳动安全卫生是基于劳动关系而产生的，在我国传统立法中称为劳动保护。

劳动安全规程是指国家为了防止和消除劳动者在生产和工作过程中的伤亡事故，保障劳动者安全和防止生产设备、工作环境遭到破坏而制定的各种法律规范。我国在劳动安全规程方面规定的主要内容包括：建筑物和通道的安全；机器设备的安全；电器设备的安全；动力锅炉和气瓶的安全；建筑工程的安全；矿山安全。

劳动卫生规程，指国家为了改善劳动条件，保障职工在生产过程中的健康，防止、消除职业病和职业中毒而规定的各种法律规范。主要包括各种生产卫生、医疗预防、健康检查等方面的规定。劳动卫生规程的主要内容包括：防止粉尘危害；防止有毒有害物质的危害；防止噪音和强光的刺激；防暑降温；通风和照明；防护用品；职工健康管理。

为了保证生产和建设任务的完成，避免或减少伤亡事故，贯彻安全生产方针和各项政策法令，对职工进行安全教育与培训是十分重要的。为此，我国颁布了有关安全教育与培训的有关规定。

在劳动安全卫生管理工作中，劳动者一方面必须严格遵守用人单位的安全操作规程；另一方面也有权利对安全卫生状况进行监督。对违章指挥和强令冒险作业的，有权予以拒绝；对危害健康安全的行为，有权检举、控告；在遇有紧急情况时，有权采取避险措施。

关键概念

劳动安全卫生　劳动安全规程　劳动卫生规程　劳动安全卫生设施
“三同时”原则　安全教育　安全培训　特种作业人员
劳动者在劳动安全卫生中的权利　劳动者在劳动安全卫生中的义务
事故　轻伤事故　重伤事故　死亡事故
重大死亡事故

思考题

1. 简述劳动安全规程的主要内容。
2. 简述劳动卫生规程的主要内容。
3. 简述劳动者在劳动安全卫生中的权利。
4. 简述劳动者在劳动安全卫生中的义务。
5. 简述特种作业人员的培训考核。

第九章 女职工和未成年工的特殊保护

学习目标

通过本章的学习，掌握女职工和未成年工特殊保护的概念；了解女职工和未成年工特殊保护的意义；明确对女职工的特殊保护措施以及法律的有关规定，包括：女职工禁忌从事的劳动、女职工的四期保护以及对女职工特殊保护的保障；明确法律对未成年工的特殊保护的概念、意义及其主要内容。

第一节 女职工和未成年工特殊保护的概念和意义

女职工和未成年工特殊保护的概念

“女职工”一般是指全体女性工作者，既包括女性脑力劳动者，又包括女性体力劳动者。未成年工则有一定的年龄限制。我国劳动法规定，未成年工是指年满 16 周岁未满 18 周岁的劳动者。《劳动法》第七章专门规定了“女职工和未成年工特殊保护”。女职工和未成年工的特殊保护是世界各国劳动法和劳动保护工作的一个重要组成部分。女职工和未成年工本身的特点决定了应当在法律上给予女职工和未成年工特殊的劳动保护。

我国《劳动法》中所指的女职工包括所有从事体力劳动和脑力劳动的已婚、未婚的女性职工。女职工由于其生理特点，往往在劳动和工作中遇到一些特殊的困难；同时她们还承担着生育和抚育婴幼儿的天职。如果在劳动中对于女职工的这些特点不予注意，不加以保护，不仅会影响女职工本身的安全和健康，而且会影响到下一代的安全和健康。

《劳动法》第 58 条规定：未成年工是指年满 16 周岁未满 18 周岁的劳动者。未成年工正处在成长发育时期，过重和过度紧张的劳动、高温等不良的工作环境，不合适的劳动工具等因素，都可能影响未成年工的健康，甚至引起疾病。因此，为保证女职工和未成年工在劳动过程中的安全和健康，就应当为女职工和未成年工提供特殊的劳动保护。对女职工和未成年工的保护是对生产力的保护，有利于民族的兴旺繁荣，有利于我国现代化建设大业。

1987 年国务院发布《女职工劳动保护规定》，对女职工特殊保护问题做出集中规定。在此基础上，国务院于 2012 年 4 月 18 日公布了《女职工劳动保护特别规定》，自公布之日起

施行。1991 年国务院发布《禁止使用童工规定》，明令禁止各种非法使用童工的行为。1991 年 9 月第七届人大常委会第二十一次会议通过了《中华人民共和国未成年人保护法》，1992 年 4 月第七届人大第五次会议通过了《妇女权益保障法》，这两部法律也规定了女职工和未成年工的特殊保护问题。

《劳动法》总结了我国在女职工和未成年工保护方面的行之有效的经验，吸收我国在立法和实践上已经取得的成果，借鉴世界各国的通行做法，对女职工和未成年工的特殊保护做出专章规定，条文重点突出，明确而简练。

这里需要指出的是，《劳动法》第七章的内容是关于女职工和未成年工特殊保护方面的规定，《劳动法》其他章的规定，同样也适用于女职工和未成年工。由于女职工和未成年工在劳动关系中处于一种相对较弱的地位，在《劳动法》中有必要对女职工和未成年工特殊劳动保护做出专门的规定，使女职工和未成年工享受到比一般劳动者更为充分的劳动保护。

女职工和未成年工特殊保护的意义

女职工和未成年工的特殊保护是我国劳动法及劳动保护法规中的重要组成部分。对女职工和未成年工的劳动需要给予特殊保护，是由女职工和未成年工本身特点所决定的。妇女的身体结构和生理特点都与男子有很大的差别。妇女有经期、孕期、生育期、哺乳期等生理阶段。如果在劳动中对妇女的这些情况不加以保护，不仅会影响女职工本身的安全和健康，而且还会影响下一代的素质。未成年工的身体发育尚未成熟，正处于过渡时期，如果在劳动中对他们的这种情况不加以保护，也会影响他们身心的正常发育和身体健康。

在我国社会主义制度下，对女职工和未成年工进行特殊的保护，具有重要的政治意义和经济意义。

第一，对女职工和未成年工进行特殊保护体现了社会主义制度的优越性。人民是国家的主人，对女职工和未成年工进行特殊保护反映了人民的意志，是符合人民利益的。

第二，对女职工和未成年工进行特殊保护对于促进我国生产力发展具有重要的意义。妇女是一种伟大的人力资源。在我国，妇女参加的工作和劳动范围很广，遍布各个行业，为了使女职工有充沛的、持久的精力，以使她们在各项建设事业中充分发挥作用，必须关心她们的疾苦，认真做好女职工劳动保护工作，这是调动广大女职工积极性的一项重要措施。未成年工正处在生长发育期，对他们进行特殊保护实际上就是对生产力的保护。

第三，对女职工和未成年工进行特殊保护，关系到中华民族的兴旺发达和民族的优秀身体素质的延续和提高。妇女担负着孕育下一代的特殊义务，对女职工的特殊保护不仅是对女职工本身的保护，而且也是对下一代的安全和健康的保护。例如，女职工从事特别繁重的体力劳动和有毒有害作业，将会影响到胎儿和婴儿的发育和成长，甚至会造成流产、早产、胎儿的中毒死亡和畸形等。因此，为了使下一代具备优秀的身体素质，必须从法律上保障怀孕和哺乳期的女职工在劳动过程中的安全与卫生，保障未成年工在劳动期间的正常发育。

第四，由于未成年工正处于生长发育时期，环境恶劣、设备不完善、工作条件差对未成年工身心健康发展不利。要保护未成年工在劳动过程中的生命健康，尊重未成年工的人格尊严。未成年工求知欲很强，渴望接受再教育，以增长知识来满足工作的需要。因此要求用人单位关心未成年工劳动中的安全卫生，保护其在劳动过程中的安全健康，满足其增长知识的需要。

第二节　女职工的特殊劳动保护

根据宪法保护妇女的原则，为了保护妇女在劳动中的特殊权益，在不同的历史时期我国曾发布过一些行政性文件，指导各地加强女工的劳动保护工作。各地方政府和有关部门也发布过一些规定。自1986年以来，我国相继发布了《女职工保健工作暂行规定（试行草案）》、《女职工劳动保护规定》、《女职工劳动保护特别规定》、《女职工禁忌劳动范围的规定》等。尤其是1988年7月国务院发布的《女职工劳动保护规定》，是我国首次系统规定女职工劳动保护法律制度的专门法规。它就女职工的招收、禁忌从事的劳动、产假及其待遇、有关保护设施等问题，做出全面规定，使我国女职工的劳动保护工作有了较为明确的法律依据。

女职工禁忌从事的劳动

由于女性的生理机能和身体结构与男子不同，各种不良劳动条件及各种职业危害会对妇女的身体健康产生不良影响。《劳动法》第59条规定，禁止安排女职工从事矿山井下的劳动，因为矿山井下一般劳动条件都是非常艰苦的，作业环境差，危险因素多，劳动强度大。从事矿山井下劳动是指常年在矿山井下从事各种劳动，不包括临时性的工作，如医务人员到井下进行治疗和抢救等。目前世界各国法律都规定禁止妇女从事矿山井下的劳动。

《劳动法》第59条同时规定：禁止女职工从事国家规定的第四级体力劳动强度的劳动，禁止安排女职工从事其他禁忌性劳动。按照1990年1月劳动部发布的《女职工禁忌劳动范围的规定》，这些禁忌从事的劳动除矿山井下作业和《体力劳动强度分级》标准中第四级体力劳动强度的作业外，主要有：森林采伐作业、归楞及流放作业；建筑业脚手架的组装和拆除作业；电力、电信行业的高处架线作业；连续负重（指每小时负重次数在6次以上）每次超过20公斤，间断负重每次负重超过25公斤的作业。

典型案例

劳动法专家谈“深圳女工中毒事件”中的法律问题

昨日，记者就深圳宝安区福永镇新日东电工厂因对员工使用化学药品正乙烷防护不力、导致26名女工集体中毒、200多名员工存在中毒隐患这一事件涉及的有关法律问题，采访了《中华人民共和国劳动法》起草者之一、中国人民大学法学院教授黎建飞博士（以下简称黎）。黎教授从法律对“新日东”要不要遵守中国的劳动法、能否对检查未中毒者“炒鱿鱼”、是否应负责中毒者的治疗费用、是否应负责赔偿，以及劳动者特别是女工应如何运用法律和运用哪些法律来保护自己等等问题做了回答。

记者：“新日东”是一家日资企业，中国的劳动法在对待中外劳资关系上有特殊规定吗？厂方会不会钻中国法律的空子？

黎：在中国这块土地下，所有企业都必须遵循《中华人民共和国劳动法》，这是国家主权问题。据我所知，我们国家的劳动法保护标准并不比其他国家高。我想“新日东”是不会援引其他国家法律来处理这件事。

记者：“新日东”曾对女工说“检查未中毒就炒鱿鱼”，以此逃避对女工职业病应负的责任，这是否触犯了劳动法？

黎：体检不出问题，单位不给予保护，这当然是不允许的。国家有规定，一般工种一年一体检，这种有毒有害工种的体检间隔时间更短，应该是半年左右。另外，职业性中毒，在治疗过程中是不能解除劳动合同的。体检没病就要解除合同，这样的说法是违背法律的。其实，现在国家对这方面的监督还是很强的，但是，由于打工者在这方面的自我保护意识不足，不断发生这样的悲剧。

曾有这样的案例，厂方明知工作中工人接触的物品存在大量有害物质，但它在人体内的潜伏期较长。于是厂方在女工工作3年后把她们辞掉了，重新聘人。她们在离开这个工作不久后就病倒了，对打工者造成很大损失。现在我国和国际上也都规定，如果因为这种情况患病，工人离开工厂后，也可以回去找厂方进行赔偿，因为它属于工伤和职业病。如果起诉立案，也不存在诉讼时效问题，即使几十年后再来找，也是应该赔偿的。现实情况是，这些女工回到家里得病后，也不知道病因是什么。有的独自承担这个后果，有的根本承担不起，这样给女工造成很大伤害。

记者：这种大面积的伤害，对社会的影响如何？

黎：像这种大面积的职业伤害，已经不是劳动者的个人问题了，而是一个社会问题。如果一个老板开除一批职工，将对社会造成一定危害。更多的出现这种现象，将产生更严重的后果，最后还得由社会来承担这个负担。

记者：现在，有的女工病情甚至严重到无法继续打工。劳动仲裁部门应该怎么处理？

黎：如果这个病能确定是属于工作当中得的，属于化学药品中毒，或者空气当中有毒有害物品超标所致，医疗费应该由厂家全部承担，这是没有任何争议的。接下来女工可以提起诉讼，要求赔偿损失。“新日东”这样的事件可以由区劳动部门集体诉讼。通过鉴定，如果属于职业病，就按照职业病来处理，造成多大损失，就赔偿多少，还应让女工们调离这个部门、这个工种等等。如果后果更严重，就要考虑她一生的生活。经过鉴定，如果工作能力全部丧失，就应该从女工现在开始一直到退休这个阶段都要赔偿。退休后属于社会保险支出，可以另行考虑，但要使这个女工在55岁以后能够获得社会正常保险。

记者：我国保护女工权益的劳动法规还有哪些？

黎：女工保护这方面问题较复杂，法规也相应要多一些。除了适合任何劳动者的法规规定外，对女工还有很多的单行法规进行保护，如：《女职工劳动保护规定》、《女职工禁忌劳动范围的规定》、《体力劳动强度分级》等。

记者：您怎么看现在打工仔劳动权益受侵害时有发生的现象？

黎：现在长期使用一个“打工仔”的概念，这个概念是不合适的。都是劳动者，无论是城市来的，还是农村来的，他们有同样的劳动权利，同样平等地受法律保护。但是由于工作环境与乡下家里的环境不一样、法制教育的落后，使他们缺乏保护自己的法律意识。即使有维权的愿望，也不知道如何来保护自己，因而往往不能及时站出来维护自己的利益。

记者：1995年实施的《中华人民共和国劳动法》是否适应目前社会的变化？

黎：我们的劳动保护规定还是比较完善的，只是没有很好地去运用它。对劳动者的保护，尤其是对女工的保护，当地劳动部门可以监督。工伤，即使是由劳动者个人原因造成的，都应该由企业负责。在工作当中要体现对劳动者的保护。

总而言之，“新日东”的工作环境、空气、噪音、通道等方面存在安全卫生问题，都不符合规定。造成这么严重的后果，当地劳动仲裁部门应该督促厂方拿出赔偿方案和解决办法。已经工作的女工，还没发病的怎么办？已经工作已经发病的怎么办？将要去那里工作的，又应该怎么保护？这些问题必须马上解决，否则这个工厂就不应该再开下去。

资料来源：杨菲：《劳动法专家谈“深圳女工中毒事件”中的法律问题》，见人民网，2001-09-07。

女职工孕期、经期、产期、哺乳期的特殊劳动保护

女职工在从事社会物质资料生产的同时，还肩负着人类自身再生产的主要职责。月经期、怀孕期、生育期、哺乳期是完成这一人类自身再生产重担所必不可少的时期，在女职工生理机能发生变化的期间，更需要对女职工加以特殊的保护。

1. 孕期保护

女职工在已婚待孕期间，禁忌从事的劳动范围为铅、苯、汞、镉等作业场所属于《有毒作业分级》标准中第三、四级的作业。女职工在怀孕期间，用人单位不得安排其从事国家规定的第三级体力劳动强度的劳动和孕期禁忌从事的劳动，不得在正常劳动日以外延长劳动时间，对不能胜任原劳动的，应当根据医务部门的证明予以减轻劳动量或者安排其他劳动。

对于怀孕7个月以上（含7个月）的女职工，用人单位不得安排其从事夜班劳动，并在劳动时间内应当安排一定的休息时间。夜班劳动是指在当日22时至次日6时间，从事劳动或者工作。

2. 经期保护

女职工月经期间机体抵抗力降低，双腿无力、酸软，如从事高处作业，易发生伤亡事故。从事低温冷水作业时，易致经血不畅，淤积盆腔，引起痛经、闭经，机体抵抗力较低，有患疾病的危险。接触有毒物质，可能引起多量出血。不良的劳动条件，对妇女月经期的健康是有影响的。在这方面不注意特殊保护，将会影响女职工的健康及其生育能力。《劳动法》第60条规定：不得安排女职工在经期从事高空、低温、冷水作业和国家规定的第三级体力劳动强度的劳动。

3. 产期保护

产期保护是指女职工在生育期间的保护。女职工在产期内，享受一定时期的生育假和生育待遇。产期保护，包括正产和流产。

国家规定产假，是为了保证产妇恢复身体健康，休产假不能提前或推后。《劳动法》第62条规定：女职工生育享受不少于90天的产假。《女职工劳动保护特别规定》增加为98天，并对女职工怀孕流产的产假给予了明确的规定。产假，分为产前假、产后假两部分。产前假一般不得放到产后使用。如果孕妇早产，可以将不足的天数和产后假合并使用，若孕妇推迟生产，可将超出的天数按病假处理。产假期满恢复工作时，应允许有一至两周的时间逐步恢复原定额工作量。女职工怀孕流产的，其所在单位应当根据医务部门的证明，给予一定时间的产假。

典型案例

岳双艳是哈尔滨制药六厂销售处的一名女职工。2000年2月28日她开始休产假，按工厂规定，假期为4个月，6月28日到期。6月22日，岳双艳提前一周结束产假回到原部门上班。然而，她却被告知无岗位安置，让她自己到别的部门找工作，其他部门则因为她原来不是本部门的人员而“不便接收”。2000年12月，岳双艳向哈尔滨市太平区劳

动争议仲裁委员会提起申诉，要求企业按劳动合同约定给自己安排工作、补发工资福利并承担相关的经济补偿及赔偿责任。2001 年 3 月 13 日，哈尔滨市太平区劳动争议仲裁委员会下达裁决书：被申诉人（哈药六厂）按劳动合同约定安排申诉人（岳双艳）工作并发给相应的福利待遇。

资料来源：《法制日报》，2001-06-21。

4. 哺乳期保护

哺乳期亦称“授乳期”，即女职工用于哺乳其婴儿的时间。《劳动法》第 63 条规定：“不得安排女职工在哺乳未满 1 周岁的婴儿期间从事国家规定的第三级体力劳动强度的劳动和哺乳期禁忌从事的其他劳动，不得安排其延长工作时间和夜班劳动。”这里对哺乳期女职工的保护做出原则规定。

有不满 1 周岁婴儿的女职工，其所在单位应当给予女职工每班两次，每次不少于 30 分钟的哺乳时间（含人工喂养）。多胞胎生育的，每多哺乳一个婴儿，每次哺乳时间增加 30 分钟。女职工每班劳动时间内的两次哺乳时间可以合并使用。哺乳时间和在本单位内哺乳往返途中的时间，算作劳动时间。女职工哺乳婴儿满周岁后，一般不再延长哺乳期。如果婴儿身体特别虚弱，经医务部门证明，可将哺乳期酌情延长。如果哺乳期满正值夏季，也可延长一两个月。其他有条件的企业事业单位，也可以根据具体情况适当延长女职工的哺乳期。

女职工特殊保护的保障

女职工劳动保护的权益受到侵害时，有权向所在单位的主管部门或者当地劳动部门提出申诉。受理申诉的部门应当自收到申诉书之日起 30 日内做出处理决定；女职工对处理决定不服的，可以在收到处理决定书之日起至 15 日内向人民法院起诉。对于非法侵害女职工劳动保护权益的单位、负责人及其直接责任人员，其所在单位的主管部门应当根据情节轻重，给予行政处分，并责令该单位给予被侵害女职工合理的经济补偿；构成犯罪的，由司法机关依法追究刑事责任。

第三节　未成年工的特殊保护

未成年工劳动保护的概念和意义

未成年工的特殊劳动保护是指根据未成年工的身体发育尚未定型的特点，对未成年工在劳动过程中特殊权益的保护。未成年工的身体发育尚未完全定型，正在向成熟时期过渡。在安排未成年工的劳动时要注意他们的生理特点。过重的体力劳动、不良的工作体位、过度紧张劳动、不适合的工具等会影响未成年工的发育。为了保障未成年工的正常发育和安全健康，除改善一般劳动条件外，还需在工作时间、工作场所等方面给予特殊保护。

未成年工劳动保护的主要内容

（一）最低就业年龄

根据我国有关招工制度规定，未成年工是指 16 周岁至 18 周岁的少年工人。也就是说我国最低就业年龄为 16 岁。特殊行业需要招收 16 周岁以下的人员（如文艺、体育等部门）时，需经劳动人事部门批准。

确定最低就业年龄必须考虑青少年的身体发育状况以及保障他们在就业前享受完整基本教育的时间。《劳动法》第 15 条规定：“禁止用人单位招用未满 16 周岁的未成年人。文艺、体育和特种工艺单位招用未满 16 周岁的未成年人，必须依据国家有关规定，履行审批手续，并保障其接受义务教育的权利。”

为保障未成年人的就业权利，在就业问题上不应歧视被人民检察院免予起诉、人民法院免除刑事处罚或者宣告缓刑以及被解除收容教养或者刑满释放的已满 16 周岁的未成年人。

（二）未成年工的工作时间

为保障未成年工的正常发育和身体健康，在我国，一般情况下，对未成年工实行缩短工作时间，禁止安排未成年工从事夜班工作及加班加点工作。对某些招收 16 岁以下的学徒的特殊行业，国家还专门规定了对学徒的保护制度。如《关于技工学校学生的学习、劳动、休息时间的暂行规定》中规定，未满 16 周岁的学生，在进行生产实习时的劳动时间为：第一学年每天不得超过 6 小时，第二学年每天不得超过 7 小时，第三学年每天不得超过 8 小时。随着我国工时的缩短，对未成年工的工作时间也会有新的相应的规定。

背景知识

摩洛哥童佣人数众多，60%女佣为低于 15 岁的少女

摩洛哥经济预测和计划部最近公布的一项调查结果显示，摩洛哥雇用未成年女子充当佣人的现象十分严重，其中 59.2%的女佣年龄在 15 岁以下。她们的命运既辛酸又无奈。

据摩洛哥经济预测和计划部对摩洛哥最大的城市卡萨布兰卡的调查，在只有 350 万人口的卡萨布兰卡市，年龄不足 18 岁的女佣就达 22 940 人，其中 13 580 人的年龄还不到 15 岁。

由于贫富差距很大，再加之失业问题严重，摩洛哥的妇女，特别是没有受过教育的年轻女子，基本上很难找到工作。于是，当佣人似乎就成了她们的唯一出路。在摩洛哥，一些有钱人家同时雇用 3～4 个女佣的情况并不鲜见。最近几年，女佣低龄化现象越来越严重，也日益引起政府和有关社会机构的关注。

摩洛哥的这些未成年女佣绝大多数来自于多子女（6 个以上）家庭，其中 86.8%来自于乡下，82.2%是文盲。她们平均从 10 岁起就开始当佣人，而其中 8%的女孩第一次做佣人的年龄在 7 岁以下，最小的刚满 5 岁。她们平均每天工作 16 个小时以上，而且还从来没有节假日。但她们的收入却极其微薄，10 岁以下女佣的月工资只有 220 迪拉姆（11 迪拉姆约合 1 美元），满了 15 岁才能挣到 500 迪拉姆。而摩洛哥成人法定最低工资农村为每小时 8 迪拉姆，城市为 11 迪拉姆。

由于这些童佣每日必须承担沉重的家务劳动，几乎隔绝了与外界，特别是与同龄人的交流，不仅长期缺少关爱和娱乐，有的甚至还不时遭受男主人的性骚扰。因此她们当中 8.2%的人严重失眠，10.6%的人患有自我封闭症。

摩洛哥雇用和虐待童佣现象正在引起政府和社会的关注。摩洛哥保护儿童联盟就曾多次呼吁政府加强劳动立法，依法严惩那些非法雇用和虐待童佣的家庭。摩洛哥政府也提出了普

及小学教育计划，特别强调要让女孩子走进课堂。因为一个受过教育的女孩子，不仅自己的命运将会因此而变得好一些，并且还会对社会、家庭和下一代产生积极影响。

资料来源：http://www.sina.com.cn，2002-02-11。

（三）禁止未成年工从事的劳动

《劳动法》第 64 条规定：不得安排未成年工从事矿山井下、有毒有害、国家规定的第四级体力劳动强度的劳动和其他禁忌从事的劳动。为了切实保障未成年工的身体健康，一般禁止未成年工从事严重有毒有害工种的工作，禁止未成年工从事机械危险部位的检修工作等。对未成年工的保护，要根据本条和《未成年工特殊保护规定》的规定严格执行，否则，造成伤亡事故和国家财产重大损失者，要追究主管单位和直接责任者的责任；情节严重，构成犯罪的，要依法惩处。

（四）未成年工的身体检查制度

为了保护未成年工的身体健康，按法定年龄招收未成年工时，应当进行全面的健康检查，取得身体合格证明以后，才能够正式被录用。未成年工被录用后，也应在每年一定时期，进行体格检查。

对未成年工进行定期的健康检查是用人单位的一项法定义务，用人单位不得以任何借口取消。1994 年 12 月劳动部颁发的《未成年工特殊保护规定》对未成年工定期健康检查制度做出了下列具体规定：

（1）用人单位应在以下情况下对未成年工定期进行健康检查：安排工作岗位之前；工作满 1 年；年满 18 周岁，距前一次的体检时间已超过半年。

（2）未成年工的健康检查，应按劳动部统一制作的《未成年工健康检查表》列出的项目进行。

（3）用人单位应根据未成年工的健康检查结果安排其从事适合的劳动；对不能胜任原劳动岗位的，应根据医务部门的证明，减轻劳动量或安排其他劳动。

本章小结

“女职工”一般是指全体女性工作者而言，既包括女性脑力劳动者，又包括女性体力劳动者。未成年工则有一定的年龄限制。我国劳动法规定，未成年工是指年满 16 周岁未满 18 周岁的劳动者。《劳动法》第七章专门规定了“女职工和未成工特殊保护”。

《劳动法》第 59 条规定，禁止安排女职工从事矿山井下、国家规定的第四级体力劳动强度的劳动和其他禁忌从事的劳动。禁止安排女职工从事其他禁忌性劳动，主要有：森林采伐作业、归楞及流放作业；建筑业脚手架的组装和拆除作业；电力、电信行业的高处架线作业；连续负重（指每小时负重次数在 6 次以上）每次超过 20 公斤，间断负重每次负重超过 25 公斤的作业。

女职工的四期保护包括孕期、经期、产期、哺乳期的特殊劳动保护。

未成年工的特殊劳动保护是指根据未成年工的身体发育尚未定型的特点，对未成年工在劳动过程中特殊权益的保护。

未成年工劳动保护的主要内容包括：最低就业年龄、未成年工的工作时间、禁止未成年工从事的劳动以及未成年工的身体检查制度。

关键概念

女职工	未成年工	特殊劳动保护	女职工禁忌从事的劳动
女职工“四期”特殊保护	劳动保护	孕期保护	经期保护
产期保护	哺乳期保护	女职工特殊保护的保障	最低就业年龄
未成年工的工作时间	禁止未成年工从事的劳动		未成年工的身体检查制度

思考题

1. 简述女职工和未成年工特殊保护的意义。
2. 简述女职工禁忌从事的劳动的范围。
3. 试述女职工的“四期”保护。
4. 简述女职工特殊保护的保障。
5. 简述我国未成年工保护的主要内容。

第十章 劳动争议处理

学习目标

通过本章的学习，掌握劳动争议的概念、种类及劳动争议处理的范围；了解劳动争议处理的基本原则及机构；掌握劳动争议的调解制度；掌握劳动争议的仲裁制度；掌握劳动诉讼制度。

第一节 劳动争议处理概述

劳动争议的概念

劳动争议就是劳动纠纷，是指劳动关系双方当事人因劳动问题引起的纠纷。从这个意义上讲，劳动者与用人单位之间、劳动者之间、用人单位之间，因为劳动问题所引起的争议，都可以叫劳动争议。

从世界各国的劳动立法看，劳动法中的劳动争议一般是指劳动关系双方当事人之间因实现劳动权利、履行劳动义务发生的争议。具体指劳动者与用人单位之间，在劳动法的范围内，因适用国家法律、法规和订立、履行、变更、终止劳动合同以及其他与劳动关系直接相联系的问题而引起的纠纷，因而是狭义的劳动争议。

劳动争议的种类

从世界范围看，劳动争议分为两类，一类是因为适用劳动法规和劳动合同所规定的条件而发生的争议。这类争议因涉及的是法律问题，所以，有些国家叫法律争议；这类争议多为涉及劳动者个人利益，因此有些国家又叫个别争议；这类争议的显著特征是对既存权利的争议，所以有的国家叫权利争议。

另一类是因为制定或变更劳动条件而产生的争议。这类争议通常是多数劳动者参加，所以有些国家又叫它集体争议；这类争议是为团体的利益而发生的争议，有的国家又叫它利益争议；还因为它是为确定将来劳动条件发生的争议，又叫将来争议。

劳动争议分类的意义在于：在一些国家里，因为争议的种类不同，而设置不同解决争议的机构，采用不同的程序。如在日本，权利争议归民事法院审理。目前，我国将劳动争议分为两类：个别劳动争议和集体劳动争议。个别劳动争议是指职工一方不足法定的集体争议人数，争议标的不同并由职工直接提出申诉的劳动争议；集体劳动争议是指职工一方当事人在3人以上，并有共同理由的劳动争议。

这里要注意区分集体劳动争议和集体合同争议。根据《劳动法》第84条的规定，由劳动争议协调处理机构协调处理因签订集体合同发生的争议。国家劳动行政部门的劳动争议协调机构在集体合同双方当事人因签订集体合同发生争议且不能协商解决时，促使争议双方尽快达成共识，恢复集体协商，进而签订集体合同。《集体合同规定》第49条规定，集体协商过程中发生争议，双方当事人不能协商解决的，当事人一方或双方可以书面向劳动保障行政部门提出协调处理申请；未提出申请的，劳动保障行政部门认为必要时也可以进行协调处理。第55条规定，因履行集体合同发生的争议，当事人协商解决不成的，可以依法向劳动争议仲裁委员会申请仲裁。法律还专门规定了协调处理集体协商争议的程序：(1) 受理协调处理申请；(2) 调查了解争议的情况；(3) 研究制定协调处理争议的方案；(4) 对争议进行协调处理；(5) 制作《协调处理协议书》。

劳动争议处理的范围

劳动争议的范围，视国家不同而有所区别。2007年12月29日，《中华人民共和国劳动争议调解仲裁法》由十届全国人民代表大会常务委员会第三十一次会议通过，自2008年5月1日起施行。该法第2条规定了我国劳动争议的范围：

中华人民共和国境内的用人单位与劳动者发生的下列劳动争议，适用本法：(1) 因确认劳动关系发生的争议；(2) 因订立、履行、变更、解除和终止劳动合同发生的争议；(3) 因除名、辞退和辞职、离职发生的争议；(4) 因工作时间、休息休假、社会保险、福利、培训以及劳动保护发生的争议；(5) 因劳动报酬、工伤医疗费、经济补偿或者赔偿金等发生的争议；(6) 法律、法规规定的其他劳动争议。

该法第52条还规定，事业单位实行聘用制的工作人员与本单位发生劳动争议的，依照本法执行；法律、行政法规或者国务院另有规定的，依照其规定。

2008年12月17日，人力资源和社会保障部公布的《劳动人事争议仲裁办案规则》规定了它的适用范围：(1) 企业、个体经济组织、民办非企业单位等组织与劳动者之间，以及机关、事业单位、社会团体与其建立劳动关系的劳动者之间，因确认劳动关系，订立、履行、变更、解除和终止劳动合同，工作时间、休息休假、社会保险、福利、培训以及劳动保护，劳动报酬、工伤医疗费、经济补偿或者赔偿金等发生的争议；(2) 实施公务员法的机关与聘任制公务员之间、参照公务员法管理的机关（单位）与聘任工作人员之间因履行聘任合同发生的争议；(3) 事业单位与工作人员之间因除名、辞退、辞职、离职等解除人事关系以及履行聘用合同发生的争议；(4) 社会团体与工作人员之间因除名、辞退、辞职、离职等解除人事关系以及履行聘用合同发生的争议；(5) 军队文职人员聘用单位与文职人员之间因履行聘用合同发生的争议；(6) 法律、法规规定由仲裁委员会处理的其他争议。其立法依据包括《劳动争议调解仲裁法》、《公务员法》和《中国人民解放军文职人员条例》。

2001年3月22日，最高人民法院审判委员会第1 165次会议通过的《最高人民法院关于审理劳动争议案件适用法律若干问题的解释（一）》第1条规定：劳动者与用人单位之间发生的下列纠纷，属于《劳动法》第2条规定的劳动争议，当事人不服劳动争议仲裁委员会作出的裁决，依法向人民法院起诉的，人民法院应当受理：(1) 劳动者与用人单位在履行劳动合同过程中发生的纠纷；（2）劳动者与用人单位之间没有订立书面劳动合同，但已形成劳动关系后发生的纠纷；（3）劳动者退休后，与尚未参加社会保险统筹的原用人单位因追索养老金、医疗费、工伤保险待遇和其他社会保险费而发生的纠纷。

2006年8月14日，最高人民法院审判委员会第1 393次会议通过的《最高人民法院关于审理劳动争议案件适用法律若干问题的解释（二）》第7条规定：下列纠纷不属于劳动争议：（1）劳动者请求社会保险经办机构发放社会保险金的纠纷；（2）劳动者与用人单位因住房制度改革产生的公有住房转让纠纷；（3）劳动者对劳动能力鉴定委员会的伤残等级鉴定结论或者对职业病诊断鉴定委员会的职业病诊断鉴定结论的异议纠纷；（4）家庭或者个人与家政服务人员之间的纠纷；（5）个体工匠与帮工、学徒之间的纠纷；（6）农村承包经营户与受雇人之间的纠纷。

2010年7月12日，最高人民法院审判委员会第1 489次会议通过《最高人民法院关于审理劳动争议案件适用法律若干问题的解释（三）》规定：劳动者以用人单位未为其办理社会保险手续，且社会保险经办机构不能补办导致其无法享受社会保险待遇为由，要求用人单位赔偿损失而发生争议的；因企业自主进行改制引发的争议；劳动者依据劳动合同法第85条规定，向人民法院提起诉讼，要求用人单位支付加付赔偿金的，人民法院应予受理。

典型案例

女足队员受伤，劳动仲裁无奈

2005年12月15日，周雪和其余8名安徽队队友前往广东足运中心基地参加试训。2005年12月31日，周雪由安徽省足协永久转会至广东省足协。2006年1月4日，周雪代表广东女足和国青队比赛，右膝关节受伤。3月22日，经过检查诊断为右膝前交叉韧带断裂，软组织损伤，手术在5月17日完成。同年10月，周雪身体不适感加强，无法坚持正常训练。2007年11月2日，球队要求周雪离队，但由于康复期未过、个人垫付医疗费未报销、之前承诺的待遇未实现，周雪不愿就此离队。此后，周雪找了国家体育总局、广东省体育局、中国足协，希望通过行政主管部门维权。2012年2月，周雪将广东省足运中心告上法庭。

值得关注的是，在周雪将广东省足运中心告上法庭之前，她向广州市越秀区劳动争议仲裁委员会依法申请仲裁，请求仲裁庭依法支持申请人的所有仲裁请求。可是劳动争议仲裁委员会以此案例不属于劳动仲裁范围为由不予受理。据了解，我国体育行业的特殊性，导致运动员工会与体育仲裁法庭迟迟未能建立，并且至今国内尚无相关政府文件明确指出运动员与所属球队之间一旦产生纠纷的正确解决途径。1995年《中华人民共和国体育法》颁布时，中国体育还不具备职业化和市场化意识，只能依靠专业体制解决各种纠纷。《体育法》第33条规定：在竞技体育活动中发生纠纷，由体育仲裁机构负责调解、仲裁，其补充说明为“体育仲裁机构的设立办法和仲裁范围由国务院另行规定”，但近20年来并没有出台“另行规定”。

资料来源：《女足队员受伤后无人埋单　劳动仲裁无奈体育纠纷》，见中青在线，2012-04-29。

劳动争议处理的目的

1. 妥善处理企业劳动争议，保障企业和职工的合法权益

这是劳动争议立法的直接目的。只有发展与完善劳动争议处理法律制度，将劳动争议的

处理纳入法制化轨道，才能使劳动争议妥善处理，使企业和职工的合法权益得到切实保证。我国《劳动争议调解仲裁法》第53条规定，劳动争议仲裁不收费。劳动争议仲裁委员会的经费由财政予以保障，其目的也在于此。

2. 维护正常的生产经营秩序，发展良好的劳动关系

这是劳动争议立法的间接目的。劳动争议，特别是集体劳动争议，处理不好就会引发停工、罢工，影响经济发展和社会安定。因此，事先预防和事后公正处理劳动纠纷具有重要意义。这就需要建立解决纠纷的相应机构，通过法定程序解决纠纷，使劳动关系在协调、稳定、有序的轨道上发展，以促进劳动关系双方的合作与共同发展。

3. 促进改革开放的顺利发展

这是劳动争议立法的根本目的。加强劳动法制建设的最终目的是为改革开放服务，保证我国改革开放事业的顺利发展。

第二节　劳动争议的调解

《劳动争议调解仲裁法》规定，发生劳动争议，当事人可以到下列调解组织申请调解：(1) 企业劳动争议调解委员会；(2) 依法设立的基层人民调解组织；(3) 在乡镇、街道设立的具有劳动争议调解职能的组织。

劳动争议调解组织

企业劳动争议调解委员会由职工代表和企业代表组成。职工代表由工会成员担任或者由全体职工推举产生，企业代表由企业负责人指定。企业劳动争议调解委员会主任由工会成员或者双方推举的人员担任。

劳动争议调解组织的调解员应当由公道正派、联系群众、热心调解工作，并具有一定法律知识、政策水平和文化水平的成年公民担任。

人力资源和社会保障部第七十六次部务会审议通过的《企业劳动争议协商调解规定》规定，劳动者认为企业在履行劳动合同、集体合同，执行劳动保障法律、法规和企业劳动规章制度等方面存在问题的，可以向企业劳动争议调解委员会提出。调解委员会应当及时核实情况，协调企业进行整改或者向劳动者做出说明。劳动者也可以通过调解委员会向企业提出其他合理诉求。调解委员会应当及时向企业转达，并向劳动者反馈情况。

当事人不愿协商、协商不成或者达成和解协议后，一方当事人在约定的期限内不履行和解协议的，可以依法向调解委员会或者乡镇、街道劳动就业社会保障服务所（中心）等其他依法设立的调解组织申请调解。

大中型企业应当依法设立调解委员会，并配备专职或者兼职工作人员。有分公司、分店、分厂的企业，可以根据需要在分支机构设立调解委员会。总部调解委员会指导分支机构调解委员会开展劳动争议预防调解工作。调解委员会可以根据需要在车间、工段、班组设立调解小组。小微型企业可以设立调解委员会，也可以由劳动者和企业共同推举人员，开展调解工作。

调解委员会由劳动者代表和企业代表组成，人数由双方协商确定，双方人数应当对等。劳动者代表由工会委员会成员担任或者由全体劳动者推举产生，企业代表由企业负责人指定。调解委员会主任由工会委员会成员或者双方推举的人员担任。

调解委员会履行下列职责：（1）宣传劳动保障法律、法规和政策；（2）对本企业发生的劳动争议进行调解；（3）监督和解协议、调解协议的履行；（4）聘任、解聘和管理调解员；（5）参与协调履行劳动合同、集体合同、执行企业劳动规章制度等方面出现的问题；（6）参与研究涉及劳动者切身利益的重大方案；（7）协助企业建立劳动争议预防预警机制。

调解员履行下列职责：（1）关注本企业劳动关系状况，及时向调解委员会报告；（2）接受调解委员会指派，调解劳动争议案件；（3）监督和解协议、调解协议的履行；（4）完成调解委员会交办的其他工作。调解委员会应当建立健全调解登记、调解记录、督促履行、档案管理、业务培训、统计报告、工作考评等制度。

调解员由调解委员会聘任的本企业工作人员担任，调解委员会成员均为调解员。调解员的聘期至少为 1 年，可以续聘。调解员不能履行调解职责时，调解委员会应当及时调整。调解员依法履行调解职责，需要占用生产或者工作时间的，企业应当予以支持，并按照正常出勤对待。

企业应当支持调解委员会开展调解工作，提供办公场所，保障工作经费。企业未按照本规定成立调解委员会，劳动争议或者群体性事件频发，影响劳动关系和谐，造成重大社会影响的，由县级以上人力资源和社会保障行政部门予以通报；违反法律法规规定的，依法予以处理。

劳动争议调解程序

当事人申请劳动争议调解可以书面申请，也可以口头申请。口头申请的，调解组织应当当场记录申请人基本情况、申请调解的争议事项、理由和时间。调解劳动争议，应当充分听取双方当事人对事实和理由的陈述，耐心疏导，帮助其达成协议。协商、调解劳动争议，应当根据事实和有关法律法规的规定，遵循平等、自愿、合法、公正、及时的原则。

发生劳动争议，一方当事人可以通过与另一方当事人约见、面谈等方式协商解决。劳动者可以委托其他组织或者个人作为其代表进行协商。一方当事人提出协商要求后，另一方当事人应当积极做出口头或者书面回应。5 日内不做出回应的，视为不愿协商。协商达成一致，应当签订书面和解协议。和解协议对双方当事人具有约束力，当事人应当履行。经仲裁庭审查，和解协议程序和内容合法有效的，仲裁庭可以将其作为证据使用。但是，当事人为达成和解的目的作出妥协所涉及的对争议事实的认可，不得在其后的仲裁中作为对其不利的证据。

当事人可以口头或者书面形式向调解委员会提出调解申请。申请内容应当包括申请人基本情况、调解请求、事实与理由。口头申请的，调解委员会应当当场记录。调解委员会接到调解申请后，对属于劳动争议受理范围且双方当事人同意调解的，应当在 3 个工作日内受理。对不属于劳动争议受理范围或者一方当事人不同意调解的，应当做好记录，并书面通知申请人。

发生劳动争议，当事人没有提出调解申请，调解委员会可以在征得双方当事人同意后主动调解。调解委员会调解劳动争议一般不公开进行。但是，双方当事人要求公开调解的除外。

调解委员会根据案件情况指定调解员或者调解小组进行调解，在征得当事人同意后，也可以邀请有关单位和个人协助调解。调解员应当全面听取双方当事人的陈述，采取灵活多样的方式方法，开展耐心、细致的说服疏导工作，帮助当事人自愿达成调解协议。

当事人不愿调解、调解不成或者达成调解协议后，一方当事人在约定的期限内不履行调解协议的，调解委员会应当做好记录，由双方当事人签名或者盖章，并书面告知当事人可以向仲裁委员会申请仲裁。

有下列情形之一的，按照《劳动人事争议仲裁办案规则》第 10 条的规定属于仲裁时效中断，从中断时起，仲裁时效期间重新计算：(1) 一方当事人提出协商要求后，另一方当事人不同意协商或者在 5 日内不做出回应的；(2) 在约定的协商期限内，一方或者双方当事人不同意继续协商的；(3) 在约定的协商期限内未达成一致的；(4) 达成和解协议后，一方或者双方当事人在约定的期限内不履行和解协议的；(5) 一方当事人提出调解申请后，另一方当事人不同意调解的；(6) 调解委员会受理调解申请后，在第 29 条规定的期限内一方或者双方当事人不同意调解的；(7) 在第 29 条规定的期限内未达成调解协议的；(8) 达成调解协议后，一方当事人在约定期限内不履行调解协议的。

劳动争议调解协议和效力

经调解达成协议的，应当制作调解协议书。调解协议书应当写明双方当事人基本情况、调解请求事项、调解的结果和协议履行期限、履行方式等。调解协议书由双方当事人签名或者盖章，经调解员签名并加盖调解委员会印章后生效。调解协议书一式三份，双方当事人和调解委员会各执一份。调解协议书对双方当事人具有约束力，当事人应当履行。

自劳动争议调解组织收到调解申请之日起十五日内未达成调解协议的，当事人可以依法申请仲裁。达成调解协议后，一方当事人在协议约定期限内不履行调解协议的，另一方当事人可以依法申请仲裁。

因支付拖欠劳动报酬、工伤医疗费、经济补偿或者赔偿金事项达成调解协议，用人单位在协议约定期限内不履行的，劳动者可以持调解协议书依法向人民法院申请支付令。人民法院应当依法发出支付令。

《企业劳动争议协商调解规定》还规定：双方当事人未按前条规定提出仲裁审查申请，一方当事人在约定的期限内不履行调解协议的，另一方当事人可以依法申请仲裁。仲裁委员会受理仲裁申请后，应当对调解协议进行审查，调解协议合法有效且不损害公共利益或者第三人合法利益的，在没有新证据出现的情况下，仲裁委员会可以依据调解协议作出仲裁裁决。

背景知识

调解协议的法律效力

劳动争议调解是劳动争议解决机制的一种方式，但并不是必经程序。按照我国《劳动法》第 79 条的规定：劳动争议发生后，当事人可以向本单位劳动争议调解委员会申请调解。调解达成协议的，制作调解协议书，双方当事人应自觉履行。调解协议是在劳动争议调解委员会的主持下，劳动者和用人单位按照自愿的原则就劳动争议的解决达成的。由于劳动争议调解委员会并不具有司法的性质，劳动争议调解委员会的调解不是司法调解，其调解协议也不具有强制执行的效力，只能靠当事人自觉履行。从这种意义上来说，调解协议由于是解决劳动争议而达成的，具有劳动合同的性质。所以，《最高人民法院关于审理劳动争议案件适用法律若干问题的解释（二）》（以下简称《解释（二）》）第 17 条规定，当事人在劳动争议调解委员会主持下达成的具有劳动权利义务内容的调解协议，具有劳动合同的约束力，可以作为人民法院裁判的根据。这对于发挥劳动争议调解委员会在解决劳动争议纠纷过程中的重要作用，加强调解工作，提高调解效率，及时化解劳动关系领域的矛盾，减轻人民法院的诉讼压力都是有所裨益的。

接着，《解释（二）》在第17条后半句中规定，当事人在劳动争议调解委员会主持下仅就劳动报酬争议达成调解协议，用人单位不履行调解协议确定的给付义务，劳动者直接向人民法院起诉的，人民法院可以按照普通民事纠纷受理。这意味着如果达成调解协议后，一方不履行给付金钱的义务，另一方向人民法院起诉的，人民法院可以直接受理，并且按照普通民事诉讼程序解决。这是为了更快地解决劳动报酬纠纷而特别强调的。但是如果调解协议还对其他性质的劳动争议达成一致，如确认双方劳动合同已经解除，那么此种情形之下，就应该按照劳动争议的“先裁后审”的机制进行解决。可见，调解协议的性质要根据调解协议的内容来确定，如果调解协议的内容具有劳动权利义务的内容，那么该协议具有劳动合同的性质，相关争议应当遵循劳动争议处理程序解决。如果调解协议的内容仅仅是对工资等劳动报酬争议达成的协议，该协议就具有民事合同的性质，那么在处理此类纠纷时按照普通民事纠纷的处理程序进行处理，不需要按照“仲裁前置”的劳动争议处理程序解决。

资料来源：黎建飞：《最高人民法院劳动争议司法解释形成配套》，载《中国劳动》，2006（10）。

第三节 劳动争议的仲裁

仲裁也称公断，其基本含意是由一个公正的第三者对当事人之间的争议做出评断。劳动争议仲裁是劳动争议仲裁委员会对用人单位与劳动者之间发生的争议，在查明事实、明确是非、分清责任的基础上，依法做出裁决的活动。

劳动争议仲裁委员会

劳动争议仲裁委员会按照统筹规划、合理布局和适应实际需要的原则设立。省、自治区人民政府可以决定在市、县设立；直辖市人民政府可以决定在区、县设立。直辖市、设区的市也可以设立一个或者若干个劳动争议仲裁委员会。劳动争议仲裁委员会不按行政区划层层设立。

（一）劳动争议仲裁委员会的设立

为了方便当事人申请仲裁，提高仲裁机构的效能，《劳动争议调解仲裁法》在整合现有劳动争议仲裁委员会资源的基础上，规定省、自治区人民政府可以根据实际需要在市、县设立劳动争议仲裁委员会，直辖市人民政府可以根据需要在区、县设立劳动争议仲裁委员会。具体设置数目按照统筹规划、合理布局和适应实际需要的原则确定，不按行政区划层层设立。

劳动争议仲裁委员会的设立应当体现精简、效率、有利于将劳动纠纷化解在基层、及时处理劳动争议的原则，不宜在省、市、县三级层层都设立劳动争议仲裁委员会。《劳动争议调解仲裁法》将劳动争议仲裁委员会设立的权力赋予省一级人民政府，不再要求劳动争议仲裁委员会的设立与行政区划层层对应。

（二）劳动争议仲裁委员会的组成

《劳动争议调解仲裁法》第 19 条第 1 款规定，劳动争议仲裁委员会由劳动行政部门代表、工会代表和企业方面代表组成。劳动争议仲裁委员会组成人员应当是单数。

在我国从计划经济过渡到市场经济时期，由于政府代表着企业的利益诉求，1993 年国务院颁布的《企业劳动争议处理条例》第 13 条规定劳动争议仲裁委员会由劳动行政主管部门的代表、工会的代表和政府指定的经济综合管理部门的代表组成。1993 年劳动部颁布的《劳动争议仲裁委员会组织规则》进一步规定：劳动争议仲裁委员会组成人数必须是单数，主任由同级劳动行政主管部门负责人担任，副主任由劳动争议仲裁委员会协商产生。1994 年颁布的《劳动法》对于“三方”重新作出规定，包括劳动行政部门代表、同级工会代表、用人单位方面的代表，但同时规定由劳动行政部门代表担任主任。《劳动争议调解仲裁法》继承了《劳动法》的规定，也明确了用人单位方面在劳动争议仲裁委员会中合法代表的地位。

（三）劳动争议仲裁委员会的职责

劳动争议仲裁委员会的职责具体包括：

（1）劳动争议仲裁委员会聘任、解聘专职或者兼职仲裁员，并对其进行管理，其管理职责体现在对仲裁员名册的设立上。

（2）劳动争议仲裁委员会受理劳动争议案件。这是劳动争议仲裁委员会的日常工作。

（3）劳动争议仲裁委员会讨论重大或者疑难的劳动争议案件。《企业劳动争议处理条例》与《劳动争议仲裁委员会组织规则》对劳动争议仲裁委员会职责的表述是：负责处理本委员会管辖范围内的劳动争议案件。为了保持立法上的统一，《劳动争议调解仲裁法》第 19 条第 2 款作出调整，将劳动争议仲裁委员会对具体案件作出决定的职责限定在对本辖区内重大、疑难案件进行讨论。劳动争议仲裁委员会对仲裁活动进行监督，这种监督仅是程序上的监督。

（四）劳动争议仲裁委员会的机构

劳动争议仲裁机构包括劳动争议仲裁委员会、劳动争议仲裁委员会办事机构以及仲裁庭。《劳动争议调解仲裁法》第 19 条第 3 款概括了劳动争议仲裁委员会办事机构的职能，即负责办理劳动争议仲裁委员会的日常工作。实践中，劳动争议仲裁委员会的办事机构一般为劳动行政部门的劳动争议处理机构。

（五）劳动争议仲裁员的聘任标准

根据《劳动争议调解仲裁法》第 20 条的规定，劳动争议仲裁委员会应当设仲裁员名册。仲裁员应当公道正派并符合下列条件之一：

（1）曾任审判员的；

（2）从事法律研究、教学工作并具有中级以上职称的；

（3）具有法律知识、从事人力资源管理或者工会等专业工作满 5 年的；

（4）律师执业满 3 年的。

劳动争议仲裁的管辖与当事人

劳动争议仲裁委员会负责管辖本区域内发生的劳动争议。劳动争议由劳动合同履行地或者用人单位所在地的劳动争议仲裁委员会管辖。双方当事人分别向劳动合同履行地和用人单位所在地的劳动争议仲裁委员会申请仲裁的，由劳动合同履行地的劳动争议仲裁委员会管辖。

发生劳动争议的劳动者和用人单位为劳动争议仲裁案件的双方当事人。劳务派遣单位或者用工单位与劳动者发生劳动争议的，劳务派遣单位和用工单位为共同当事人。

与劳动争议案件的处理结果有利害关系的第三人，可以申请参加仲裁活动或者由劳动争议仲裁委员会通知其参加仲裁活动。

丧失或者部分丧失民事行为能力的劳动者，由其法定代理人代为参加仲裁活动；无法定代理人的，由劳动争议仲裁委员会为其指定代理人。劳动者死亡的，由其近亲属或者代理人参加仲裁活动。

劳动争议仲裁公开进行，但当事人协议不公开进行或者涉及国家秘密、商业秘密和个人隐私的除外。

背景资料

中央机关及所属事业单位人事争议仲裁的管辖

根据中组部、人社部、总政治部三部委联合下发的《关于修改人事争议处理规定的通知》的规定，中央机关及所属事业单位人事争议移交北京市处理，具体要求如下：

一、中央一级人事争议案件的受理范围，按照《人事争议处理规定》以及人社部下发的《劳动人事争议仲裁办案规则》规定的范围执行。

二、中央机关及所属事业单位所在地为已成立劳动人事争议仲裁院的朝阳区、海淀区和顺义区的，其所发生的人事争议由单位所在地劳动人事争议仲裁委员会管辖。

中央机关及所属事业单位所在地在已成立劳动人事争议仲裁院的辖区，而聘用合同履行地不在同一地区的，其所发生的人事争议由上述单位所在地劳动人事争议仲裁委员会管辖。

三、中央机关及所属事业单位所在地在除朝阳区、海淀区、顺义区以外的其他区县的，其所发生的人事争议暂由北京市劳动人事仲裁委员会管辖。

资料来源：http://www.bjld.gov.cn/xwzx/zxfbfg/201205/t20120510_27080.html，2013-01-06。

典型案例

劳动仲裁机关越权仲裁　裁决被裁定不予执行

2011年8月，业务员兰先生与江西合昌实业公司（以下简称合昌公司）因支付工资和社会保险金纠纷，申请劳动争议仲裁委员会仲裁。经审理，劳动争议仲裁委员会作出裁决：合昌公司一次性支付兰先生工资及业绩提成共计12 445元，并缴纳兰先生在职期间的养老保险费；兰先生归还公司货款13 719元及借款2 500元。仲裁裁决书生效后，合昌公司申请法院强制执行，要求兰先生归还公司货款13 719元及借款2 500元。

法院经审查认为，劳动争议仲裁委员会只负责管辖本区域内发生的劳动争议，该案当事人之间关于借款及货款的争议，不属于劳动争议范畴，但劳动争议仲裁委员会却将此争议作为劳动争议一并予以裁决，超出其仲裁范围。为此，法院依法裁定对该仲裁裁决书不予强制执行，当事人可依法提起诉讼。

资料来源：乐瑞晶：《劳动仲裁机关越权仲裁　裁决被裁定不予执行》，见光明网，2012-02-21。

劳动争议仲裁的时效

劳动争议申请仲裁的时效期间为一年。

仲裁时效期间从当事人知道或者应当知道其权利被侵害之日起计算。仲裁时效因当事人一方向对方当事人主张权利，或者向有关部门请求权利救济，或者对方当事人同意履行义务而中断。从中断时起，仲裁时效期间重新计算。

因不可抗力或者有其他正当理由，当事人不能在规定的仲裁时效期间申请仲裁的，仲裁时效中止。从中止时效的原因消除之日起，仲裁时效期间继续计算。

劳动关系存续期间因拖欠劳动报酬发生争议的，劳动者申请仲裁不受规定的仲裁时效期间为一年的限制；但是，劳动关系终止的，应当自劳动关系终止之日起一年内提出。

典型案例

律师与律师事务所争议仲裁时效

我国《劳动法》第82条规定，提出仲裁要求的一方应当自劳动争议发生之日起六十日内向劳动争议仲裁委员会提出书面申请。那么，“劳动争议发生之日”具体是指工作交接时，还是指劳动关系终止日呢？

2007年6月18日，原告入职北京市君泽君律师事务所，任职律师助理。双方订立劳动合同的终止日期为2008年1月31日。2008年1月，君泽君律师事务所通知其劳动合同届满终止。原告于2008年1月11日办理了离职手续，但单位拒绝支付补偿金。依据《劳动合同法》第50条的规定，补偿金应在工作交接的同时支付。经多次要求，君泽君律师事务所均拒绝支付。原告提起劳动仲裁，仲裁委认可了被告君泽君律师事务所的说法，劳动争议之日是双方办理工作交接之日，即2008年1月11日，以已超过60日申请期为由驳回了原告的申诉请求。

原告认为，仲裁申请起算点劳动争议发生之日并非指工作交接之日。双方已于2008年1月11日办理工作交接手续，但并非办结工作交接手续，在办理交接手续过程中是否出现争议尚未知。且依被告惯例，1月份的工资2月份才能发放，对于其是否能够按期发放工资，1月11日无法知晓，故无法知道争议是否发生，仲裁申请期不能起算。同时，其人事档案、律师关系于3月11日才办理转出，15日内办结，所以与被告的劳动关系不可能在1月11日终止，故此时仲裁申请期不能起算。故请求法院撤销仲裁裁决，同时要求君泽君律师事务所支付终止劳动合同补偿金2 250元和终止劳动合同赔偿金2 250元。

法院经审理认为，原告与君泽君律师事务所签订的劳动合同约定的终止日期为2008年1月31日，且君泽君律师事务所出具的单位委托存档人员聘用期内鉴定表等文件中亦注明聘用时间至2008年1月31日止，君泽君律师事务所亦按1月份全月工资3 800元给原告发放工资，故应认定双方的劳动关系至1月31日终止。现双方劳动合同期满终止，君泽君律师事务所应向原告支付经济补偿金。

因自1月31日劳动合同终止至3月28日原告至仲裁委员会申诉，并未超过仲裁申请期限，故君泽君律师事务所认为原告的申诉已逾仲裁申请期限的抗辩意见，法院不予采纳。对于君泽君律师事务所认为已在1月份的工资中支付原告经济补偿金的主张，因该月工资条上明确注明按照全月基本工资3 800元发放，并未显示君泽君律师事务所所述的工资构成情

况，故君泽君律师事务所的此部分陈述，法院不予采信。经济补偿年限自《劳动合同法》施行之日起计算，自2008年1月1日起至双方劳动关系终止不满6个月的，应支付半个月工资的经济补偿。对于原告要求君泽君律师事务所按照《劳动合同法》第85条支付赔偿金的请求，属劳动行政部门处理范畴，法院不予处理。由此，法院判决被告北京市君泽君律师事务所支付原告经济补偿金1 875元，驳回了原告的其他诉讼请求。

资料来源：《遭解雇索要经济补偿金，律师与律所法庭PK仲裁时效起算点》，见中国法院网，2008-12-11。

劳动争议仲裁的程序和裁决

申请人申请仲裁应当提交书面仲裁申请，并按照被申请人人数提交副本。仲裁申请书应当载明下列事项：

（1）劳动者的姓名、性别、年龄、职业、工作单位和住所，用人单位的名称、住所和法定代表人或者主要负责人的姓名、职务；

（2）仲裁请求和所依据的事实、理由；

（3）证据和证据来源、证人姓名和住所。

书写仲裁申请确有困难的，可以口头申请，由劳动争议仲裁委员会记入笔录，并告知对方当事人。

劳动争议仲裁委员会收到仲裁申请之日起五日内，认为符合受理条件的，应当受理，并通知申请人；认为不符合受理条件的，应当书面通知申请人不予受理，并说明理由。对劳动争议仲裁委员会不予受理或者逾期未作出决定的，申请人可以就该劳动争议事项向人民法院提起诉讼。

劳动争议仲裁委员会受理仲裁申请后，应当在五日内将仲裁申请书副本送达被申请人。被申请人收到仲裁申请书副本后，应当在十日内向劳动争议仲裁委员会提交答辩书。劳动争议仲裁委员会收到答辩书后，应当在五日内将答辩书副本送达申请人。被申请人未提交答辩书的，不影响仲裁程序的进行。

劳动争议仲裁委员会裁决劳动争议案件实行仲裁庭制。仲裁庭由三名仲裁员组成，设首席仲裁员。简单劳动争议案件可以由一名仲裁员独任仲裁。仲裁委员会应当在受理仲裁申请之日起五日内将仲裁庭的组成情况书面通知当事人。仲裁员应当回避的情形包括：（1）是本案当事人或者当事人、代理人的近亲属的；（2）与本案有利害关系的；（3）与本案当事人、代理人有其他关系，可能影响公正裁决的；（4）私自会见当事人、代理人，或者接受当事人、代理人的请客送礼的。仲裁员有上述情形，或者有索贿受贿、徇私舞弊、枉法裁决行为的，应当依法承担法律责任，并由劳动争议仲裁委员会解聘。

仲裁庭应当在开庭五日前，将开庭日期、地点书面通知双方当事人。当事人有正当理由的，可以在开庭三日前请求延期开庭。是否延期，由劳动争议仲裁委员会决定。申请人收到书面通知，无正当理由拒不到庭或者未经仲裁庭同意中途退庭的，可以视为撤回仲裁申请。被申请人收到书面通知，无正当理由拒不到庭或者未经仲裁庭同意中途退庭的，可以缺席裁决。

当事人提供的证据经查证属实的，仲裁庭应当将其作为认定事实的根据。劳动者无法提供由用人单位掌握管理的与仲裁请求有关的证据的，仲裁庭可以要求用人单位在指定期限内提供。用人单位在指定期限内不提供的，应当承担不利后果。

当事人申请劳动争议仲裁后，可以自行和解。达成和解协议的，可以撤回仲裁申请。仲裁庭在作出裁决前，应当先行调解。调解达成协议的，仲裁庭应当制作调解书。调解书应当写明仲裁请求和当事人协议的结果。调解书由仲裁员签名，加盖劳动争议仲裁委员会印章，送达双方当事人。调解书经双方当事人签收后，发生法律效力。调解不成或者调解书送达前，一方当事人反悔的，仲裁庭应当及时作出裁决。

仲裁庭裁决劳动争议案件，应当自劳动争议仲裁委员会受理仲裁申请之日起四十五日内结束。案情复杂需要延期的，经劳动争议仲裁委员会主任批准，可以延期并书面通知当事人，但是延长期限不得超过十五日。逾期未作出仲裁裁决的，当事人可以就该劳动争议事项向人民法院提起诉讼。

仲裁庭裁决劳动争议案件时，其中一部分事实已经清楚，可以就该部分先行裁决。仲裁庭对追索劳动报酬、工伤医疗费、经济补偿或者赔偿金的案件，根据当事人的申请，可以裁决先予执行，移送人民法院执行。仲裁庭裁决先予执行的，应当符合下列条件：（1）当事人之间权利义务关系明确；（2）不先予执行将严重影响申请人的生活。劳动者申请先予执行的，可以不提供担保。

劳动者对仲裁裁决不服的，可以自收到仲裁裁决书之日起十五日内向人民法院提起诉讼。但下列劳动争议，仲裁裁决为终局裁决，裁决书自作出之日起就发生法律效力：（1）追索劳动报酬、工伤医疗费、经济补偿或者赔偿金，不超过当地月最低工资标准十二个月金额的争议；（2）因执行国家的劳动标准在工作时间、休息休假、社会保险等方面发生的争议。

用人单位有证据证明仲裁裁决有下列情形之一的，可以自收到仲裁裁决书之日起三十日内向劳动争议仲裁委员会所在地的中级人民法院申请撤销裁决：（1）适用法律、法规确有错误的；（2）劳动争议仲裁委员会无管辖权的；（3）违反法定程序的；（4）裁决所根据的证据是伪造的；（5）对方当事人隐瞒了足以影响公正裁决的证据的；（6）仲裁员在仲裁该案时有索贿受贿、徇私舞弊、枉法裁决行为的。仲裁裁决被人民法院裁定撤销的，当事人可以自收到裁定书之日起十五日内就该劳动争议事项向人民法院提起诉讼。

当事人在法定期满不起诉的，裁决书发生法律效力。当事人对发生法律效力的调解书、裁决书，应当依照规定的期限履行。一方当事人逾期不履行的，另一方当事人可以依照民事诉讼法的有关规定向人民法院申请执行。受理申请的人民法院应当依法执行。

典型案例

中国钟厂“屡败屡战”欲何为？

只为二百多元的生活费，上海的一家国有大厂先后4次被告到劳动仲裁委和法院，虽然每次都败走麦城，但厂方至今仍我行我素。

12月14日，在刺骨的寒风中，蔡传新拿着浦东仲裁委今年8月下达的裁决书，一大早赶到浦东新区法院执行庭，再一次就中国钟厂拖欠他生活费一案请求强制执行。热情的法官很快为他办好了立案手续，不日将前往工厂，进行第三次强制执行。

蔡传新，男，40岁，年轻时担任过团干部和职工代表，还曾被评为上海市“三好”青年，以前是上海海达计时电子公司工人，与公司签有无固定期限劳动合同。1996年，中国钟厂兼并了海达公司，蔡也随之转至中国钟厂。

蔡传新与厂方的第一次纷争始于1999年2月。因生产不景气，厂方在征得一些职工的同意后，与他们办理了提前解除劳动合同的手续。当时正停薪留职在外劳务输出的蔡传新也在厂方“提前解除”名单之列，但蔡不同意“提前解除劳动合同”。厂方便开出一纸“退工单”，单方面宣布解除劳动合同。蔡传新不服，于是上仲裁、进法院，待二审判决下来，厂方因违反法律规定而被裁决：撤销“退工单”，补发1999年1月的生活费215元。过后，拒不执行判决的厂领导又被“请”到法院，不情愿地交了款。

2000年8月，因为劳务输出结束后，厂方仍不提供任何养家糊口的活命钱，蔡传新不得已第二次将中国钟厂告上仲裁庭。打这以后，厂方就和蔡传新较上了劲：要领生活费，须凭裁决书。令人费解的是，厂方每次都明知自己必败无疑，却依旧“无知无畏”怄气似的奉行“挤牙膏”式的支付方式：裁决一次，支付一次；再裁决一次，再支付一次……到今年8月，蔡传新为了索要每月二百多元的生活费，已被迫先后4次和厂方“对簿公堂”，每诉必胜。更令人不解的是，即使面对败诉的判决书、裁决书，厂方仍每每用“缺少资金”打发走上门索款的蔡传新，4次仲裁，居然有2次最后是靠法院强制执行才交了钱。而眼下最近一次的裁决结果，看来也只得法院动真格才能解决问题。

中国钟厂如此对待一名下岗职工，已引起了上海有关方面的关注。该厂屡屡恶意的“不作为”，既漠视了职工的基本生存权利，不利于社会的稳定，也是对法律的嘲弄。有关法院应向其上级主管部门发出“司法建议”，严肃批评、制止这种“制造诉讼”的行为。

资料来源：外建：《中国钟厂“屡败屡战”欲何为?》，载《法制日报》，2001-12-15。

典型案例

1号店配送员单挑劳务派遣制

2013年1月4日，一名来自1号店（上海益实多电子商务有限公司）的配送员徐辉（化名）由于劳务派遣、被无故解雇等问题，将1号店告上深圳市罗湖区劳动人事争议仲裁委员会，要求确认与1号店的劳动合同关系，返还押金，支付工资、加班费、经济补偿金、社保等合计15万元。这是劳动合同法修正案通过后，国内首例劳务派遣无效纠纷。

2011年8月30日至2012年12月14日期间，徐辉一直在1号店工作。在这短短一年零四个月的时间里，在1号店的要求下，徐辉先后分别同两家劳务派遣公司签订劳务派遣合同，分别为深圳市人力资源服务有限公司、众大亚洲人才资源开发（上海）有限公司。“我从来没有见过、接触过这两家劳务派遣公司。”徐辉说道，“当初面试、签订合同、改签合同、发放工资等全部是由1号店在福永的深圳分公司负责。”作为求职者总是相对弱势，徐辉接受了1号店的全部要求和安排，却仍在2012年12月份被解雇。

资料来源：《新劳动法首例纠纷：1号店配送员单挑劳务派遣制》，见新华网，2013-01-05。

第四节　劳动争议的诉讼

劳动争议诉讼的概念

劳动争议的诉讼，是指劳动争议当事人不服劳动争议仲裁委员会的裁决，在规定的期限内向人民法院起诉，人民法院依法受理后，依法对劳动争议案件进行审理的活动。此外，劳动争议的诉讼，还包括当事人一方不履行仲裁委员会已发生法律效力的裁决书或调解书，另一方当事人申请人民法院强制执行的活动。

实行劳动争议诉讼制度，从根本上将劳动争议处理工作纳入了法制轨道，以法的强制性保证了劳动争议的彻底解决。同时，这一制度也初步形成了对劳动争议仲裁委员会的司法监督机制，对提高仲裁质量十分有利。此外，还较好地保护了当事人的诉讼权，给予不服仲裁裁决的当事人以求助于司法的权利。

劳动争议的诉讼，是解决劳动争议的最终程序。人民法院审理劳动争议案件适用《中华人民共和国民事诉讼法》所规定的诉讼程序。

劳动争议诉讼的原则

人民法院在审理劳动争议案件中，同样遵循司法审判中的一般诉讼原则，如以事实为根据，以法律为准绳的原则；独立行使审判权的原则；回避原则等。

此外，根据劳动争议案件的特殊性，还应体现密切与有关单位配合的原则。因为处理劳动争议案件要以法律为准绳，主要就是以《劳动法》的有关法规和政策为依据。劳动行政机关是国家管理劳动工作的专门部门，了解和熟悉劳动法律政策；另外，工会等有关部门从事企业生产、安全、工资福利、劳动保护等各项管理和监督检查工作，情况也比较熟悉。特别是劳动争议仲裁机关，是国家授权处理劳动争议的专职机构，负责直接受理和处理各种劳动争议案件，对争议的原因、过程等情况比较了解，且有一定的办案经验。因此，人民法院审理劳动争议案件时，应多向这些单位调查，认真听取他们的意见，密切配合，使案件的审理更加适合处理劳动争议的实际需要。

劳动诉讼案件的管辖

根据《民事诉讼法》的有关规定，结合劳动争议案件的诉讼主体既有法人，又有劳动者个人，以及劳动争议必须及时处理等特点和要求，人民法院的劳动争议案件管辖一般由劳动争议仲裁委员会所在地的人民法院受理。

具体讲，对于案情比较简单、影响不大的劳动争议案件，一般由劳动争议仲裁委员会所在地的基层人民法院为第一审；对于案情复杂、影响很大的劳动争议案件，基层人民法院审理有困难的，可由中级人民法院作第一审。

《最高人民法院关于审理劳动争议案件适用法律若干问题的解释》规定，劳动争议仲裁委员会以申请仲裁的主体不适格为由，做出不予受理的书面裁决、决定或者通知，当事人不服，依法向人民法院起诉的，经审查，确属主体不适格的，裁定不予受理或者驳回起诉。人民法院受理劳动争议案件后，当事人增加诉讼请求的，如该诉讼请求与讼争的劳动争议具有不可分性，应当合并审理；如属独立的劳动争议，应当告知当事人向劳动争议仲裁委员会申请仲裁。劳动争议仲裁委员会仲裁的事项不属于人民法院受理的案件范围，当事人不服，依法向人民法院起诉的，裁定不予受理或者驳回起诉。

劳动争议案件由用人单位所在地或者劳动合同履行地的基层人民法院管辖。劳动合同履行地不明确的，由用人单位所在地的基层人民法院管辖。当事人双方不服劳动争议仲裁委员会做出的同一仲裁裁决，均向同一人民法院起诉的，先起诉的一方当事人为原告，但对双方的诉讼请求，人民法院应当一并做出裁决。当事人双方就同一仲裁裁决分别向有管辖权的人民法院起诉的，后受理的人民法院应当将案件移送给先受理的人民法院。

用人单位与其他单位合并的，合并前发生的劳动争议，由合并后的单位为当事人；用人单位分立为若干单位的，其分立前发生的劳动争议，由分立后的实际用人单位为当事人。用人单位分立为若干单位后，对承受劳动权利义务的单位不明确的，分立后的单位均为当事人。用人单位招用尚未解除劳动合同的劳动者，原用人单位与劳动者发生的劳动争议，可以列新的用人单位为第三人。原用人单位以新的用人单位侵权为由向人民法院起诉的，可以列劳动者为第三人。原用人单位以新的用人单位和劳动者共同侵权为由向人民法院起诉的，新的用人单位和劳动者列为共同被告。劳动者在用人单位与其他平等主体之间的承包经营期间，与发包方和承包方双方或者一方发生劳动争议，依法向人民法院起诉的，应当将承包方和发包方作为当事人。

劳动争议仲裁委员会以当事人申请仲裁的事项不属于劳动争议为由，做出不予受理的书面裁决、决定或者通知，当事人不服，依法向人民法院起诉的，人民法院应当分别情况予以处理：（1）属于劳动争议案件的，应当受理；（2）虽不属于劳动争议案件，但属于人民法院主管的其他案件，应当依法受理。

劳动诉讼案件审理中的特殊性

1. 劳动诉讼案件的举证责任

举证责任是诉讼当事人对其主张的事实，提出证据予以证明以及证明不了时需要承担不利诉讼后果的一种法律责任。举证责任包含两个方面的含义：一是由谁负责举证即举证责任的承担者；二是指不能举证时应承担的后果责任。我国《民事诉讼法》第 64 条规定：当事人对自己提出的主张，有责任提供证据。

由于劳动关系的特殊性，劳动诉讼案件举证责任也有其特殊性。即以“谁主张，谁举证”为主，以举证责任倒置为辅。在劳动争议案件中，一般应按“谁主张，谁举证”原则来操作，即主要的是当事人对自己提出的主张，有责任提供证据，否则要承担不利的诉讼后果。但在坚守该举证原则的同时，不排除举证责任倒置，即由原告提出的主张，由被告对自己做出的与原告相关联的事实提供证据和相应的法律政策依据。但这种举证责任倒置只适用于劳动者。因为劳动者的从属地位导致在一部分劳动争议案件中，用人单位不履行有关法律行为时，劳动者无法举证，而用人单位负责对劳动者进行考勤、考核等管理，如果发生争议时不提供原始的考勤、考核等证据，使劳动者个人无法举证或是举证不力。为避免劳动者因客观原因无法举证或举证不力而导致的必然败诉，在解决劳动争议案件中要坚持“谁主张，谁举证”的举证责任为主，以举证责任倒置为辅的原则。

《最高人民法院关于审理劳动争议案件适用法律若干问题的解释（一）》第 13 条规定：因用人单位作出的开除、除名、辞退、解除劳动合同、减少劳动报酬、计算劳动者工作年限等决定而发生的劳动争议，用人单位负举证责任。

2. 用人单位规章制度的效力

《最高人民法院关于审理劳动争议案件适用法律若干问题的解释（一）》第 19 条规定：“用人单位根据《劳动法》第 4 条之规定，通过民主程序制定的规章制度，不违反国家法律、行政法规及政策规定，并已向劳动者公示的，可以作为人民法院审理劳动争议案件的依据。”这表明在劳动诉讼中，用人单位的规章制度在程序和内容都不违反国家法律、行政法规及政策规定的前提下是具有法律效力的。

用人单位制定的规章制度，是用人单位依据法律，经过民主程序制定的，在本单位范围内实行的组织生产经营和进行劳动管理的规则。我国《劳动法》第 4 条规定：用人单位应当依法建立和完善规章制度，保障劳动者享有劳动权利和履行劳动义务。因此，用人单位有权根据法律、法规的规定，结合本单位实际情况制定规章制度，如操作程序、劳动纪律、奖惩规定等，以保证本单位生产经营活动的正常进行。用人单位制定的规章制度不得同国家法律、法规相抵触，不得违反经过职工代表大会或其他民主程序的规定，更不得不明确告知劳动者。

3. 劳动合同争议案件中的注意事项

《最高人民法院关于审理劳动争议案件适用法律若干问题的解释（一）》对劳动合同争议案件审理做出了一些具体明确的规定，这是在审理劳动合同争议案件中应当予以注意的。

例如，第14条规定，劳动合同被确认为无效后，用人单位对劳动者付出的劳动，一般可参照本单位同期、同工种、同岗位的工资标准支付劳动报酬。根据《劳动法》第97条之规定，由于用人单位的原因订立的无效合同，给劳动者造成损害的，应当比照违反和解除劳动合同经济补偿金的支付标准，赔偿劳动者因合同无效所造成的经济损失。第15条规定，用人单位有下列情形之一，迫使劳动者提出解除劳动合同的，用人单位应当支付劳动者的劳动报酬和经济补偿，并可支付赔偿金：（1）以暴力、威胁或者非法限制人身自由的手段强迫劳动的；（2）未按照劳动合同约定支付劳动报酬或者提供劳动条件的；（3）克扣或者无故拖欠劳动者工资的；（4）拒不支付劳动者延长工作时间工资报酬的；（5）低于当地最低工资标准支付劳动者工资的。第16条规定，劳动合同期满后，劳动者仍在原用人单位工作，原用人单位未表示异议的，视为双方同意以原条件继续履行劳动合同。一方提出终止劳动关系的，人民法院应当支持。根据《劳动法》第20条之规定，用人单位应当与劳动者签订无固定期限劳动合同而未签订的，人民法院可以视为双方之间存在无固定期限劳动合同关系，并以原劳动合同确定双方的权利义务关系。

《最高人民法院关于审理劳动争议案件适用法律若干问题的解释（二）》更多地考虑了劳动权益维护的需求，这主要表现在以下方面：

1. 扩大劳动权益的救济渠道

针对一些用人单位违法收取劳动合同保证金，劳动者为了就业，通常不敢在劳动关系存在期间向劳动监察部门投诉，也不向劳动争议仲裁机构提起劳动仲裁，直到解除劳动关系时才寄希望通过仲裁或者诉讼手段要回；也有的用人单位对劳动者提出解除劳动合同的，以扣押丢弃人事档案、不转移社会保险关系等手段予以制裁，导致劳动者再就业困难的情。《解释（二）》明确规定人民法院受理劳动者与用人单位解除或者终止劳动关系后，请求用人单位返还其收取的劳动合同定金、保证金、抵押金、抵押物产生的争议，或者办理劳动者的人事档案、社会保险关系等移转手续产生的争议的解释，将劳动案件的审理范围延伸至劳动合同解除和解除合同后产生的附随义务。

2. 增加追讨欠薪的新途径

根据《解释（二）》第3条的规定，农民工可以用人单位的工资欠条为证据直接向人民法院起诉，法院将视为拖欠劳动报酬争议，按照普通民事纠纷受理。这无疑为农民工追讨欠薪又开辟了一条新的途径。由于此类案件适用普通民事纠纷的诉讼时效，这在一定程度上拯救了农民工因为超过《劳动法》规定为60天的仲裁时效而丧失本应该获取工资的诉讼权利。因为在长期拖欠工资和欠薪逃匿的案件中，常常是一些用人单位凭借60天的仲裁申请期限来达成消灭债权的目的。

3. 追究劳动力派遣中的连带责任

劳动力派遣以其节省招聘费用、降低用人成本，避免用工企业直接与劳动者发生劳动争议，增强用人单位用人方式机动灵活性等优势得到了飞速的发展，也同样因为劳动者与实际用人单位没有直接的劳动关系，劳动者法律上真正的雇主仍然是派遣单位，致使实际用人单位在享有使用劳动者权利的同时，却可以规避使用劳动者的诸多法律责任。由于劳动力的雇用和使用相分离，劳动者与接受单位不存在劳动合同关系，劳动者也不是劳动力派遣合同的主体，当劳动力派遣合同约定不明确或者违反法律规定，履行合同过程中极易因用人单位的行为使劳动者的利益受到损害。因此，《解释（二）》第10条规定：劳动者因履行劳动力派遣合同产生劳动争议而起诉，以派遣单位为被告；争议内容涉及接受单位的，以派遣单位和接受单位为共同被告。这表明劳动者因履行劳动力派遣合同产生劳动争议而起诉，仍以派遣单位为被告；只有当争议内容涉及接受单位的，以派遣单位和接受单位为共同被告。

4. 确立劳动合同的优先效力

《解释（二）》第16条规定：用人单位制定的内部规章制度与集体合同或者劳动合同约定的内容不一致，劳动者请求优先适用合同约定的，人民法院应予支持。用人单位的内部规章制度是指用人单位依法制定的并在本单位实施的组织劳动和进行管理的规则。用人单位的内部规章制度对单位内部的所有职工都具有约束力。在《解释（一）》第19条规定中，用人单位根据《劳动法》第4条之规定，通过民主程序制定的规章制度，不违反国家法律、行政法规及政策规定，并已向劳动者公示的，可以作为人民法院审理劳动争议案件的依据。《解释（一）》没有规定当用人单位制定的内部规章制度与集体合同或者劳动合同约定的内容不一致如何处理，新的解释是对此缺陷的补充与完善。在用人单位的内部规章制度与集体合同或者劳动合同的关系上，由于集体合同或劳动合同是劳动者与用人单位双方协商，意思表示一致的结果，其效力应当高于用人单位单方面的规章制度。由内部规章制度作为劳动合同的附件，具有补充劳动合同内容的效力所决定，用人单位可以补充劳动合同没有规定或规定不具体的条款，但不能变更劳动合同已有明文规定的内容。而且，用人单位规章制度所规定的标准不得低于劳动合同所规定的劳动条件待遇，劳动合同中也可以特别约定其当事人不受内部规章制度中特定条款的约束。

诉讼时效

根据《劳动法》和《中华人民共和国企业劳动争议处理条例》的规定，劳动争议当事人对仲裁裁决不服的，自收到裁决书之日起15天内，可以向人民法院起诉。一方当事人在法定期限内既不起诉、又不履行仲裁裁决的，另一方当事人可以申请人民法院强制执行。

典型案例

内退人员出事儿　新“东家”得管

林先生原系大连市华林集团的内退人员，该集团一直为其缴纳社会保险。2011年11月1日至2012年9月29日，林先生进入本市一家保洁公司工作，双方签订了聘用协议。2012年9月15日，林先生因在工作中受伤，左手拇指骨折。但在认定工伤过程中，保洁公司认为林先生与其只是劳务关系，并非劳动关系，不予承担相应赔偿责任。后经过合议庭评议，当场裁决林先生与保洁公司存在劳动关系。

此前，法律法规对此没有明确界定，此类案件一般不受理。《中华人民共和国劳动合同法》出台后，尤其是2010年9月13日《最高人民法院关于审理劳动争议案件适用法律若干问题的解释（三）》施行后，这类案件有了明确的法律依据。该《解释》第8条明确指出，企业停薪留职人员、未达到法定退休年龄的内退人员、下岗待岗人员以及企业经营性停产放长假人员，因与新的用人单位发生用工争议，依法向人民法院提起诉讼的，人民法院应当按劳动关系处理。

资料来源：齐芳芳：《企业内退人员出事儿　新“东家”得管》，载《半岛晨报》，2013-01-05。

本章小结

劳动争议就是劳动纠纷，是指劳动关系双方当事人因劳动问题引起的纠纷。从这个意义上讲，劳动者与用人单位之间、劳动者之间、用人单位之间，因为劳动问题所引起的争议，都可以叫劳动争议。从世界范围看，劳动争议分为两类，一类是因为适用劳动法规和劳动合同所规定的条件而发生的争议，这类争议因涉及的是法律问题，所以，有些国家叫法律争议；这类争议多为涉及劳动者个人利益，因此有些国家又叫个别争议；这类争议的显著特征是对既存权利的争议，所以有的国家叫权利争议。另一类是因为制定或变更劳动条件而产生的争议，这类争议通常是多数劳动者参加，所以有些国家又叫它集体争议；这种争议是为团体的利益而发生的争议，有的国家又叫它利益争议；还因为它是为确定将来劳动条件发生的争议，又叫将来争议。劳动争议仲裁是劳动争议仲裁委员会对用人单位与劳动者之间发生的争议，在查明事实、明确是非、分清责任的基础上，依法做出裁决的活动。调解委员会调解劳动争议，一般包括调解准备、调解开始、实施调解、调解终止几个阶段。

劳动争议的诉讼，是指劳动争议当事人不服劳动争议仲裁委员会的裁决，在规定的期限内向人民法院起诉，人民法院依法受理后，依法对劳动争议案件进行审理的活动。此外，劳动争议的诉讼，还包括当事人一方不履行仲裁委员会已发生法律效力的裁决书或调解书，另一方当事人申请人民法院强制执行的活动。

关键概念

劳动争议　　劳动争议的调解制度　　劳动争议的仲裁制度　　劳动争议的诉讼制度

思考题

1. 简述劳动争议的概念、种类。
2. 简述劳动争议处理的范围。
3. 简述劳动争议处理的基本原则及机构。
4. 简述劳动争议的调解制度。
5. 简述劳动争议的仲裁制度。
6. 简述劳动争议的诉讼制度。

第十一章 社会保障法概论

学习目标

通过本章学习，了解社会保障的概念、内容、特征。了解社会保障法的概念、特征。了解社会保障法的功能和原则。了解社会保障法的历史沿革。社会保障是现代社会中重要的法律制度。社会保障和社会保障法律制度的基本问题，包括社会保障的概念和特征，社会保障法的调整对象、特征和原则。回顾社会保障制度的历史沿革，可以了解我国社会保障法律制度的建立、发展和正在进行的社会保障制度改革。

第一节　社会保障的概念

社会保障的定义

社会保障作为法律概念，最早出现在美国 1935 年的《社会保障法》中。但作为社会保障法核心内容的“社会保障”，早在 1883 年至 1891 年间就由在奥托·冯·俾斯麦首相领导下的德国政府所创立。在社会保障创立后的 100 多年历程中，人们对“社会保障”的含义做了多种相关的表述。

联合国国际劳工组织对“社会保障”的定义是：社会通过采取一系列的公共措施来向其成员提供保护，以便与由于疾病、生育、工伤、失业、伤残、年老和死亡等原因造成停薪或大幅度减少工资而引起的经济和社会贫困进行斗争，并提供医疗和对有子女的家庭实行补贴法。

英国牛津法律大辞典中“社会保障”的定义是：社会保障是对一系列相互联系的、旨在保护个人免除因年老、疾病、残疾或失业而遭受损失的法律的总称。

德国学者的定义是：社会保障旨在使竞争中失败的人不致遭受灭顶之灾，并能获得重新参与竞争的机会；并为那些由于失去劳动能力或遭受意外困难而不能参加竞争的人，提供生活保障。

美国人认为社会保障是根据立法建立的，为人们提供因年老、疾病、失业、伤残等原因中断或丧失劳动能力的经济保护，因结婚、生育和死亡带来的特殊开支以及抚育子女的家庭津贴的保障体系。

日本学者认为社会保障是在国民生活中出现收入中断或永久丧失时，国家为保障其最低生活水平的收入而制定的综合性的措施和制度。

我国在第七个五年计划中开始使用“社会保障”一词。在我国，社会保障是国家通过法律对社会成员在生、老、病、死、伤、残、丧失劳动能力或因自然灾害面临生活困难时给予物质帮助，以此来保障每个公民的基本生活需要的制度。

上述种种表述的共同点是都认为社会保障是为丧失劳动能力以及需要某些特殊帮助者提供的维持其基本生活需要的保障制度。

社会保障的特征

（1）社会保障的根本目的在于保障社会成员的基本生存条件。这表明社会保障是对其社会成员基本生活需求的保障。基本生活需求是社会保障的水平线，也是社会保障制度的关键要素。社会保障是社会按照一定时期生产力的发展水平，对生存发生困难的社会成员的基本生活需要予以物质帮助。这部分人的基本生活需要得不到保证，就要危及他们的生存，以致影响社会的安定。当社会保障水平低于其社会成员的基本经济生活需求时，就失去了“保障”的意义；当社会保障水平过高地超过其社会成员的基本经济生活需求时，就超越了社会保障制度自身的范围。

虽然社会保障的保障水平是相对的，因社会生产力发展水平不同可以不同，并随生产力发展水平的提高而逐步提高。但无论在什么情况下，对社会成员由生存而引起的基本生活需要予以物质保障则是社会保障最根本的目的。社会保障的这一特征使社会成员具有安全感，人们可以在社会心理上保持平衡，从而没有后顾之忧地在安定的社会环境中生存并从事创造性的劳动。

（2）社会保障的对象是该社会的全体社会成员，尤其是那些丧失劳动能力以及需要某些特殊帮助者。社会保障对于社会成员来说，应不分部门和行业，不分就业单位的所有制性质或有无职业，不分城市和农村，只要生存发生了困难，都应普遍地、无例外地给予基本生活的物质保障。社会成员之间只存在保障基金的筹集方式、保障的项目、标准以及采取的形式的不同，不存在能否享受社会保障待遇的差别。这是社会保障具有普遍性的体现。社会保障的这种普遍性不仅体现在社会福利通常是由全体社会成员所享受，而且还体现在当该社会的局部地区出现自然或人为的灾害，使这一局部地区的人们陷入贫困时，为该地区的全体社会成员提供的物质帮助。

同时，社会保障也对社会成员的特殊对象给予特殊帮助。这表明社会保障的对象由特殊对象和一般对象两部分构成。社会保障的特殊对象主要包括因退休、失业、患病、伤残、生育等造成的失去或中断收入来源而需要社会特殊帮助者。这些成员部分或全部丧失劳动能力与竞争能力，使收入中断、减少或丧失而影响了基本生活，从而得到社会给予的特殊保障。

（3）社会保障是国家通过立法建立和实施的。在现代社会，一个国家社会保障的内容是由法律规定的，其中的大部分内容是由国家强制实施的。国家通过立法规定了社会保障的不同层次和范围，当人们的基本生活状况符合法律规定的条件时，他们就能够享受到社会保障的权利。社会保障制度通过法律的规范性得以确立并为全体社会成员所接受，通过法律的权威性得以在社会中普遍实施，从而为全体社会成员的生存安全提供稳定的和可信赖的保障。

(4) 社会保障在维护社会稳定中促进社会发展。社会保障被公认为社会安全网或社会稳定器。这不仅表现在社会保障的根本目的上，也同时表现在实现该目的的公平方式上。社会保障是一项公平保障制度。社会保障基金的分配虽然不可能绝对平均，但社会成员在享受社会保障的机会和权利上带有较大的机会均等和利益均享的特征。凡是生存发生困难的社会成员，都可以均等地获得社会保障的机会和权利。而且每个社会成员从社会保障中获得的物质帮助是基本均等的。

与此同时，社会保障制度也以其特有的方式促进社会的进步和发展。这在作为社会保障主要内容的社会保险制度中尤为明显。社会保险在对暂时或永久丧失劳动能力的劳动者提供基本物质保障的前提下，将劳动者享受保险的待遇与过去的劳动贡献挂钩，体现应有的差别。劳动时间长、劳动贡献大的，物质保障待遇相对就高，从而在维护社会稳定的同时也能鼓励劳动者在职时积极劳动，多劳多得，为社会多做贡献，将来也能更多地享受社会保障待遇。在社会救济方面，对残疾人和无固定职业、无固定收入的社会成员，既给予基本生活的保障，又根据不同的特点安置就业，鼓励他们从单纯接受救济转变为既接受救济又积极参加力所能及的劳动。对于因自然灾害及其他原因处于危难之中的社会成员，在给予物质保障的同时，鼓励他们发展生产，摆脱贫困。这些都使社会保障具有了既保障社会稳定又促进社会发展的特征。

社会保障的内容

(一) 社会保险

社会保险是国家通过立法方式，对劳动者在遇到生、老、病、伤、残、死、失业等困难，暂时或永久丧失劳动能力、暂时失去工作时，给予物质帮助的制度。

社会保险包括养老保险、失业保险、工伤保险、生育保险和疾病医疗保险。社会保险的对象是劳动者，内容是对劳动者在生、老、病、伤、残、死、失业时的基本生活需要提供物质帮助。我国社会保险以前称为劳动保险，在第七个五年计划中将劳动保险改称为社会保险。社会保险构成社会保障的主要内容。

(二) 社会福利

社会福利是为全体成员提供的各种福利性补贴和举办各种福利事业的总称。包括一般的社会福利、职工福利和特殊的社会福利。

一般的社会福利，是国家和社会有关部门及团体举办的社会文化教育事业以及市政建设、社会服务等，享受的对象是全社会成员。职工福利，是职工所在单位通过举办集体福利设施、建立各种补贴、提供劳务或发放实物，以改善职工的物质文化生活，享受的对象是本单位的职工及家属。特殊的社会福利，是国家和社会为残疾人和无劳动生活能力的人举办的福利事业，包括残疾人福利、儿童福利、老人福利等。

(三) 社会救济

社会救济是指国家对于那些因自身、自然和社会原因不能维持最低生活标准的贫困者提供帮助，以保障他们基本生活的制度。社会救济由社会救济、救灾救济和扶贫救济三方面的制度构成。

在社会救济中，城市居民最低生活保障制度是国家对城市中的贫困居民，按照最低生活保障线标准给予基本生活保障的制度。这是适应我国社会主义市场经济体制而建立的新型社会救济制度。农村社会救济，是国家和集体对农村中生活困难的贫困对象采取物质帮助、扶持生产等形式保障其基本生活的制度。农村社会救济主要针对无法定扶养义务人、无劳动能力、无生活来源的老年人、残疾人、未成年人，以及因病、灾、缺少劳动能力等生活贫困者。特殊对象的社会救济，是国家对特定对象给予生活救济或困难补助，以保障他们基本生活的制度。

救灾救济是当灾害严重、灾民众多时，对灾民进行有效的救济保障，对灾区群众和集体无力解决的困难给予必要的帮助，以维持灾区的社会稳定，消除灾害造成的社会问题的制度。扶贫救济是国家采取的一系列财政、金融措施用于扶持贫困地区和农村贫困户解决生活困难的制度。包括扶贫贷款，即增加对贫困地区的财政投入和低息信贷资金的供给，以此来促进贫困地区经济发展和提高贫困农户的生产能力；创办扶贫经济实体，即在改革单一分散扶贫方式的基础上，把扶持对象联合起来，进行集中扶持的形式；建立扶贫互助储金会，即以国家给予的一部分救灾扶贫周转金为基础，通过群众自愿缴纳会费和集体资助的形式筹集资金，为群众生产、生活服务。

（四）社会优抚

社会优抚是国家对维护国家安全或社会秩序做出贡献和牺牲的人员及其家属在物质上给予优待和抚恤的制度。社会优抚制度是伴随着军队的产生而产生，随着军队的发展而逐步完善起来的。社会优抚包括社会优待、伤残抚恤和死亡抚恤。

社会优抚中的社会优待制度，是国家、社会、群众对烈属、因公牺牲或病故军人家属、革命伤残军人、现役军人及其家属、带病回乡复退军人、退伍红军老战士等优抚对象给予帮助和照顾的制度，是社会优抚制度的一项重要内容。伤残抚恤是国家和社会保障革命伤残人员（包括革命伤残军人、伤残人民警察、伤残机关工作人员、伤残民兵民工）基本生活的优抚制度。死亡抚恤是国家对革命烈士家属、因公牺牲和病故军人家属及因公牺牲病故的国家机关工作人员家属、人民警察家属发给一定数额的费用，给予生活帮助的制度。

背景资料

失独者养老之忧

在中国的传统家庭观念中，“养儿防老”已成为一种根深蒂固的养老方式，然而对于失去独生子女的老人来讲，则只能依赖国家和政府，但目前国内对于失独家庭的帮扶制度尚未完善。

时常躲在家里，无精打采地依偎在床边，拿着一张照片，偷偷地掉眼泪，害怕与街坊邻居聊天，害怕听到孩子的声音，这是北京妇女孙英的生活写照，15年来皆如此。她今年55岁，1997年，时年18岁的独生女儿因病去世，让本来幸福的三口之家变成了“失独家庭”，原本性格开朗的孙英也在无尽的悲痛中变得少言寡语，甚至自闭自卑。唯一的女儿去世了，除了心灵上的创伤，她还无时无刻在思考一个问题——等我和老伴都老得走不动了，谁养我们？

孙英的家庭只是“失独家庭”的一个缩影。他们大多生于20世纪五六十年代，赶上20世纪八十年代首批执行独生子女政策，人到中年遭遇独子夭折。在我国，这样的家庭至少有100万个，并以每年7.6万个的速度攀升。这一人群年龄偏大，精神和身体状况欠佳，有一定的生活困难。截至2010年，我国以养老金作为主要收入来源的老年人只有24.1%。而且，我国城乡之间的老年人收入来源差异巨大。城市老年人中，有66.3%的老年人主要依靠离退休养老金生活，但在农村，能够依靠养老金作为主要收入来源的老年人仅为4.6%。

一些家有儿女的老年人尚面临养老难题，更何况是失子的晚年之辈？他们面临欲进养老院却因无家属签字而被拒收的窘境。按照规定，养老院接收老年人需要子女签字，没有子女的老人，养老院一般不会接收。而要进福利院，得符合“三无”条件，即无儿女、无收入、无配偶，而且必须年满60周岁，进入福利院后，原来的房子要交给国家，也不再享受低保和各种补助。

早在2001年，国家出台的《中国人口与计划生育条例》第27条规定：独生子女发生意外伤残、死亡，其父母不再生育和收养子女的，地方人民政府应当给予必要的帮助。但对于这个“必要的帮助”究竟是什么样的标准且如何实施并没有明确说明。除了现行的《中华人民共和国人口与计划生育法》中含有相关帮扶规定之外，近十年来多次有国家领导人指出，要妥善解决独生子女家庭由于子女病残、死亡等原因，生活遇到困难、养老缺乏保障的问题，抓紧建立社会救助机制。

资料来源：李剑华：《失独者的养老愿景：老有所养病有所医》，载《保险中介》，2012(12)。

第二节　社会保障法的概念

社会保障法的概念和调整对象

（一）社会保障法的概念

社会保障法是调整社会保障关系的法律规范的总称。既包括以基本法律形式出现的社会保障法，也包括其他法律、法规中有关社会保障的规范，还包括具有法律效力的关于社会保障事项的地方性法规和规章。

社会保障法在内容上除要对社会保障的项目体系、实施范围与实施对象、经费来源、待遇标准、计算公式、申请程序和审批程序等进行规范外，还应当包括：社会保障经办机构的性质与职能问题；社会保障组织的形式与地位问题；社会保障不同对象的管理问题；社会保障机构与相关部门的关系问题；社会保障基金的筹集、运用和支付问题。

（二）社会保障法的调整对象

社会保障法的调整对象，是国家、各类单位和社会成员在社会保障活动中所发生的各种社会经济关系。或者说，社会保障法是以社会保障关系为其调整对象的。

社会保障关系，从不同角度可以做出多种分类。就直接关系而言，在内容上，社会保障关系可以分为社会保险关系、社会救济关系、社会福利关系、社会优抚关系。在主体上，社会保障关系涉及国家与社会成员之间的关系、社会保障机构与政府之间的关系、社会保障机构与社会成员之间的关系、社会保障机构之间的关系、社会保障机构与用人单位之间的关系、用人单位与劳动者之间的关系。就间接关系而言，在社会保障基金管理与运营中，涉及社会保障机构与投资市场不同主体之间的关系。这些关系都需要社会保障法从不同方面予以规范和调整。

社会保障法具体调整八个方面的关系：

其一，调整国家与全体社会成员之间的关系。即中央政府与地方各级政府与全体社会成员之间的关系。通过法律需要明确政府在社会保障中的职责、社会成员享受社会保障的待遇等。

其二，调整社会保障机构与政府之间的关系。即社会保障机构作为具体管理与实施社会保障项目的组织与政府之间的关系。通过法律明确社会保障机构的性质、任务、地位及其权利和义务。

其三，调整社会保障机构与社会成员之间的关系。即社会保障的组织管理者与参加者、享受者之间的关系。通过法律明确社会保障机构对社会成员的职责和社会成员参加社会保障的权利与义务。

其四，调整社会保障机构与用人单位和乡村集体组织之间的关系。即社会保障组织管理者与社会保障参加义务人之间的关系，通过法律明确用人单位缴纳社会保障费的义务、乡村集体组织发放社会保障款项和物质的职责。

其五，调整用人单位与劳动者之间的关系。即用人单位在社会保障中对劳动者应负的责任和劳动者应有的社会保障权益。通过法律明确用人单位对劳动者应当履行的保障责任和劳动者应在用人单位享受的社会保障待遇。

其六，调整社会保障运行过程中的关系。即社会保障管理机构与其他部门的关系。通过法律明确社会保障管理部门与其他政府部门之间、不同社会保障管理部门之间和社会保障各管理部门内部机构之间的分工、协调与配合。

其七，调整社会保障运行过程中的监督关系。即各种监督方式在对社会保障运行的监督中所形成的关系。通过法律明确有关监督组织的建立、各种监督机构的职责、权限划分及其监督程序。

其八，调整社会保障基金运营中的关系。即社会保障基金的管理与运营中发生的各种关系。通过法律明确社会保障基金在运营中与国家财政、投资市场、有关经济实体之间的权利与义务。

典型案例

北京一千万富翁“骗低保”

2009年10月30日，陈冬亮向北京市宣武区民政局和广内街道办事处举报同父异母的哥哥陈五喜骗取国家低保金。退休工人陈五喜早些年投资房地产，挣下千万元资产，在北京拥有多套房产，出入开着别克轿车，他的妻子钟素明戴着从香港买的大钻戒，拎的包就值十几万元，但他们却是领了8年低保金的低保户。陈五喜一家每月领取的低保金高过410元，8年来领取了不下10万元，还不包括各种慰问物品。

在城市低保制度的实施过程中，政府利用了遍布在中国城市中“横向到边，纵向到底”的8万多个居委会，动员起至少30万人至50万人的调查审核队伍，所以只花费了极少的人工成本就使一个庞大的“低保机器”运转起来。在城市社区中，居委会与社区居民几乎“零距离”接触，这对他们掌握必要信息非常有利。但与此同时，这种“零距离”接触也导致了两个对居委会干部不利的因素，一个是优亲厚友，另一个是身家性命受到威胁。

资料来源：《北京一千万富翁“骗低保”，折射社会救助制度立法滞后》，载《法治周末》，2010-04-21。

社会保障法的特征

（一）社会保障法具有广泛的社会性

广泛的社会性是社会保障法最主要的特征，这一特征表现为社会保障法的权利与义务广泛地涉及全体社会成员。在权利方面，享受社会保障的权利人是全体社会成员。社会保障权利由全体社会成员共同地、平等地享有。并且随着一国社会经济条件的发展，社会保障待遇提高，项目也逐步扩展。从公民的出生至死亡、从特定的劳动者到不分身份的任何社会成员都是社会保障的受益人。在国际上，一些国家彼此之间还订有社会保障待遇互惠协议，用于保护各种旅居国外的本国公民平等享受旅居国社会保障的权利和待遇。在义务方面，社会保障的义务也由全社会承担。国家通过立法，在社会保障的主要制度上实行强制措施，要求社会中的不同主体都共同承担社会保障的义务，共担风险，共同筹措社会保障基金。在一些特定的保障项目中，还根据实际情况或突发事件向全体社会成员、国际社会的组织和个人筹集经费，用于救济救灾等。

（二）社会保障法是强制性规范与非强制性规范的统一

在社会保障的主要制度中，对于涉及社会成员基本保障权益的项目，社会保障法规定了强制性规范。明确规定国家（各级政府）、社会、企业、个人及有关各方在社会保障中必须履行的义务，社会保障的具体项目、实施范围、资金筹集、待遇标准、计算方式等，有关各方无论其意愿如何，均必须依据法律的规定遵照执行。例如，社会保险中的各项保险义务都是当事人必须履行的和不可选择的。其中的一些项目还是部分当事人只尽义务，另一部分当事人只享受权利的，如工伤保险和生育保险。对于这些强制性规范，有关单位和个人必须严格遵行，按期、足额地缴纳社会保险费，否则会受到法律的制裁。而对于一些临时性、突发性事件中的社会保障方式，除基本制度建立中的强制性规定外，还采用非强制性的、自愿的方式。例如，救灾救济、扶贫救济中的捐赠，就是由社会成员自愿选择的，不具有法律强制力的行为。

（三）社会保障法是人道主义与互助共济的统一

人道主义是人类对自身的社会性认识后的理性与情感，是人类社会文明进步的结果。人道主义在社会生活中的重要体现是强者对弱者的帮助和付出。社会保障法通过在社会组织的个人中合理地分配社会保障责任和义务，形成风险共担的社会保障责任机制，实现富裕的对贫困的、健全的对病残的、年轻的对衰老的、强者对弱者的社会关照和社会扶助，体现出尊老爱幼、扶弱济贫、友爱助人、和谐共存的道德伦理原则。与此同时，社会保障法也实行社会成员间互助共济的原则，体现“人人为我，我为人人”的社会准则。以养老保险为例，其实质是家庭养老模式社会化的结果，即由家庭中的儿子养老子放大为社会中的年轻人养活老年人。而任何人都是会由年轻人变为老年人的，因此，年轻人今天的义务与其明天作为老年人的权利是对等的。同样，在生育保险中，生育保险费由社会承担而非生育者自己承担，也是由生育本身的社会性决定的。即使是在有如“捐赠”这种单方付出的行为中，也能找到全社会互助共济的根据。因为救济灾民不仅保持了整个社会的稳定，而且也有助于灾区的重建，使灾民今后有能力以同样的方式救济其他受灾者。

（四）社会保障法具有实现社会公平的职能

社会公平要求社会以公正的态度对待每一个社会成员，并将这种公正主要体现在社会成员的收益分配与生活状况上。社会保障法规定社会成员平等参与社会保障的权利，任何社会成员不论其地位、职业、贫富等均平等地纳入社会保障的范围中，不存在任何特殊的阶层或个人。通过社会保障，社会成员能够在基本生活得到保障的前提下参与社会的竞争，不至于因先天不足或生活无保障而生存困难，失去平等参与社会公平竞争的机会。通过对灾祸中的不幸者的灾害救济、为失业者提供失业保险或失业救济、为疾病患者提供医疗保障等，都能够使他们在灾害和困境中尽快恢复正常，开始新的生活，从而使社会保障法在一定程度上起到消除社会发展过程中因意外灾害、竞争失败及疾病工伤等因素导致的社会不公平现象的作用。通过社会保障法的实施，还可以在一定程度上缩小社会分配的不公平。在市场经济条件下，社会成员因自身素质的强弱、劳动技能的高低、家庭人口的多少等影响，在社会收益分配上表现出差异，出现一定程度的贫富分化，甚至导致一部分社会成员贫困化现象的出现。社会保障法通过对社会成员实行收入再分配，在一定程度上缩小了社会分配上的差距。在社会保障的资金筹集上，规定高收入者多缴费，低收入者则相对少缴费。在社会保障待遇的享受上，自身条件好、收入高、富裕的社会成员或家庭机会较少，而贫穷的家庭或处于弱势的社会成员则享受社会保障待遇的机会较多，享受的额度也会较高。这样，社会保障法实际在总体上形成社会成员中强者义务多于权利，弱者权利多于义务的结果，客观上起到了缩小贫富差别、实现社会公平的作用。

（五）社会保障法律制度由多项法律协调构成

由于社会保障的事项庞杂、内容很多，而且不同事项需要不同的法律方式调整，因而不可能用一部法律来规定全部社会保障事务。各国通常都制定多部社会保障方面的法律和法规来协调构成社会保障法律制度。在社会保障法律与法律之间、法律与法规之间、法规与法规之间，既有着客观的分工，各自规范着一定范围内的社会保障事务，又存在着相互协调的问题。其相互配合，共同构成一个完整的社会保障法制系统。例如在我国，除《中华人民共和国宪法》第 44 条对社会成员的退休养老保障作出规定，第 45 条对国家和社会给予社会成员物质帮助和发展社会保险、社会救助、医疗卫生事业、社会福利事业等做了原则规定外，还有由国家立法机关通过的社会保障专门法律及可以适用于社会保障领域的其他法律，如《中华人民共和国残疾人保障法》、《中华人民共和国妇女权益保障法》、《中华人民共和国老年人权益保障法》等专门法律，它们作为国家立法机关颁行的社会保障法律，是社会保障制度的基本依据；由国家最高行政机关颁行的行政法规，如由国务院颁布的《中华人民共和国劳动保险条例》、《军人抚恤优待条例》、《农村五保供养工作条例》等，以及有关社会保障法律的实施细则等，它们是社会保障法律的具体实施依据；由地方立法机关在区域范围内颁布的社会保障法规，它们是在全国性的社会保障法律、法规指导下，根据本地区社会保障问题的实际情况制定的，目的是规范由本地区直接负责的一些社会保障事务。这些法律制度共同构成了一个既相对独立、又分工协调的多层次社会保障法制系统。

第三节　社会保障法的功能和原则

社会保障法的功能

现在国际上对社会保障制度进行改革与调整都是通过立法的方式来进行。通过立法改变社会保险基金的筹集模式；通过立法和严格执法措施，改变社会保障资金支出；通过立法改变社会保障的管理体制，完善并增强社会保障的法律实施机制，使社会保障行政管理事务经办和监督控制分开，确保社会保障活动有效、依法进行；通过立法调控社会基金的投资结构，加强社会保险基金的运营管理。社会保障法在社会进步中的功能日渐突出。

（一）社会保障法是建立和发展市场经济的必然要求

市场经济是人类社会历史进步过程中不可逾越的经济发展阶段，而社会保障制度是市场经济建立和发展的必要条件之一。保护劳动力的再生产和合理配置劳动力资源是市场经济的客观要求。在市场经济条件下，竞争机制所形成的优胜劣汰，必然会造成部分劳动者被迫退出劳动岗位，从而使其本人和家庭因失去收入而陷于生存危机；社会保障法通过提供各种帮助使这部分社会成员获得基本的物质资料，维持基本生活水平，从而使劳动力的再生产成为可能。市场经济要求建立劳动力合理流动机制。社会保障法通过建立全社会统一的保障网络，打破了劳动者自我保障或企业保障的局限，使劳动者在更换劳动岗位和迁徙时没有后顾之忧，促进了劳动力的合理流动与合理配置。此外，随着市场经济的发展，日益增多的社会保障项目，必然给社会成员提供更多的社会保障服务，而社会保障的服务性工作的增多，也会增加劳动者的就业机会。

市场经济要求平衡社会供求关系，保持投资结构的合理化和保证投资收益。对此，社会保障法可以通过调整社会保障待遇的支出发挥积极作用。社会保障支出是随着市场经济的增长或下降的运行变化情况而增减的。在经济发展强劲、失业率下降时，社会保障的支出会相应地缩减，社会保障基金的存储规模必然会因此增大，从而减少社会需求的急剧膨胀；而当经济衰退、失业增加时，社会保障的支出会相应地增多，给失去职业和生活困难的人们提供相应的购买能力，唤起社会的有效需求，并在一定程度上促进社会的经济复苏。可以说，社会保障法具有调节市场经济中供求关系的蓄水池作用，能够在一定程度上平抑经济过热或过冷的现象，促进国民经济良性循环。社会保障基金经过长期的积累，会形成庞大的资产，成为投资融资的一大财源。国家通过立法规定社会保障基金的投资项目和投资比例，指导投资的方向，会促使社会保障基金向国家基础设施和重点项目投资，从而成为国家对国民经济进行宏观调控的有效手段。

（二）社会保障法是社会公平的调节器

社会公平，是人类社会发展中产生的一种客观要求。社会公平体现在经济利益方面主要是社会成员之间没有过分悬殊的贫富差别，即所谓“不患贫，患不均”。在市场经济条件下，收入分配机制与竞争机制相联系，必然形成社会成员之间在收入分配方面的不均等，甚至相差悬殊，强者成为富翁，弱者陷于困境。为了解决这一社会问题，就需要运用政府的力量对社会经济生活进行干预，通过社会保障措施，通过对社会成员的收入进行必要的再分配调节方式，将高收入者的一部分收入适当转移给另一部分缺少收入的社会成员，从而在一定程度上缩小社会成员之间的贫富差距，弥补市场经济的缺陷，缓和社会矛盾，以促进社会公平目标的实现。

在这方面，社会保障法起到了对社会成员收入分配进行调节的作用。它以立法的形式，通过税收和强制投保等渠道筹措保障基金，然后由政府进行二次分配，从那些在市场竞争中处于优势的社会成员群体中抽取一部分利益，对那些在市场经济中处于劣势的社会成员群体给予一定的利益补偿，使那些社会上的弱者能分享社会经济发展的成果，从而缓解因分配不公等利益对立而产生的社会负面效应。

（三）社会保障法是维护社会稳定的安全网

没有社会的稳定，就没有经济的发展和社会的进步，而社会保障法则是社会稳定的重要防线。社会保障制度本身就是一种社会安全体系。它通过对没有生活来源者、贫困者、遭遇不幸者和一切工薪劳动者在失去劳动能力或工作岗位后，给予救助。满足其基本生活需要，消除社会成员的不安全感，以维护社会稳定。因此，社会保障法又被誉为“社会安全网”和“社会减震器”。

背景知识

一道别样的“防线”

最低生活保障制度其实并非是一项新兴的社会保障制度。世界上几乎所有的社会保障文献都提到，社会救助或最低生活保障制度，是世界上最古老的社会保障制度。一般认为，它起源于在原始社会末期出现的出于人类恻隐之心或宗教信仰，而对贫困者施以援助的慈善事业。而开现代社会救助制度先河的，是16世纪才在欧洲出现的国家济贫制度。此后，伴随时代的变迁和人类经济社会的发展，不同国别、不同社会制度下的社会保障制度在历史的长河中几经探索、实践、演变，进而形成了目前已被世界上大多数国家采用的最低生活保障制度。它以其无可替代的重要性和科学性、广泛的适用性，早已成为各种社会保障制度中一道别样的“防线”。

之所以说其是各种社会保障制度中一道别样的“防线”，乃因最低生活保障制度从来都是与贫困为伍的，从来都是与贫困相伴相生的，从来都是以呵护贫困群体为使命的。我们完全可以说，没有贫困就没有最低生活保障制度。而贫困几乎是人类所面临的永恒的挑战。人类的历史从未能摆脱贫困，即便是当今任何发达和富裕国家，贫困也被认为是永远会存在的一种社会现象，依然存在着相对贫困问题，存在着需要政府和社会给予帮助的贫困群体。在我国，大凡提及贫困，人们首先想到的便是老少边穷地区那些食不果腹、衣不蔽体、屋不遮雨的农户和农民。其实，与农村贫困问题一样，城市贫困问题在世界各国各地同样普遍存在，我国也不例外。世界上任何社会制度下的任何国家和地区，为了经济社会的协调发展，为了社会稳定，谁都不能不正视城市贫困问题，并努力寻求解决办法。

新中国成立后，党和政府始终高度重视解决部分群众的贫困问题，几十年来，投入了大量人力、财力，实行了行之有效的救济制度。这些救济、救助制度，对保障城镇居民生活、维护社会稳定起到了重要作用，取得了有目共睹的成绩，但也存在实施范围窄、覆盖面小，标准偏低并且不统一，政府财政支持不够，以及不规范等明显不足。原有的社会救济、救助制度，显然已经远远不能适应社会主义市场经济形势下出现的新情况、新问题，尤其是在城市出现大量失业、下岗人员，低收入家庭有所增加，产生了一批新的贫困居民的情况下，必须对其重新加以设计、改造和整合。这样，建立城市居民最低生活保障制度便自然而然地提上了日程，成为市场经济建设和深化各项改革的重要配套工程，并在短短五六年间取得重大突破和全面进展。

据国家统计局公布的权威数字，全国已有600个城市、1 242个县建立了最低生活保障救济。国家民政部的统计资料显示，全国1998年实际支出最低生活保障金12亿元。目前，北京、天津、上海、江苏等17个省（市、区）已经普及了这项制度。全国36个直辖市、计划单列市和省会城市均已全面实施。

资料来源：http://www.person.cninfo.net，1999-08-10。

资本主义生产方式发展到19世纪，激烈而无情的自由市场竞争客观上产生了建立社会保障制度的需要，同时，资本主义经济的发展也具备了建立社会保障制度的物质基础。1883年，德国俾斯麦政权把各地工人自动组织的互助补助基金“国有化”，制定了《医疗保险法》。其后又相继颁布了《工伤保险法》和《养老、残疾、死亡保险法》，从而奠定了德国社会保险法的基础，并且成为世界上第一个建立社会保险制度的国家。随后，欧洲其他资本主义国家也分别根据本国情况制定了不同的社会保险法律。美国作为后起的资本主义国家，在罗斯福当政时期即颁布了世界上第一部以“社会保障法”为名的法律。罗斯福把《社会保障法》看做是其“新政”的“奠基石”，以此减少社会冲突、稳定社会政治经济秩序。第二次世界大战之后，有一个较长的相对稳定的和平发展时期，应该说各国逐步建立健全的社会保障法律制度从中起了一定的作用。

社会保障法的原则

社会保障法的原则是调整社会保障法律关系所应遵循的基本准则。它全面地反映社会保障法所调整的社会关系的客观要求，对如何调整社会保障法律关系进行整体的指导和规范。

（一）实行有条件的社会共同责任的原则

在现代社会环境中，全体社会成员都承受着诸如失业、伤残、疾病、老龄等多方面的风险，并会因这些风险的发生而丧失工作能力、失去作为生活来源的收入保障。这种伴随着人类社会工业化进程而出现的伤残、职业病、失业、破产以及人口老龄化等风险，不仅对社会成员的生活甚至生存构成威胁，而且这些风险产生的原因在很大程度上是社会因素导致的。例如，由于工业生产中机械化程度的提高，工伤事故发生的概率便随之增加；由于电器设备的使用，工人在生产中伤亡的可能性增多；即使是在技术条件进步的情况下，也会由于人工需求的减少导致失业率急剧上升。因此，人们把这些风险称为社会风险。对于社会风险完全靠个人来承担其后果不仅是不可能的，而且对于社会成员中的弱者也是不公平的。这就要求全体社会成员互相帮助，有条件地共同分担社会风险。

体现在社会保障法中，就必须实行由社会成员有条件地共同承担风险的原则，即通过强制性的立法建立社会共同责任机制，使社会风险在一定条件下由全体社会成员共同承担。以通过对部分社会成员的特别保护来达到对全体社会成员的共同保障，从而维护正常的社会秩序，促进社会的顺利发展和进步。

实行有条件的社会共同责任的原则还意味着社会保障的实施范围应包括所有社会成员。社会保障制度作为社会安全的保障网，在物质上应给所有社会成员的基本生活提供保证。有关社会保障的立法应对所有社会成员同等对待，把他们都纳入社会保障法的调整范围之中。所以，社会共同责任与社会成员普遍受益是相辅相成的。

（二）社会保障水平与经济发展相适应的原则

社会保障制度的建立和发展，要与社会发展阶段和经济发展水平相适应。世界各国的社会保障制度，都不是凭空建立起来的，立法所确定的社会保障对象、社会保障项目、社会保障待遇水平，无一不受到本国社会经济发展阶段和经济发展水平的制约与影响。

各国的社会保障制度都随着本国经济的发展，呈现出社会保障对象的范围由窄到宽、社会保障项目由少到多、社会保障标准由低到高的共同特点。例如，德国于1883年建立社会保障制度时，其保障对象仅为工商业和手工业工人，直到1957年，农业工人才被纳入社会保障的范围。美国从1935年公布《社会保障法》以后，到1950年通过立法确定了养老保险待遇标准；从1950年到1998年，根据美国的社会经济发展水平，此标准先后被修改了32次，养老保险待遇水平不断提高。受亚洲金融危机的影响，新加坡经济衰退，1998年11月24日，新加坡政府宣布从1999年1月起的2年内，把雇主向国家缴纳的养老抚恤基金的缴款数额由工人工资的20%下降到10%；工人和政府官员的薪水削减5%～8%。

我国社会经济还不发达，人民的生活水平普遍较低，一部分人的温饱问题还没有解决。这是我国的基本国情，也是我们建立和发展社会保障的立足点。在制定有关社会保障的项目、标准的立法时，一定要从我国经济发展的实际情况出发，从国家、社会以及公民个人可能负担的财力、物力出发。就现阶段而言，满足人民基本生活需求是我国社会保障制度的重要目标。

西方工业化国家的历史经验还证明，社会保障水平并非越高越好。社会保障的发展水平应建立在既能保障公民的基本生活又能促进国民经济的健康发展，既要保证社会稳定又能激励社会成员积极劳动、提高社会成员的素质、促进社会进步上。

（三）社会保障制度的内容和模式应适应本国国情的原则

社会保障制度的内容和模式选择，具有鲜明的国情特点。综观当今世界各国的社会保障制度，无一不是从本国的国情出发，制定社会保障立法和相应的社会保障措施。例如，美国根据联邦制这一国情，国会通过的联邦统一立法所规定的保障项目和保障标准适用于全国，但允许各州通过立法增加保障内容。世界人口老龄化速度加快，日本的人口老龄化问题更加突出，日本政府率先做出反应，通过立法对原有的养老保险制度进行重大改革，增大养老保险基金的积累，应对养老保险的各种需求，同时延长退休年龄，推迟支付养老金期限。有些国家为了提高国民素质，把义务教育和就业培训列入社会保障项目之中。

中国是世界上最大的发展中国家，仍处在社会主义初级阶段，人口多，底子薄，各地经济发展状况不平衡。要在这样一个具有 10 多亿人口的大国建立起与社会主义市场经济体制相适应的完善的社会保障制度，所遇到的情况和问题与经济发达国家是有所不同的。我们必须从自己的国情出发，借鉴和吸取国际社会带有共性的经验，适当参照国际标准但不能照搬，总结我国社会保障法制建设的经验，通过改革和制度创新，建立起具有中国特色的社会保障法律制度。

（四）坚持社会公平与提高经济效率兼顾的原则

在发达国家，随着福利国家制度的推行，社会保障对经济发展的负面效应逐渐显现出来。由于福利国家社会保障的项目多，待遇标准太高，使人们即使不劳动也能达到不低的生活水平。特别是失业补助金给付期长，标准高，失业者的收入与在业者的收入相差不多，使失业者不愿从事新的工作，从而在劳动者中滋长依赖、懒惰情绪。高福利制度体现了形式上的“公平”，却牺牲了经济效率。而且高福利制度还导致由于社会保险和津贴标准高，提高了企业产品成本，进而影响了国家对外竞争的能力，同时也影响了企业的再投资、资金外移、科技人员外流等一些不利的后果。

第四节　社会保障法的历史沿革

社会保障法的产生和发展

（一）社会保障法的产生

世界上最早的社会保障法是英国伊丽莎白女王 1601 年颁行的《济贫法》，该法的颁布标志着社会保障从分散走向统一、从临时性走向制度化、从随意性走向法律化。如此巨大的变革是有其深刻的历史背景的。

15 世纪的英国，随着因圈地运动导致的大量农民涌入城市，造成了城市人口过剩。资本主义经济的自由竞争，又使一部分工商企业破产。社会中失业人口增多，贫富差距急剧增大，流离失所、乞讨度日的人口剧增。当时的救济既未社会化，也不由政府负责，只由世俗和宗教组织的慈善事业来应付。这对于全社会性的贫困对象如同杯水车薪，更不能解决大量因贫困导致的社会问题。因此，当社会性的贫困成了国家经济停滞、社会动荡的重要原因时，英国政府不得不将救济贫民视为己任，决定由政府干预、以法律推行社会对贫困人口的救济，从而缓和社会矛盾，在社会动荡的形势下以社会保障的变革来谋求社会稳定。

《济贫法》规定的救济对象有三种：(1) 有劳动能力的贫民；(2) 无劳动能力的贫民；(3) 无依无靠的孤儿。

《济贫法》的救济措施包括：(1) 建立地方行政和征税机构；(2) 为有能力劳动的人提供劳动场所；(3) 资助老人、盲人等丧失劳动能力的人，为他们建立收容场所；(4) 组织穷人和儿童学艺，建立贫民习艺所；(5) 提倡父母子女的社会责任；(6) 从比较富裕的地区征税补贴贫困地区。

尽管《济贫法》在内容上有明显的局限性，它以“慈善与矫治”的原则使该法兼有强迫劳动和福利救济的性质，强调对不劳动者的惩罚而较忽略对需求者的帮助，但毕竟在人类历史上第一次以专门的法律形式对社会保障事项作出规定。该法把贫民和孤儿作为法定的救济对象，对老人、盲人等丧失劳动能力的人提供资助，从比较富裕的地区征税补贴贫困地区的规定也为社会保障法的内容提供了范例。

由于《济贫法》颁布实施后，政府所拨救助款大多流入了封建主和商人的腰包，遭到人民的强烈反对。1832 年，国王威廉四世组织“济贫行政与实施委员会”，开始改革济贫行政管理机构。1834 年，国会通过《济贫法修正案》，废止由各教区掌握的济贫行政管理权，合并邻近若干教区，成立“济贫协会”；扩大地方济贫的基层管理单位，将地方贫民习艺所列为地方单位的行政管理中心；成立中央济贫法实施委员会，实行中央督导制，将济贫的执行权力集于中央，从而改进了济贫管理监督机制，将济贫权由分散改为集中，避免了地方济贫管理中的腐败现象。

英国《济贫法》的颁布和实施，对稳定当时的社会和促进资本主义经济的发展起到了重要作用。该法也因此为后起的资本主义国家所重视，尤其为欧洲资本主义国家所效仿。

除了英国以外，瑞典也在 1763 年制定了《济贫法》，由政府征收济贫税，承担救济贫民责任。此后经过多次修订，至 1871 年把救济的主要对象限定为老年人。

（二）社会保障法的形成

19 世纪下半叶，俾斯麦任普鲁士帝国首相。当时德国国内经济萧条，劳动人民生活贫困，社会主义思潮在工人中传播，工人运动不断兴起，无产阶级力量强大，劳工问题是当时社会必须解决的主要问题。国家必须通过立法，实行包括社会保险、孤寡救济、劳资合作以及工厂监督在内的一系列社会政策措施，自上而下地实行各项经济和社会改革。于是，1883 年至 1889 年，议会相继通过了法令，批准由国家建立医疗保险、意外事故保险和老年与残废保险等三项保险法案。1911 年，上述三部法律又被确定为德意志帝国统一的法律文本，另增《孤儿寡妇保险法》，而成为《社会保险法典》。1923 年又颁布了《矿工保险法》，1927 年制定《职业介绍和失业保险法》。

由此，社会保障全面进入了国家立法阶段，实行“统一”和“平等”的社会保障，力图通过国家直接干预和调节社会再分配，来消除社会问题，缓和社会矛盾。这标志着现代社会保障制度的形成。由于这种以社会保险为主体内容的社会保障制度与工业化的进程相吻合，因此为西欧多数国家所仿效。这些国家也先后制定与实施了全面的社会保障法律。法国于

1910年实行了工业和农业工人强制年金制度；1930年颁布了综合性的《社会保险法》。英国于1908年颁布《老人年金保险法》，对国民养老保险做了法律规定；1911年又颁布《国民保险法》，对健康保险及失业保险做了法律规定。瑞典于1913年通过了《国民年金法》；1918年颁布《工伤事故保险法》；1926年颁布《国民保险法》；1934年颁布《失业保险法》。意大利、澳大利亚、秘鲁、新西兰等国也相继通过法律设立了养老保险、伤残保险、工伤津贴、失业补助、家庭津贴等社会保障项目。

世界范围内大规模社会保障法制化，标志着社会保障法作为一项新兴的独立法律制度已经形成。

（三）社会保障法的发展

20世纪30年代，资本主义世界发生了严重的经济危机。1929年10月24日在历史上被称为“黑色的星期四”。资本主义国家陆续进入了国家干预经济的时代。国家不仅把经济干预和调节的范围扩大到再生产的许多领域，而且扩大到国民收入再分配领域，实行社会保障制度就是国家干预国民收入再分配的一种形式。

1929年美国发生经济危机，造成严重的经济社会后果。美国总统罗斯福1933年上台后，为摆脱危机，缓和国内劳资矛盾，开始实行新政，强调国家干预社会经济生活。罗斯福新政的基石就是由国家向全社会实施社会救济、社会保险和社会福利。新政在社会保障方面的主要内容是：（1）社会保障是大机器生产的客观需要，是取代已不适应形势的“家庭保障”的新社会政策；（2）建立以“普遍福利”为核心的社会保障制度，以消除人们对生活中旦夕祸福和兴衰变迁的恐惧；（3）初期的社会保障项目包括失业补助、养老补助（包括强制性和非强制性的老年社会保险）、生育补助，即“家庭安全、生活保障、社会保险”；（4）实行强制性多层次养老社会保险，开始由联邦政府承担养老金开支的一半，最终则由自给的保险年金所取代；（5）社会保险必须促进自我保障意识的建立，即保险资金取之于民，用之于民。

美国国会1935年通过了《社会保障法》，根据法律，联邦政府设立了社会保障署。法律规定社会保障包括：（1）老年救济；（2）老年退休年金的失业保险；（3）对盲人、需要抚养的儿童和其他不幸者的救济。此外，按照社会保障法，联邦政府还要为母亲和儿童卫生机构、残疾儿童服务机构以及儿童福利机构提供资助。

美国1935年的《社会保障法》，在社会保障立法史上具有重要的历史意义，它是世界上第一个对社会保障进行全面系统规范的法律。社会保障的普遍性和社会性原则得以确立，并成为各国社会保障立法的普遍原则。据此，西方国家纷纷对原有社会保障立法进行补充和修订。到1940年，世界上已有60多个国家设立了工伤保险、医疗保险、家属津贴等社会保障项目，社会保障制度迅速发展。

社会保障法的完善和调整

（一）社会保障法的完善

第二次世界大战后，资本主义世界各国在经济上有了不同程度的发展。由于产业结构发生大变革，发生了产业工人比例下降、工人白领化、雇员专业化等一系列社会结构性变化。重工业和其他一些劳动力集中的产业的衰落，使大批工人失业或被迫改换工作。面对庞大的失业大军和为解决日益严重的社会问题，社会保障法的发展进入了新的阶段。

这一阶段以英国工党政府宣布的“福利国家”的建成为标志，“福利国家”的建立和社会保障制度在世界范围内得以普遍推行。被称为“福利国家之父”的贝弗里奇教授，着眼于重建战后和平，使英国人民永获安全感的长远安排，提出《社会保障及有关服务》的报告，强调政府统一管理保障项目的原则；建议政府通过国民收入再分配来实施社会保障措施；提出了一整套对英国公民均适用的福利国家的指导原则，提出国家对于每个公民"从摇篮到坟墓"，即由生到死的一切生活与危险，诸如疾病、灾害、老年、生育、死亡以及鳏、寡、孤、残疾人，都给予安全保障，建立一整套从"摇篮到坟墓"的全面广泛的社会福利计划。贝弗里奇的报告成为工党政府社会保障立法的依据。英国政府以实现充分就业和社会福利为纲领，先后通过了一系列重要法律，其中主要有《国民保险法》(1946)、《国民健康服务法》(1946)、《家庭津贴法》(1945)、《工业伤害法》(1946)、《国民救济法》(1948) 以及规范社会保障主管机构的《国民保险部法》(1944)。工党领袖艾德礼 1948 年宣布建成了"福利国家"。在英国的影响下，西欧国家、北欧国家、北美洲国家、大洋洲发达国家、亚洲发达国家和地区，也均先后宣布实施"普遍福利"的政策，社会保障制度得以更充分的发展。

社会保障法的完善还体现在这一时期立法的内容上，即立法使社会保障普遍地向全民化、普及化方向发展。1946 年英国的《国民保险法》囊括失业、疾病、生育、死亡、孤寡、退休等方面的保障。根据这一法案，几乎每个公民都可享有保障。原联邦德国战后的社会保险立法比俾斯麦时期的社会保障法在内容上也是接近全民化。仅以健康保险为例，全国人口的 90%都享有国家健康保险，而其余 10%的人口则享有私人保险。法国的社会保障此时也由个别救济向全民保险形式转化。战前法国的主要产业结构是酿酒业、香料及化妆品生产，小型农场规模比较小，工业风险性不大，再加上有关保障的立法都是单向的，救济性的。在战后重建中，法国立法机构在 1945 年至 1947 年间，连续通过有关社会保障的立法，在全国设立了保险银行及其分支机构，并且逐步建立起低收入劳动者保险、中等以上收入劳动者保险、全国性的疾病和养老保险，直至包括了个体劳动者和农业劳动者的全民社会保障网。

与此同时，苏联、东欧及中国和亚洲其他的社会主义国家的"国家保险"制度纷纷建立，成为社会保障制度的一种新型模式。在苏联，沙俄时期就建立了工伤和医疗保险制度。苏联建国后，建立起了新型的社会保险制度。随后，东欧社会主义国家及中国和亚洲其他社会主义国家，也仿照苏联模式建立了本国的社会保险体系。

在这一时期，联合国主管劳动和社会事务的专门机构——国际劳工组织也积极促进各国社会保障事业的发展与合作。在它的推动下，社会保障在国际上得到了普遍承认，社会保障制度也广泛地为亚洲、非洲和拉丁美洲等国家和地区所接受。国际劳工组织还在总结过去有关社会保障立法的基础上，于 1952 年制定了《社会保障（最低标准）公约》，规定了退休待遇、疾病津贴、医疗护理、失业救济、工伤补偿、残疾津贴、子女补助、死亡补助和定期支付应遵守的最低标准。

（二）社会保障法的改革与调整

20 世纪 70 年代中期以来，发达资本主义国家的经济发展进入滞胀阶段，社会保障制度也进入改革与调整时期。

由于发达国家社会保障的范围广、标准高，社会保障开支增长率普遍高于本国经济的增长，从而出现"福利国家危机"和"福利困境"现象。社会保障支出占国内生产总值的比重不断提高。社会保障开支在政府总支出中所占比重也大幅度上升。庞大的社会保障开支，成为财政上的沉重包袱，导致财政赤字。社会成员缴纳的社会保险费与所得税猛增，也影响国内投资和产品的竞争能力，使失业与通货膨胀加剧。

因此，一些西方发达国家从法律制度着手对社会保障进行了调整和改革。美国 1987 年 7 月通过了社会保障制度改革方案。日本 1982 年制定《老人保健法》，实行老人医疗收费制度。1984年修改《残疾人福利法》，从康复所的入所者中收取费用；修改《健康保险法》，医疗费由本人负担10%。1985年修改《国民养老金法》，调整基本养老金制度。1987年制定《社会福利及护理福利法》，1989年修改《生活保障法》。法国、原联邦德国、荷兰、加拿大、比利时等国也先后在立法中提高了保险费率。

从总体上看，这些国家社会保障法的改革与调整主要在于增收节支，即增加社会保障费的收入，减少社会保障金的支出。改革和调整的具体措施包括：一是提高或取消缴纳社会保险费的上限，即不论工资多少，全部都须缴纳社会保险费，从而增加了社会保障的收入。二是提高社会保险费率。由于社会保险费是以社会成员所得工资的一定比例缴纳的，提高比例便增加了社会保障的收入。三是征收社会保障所得税。过去社会保障所得一般不纳税。改革调整后，一些国家对这些所得征收税费。如规定退休金、医疗保险金、残废补贴、甚至失业救济金，都要缴一定的所得税。四是修改社会保障金的调整办法。以前，社会保障金随物价、工资或生活费指数进行调整，以免受通货膨胀、生活费上升的影响。为了限制保障金的增长，一些国家采取了措施，或无论长期性或短期性津贴，都只和物价挂钩；或冻结社会保障金的增长。五是减少社会保障金。包括减少或取消对病人、孕妇、残废者、失业者的附加补助，降低了退休金标准，减少了失业救济金与住房和教育补贴。

虽然社会保障法律制度有以上的改革和调整，但都是为了完善社会保障制度，而不是削弱或终结这项制度。社会保障制度在社会发展变革中出现的问题，并不是这一制度本身的问题，而是由于社会经济发展速度缓慢、失业问题严重、老年人口增加等原因所致。因此，解决的办法是在社会经济发生变革的同时，通过改革和调整使之协调。

第五节　我国社会保障法的发展与改革

新中国成立前的社会保障法

新中国成立前的新民主主义革命时期，从中国共产党开展革命斗争开始就提出了建立社会保障制度的主张。红色政权在各根据地也制定了有关社会保障的立法。

1922年8月，在中国劳动组合书记部拟定的《劳动立法原则》中，第17条即为实行社会保险的基本主张："一切保险事业规章之订立，均应合劳动者参加之，俾可保障政府、公共及私人企业中劳动者所受到的损失，其保险费完全由雇主或国家分担之，不得使被保险者担负。"1926年5月1日，在广州举行的第三次全国劳动大会，通过了《失业问题决议案》，提出失业保障是工人应有的权利；《劳动法大纲决议案》提出国家应设立劳动保险，保险费用由雇主或国库支出。1927年6月，在汉口举行的全国第四次劳动大会通过《产业工人经济斗争决议案》、《救济失业工人决议案》、《手工业工人经济斗争决议案》，提出对生、老、病、死、伤残等进行全面保障的社会保障要求。要求工人退职时，至少发给一个月的退职津贴，并应根据工作年限及每月的工资数额适当增加；工人患病3个月以下照发工资，因工受伤致残时除发给医疗费外，照发工资；工人年老及残废者，由劳动保险金中发给终身养老费、死亡时发给家属抚恤金。这些主张和要求对后来建立新型的社会保障制度具有重要的意义。

土地革命时期，1930年6月的全国苏维埃区域代表大会，在通过的《劳动保护法》中，规定了"保障与抚恤"和"社会保险"。1931年12月颁布《中华苏维埃共和国劳动法》，其中第十章是关于社会保险的规定，指出："社会保险对于一切雇佣劳动者不论他在国家企业、合作社或私人的企业，不论工作时间之久暂，及付给工资的形式如何，都得施及之。"1933年修订时，新的劳动法进一步提出："社会保险，对于凡受雇佣的劳动者，不论他在国家企业或合作社企业、私人企业，以及在商店家庭内服务，不论他在工作的性质及工作时间的久暂，与付给工资的形式如何，均得施及之。""关于农业工人、苦力、家庭工人与零工的社会保障，中央劳动部得制定特别章程实施之。"同时，对基金的来源、管理机构以及项目和待遇也做出了相应规定。

抗日战争时期，各抗日根据地制定了《劳动保护条例》等法律，对劳动保险做了具体规定。在《晋察冀边区施政纲要》中，规定要安置失业工人；女工生产前后例假5星期，工资照给。尽管这些立法是区域性的，其有效范围只在本边区内，但不仅对于当时的革命斗争起到了积极的作用，也为后来的立法积累了经验。

解放战争时期，1948年7月，在哈尔滨举行了全国第六次劳动大会，通过了《关于中国职工运动当前任务的决议》，提出了有关社会保障的立法建议："（六）劳动保险，伤害、疾病、老残等的医疗津贴抚恤，暂由工厂负责办理或由工厂和工会共同办理，其办法由政府规定或批准并监督实行，在工厂集中的城市或条件具备的地方，可以创办劳动的社会保险。职工福利事业由工厂和工会共同负责，或分别负责办理。"这一建议对调整当时相关的社会关系拟定了基本的法律规范。同年公布的《东北公营企业战时暂行劳动保险条例》，在我国社会保险立法史上具有重要地位，是我国第一部劳动保险方面的专门的单行法律。这些立法活动，不仅对支援解放战争发挥了巨大的作用，也成为新中国社会保障法律制度的雏形和基础。

新中国成立后至十一届三中全会前的社会保障法

这一时期，是与当时计划经济体制相适应的国家保障模式及其立法的产生和形成时期。这一过程大体经历了创立、改革和停滞三个阶段。

（一）从新中国成立初期到1957年的创立时期

这一时期主要是制定全国统一的社会保障基本制度，颁布了一些基本立法。

1951年2月，政务院公布了《中华人民共和国劳动保险条例》。这一条例使暂时或长期丧失劳动能力的职工，在生活上有了基本的保障。对于生、老、病、死、伤、残等情况的保险都有了具体规定。条例规定保险经费由企业负担，职工不缴纳保险金，劳动保险事业交由工会办理，并且还举办各种集体劳动保险事业。

由于当时处于经济恢复时期，国家在救济失业工人方面也颁布了相应的法令，1950年6月政务院发布了《关于救济失业工人的指示》，劳动部公布了《救济失业工人暂行办法》，1952年8月政务院发布了《关于劳动就业问题的决定》，这些法令，对于当时解决失业工人的困难和促进失业人员的再就业起了积极的作用。

同时，国家机关、事业单位的社会保险制度也以单行法规的形式逐步建立起来。1950年12月内务部颁发了《革命工作人员伤亡褒恤暂行条例》。同年还颁布了5个关于军人优抚的条例，即《革命烈士家属革命军人家属优待暂行条例》、《革命残废军人优待抚恤暂行条例》、《革命军人牺牲、病故褒恤暂行条例》、《民兵民工伤亡抚恤暂行条例》。1952年6月政务院颁布了《关于全国各级人民政府、党派、团体及所属事业单位的国家工作人员实行公费医疗预防的指示》，同年又颁布了《各级人民政府工作人员在患病期间待遇暂行办法》。1954年4月颁发了《关于女工作人员生产假期的规定》，1955年12月发布了《国家机关工作人员退职处理暂行规定》。1957年发布了《关于职工生活方面若干问题的指示》。这些规范性文件共同构成了新中国社会保障的基本制度。

(二)从1958年至1966年的改革时期

1958年第二个五年计划开始，在第一个五年计划完成的基础上，为了适应形势的发展，对一些不适应经济建设的社会保险制度进行了必要的改革。1958年国务院公布了《关于工人、职员退休处理的暂行规定》、《关于企业、事业单位和国家机关中普通工和勤杂工的工资待遇的暂行规定》、《关于国营、公私合营、合作社营、个体经营的企业和事业单位的学徒的学习期限和生活补贴的暂行规定》、《关于工人、职员回家探亲的假期和工资待遇的暂行规定》等4项重要规定。于同年3月又公布了《关于工人职员退休处理的暂行规定实施细则(草案)》。

这些规定是在总结了前几年来社会保障工作以后制定的，反映了统筹兼顾、注意了工人阶级内部关系以及工农关系，既照顾了职工的眼前利益，又照顾了长远利益；既照顾了个人利益，也照顾到了国家利益。在内容上，这一时期的法律规范统一了企业与国家机关的退休退职制度；对公费医疗和劳保医疗做了适当的改革；规定了被精简职工的社会保险待遇；制定了职业病范围和职业病患者的待遇；制定、批准职工病伤生育假期办法；调整了学徒的社会保险待遇。

同时，国家还在社会保险、社会福利、社会救济和优抚工作各个方面陆续颁布了大量的法规、规定，对我国社会保障制度在实施范围、保障水平和享受资格等各方面都进行了切合实际的改革。

(三)从1966年至1978年的停滞时期

“文化大革命”期间，社会保险制度遭受到严重的破坏：各项管理机构被撤销，当时负责职工社会保险事务的工会被停止活动，负责社会保障行政管理的劳动部、民政部、卫生部、人事部门等处于瘫痪状态，社会保障工作基本无人管理，新中国成立以来建立的各种社会保障法律法规和制度实际被废止，社会保障工作无章可循，退休费用的社会统筹被取消。1969年，财政部颁发《关于国营企业财务工作中几项制度的改革意见》规定：“国营企业一律停止提取劳动保险金，企业的退休职工、长期病号工资和其他劳保开支，在营业外列支。”从此逐步形成了企业自我保障，社会保险的统筹调剂、社会共济无从体现，致使我国社会保障事业停滞和倒退。

十一届三中全会以来的社会保障法

1978年党的十一届三中全会确定了改革开放的方针政策，我国的政治经济形势从此发生了根本性的变化。1984年党的十二届三中全会通过了《中共中央关于经济体制改革的决定》，开始了以搞活国有企业为中心环节的经济体制改革，社会保障体制的改革也相应提到议事日程。

这一时期，我国社会保障制度的改革经历了从1978年党的十一届三中全会到1992年党的十四大社会保障制度改革的探索时期，到从1993年至今的社会保障制度改革取得突破性进展时期。前一时期社会保障制度改革主要作为国有企业改革的配套措施，在关系国有企业改革的单项项目上分别进行了探索；后一时期则在继续为国有企业改革搞好配套的同时，明确了社会保障制度是我国社会主义市场经济框架重要成分。在社会保障项目单项改革继续深化的同时，初步形成了我国社会保障制度改革的总体框架，明确了要建立适应社会主义市场经济的社会保障体系。

1985 年 9 月，在《中共中央关于制定国民经济和社会发展第七个五年计划的建议》中第一次明确地提出了“社会保障”的概念，将我国的社会保险、社会福利、社会救助、社会优抚等制度统一归并于社会保障制度中。社会保障立法在适应经济体制改革中全面展开。1986 年颁布的《国营企业职工待业保险暂行规定》，在我国初步确立了失业保险制度。1991 年发布的《关于企业职工养老保险制度改革的决定》，明确了养老保险费实行社会统筹。1992 年发布的《工伤与职业病致残程度鉴定标准》，在全国范围内统一了各项标准。1989 年颁发的《关于公费医疗保险的通知》，对公费医疗开始进行改革。同时，1990 年通过了《中华人民共和国残疾人保障法》。1988 年颁发了《军人抚恤优待条例》。这些立法都充实和完善了我国的社会保障法律制度。

党的十五大报告中提出社会保障制度改革和建设的重点项目是养老、医疗、失业保险和社会救济四个方面，为我国下一阶段社会保障法制建设确立了目标和任务。

这一时期，社会保障制度的改革和发展取得了显著的成就。例如，扩大了社会保障的覆盖面，养老、失业等重要保障项目已经扩大到非公有制企业。社会保险改变了“企业自保”的模式，建立起社会共济的保障框架。社会保险的基金来源改变了过去国家包揽的状况，实行了国家、单位和职工个人三方合理负担，并在主要项目上实行了社会统筹，加强了社会保障基金管理，完善社会保障财务制度，防止社会保障资金的滥用和挪用。从 1978 年到 1996 年，全国保险福利费用总额增长 34 倍，达 2 725.3 亿元，其中国有单位增长 33 倍，城镇集体单位增长 35 倍。国家财政用于抚恤和社会福利、救济救灾等支出从 1978 年到 1996 年增长了 6 倍，达 128.03 亿元。

2010 年 10 月 28 日，《社会保险法》由十一届全国人大常委会第十七次会议审议通过，自 2011 年 7 月 1 日起施行。《社会保险法》规范了社会保险关系，规定了用人单位和劳动者的权利与义务，强化了政府责任，明确了社会保险行政部门和社会保险经办机构的职责，确定了社会保险相关各方的法律责任，确立了我国社会保险体系建设的总体框架、基本方针、基本原则和基本制度。

根据 2010 年 12 月 20 日《国务院关于修改〈工伤保险条例〉的决定》，修订后的《工伤保险条例》于 2011 年 1 月 1 日起施行。新《工伤保险条例》是《社会保险法》的重要配套法规，对《社会保险法》有关规定进行了细化，使工伤保险更具有可操作性。《工伤保险条例》的修订实施，对完善我国的工伤保险制度，更好地维护广大职工的合法权益具有重要意义。

本章小结

社会保障具有以下特征：(1) 社会保障的根本目的在于保障社会成员的基本生存条件。(2) 社会保障的对象是该社会的全体社会成员，尤其是那些丧失劳动能力以及需要某些特殊帮助者。(3) 社会保障是国家通过立法建立和实施的。(4) 社会保障在维护社会稳定中促进社会发展。社会保险是国家通过立法方式，对劳动者在遇到生、老、病、伤、残、死、失业等困难，暂时或永久丧失劳动能力、暂时失去工作时，给予物质帮助的制度。社会保险包括养老保险、失业保险、工伤保险、生育保险和疾病医疗保险。

社会保险的对象是劳动者，内容是对劳动者在生、老、病、伤、残、死、失业时的基本生活需要提供物质帮助。我国社会保险以前称为劳动保险，在第七个五年计划中将劳动保险改称为社会保险。

社会保险构成社会保障的主要内容。社会保障法是调整社会保障关系的法律规范的总称。既包括以基本法律形式出现的社会保障法，也包括其他法律、法规中有关社会保障的规范，还包括具有法律效力的关于社会保障事项的地方性法规和规章。社会保障法的原则是调整社会保障法律关系所应遵循的基本准则，它全面地反映社会保障法所调整的社会关系的客观要求，对如何调整社会保障法律关系进行整体的指导和规范。

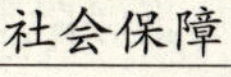

关键概念

社会保障　　社会保障法

思考题

1. 简述社会保障的概念、内容、特征。
2. 简述社会保障法的概念和调整对象。
3. 简述社会保障法的功能和原则。

第十二章 社会保险法基本原理

学习目标

通过本章的学习，掌握社会保险的定义，理解广义与狭义概念之含义；掌握其社会性、互济性以及补偿性的特点；掌握社会保险法的概念、作用及其原则。掌握社会保险法律关系及其内容；了解社会保险费的筹集与分担。

社会保险是社会保障制度的主要内容，其对象涉及全体社会成员，是国家对公民在患病、伤残、失业、年老等情况下给予帮助的法律制度。我国社会保险的对象是全体劳动者。

第一节 社会保险法的概念

社会保险的定义和特点

（一）社会保险的定义

社会保险，是指国家通过立法建立的，对劳动者在其生、老、病、死、伤、残、失业以及发生其他生活困难时，给予物质帮助的制度。对年老、疾病或丧失劳动能力的人给予物质帮助是公民的基本权利。我国《宪法》第45条规定：中华人民共和国公民在年老、疾病或者丧失劳动能力的情况下，有从国家和社会获得物质帮助的权利。国家发展为公民享受这些权利所需要的社会保险、社会救济和医疗卫生事业。《宪法》赋予我国公民的这一基本权利，就劳动者而言，主要通过社会保险实现。我国《劳动法》第70条规定：国家发展社会保险事业，建立社会保险制度，设立社会保险基金，使劳动者在年老、患病、工伤、失业、生育等情况下获得帮助和补偿。

社会保险在概念上有广义的和狭义的两种。广义的社会保险对象涉及全体社会成员，是国家在其患病、伤残、失业、年老等情况下给予物质帮助的各种制度的总称。狭义的社会保险仅对企业、事业单位职工和国家机关工作人员等用人单位的职工和抚养、赡养亲属予以经济保障。广义的社会保险在内容上包括了职工的各项社会保险项目外，还涉及职工生活困难补助以及其他社会救助项目，在管理上也涉及民政、劳动、人事等多个部门。狭义的社会保险主要包括生育保险、医疗保险、工伤保险、失业保险及养老保险。

对社会保险定义有不同的理解和不同的表述，但都包含了一些共同的内容。其一，它是一项法定的社会保障制度；其二，它是要求劳动者及其用人单位强制参加的；其三，它是国家对劳动者履行的社会责任，也是劳动者应该享受的基本权利；其四，社会保险是社会保障的重要组成部分。

（二）社会保险的特点

1. 社会性

社会保险的社会性主要表现在三个方面：

（1）保险范围的社会性。即享受保险的对象范围广泛，包括社会上不同层次、不同行业、不同所有制形式和不同身份的各种劳动者。社会保险对象的范围广泛，是社会保险的最核心特点之一。然而，长期以来，我国一些主要的社会保险制度，只在国家机关、事业单位和全民所有制企业中实施，城镇集体所有制企业，一般只是“参照执行”，其他多种形式的经济组织的劳动者，至今未实行社会保险制度，或者保险待遇条件不等同。这种社会保险体制，与现行的市场经济的统一、平等原则完全相背离。我国《劳动法》将社会保险的范围扩大到中华人民共和国境内所有的企业、事业单位、国家机关、社会团体、个体经济组织的劳动者，不仅克服了以前社会保险制度覆盖面小和不统一的缺陷，而且完全符合社会主义市场经济体制的要求。

（2）保险目的的社会性。建立并实施社会保险制度，既反映了社会的政治进步，也促进社会的经济发展。保障劳动者在年老、疾病、工伤、失业、生育和丧失劳动能力的情况下，获得最基本的生活需要，对于坚持社会主义人道主义，促进社会稳定和进步以及保护生产力，协调社会经济关系，促进经济持续稳定发展，都具有十分重要的意义。

（3）保险组织和管理的社会性。社会保险，主要是一种政府保险制度，它由国家通过立法确认和规定，并在保险资金的筹集、发放、调剂、管理等方面，由政府组织实施。

2. 互济性

凡属保险，通常都具有互济性，因为它们都通过集中与分散资金来分散危险，而且都尽力扩大危险所分散的范围。社会保险的互济性，一方面表现在保险基金实行社会统筹，并依据调剂的原则集中和使用资金，解决不同情况下的劳动者的特定的基本生活需要，使由于年老、患病、工伤、失业、生育和丧失劳动能力等事件，对每个劳动者所造成的经济损失，通过互济共助获得帮助。另一方面，劳动者因寿命长短、生病或不生病以及生病严重程度、伤残或丧失劳动能力与否及其丧失劳动能力程度等，不以人们意志为转移，并且不可能完全等同，而社会保险的目的则是相同的，即保障劳动者的基本生活需要。因此，社会保险实质上是通过多方筹集基金后进行平衡调剂，将个别劳动者在特定情况下的损失和负担，在缴纳保险费的多数主体间进行分摊。这就决定了劳动者按同等标准缴纳社会保险费，而不可能向社会领回同等数量的生活费。这一差别，充分反映了社会保险互济性的特征。

3. 补偿性

社会保险的补偿性，主要表现在三个方面：

（1）劳动者通过劳动创造的价值或财富，除了一部分表现为劳动报酬返回给劳动者之外，另一部分作为社会的各项扣除，纳入了政府收入的范畴。在社会保险基金的来源中，国家负担部分最初来源于劳动者的劳动。国家通过社会保险将这部分再返回给劳动者，其实质是对劳动者过去劳动的一种补偿。

（2）劳动者在向社会提供劳动，并以此获取劳动报酬的期间，按照国家规定标准将报酬的一定比例，作为劳动保险基金缴纳，待年老、患病、负伤、失业、生育和丧失劳动能力时，又依照国家规定标准领回，是社会保险补偿性的具体体现。

(3) 在因工伤残或者患职业病的情况下，劳动者所享有的社会保险待遇，直接反映了社会保险的补偿性。因此，《劳动法》第 70 条将社会保险确定为劳动者在特定条件下获得帮助和补偿是符合实际的，也是科学的。

社会保险法的概念

社会保险法是调整社会保险法律关系的法律规范。它对社会保险的项目体系、实施范围与实施对象、经费来源、待遇标准、发放办法等内容做出法律规定，并且明确社会保险机构的性质与职能，社会保险的组织形式与地位，社会保险的管理与监督等事项。

社会保险法调整的社会关系主要有：社会保险管理机关与管理相对人之间的关系，主要是明确规范各自的权利与义务；社会保险经办机构与用人单位和劳动者之间的关系，主要是规范征收社会保险资金和发放社会保险待遇，保证劳动者实现其社会保险权益，规范用人单位对劳动者的社会保险义务；社会保险监督机构与社会保险管理和经办机构、用人单位和劳动者之间的关系：包括监督机制的建立以及各种监督机构的职责、权限划分及其协调性等。

社会保险法的主体包括四个方面：一是国家或政府。国家（通过政府）直接参与了社会保险活动，并对社会保险的运行和实施给予财政上的支持，从而成为社会保险法制系统中的特殊主体。二是社会保障的管理和实施机构。它们直接承担着管理和实施社会保险的责任，既依法享有向企业、个人等征收社会保险费等的权利，又承担着具体运作社会保险项目、向劳动者发放社会保险待遇的义务。三是用人单位。它们承担向社会保险机构缴纳社会保险费的责任，是社会保险费的主要来源，因而对社会保险法律制度的正常运行和实施具有特别重要的意义。四是劳动者及其家庭。劳动者及其家庭是社会保险的直接受益对象，劳动者本人也需要承担一定的缴纳社会保险费的责任，从而也是社会保险法律制度中的重要因素。

第二节　社会保险法的作用

维护社会秩序的稳定

社会保险法作为社会保障法律体系的主要部分，和其他社会保障项目一道维护着社会秩序的稳定。

社会保险法通过在遇到各种风险时向社会成员提供帮助起到维护社会稳定的作用。当人们遭受年老、疾病、伤残、失业、死亡、生育等风险，生活面临困难时，根据社会保险法律制度，人们能够得到一定的物质帮助，使人们重新振作，渡过难关，或者顺利地安度晚年。社会保险与商业保险的最大不同是它以国家为后盾，聚集了全社会经济力量来建立社会保险基金，使参加保险的社会成员都享有均等的物质帮助权，这有利于消除和缓解社会矛盾，增强社会成员应付意外伤害和不测事变的能力。并且，社会保险与商业保险的区别还在于它不以经营和赢利为目的，从而也不存在社会保险组织倒闭的风险。当社会保险经费入不敷出时，由政府财政予以补贴。例如，1990 年德国财政用于社会保险事业的补贴就达 540 亿马克，从而使社会成员享受社会保险待遇的权利得到了最充分、最有效的保证。因此，社会保险法对消除社会不安定因素起到的重要作用是任何其他制度所不可取代的。正是在这个意义上，人们把社会保险誉为社会秩序的“安全网”和“减震器”。

促进社会发展和进步

社会保险法促进社会发展和进步的作用可以在三方面得到体现。就劳动者而言，由于社会保险法为劳动者解除了后顾之忧，使其能够专心致力于工作和生产劳动，极大地激发了劳动者的积极性和创造性，提高了劳动者的劳动热情和劳动素质，从而促进生产技术的进步和劳动生产率的提高。对于用人单位而言，国家通过社会保险，减轻了用人单位的压力和负担，为用人单位解除了后顾之忧。用人单位能够集中精力从事生产经营，提高经济效益，增强市场竞争力。用人单位经济效益的提高，又为其向所在单位职工提供补充养老保险，增强单位内部的凝聚力，为生产的经济效率的进一步提高创造了条件。从劳动力再生产的角度看，社会保险法是保证劳动力再生产的必要条件。

调节国民收入的分配和再分配

社会保险法通过调节国民收入的分配和再分配来缩小社会成员之间的贫富差距。在市场经济条件下，由于社会成员的自身素质和经济状况的不同，在社会生存和发展中受到资本大小、劳动技能高低、身体素质强弱、家庭人口多少等因素的影响，并具体表现为收益分配上的差异，从而客观上会导致贫富差距的扩大，导致部分社会成员的贫困化。对此，社会保险法所具有的收入再分配功能能在一定程度上缩小差距。根据社会保险法，在筹集社会保险资金时，要求高收入者多缴纳费用，低收入者少缴纳费用；在支付社会保险待遇时，那些收入高的富裕家庭或社会成员因其生活水平高而享受的机会少，而贫穷的低收入家庭或社会成员享受的机会多。通过对国民收入的再分配，客观上起到了缩小贫富差别的作用。

促进社会的精神文明建设

社会保险法通过建立社会互助共济法律制度，使社会成员对社会中的人道主义，对其他社会成员的生存和发展都会有更深刻的认识和更直接的关注。由于与社会成员密切相关的社会保险制度的实施，人们更加明白了人类社会的发展必须是整体的共同发展的道理。社会中的富裕者对贫困者、健全者对病残者、年轻人对老年人，强者对弱者都应该体现人道主义精神。尊老爱幼，扶弱济贫，友爱助人，和谐共存应该成为人们自觉遵守的行为规范。在社会中，全体社会成员是一个整体，每一个社会成员都应该拥有相同的权利与机会。当部分社会成员由于自身或社会的原因遇到困难和不幸时，社会保险法在以法律手段帮助弱者及困难的群体的同时，也在全社会倡导和促进了社会成员的精神文明建设，提高了社会成员的精神文明程度。

第三节　社会保险法的原则

社会保险法的原则是贯穿在全部社会保险法律规范中的基本精神和指导思想。根据社会保险法的特征及其功能，社会保险法主要遵循以下几项原则。

社会保险水平与社会生产力发展水平相适应的原则

确定社会保险水平是社会保险法的一项重要内容。在确定社会保险水平时，必须体现社会保险水平与社会生产力发展水平相适应的原则。社会保险水平直接与社会生产力的发展水

平和国民经济的增长水平相联系，并且还直接影响投资、储蓄、失业率等经济活动。社会保险需要社会生产力的发展为其提供可能和创造条件。只有当生产力发展到一定水平，社会财富较为丰富时，国家才有能力承担巨额的社会保险费。

同时，社会生产力的发展水平还制约着社会保险的水平。社会保险水平过高或过低，都会阻碍社会生产力的发展。社会保险水平过高，政府尤其是用人单位在经济上难以承受，影响用人单位的投资和生产积极性，反而导致失业率的上升和劳动者享受社会保险的待遇降低；社会保险水平过低，劳动者的基本生活难以保证，会导致社会动荡和不稳定，也会最终影响社会保险制度的正常运行和发展。

因此，要根据生产力发展水平和各方面的承受能力，恰当地确定社会保险的范围、项目和水平。现阶段我国还不具备实行发达国家社会保险水平的条件，因而无论在参加社会保险的社会人员选择上，还是在社会保险待遇的发放标准上都不能搞得太大和提得太高。我国社会保险的水平在总体上应建立在我国尚不发达的现实基础上，以为劳动者提供生存资料、保障劳动者本人和其家庭的基本生活需要为目标，以后再随着经济的发展逐步提高。我国《劳动法》第 71 条规定："社会保险水平应当与社会经济发展水平和社会承受能力相适应。"因此，社会保险的程度和水平，不仅要考虑社会保险的目的，即保障劳动者基本生活的需要，而且也应充分考虑我国的国情国力，使社会保险水平在保证实现其基本目标的前提下，随着我国社会经济的不断发展，逐步提高，并建立与经济发展水平相协调的社会保险联动机制。

社会保险权利与义务相统一的原则

社会保险制度的运行和发展在很大程度上取决于社会保险基金的建立，而社会保险基金的建立不是由某一组织或少部分人能够承担责任的，而是由国家、用人单位和劳动者共担责任的。社会保险基金的筹集，要由社会保险的经办机构受国家委托，并根据国家法律规定，采取强制性手段统一筹集。将社会保险范围内的用人单位和劳动者的社会保险费征缴上来，集中统一使用。

因此，承担社会保险责任的用人单位和劳动者个人，必须首先尽到缴纳社会保险费的义务，才能以此作为享受社会保险待遇的权利。只有最大限度地集中全社会的力量，才能解决和承担劳动者所发生的风险。在我国的计划经济时期，社会保险义务主要由国家和企业承担。现在改革的重要内容就是社会保险费由国家负担的部分将逐渐减少，用人单位负担的部分将成为社会保险基金的主要来源，劳动者个人负担的部分也将逐步增加。

社会保险一体化和社会化相统一的原则

在市场经济条件下，劳动力市场化是实现资源最佳配置的重要方面，而社会保险一体化则是劳动力市场化的必不可少的维系机制。为此，社会保险制度应当实行一体化原则，即统一社会保险的项目、统一社会保险或基本社会保险的标准、统一社会保险的管理与实施机制等，这样，无论劳动者如何流动，均有同样的社会保险制度解除其后顾之忧，从而为实现劳动者自由流动和劳动力资源的最佳配置提供了保障条件。同时，社会保险作为国民收入的一种再分配方式，目的在于调节收入差距。劳动者的保险待遇差别也因此应小于初次分配的差别，用人单位之间的社会保险负担也应大体平衡，充分体现发挥社会保险的互助互济功能。

实行社会保险的社会化是社会保险能够健康发展的重要条件。现代社会的社会保险是全体社会成员的共同事业，应当鼓励本国社会成员主动参与社会保险事务，包括参与分担缴费、参与监督社会保险制度的实施等，使社会保险事业具备更为坚实的社会和经济基础。例如，在社会保险模式的选择方面，其他国家就有一些社会化的成功经验，如新加坡的公积金制度、智利的养老社会保险基金由私营机构经办等，都表明社会保险的形式是多样的。社会保险管理的社会化也是社会保险自身的客观要求，应当把各部门、各单位分散管理的形式逐步转为统一的社会化管理，将用人单位承担的社会保险方面的事务性工作转为社会化服务，逐步健全社会统一的社会化服务组织。

建立起多层次的社会保险制度的原则

我国《劳动法》颁布之前，社会保险层次单一，企业职工因年老丧失劳动能力后或其他原因丧失劳动能力时，只能从企业这个单一渠道领取法定的社会保险待遇。除此之外，没有其他经济来源，以致在许多情况下生活得不到保障，如遇企业亏损或发生经济困难，劳动者的生活更无法得到保障。为此，我国《劳动法》规定“国家发展社会保险事业，建立社会保险制度”。

这个多层次的社会保险制度包括：

（1）以社会保险基金为主渠道的社会保险。根据《劳动法》第 72 条的规定：社会保险基金按照保险类型确定资金来源，逐步实行社会统筹。这是最基本的一个层次的社会保险，通常由国家、用人单位和劳动者个人三方出资负担。当然有些种类的社会保险资金不一定是三个方面的来源，如生育保险、工伤保险等。

（2）用人单位补充保险。补充保险，是以提高保险待遇，或者在特殊情况下不致使保险待遇水平降低而设立的社会保险措施。它由用人单位建立并负担费用。目前，用人单位的补充保险制度的建立实行自愿原则，由用人单位根据自身情况决定是否建立。对此，我国《劳动法》第 75 条第 1 款规定：国家鼓励用人单位根据本单位实际情况为劳动者建立补充保险。

（3）储蓄性保险。即由劳动者个人以储蓄方式，预防发生困难时生活需要所采取的措施。储蓄性保险，符合我国劳动者传统习惯，对于保障劳动者在意外困难时的经济需要，具有普遍意义。因此，《劳动法》第 75 条第 2 款规定：国家提倡劳动者个人进行储蓄性保险。

保障功能与激励机制相结合的原则

社会保险是国家为满足劳动者的基本生存需要提供的物质保障。在这个意义上，社会保险制度是为实现社会公平而设立的，社会保险待遇在许多情况下也都是劳动者人人有份的。但社会保险在实质上不是超越劳动者自身行为以外的恩赐，它是全体劳动者都参与和获取的社会群体行为。社会保险需要每个劳动者的投入，与每个劳动者的切身利益挂钩。所以社会保险法在对劳动者具有保障作用的同时，还要对其进行激励。

社会保险的保障功能与激励机制相结合原则要求劳动者不能只存在依赖动机，只讲权利，不讲义务，缺乏自我保障的意识，不愿为自己的生老病死积累资金和缴纳任何费用。这样，人们的社会保险意识淡薄，个人参与感低，社会保险只成了养人而不是激励人的一种制度，这不利于激励劳动者努力劳动和工作，不利于提高生产和工作效率。目前一些西方国家的失业补贴一般高达原薪的 80%，有的国家甚至无时间限制，导致这些国家的少数人宁愿长期失业而不愿重新就业。

因此，我国的社会保险法应处理好公平与效率、保障与激励的关系，既要坚持公平原则，又不能忽视效率；既要保障劳动者职工的基本生活，又要与个人缴费多少、贡献大小挂钩。例如，在养老保险中将社会统筹和个人账户相结合，在养老保险待遇上适当显出差距；失业保险应将失业救济与促进就业结合起来，限定领取失业救济金的时间；医疗保险要将社会统筹和个人账户相结合，建立遏制医疗费用恶性膨胀的机制，实行医疗期制度，杜绝小病大养等弊端。

第四节　社会保险法律关系

社会保险法律关系的概念

社会保险法律关系，在主体上涉及国家与劳动者之间的关系、社会保险机构与政府之间的关系、社会保险机构与劳动者之间的关系、社会保险机构之间的关系、社会保险机构与用人单位之间的关系、用人单位与劳动者之间的关系。就间接关系而言，还涉及在社会保险基金管理与运营中，社会保险机构与投资市场不同主体之间的关系。这些关系都需要社会保险法从不同方面予以规范和调整。

社会保险法律关系的内容

社会保险法具体调整八个方面的关系：

（1）调整国家与全体社会成员之间的关系。即中央政府和地方各级政府与全体劳动者之间的关系。通过法律需要明确政府在社会保险中的职责、社会成员享受社会保险的待遇等。

（2）调整社会保险机构与政府之间的关系。即社会保险机构作为具体管理与实施社会保险项目的组织与政府之间的关系。通过法律明确社会保险机构的性质、任务、地位及其权利和义务。

（3）调整社会保险机构与社会成员之间的关系。即社会保险的组织管理者与参加者享受者之间的关系。通过法律明确社会保险机构对社会成员的职责和社会成员参加社会保险的权利与义务。

（4）调整社会保险机构与用人单位和乡村集体组织之间的关系。即社会保险组织管理者与社会保险参加义务人之间的关系，通过法律明确用人单位缴纳社会保险费的义务、乡村集体组织发放社会保险款项和物质的职责。

（5）调整用人单位与劳动者之间的关系。即用人单位在社会保险中对劳动者应负的责任和劳动者应有的社会保险权益。通过法律明确用人单位对劳动者应当履行的保险责任和劳动者应在用人单位享受的社会保险待遇。

（6）调整社会保险运行过程中的关系。即社会保险管理机构与其他部门的关系。通过法律明确社会保险管理部门与其他政府部门之间、不同社会保险管理部门之间和社会保险各管理部门内部机构之间的分工、协调与配合。

（7）调整社会保险运行过程中的监督关系。即各种监督方式在对社会保险运行的监督中所形成的关系。通过法律明确有关监督组织的建立、各种监督机构的职责、权限划分及其监督程序。

（8）调整社会保险基金运营中的关系。即社会保险基金的管理与运营中发生的各种关系。通过法律明确社会保险基金在运营中与国家财政、投资市场、有关经济实体之间的权利与义务。

第五节　社会保险费的筹集与分担

社会保险费的筹集

（一）社会保险费率制定的原则

社会保险费的缴纳是社会保险法律制度的核心内容。社会保险费率定得过高，必然加重用人单位和劳动者个人的经济负担，不利于社会保险事业的发展；社会保险费率定得过低，社会保险机构收取的保险基金不足，必然使社会保险难以维持。

因此，社会保险费率的制定应当遵循四项基本原则：

一是应以所收缴的社会保险基金总体上与社会保险待遇的给付大致持平，否则将入不敷出。

二是应保证社会保险基金有一定程度的积累。因为在社会保险制度中，养老保险基金是劳动者年轻时为年老时所作的准备，劳动者退休后领取的养老金实质上是劳动者在职时由用人单位和劳动者本人所缴纳的保险费的积累；失业保险风险也往往具有周期性，客观上要求在失业率低时为失业率高时作保险基金的积累。

三是应满足社会保险支出逐年增长的需要。因为在现代社会保障制度中，社会保险待遇的支出呈逐年增长的趋势，并受到社会保险项目能上不能下、水平能升不能降、范围能扩不能缩等因素的影响。

四是不以营利为目的。因为社会保险的目的是保障劳动者的基本生活和社会稳定，社会保险的管理运行机构在具体经营过程中，不得为了盈利而提高社会保险费率。

（二）社会保险费的筹集

1. 社会保险费的来源

社会保险费从总体上讲是来源于整个社会，具体说是由用人单位、劳动者和国家三方合理负担的。

劳动者参加社会保险，缴纳合理的社会保险费，是享受社会保险权利和履行社会保险义务相统一原则的具体表现。但是，在劳动者尽了缴费义务，为社会保险金的支付提供了部分来源后，其所缴纳的保险费并不足以支付全部的社会保险待遇。因为社会保险保障的范围不仅包括劳动者本人，还包括其亲属；而且，劳动者只有要有工作并得到劳动报酬时才能履行缴费义务，但能否找到工作及得到足以履行缴费义务的报酬并非劳动者自己能决定。劳动者没有或不能工作时恰恰是其需要得到社会保险待遇的时候。因此，仅仅依靠劳动者个人缴费而形成的社会保险基金必然会小于社会保险待遇支付的基金总额，导致支出大于收入。

作为社会保险对象的劳动者，在劳动和寻求工作中所面临的风险很大程度上取决于国家的产业政策和用人单位的经营管理。对于这些风险，劳动者本人既不能控制，更不应该完全由劳动者自己来承担。因此，用人单位和国家都要承担一定的责任，社会保险的费用理应由三方共同负担。

劳动者的劳动不仅为用人单位创造了效益，也为国家的发展做出了贡献。社会保险制度为劳动者个人及其家属提供基本生活保障，使劳动者及其亲属不致因保险事故发生生活困难，既有效地保证了劳动力的再生产，为社会经济的发展和用人单位经济效益的提高创造了条件，也维护了社会稳定，为国家的进一步发展创造了条件。在这个意义上说，用人单位、国家和劳动者一样，都是社会保险的受益者，为此承担相应的责任是合情合理的。相反，如果三方中任何一方不尽自己的责任，不履行社会保险的义务，都将使社会保险难以开展。如果国家不履行社会保险义务，由于国家调整经济政策而导致的大量失业的责任就将由劳动者自己承担；如果用人单位不履行义务，用人单位在使用劳动力过程中对劳动者造成的损害也由劳动者自己承担，这不仅从根本上说是不合理的，而且也必然导致用人单位和国家同样将受到损害。

2. 根据社会保险项目的不同，社会保险费有不同的分担方式

这包括：(1) 由劳动者负担。(2) 由用人单位负担。例如，工伤保险由用人单位缴纳全部保险费是许多国家通用的方法。(3) 由政府负担。政府全部负担保险费的前提条件是国家有较为宽裕的财政资金，因而一般国家是难以负担社会保险的全部费用的。(4) 由劳动者和用人单位共同负担。这种方式有助于加强用人单位内部的风险管理，避免风险事故的发生，也有利于劳动力资源的合理流动与配置，有利于用人单位自身的经济发展。(5) 由劳动者和政府共同负担。这种方式减轻了用人单位的经济负担；有利于用人单位自身的发展和资金积累，也有助于政府推行社会保险。(6) 由用人单位和政府共同负担。这种方式是政府和用人单位为减轻劳动者的经济负担，扩大社会保险范围而采用的。(7) 由劳动者、用人单位和政府三方共同负担。这是目前世界上多数国家采用的缴纳社会保险费的方式，也是最早在德国 1889 年创建的养老保险中采用的方式。这种方式能较好地调动各方积极性，便于推广社会保险，有助于社会保险的正常运行和发展。在我国目前实行的养老、失业、工伤、医疗和生育五项保险中，养老保险和医疗保险实行社会统筹和个人账户相结合，失业保险要求企业和职工都缴费，这三项最重要的社会保险项目是国家、用人单位和劳动者个人三方负担的，工伤和生育两项保险劳动者个人不缴纳社会保险费。

社会保险费的分担

（一）社会保险费的分担比例

就一般情况而言，社会保险负担比例因社会保险项目不同，在不同国家三方所负担的比例有所不同。在从总体上讲，劳动者大于或等于政府的负担比例；用人单位大于劳动者和政府的负担比例；政府负担着最后的支付责任。具体而言，社会保险费的分担比例由下列因素决定：第一，社会保险项目的性质是确定三方负担比例的重要因素。对社会的影响较大，涉及面广的项目通常由政府负担的比例较高。第二，国家的社会保险政策也是影响三方负担比例的因素。尤其是当国家为发展或限制某些社会保险项目时，常常分别采用对该项目的社会保险费负担比例或大或小的办法进行鼓励或限制。第三，劳动者、用人单位和政府三方各自负担社会保险费的能力，即纳费三方收入情况是确定负担比例的重要方面。目前在绝大多数国家中，劳动者和用人单位按工资总额的一定百分比率缴纳保险费，政府根据财力所能提供的补充，实际上共同构成社会保险的经费体系。第四，国家在一定时期的经济政策也不同程度地影响到三方负担的比例。国家可以根据一定时期社会经济的发展状况，加大或减少用人单位的负担比例，达到对经济进行宏观调控的目的，从而也对三方的负担比例产生影响。

（二）社会保险费的筹集方式

社会保险费的筹集由主管社会保险业务的部门负责办理，筹集方式有四种。(1) 由用人单位将应缴纳的保险费和代扣劳动者的保险费，统一向国家税务局缴纳，构成国家财政的一种特别基金，由有关部门管理使用。(2) 多数国家的大部分险种由用人单位将

应缴的保险费和代扣劳动者的保险费，统一上缴其所属的地方各级社会保险部门，并由各级社会保险部门统一管理和使用。(3) 委托银行或合作社代收社会保险费。(4) 由各级社会保险部门、工会联合会、劳动和公共卫生部、福利部门和各级财政部门征收、管理和使用社会保险费。

背景知识

2000 年 2 月 18 日，最高人民法院颁布实施了《关于在审理和执行民事、经济纠纷案件时不得查封、冻结和扣划社会保险基金的通知》，针对少数法院在审理和执行社会保险机构与其他企业、单位的经济纠纷案件时，查封社会保险机构开设的社会保险基金账户，影响了社会保险基金的正常发放，不利于社会稳定的情况指出：社会保险基金是由社会保险机构代参保人员管理，并最终由参保人员享用的公共基金，不属于社会保险机构所有。社会保险机构对该项基金设立专户管理，专款专用，专项用于保障企业退休职工、失业人员的基本生活需要，属专项资金，不得挪作他用。因此，各地人民法院在审理和执行民事、经济纠纷案件时，不得查封、冻结或扣划社会保险基金；不得用社会保险基金偿还社会保险机构的债务。

本章小结

社会保险，是指国家通过立法建立的，对劳动者在其生、老、病、死、伤、残、失业以及发生其他生活困难时，给予物质帮助的制度。社会保险在概念上有广义的和狭义的两种。社会保险具有社会性、互济性和补偿性的特点。

社会保险法是调整社会保险法律关系的法律规范。它对社会保险的项目体系、实施范围与实施对象、经费来源、待遇标准、发放办法等内容做出法律规定，并且明确社会保险机构的性质与职能，社会保险的组织形式与地位，社会保险的管理与监督等事项。它具有维护社会秩序稳定、促进社会发展和进步、调节国民收入的分配和再分配以及促进社会的精神文明建设的作用。

社会保险法的原则包括：社会保险水平与社会生产力发展水平相适应原则；社会保险权利与义务相统一的原则；社会保险一体化和社会化相统一的原则；建立起多层次的社会保险制度的原则；保障功能与激励机制相结合的原则。

社会保险法律关系，在主体上涉及国家与劳动者之间的关系、社会保险机构与政府之间的关系、社会保险机构与劳动者之间的关系、社会保险机构之间的关系、社会保险机构与用人单位之间的关系、用人单位与劳动者之间的关系。就间接关系而言，还涉及在社会保险基金管理与运营中，社会保险机构与投资市场不同主体之间的关系。

关键概念

社会保险	社会保险法	社会保险法的作用	社会保险法的原则
社会保险法律关系	社会保险费		

思考题

1. 简述社会保险的特点。
2. 如何理解社会保险的补偿性？
3. 简述社会保险法的作用。
4. 试述社会保险法的原则。
5. 简述社会保险法律关系的内容。
6. 简述我国社会保险费的承担。

第十三章 养老保险

学习目标

通过本章学习，明确养老保险的概念和法律特征，理解其作用。了解养老保险立法发展状况以及我国养老保险制度的改革。了解我国养老保险基金募集的模式、养老保险基金的负担方式。明确发放保险金的条件、标准、方式。了解有关补充养老保险的立法；掌握补充养老保险的特征、适用范围和条件。明确补充养老保险的资金的来源、补充养老保险金的计发方法。

养老保险是国家通过立法，保障劳动者因年老而丧失劳动能力时获得物质帮助，以保障其晚年基本生活的法律制度。养老保险是社会保险体系中社会性最强、涉及面最广的一项制度。养老保险的法律特征和作用决定表明了它的重要意义，世界上已有近 140 个国家实行了不同程度、不同类型的养老保险制度。现阶段正在进行的养老保险制度改革，使我国的养老保险制度更加适合社会主义市场经济体制的需要。

第一节 养老保险的概念和作用

养老保险的概念和法律特征

养老保险，又称老年社会保险或年金保险，是指在劳动者达到法定老年年龄并从事某种劳动达到法定年限后，由国家和社会依法给予一定物质帮助，以维持其老年生活的一种社会保险法律制度。劳动者只要达到法定年龄，并从事某种劳动达到法定年限，被依法解除法定劳动义务后，就可享受养老保险待遇。养老保险作为社会保险制度的重要内容，是人类社会发展到社会化大生产阶段和市场经济发展的产物。

养老保险作为社会保险的组成部分，有如下法律特征：

（1）劳动者达到法定老年年龄，并从事某种劳动达到法定年限是享受养老保险的法定条件。这是养老保险区别于其他社会保险的主要特征。养老保险的对象是老年人，即享受养老金者必须达到法定的老年年龄，因此老年的界定就至关重要。对于“老年”的界定，各国因劳动力资源状况、社会经济发展状况、劳动者体质状况等多种因素的不同而有所不同。达到老年年龄只是享受养老保险的条件之一，同时法律还要求劳动者从事某种劳动达到法定年限，也即把劳动者的工龄、身体条件和劳动条件等作为补充条件加以规定。还有一些国家规定缴纳养老保险费必须达到一定年限。例如，德国法律规定，领取保险金的前提是必须缴满5年保险费。

（2）劳动者被依法解除法定劳动义务是享受养老保险的事实前提。达到法定老年年龄并从事某种劳动达到法定年限，就符合了享受养老保险的法定条件，实际享受养老保险尚须符合事实前提，即劳动者被依法解除法定劳动义务。实际生活中，有的劳动者虽已达法定老年年龄并从事某种劳动达到法定年限，但尚未与用人单位解除劳动关系，仍负有劳动义务，就不能享受养老保险。

（3）国家和社会依法提供一定物质帮助给被解除劳动义务的劳动者，以维持其老年生活是养老保险的宗旨。鉴于养老保险的唯一宗旨就是提供一定物质帮助给被解除劳动义务的劳动者，以维持其老年生活，故此养老保险待遇的确定既非按劳分配，也非按需分配，而是以劳动者解除劳动义务后的基本生活需要、劳动者的劳动贡献和社会经济发展状况等作为基本依据。

（4）养老保险是适用范围最为广泛的社会保险项目。养老保险作为社会保险的一种，其具有适用范围最为广泛的特点。由于生理原因，步入老年是每个劳动者无法回避的问题，所以养老保险保障的范围应为全体劳动者。

养老保险的作用

基于养老保险的固有含义和特征，养老保险作为社会保险制度的重要内容，具有重要作用。

（1）养老保险的首要作用就是使劳动者老有所养，保证劳动者在被依法解除法定劳动义务之后能够获得一定生活保障。这样劳动者在从事劳动期间就能安心工作，不必为老年生活而犯愁、奔波，从而影响劳动者的工作积极性。

（2）养老保险具有调节收入分配的作用。养老保险具有收入再分配的功能，能使劳动者在劳动期间和退休期间的收入达到合理分配。劳动者有从事劳动的义务（权利），当然在退休后也有享受养老保险的权利。因劳动者在劳动期间创造了物质财富，不但在劳动期间要获得工资等形式的收入，而且在解除法定劳动义务后也应获得生活补偿，这就是养老保险的基本作用。

（3）养老保险具有调动劳动者积极性和提高劳动生产率的作用。养老保险保证了劳动者解除法定劳动义务后的基本生活，解除了劳动者的后顾之忧，有利于激发劳动者的劳动积极性，从而促进劳动生产率的提高。

（4）养老保险具有保障社会安定的作用。每个劳动者都很关心自己的老年生活保障，如果每个劳动者在老年都能获得可靠的生活保障，则必将促进整个社会的安定，促进社会的进步和发展。

背景知识

鲁冠球代表：取消养老“双轨制”

养老“双轨制”是今年全国两会的热点话题。对此，全国人大代表、万向集团董事局主席鲁冠球建议取消养老“双轨制”。

目前，我国公务员与企业职工享受不同的养老制度：公务员的养老金全部由国家财政支付，企业职工的养老金由企业和职工本人按月缴纳；而退休后，公务员领取的养老金是企业职工的2至3倍。鲁冠球认为，养老“双轨制”是特定历史时期的产物，目前已不适应经济社会的发展需要，存在诸多弊端。事实上，2008年国家就确定在山西、上海、浙江、广东、重庆等地进行事业单位养老保险制度改革试点。大致思路是：对事业单位进行分类，有行政职能的纳入公务员劳动保障体系；具有经营性质的事业单位，参照企业职工保障制度进行改革。然而，“事改企”改革推进缓慢，同时，公务员也没有参与其中。

鲁冠球建议，在进一步提高企业职工养老金发放水平的同时，将公务员纳入社会保险范围，实行与企业职工相同的社会养老保险体系，确保公务员和企业职工在养老金缴纳、享受上实行相同的制度，使养老“双轨制”走向并轨。

资料来源：周咏南等：《鲁冠球代表：取消养老“双轨制”》，载《浙江日报》，2012-03-13。

第二节 养老保险的立法与改革

养老保险立法的概念

所谓养老保险立法，是指享有立法权的国家机关，依照立法权限和程序，制定或认可养老保险法律规范的活动。养老保险的推行，必须以国家强制力为后盾，强制劳动者和单位参加养老保险，这就要求加强养老保险立法。

现代意义的养老保险是与其立法相伴随而生的。与自给自足的自然经济相适应的家庭保险，在前资本主义社会曾发挥其应有的作用。但随着社会化大生产和市场经济的发展，家庭保险已变得不现实了。

现代意义上的养老保险立法发端于德国。德国于1889年颁布《残废和老年保险法》，该法标志着现代意义的养老保险法的诞生，并确定了养老保险的基本原则。20世纪下半叶，新兴的发展中国家和社会主义国家，也相继创立了养老保险法。苏联及东欧国家大都于20世纪20年代开始实行年金保险。到50年代，许多发展中国家也相继建立起养老保险制度。

20世纪50年代初以来，养老保险立法得到了国际社会的重视和支持，1952年国际劳工组织通过的《社会保障（最低标准）公约》强调，要“使受保护者获得养老补助金而无虞”。1982年在维也纳召开的老龄问题世界大会提出：“必须解决保障、保护及维护老年人收入的问题”。会议通过的《行动计划》建议各国政府采取行动保证所有老龄者能有适当的最低收入，根据对所有老年人都提供保险的原则建立或制定社会保险制度。

通过国际社会和各国政府与有关组织的努力，养老保险立法得到迅速发展。世界上建立养老保险制度的国家，1944年仅有44个；迄今，全世界155个国家和地区实行了养老保险制度。

我国养老保险的立法

新中国成立至今，我国的养老保险立法经历了以下阶段：

（1）20世纪50年代，是养老保险初创阶段。以1951年颁布的《中华人民共和国劳动保险条例》为标志，基本形成了养老保险法律体系。此阶段的养老保险实行两套立法：一是城镇全民所有制企业职工的养老保险制度内涵于《劳动保险条例》之中；二是国家机关工作人员的养老保险制度，由若干单行法规组成，国家机关工作人员的养老保险与企业职工的养老保险相比较，主要在待遇标准上不统一。

（2）1958年至1966年，是我国养老保险的调整发展时期。就劳动者的退休、退职等规定进行修订，进一步完善了我国的养老保险法律体系。1958年，国家根据当时的情况，将企业和国家机关、事业单位的两套养老保险立法，在适当放宽养老条件和提高待遇标准的基础上做出统一规定，企业职工的养老保险从《劳动保险条例》中分离出来。

（3）第三个阶段是“文化大革命”时期，我国的养老保险法律体系遭到严重破坏。“文化大革命”开始后不久，财政部于1969年2月颁发了《关于国营企业财务工作中几项制度改革意见》，规定不再向国营企业提取“劳动保险费”，企业支付的退休金改在“企业营业外列支”。1978年，国家为妥善安置参加革命工作较久、因年老体衰担任现职有一定困难的老干部，在1958年规定的基础上对干部、工人的养老保险，分别颁布了《国务院关于安置老弱病残干部的暂行办法》和《国务院关于工人退休、退职的暂行办法》。至此，全国范围的企业退休基金不存在了，养老保险完全变成了“企业保险”。养老保险制度出现了倒退和瘫痪状况，这种状况一直持续到1978年十一届三中全会。

（4）20世纪80年代以来，我国的养老保险进入改革时期，正在逐步重建新的养老保险法律体系。此次养老保险改革的主要内容为：逐步推行退休费的社会统筹，先以市、县为统筹范围，最后扩大到以省、直辖市、自治区为统筹范围；建立了劳动合同制工人的养老保险制度，进行了基本养老金计发办法改革；开展了补充养老保险的试点，为建立多层次养老保险体系奠定了基础。

在总结各地改革经验的基础上，国务院于1991年6月26日颁布了《关于企业职工养老保险制度改革的决定》，对养老保险改革的原则、养老保险制度、筹资渠道和方式、待遇标准和保险基金管理等做了原则规定。

20世纪80年代以来进行的企业职工养老保险制度改革，对保障企业离退休人员的基本生活，维护社会稳定和促进经济发展发挥了重要作用，但由于这次改革尚处于探索阶段，还不能适应建立社会主义市场经济体制的要求，存在的主要问题是覆盖面窄，渠道单一，保险基金收缴困难。

（5）养老保险改革深化阶段。为了指导养老保险改革的深入进行，国务院于1995年3月1日发布了《关于深化企业职工养老保险制度改革的通知》，进一步明确了企业职工养老保险改革的方向、原则和主要任务。同时，农村养老保险的建立也提上日程。1991年，国务院授权民政部在全国农村20个县进行社会养老保险试点工作，并于1992年发布了《县级农村社会养老保险基本方案（试行）》；1992年12月，农业部也颁布了《乡镇企业职工养老保险办法》。

2003年12月30日经劳动和社会保障部第7次部务会议通过《企业年金试行办法》，自2004年5月1日起施行，规定符合条件的企业可以建立企业年金。企业年金方案适用于企业试用期满的职工。2005年6月10日，劳动和社会保障部、财政部和中国残疾人联合会颁布实施了《关于城镇贫困残疾人个体户参加基本养老保险给予适当补贴有关问题的通知》，针对部分困难残疾人个体户参加基本养老保险能力不足等实际困难，采取补贴措施，扶持残疾人个体户参保。

2008年3月18日，劳动和社会保障部与民政部发布《关于社会组织专职工作人员参加养老保险有关问题的通知》，要求凡依法在各级民政部门登记的社会团体（包括社会团体分支机构和代表机构）、基金会（包括基金会分支机构和代表机构）、民办非企业单位、境外非政府组织驻华代表机构及其签订聘用合同或劳动合同的专职工作人员（不包括兼职人员、劳务派遣人员、返聘的离退休人员和纳入行政事业编制的人员），按属地管理原则，参加当地企业职工基本养老保险。社会组织及其专职工作人员应按规定缴纳基本养老保险费，其中社会组织的缴费基数为全部参保专职工作人员个人缴费工资之和。社会组织专职工作人员曾在机关事业单位工作的，其符合国家规定的工作年限视同为基本养老保险缴费年限；曾在企业或以个人身份参保的，要按有关规定做好养老保险关系的接续工作。

2009 年 12 月 28 日，国务院办公厅转发了人力资源和社会保障部、财政部《城镇企业职工基本养老保险关系转移接续暂行办法》，该办法对于促进人力资源合理配置和有序流动，保证参保人员跨省、自治区、直辖市流动并在城镇就业时基本养老保险关系的顺畅转移接续具有特别重要的意义。

我国《社会保险法》规定，国家建立基本养老保险、基本医疗保险、工伤保险、失业保险、生育保险等社会保险制度，保障公民在年老、疾病、工伤、失业、生育等情况下依法从国家和社会获得物质帮助的权利。立法总结了我国养老保险制度改革的经验，对职工基本养老保险制度的覆盖范围、基本模式、资金来源、待遇构成、享受条件和调整机制等作了比较全面的规范，并规定了病残津贴和遗属抚恤制度。立法也对新型农村社会养老保险的主要制度作出规范。同时，法律还规定国家建立和完善城镇居民社会养老保险制度，同时授权省、自治区、直辖市人民政府根据实际情况，可以将城镇居民社会养老保险和新型农村社会养老保险合并实施，为逐步建立统筹城乡的养老保障体系奠定了法律基础。

综上所述，我国养老保险经过了建立、调整、瘫痪、改革和深化改革的发展阶段。养老保险法律体系尚需进一步健全，以规范养老保险事业的健康发展。

背景资料

从“退保”到“漫游”

社会保险法的立法工作早在 1994 年就已经起步。在长达 16 年的立法时间中，“退保”现象如影随形。每年岁末，在社会保险管理机构门口都会有农民工排起长龙等待办理“退保”。

“退保”是我国在特定时期出现的特有现象。在 20 世纪末的农村社会养老保险试点中，规定可以办理“退保”。但就社会保险制度的应有之义而言，“退保”与之是背道而驰的。2007 年 12 月 25 日，全国人大常委会发函给中国人民大学法学院，征求社会保险法草案的修改意见。在对草案第 3、4 条的修改意见中，我们提出要把“不分城乡地建立五项社会保险”的立法意图完整地体现在条文中，国家应当“保障公民在年老、患病、工伤、失业、生育时获得必要的物质帮助。”

针对沿海地区愈演愈烈的“退保”，2008 年，我结合社会保险法的制定撰写了“中国社会保障法制的发展战略——关于制定中的社会保险法的几点思考”一文，发表在《中国发展与观察》上。文章强调指出：“退保”在伤害劳动者的同时，也对社会保险制度构成了根本性伤害。首先，“退保”是对劳动者社会保险权益的侵害，因为劳动者从“退保”中拿到的仅仅是自己缴纳的那一部分，用人单位为其缴纳的更大部分从此不复存在，以国家财力为最后保险的其他权益也随之消失。同时，“退保”还会对落后地区的经济和社会发展构成长久影响，因为回到这些地区的劳动者在最佳就业阶段没有通过劳动为自己进行财富储备，当劳动能力减弱和丧失时，在给其本人和家庭带来沉重负担的同时，也必然加重这些地区的社会财政压力。

2008年12月，全国人大常委会对社会保险法草案第二次审议，并向全社会公开征求意见。而在此前召开的第二届社会法论坛上，也有媒体报道了我对“退保”现象的意见。

回头来看，这些观点得到了有关部门的认同。社会保险法通过后的2010年年底，人力资源和社会保障部部长尹蔚民在中国国际广播电台的专访中，谈及社会保险法的相关规定时说：“我们还有一个很大的工作，就是养老保险关系的转移接续。”“过去一到年终的时候，农民工纷纷退保，退保实际上使农民工个人的权益受到很大的损害，因为退保只能退他个人交费那一部分，企业为他交费那一部分是不能退的，所以他自己的权益就受到损害，我们前年底出台了养老保险关系转移接续办法，就把这个问题解决了，也就是说你今年在这打工，明年你可能换一个地方去打工，你的保险关系是可以转移的，也是可以接续的，这样他个人的权益就能够得到比较好的维护。”

2010年10月28日通过的社会保险法明确规定养老保险可以“漫游”：个人跨统筹地区就业的，其基本养老保险关系随本人转移，缴费年限累计计算；个人达到法定退休年龄时，基本养老金分段计算、统一支付。基本养老保险包括职工基本养老保险、新型农村社会养老保险和城镇居民社会养老保险。法律还同时规定了基本医疗保险的转移接续问题，即个人跨统筹地区就业的，其基本医疗保险关系随本人转移，缴费年限累计计算。

实际上，从2010年1月1日起，沿海地区就已经全面停办养老保险退保业务。相信随着社会保险法的实施，农民工排起长龙办“退保”的景象将成为历史。

资料来源：黎建飞：《从“退保”到“漫游”——我眼中的社会保险法立法》，载《光明日报》，2011-08-02。

第三节 养老保险基金的募集

我国养老保险基金募集的模式

根据我国社会经济发展状况和人口老龄化状况，采取部分积累式养老保险基金筹集模式最为科学。

《国务院关于企业职工养老保险制度改革的决定》第3条规定：基本养老保险基金由政府根据支付费用的实际需要和企业、职工的承受能力，按照以支定收、略有结余、留有部分积累的原则统一筹集。建立部分积累式养老保险基金筹集模式应注意事项：

（1）在加强财政收支平衡和精算平衡的基础上，建立可预见的稳定机制，使保险基金统筹费率保证相对较长的平衡期。

（2）建立与统筹费率密切相关的信息动态体系。测定统筹费率要考虑工资增长、通货指数、利息率、人口变动、平均寿命、失业率相关因素的影响。

（3）加强部分积累式养老基金运用的监督。采取立法手段，建立强有力的审计监督、行政监督和社会监督、切实保证养老基金的完整性与运营收益的回笼。

（4）养老保险基金的积累要追求投资收益。根据国务院的规定：积累基金除规定留足两个月的支付费用外，80%左右用于购买国家发行的社会保险特种定向债券。这是一种稳定而保守的投资，很难达到养老保险基金保值、增值的目标；应制定切实措施，使养老保险基金以适当方式参与股票市场、基金市场、信托投资市场和房地产市场等领域的投资。

（5）部分积累式养老保险基金筹集模式下，社会统筹与个人账户相结合，奠定了企业与个人在基本养老金缴纳上的具体指标，财政的责任是在基本养老保险费税前列支、个人养老保险费不变个人所得税的前提下不明晰地实现的，且在养老保险基金支付能力欠缺时，由同级财政给予支持，从而确定了同级财政的终极责任。

养老保险基金的负担

（一）养老保险基金负担的原则

从目前世界上实行养老保险的国家来看，大部分国家实行国家、雇主和劳动者三方共同出资，并以企业和个人为主的原则。

在传统计划经济体制下，我国养老保险费用采取完全由国家和企业包下来和劳动者不承担任何费用的办法。1991 年颁布的《国务院关于企业职工养老保险制度改革的决定》第 2 条规定：改变养老保险完全由国家、企业包下来的办法，实行国家、企业、个人三方共同负担，职工个人也要缴纳一定的费用。从此，我国确立了养老保险基金由国家、用人单位和劳动者三方共担的筹措原则，合理地界定了国家、用人单位和劳动者个人三方的责任界限。

（二）养老保险基金负担的主体

养老保险基金的负担，又称为养老保险基金的筹资渠道或来源，即由谁负责养老保险费的缴纳。根据养老保险基金负担的原则，养老保险基金负担主体包括国家、用人单位和劳动者个人，并以用人单位和劳动者个人为主。

1. 用人单位缴纳养老保险费

在我国现阶段，用人单位缴纳的养老保险费，是养老保险基金的最主要的来源。

用人单位缴纳养老保险费的方式，一般是按单位职工工资总额和当地政府规定的比例在税前提取，由单位开户银行按月代为扣缴。在条件尚未成熟地区，也可按当地规定工资总额和退休人数的一定比例在国家征收企业所得税之前缴纳养老保险费。1991 年 6 月 26 日国务院颁布的《关于企业职工养老保险制度改革的决定》第 4 条第 2 款明确规定：企业缴纳的基本养老保险费，按本企业职工工资总额和当地政府规定的比例在税前提取，由企业开户银行按月代为扣缴。

用人单位缴纳的养老保险费在税前提取，实际上是国家以让利的形式给予养老保险的资助。据估算，相当于国家负担了 30%的养老保险费。这充分体现了国家、用人单位和劳动者个人三方共同负担的原则。

至于提取的比率，则要由社会保险的主管机构经过详细测算后统一确定，报经政府通过立法的程序来实现，这个比率可能是在相当长的时间里不变，可能是一年或几年调整一次。

2. 劳动者个人缴纳养老保险费

劳动者个人缴纳的养老保险费，也是养老保险基金的重要来源和组成部分。

实行劳动者个人缴费制度，是每一个劳动者享受养老保险权利应尽的义务。1991 年 6 月 26 日国务院颁布的《关于企业职工养老保险制度改革的决定》有明确规定。劳动者个人由不缴费到缴费，这是养老保险制度改革的重要内容。这一改革符合国际趋势和我国国情。

劳动者个人缴纳养老保险费的比例和方式，1991 年 6 月 26 日国务院颁布的《关于企业职工养老保险制度改革的决定》第 4 条第 3 款做了原则规定：职工个人缴纳基本养老保险费，在调整工资的基础上逐步实行，缴费标准开始时可不超过本人标准工资的 3%，以后随着经济的发展和职工工资的调整再逐步提高。职工个人缴纳的基本养老保险费，由企业在发放工资时代为收缴。

1995 年 3 月 11 日国务院发布的《关于深化企业职工养老保险制度改革的通知》以及两个《企业职工基本养老保险社会统筹与个人账户相结合实施办法》，对个人缴费做出具体规定：职工个人以上一年度月平均工资作为个人缴纳养老保险费的工资基数。月平均工资应按国家统计局规定列入工资总额统计的项目计算，其中包括工资、奖金、津贴、补贴等收入。已离休人员不缴纳养老保险费。对个人缴费的比例，《实施办法》规定：职工按不低于个人缴费工资基数 3%的比例缴费，以后一般每两年提高一个百分点，最终达到个人账户养老保险费的 5%。个体工商户本人、私营企业主等非工薪收入者，可以按当地上一年度职工月平均工资作为缴费的基数，并由个人按 20%左右的费率缴费，其中 4%左右进入社会统筹基金，16%左右进入个人账户。

《社会保险法》在第二章“基本养老保险”第 10 条中规定：“职工应当参加基本养老保险，由用人单位和职工共同缴纳基本养老保险费。无雇工的个体工商户、未在用人单位参加基本养老保险的非全日制从业人员以及其他灵活就业人员可以参加基本养老保险，由个人缴纳基本养老保险费。公务员和参照公务员法管理的工作人员养老保险的办法由国务院规定。”2011 年 6 月 29 日，人力资源和社会保障部发布了《实施〈中华人民共和国社会保险法〉若干规定》，明确“参加职工基本养老保险的个人达到法定退休年龄时，累计缴费不足十五年的，可以延长缴费至满十五年。社会保险法实施前参保、延长缴费五年后仍不足十五年的，可以一次性缴费至满十五年。”

3. 国家的财政补贴

国家从财政收入中予以补贴，这是养老保险基金正常运转的可靠保证。1982 年 12 月第五届人大第五次会议通过的《中华人民共和国宪法》第 44 条明确规定：国家依照法律规定实行企业事业组织的职工和国家机关工作人员的退休制度。退休人员的生活受到国家和社会的保障。这是国家对养老保险承担责任的法律依据，但是在养老保险中，政府财政补贴只是发挥辅助性作用。

我国国家财政承担养老保险基金份额的方式有：(1) 让税：税前提取保险费，养老保险基金增值不征税，退休金超过一定限额不征调节税；(2) 让利：对存入国家金融机构的养老保险基金给予偏高利率；(3) 补贴：养老保险基金收不抵支时由财政拨款。

背景知识

北京市提前兑现养老补贴

2012 年 2 月 17 日，北京市人力资源和社会保障局、财政局发布了《关于提前兑现中央财政对城乡居民基础养老金和福利养老金补贴有关问题的通知》。根据国务院部署，2012 年 7 月要对所有符合领取“新农保”和城镇居民养老保险待遇条件的人员发放中央财政补贴。从 2011 年 7 月起，北京市已为 8 个区县 35 万 60 岁以上的城乡已领取基础养老金和福利养老金待遇的人员发放了每人每月 27.5 元的中央财政补贴。鉴于目前物价涨幅较高，为保障已领取待遇人员的生活水平，经市委、市政府研究同意，从 2012 年 1 月 1 日起，给其余未享受中央财政补贴的区县已领取基础养老金和福利养老金待遇的人员发放每人每月27.5元的补贴，同时将补贴人群从60岁以上扩大到所有符合领取待遇条件人员。上述人员基础养老金由每人每月330元增加到357.5元，福利养老金由每人每月250元增加到277.5元。所需资金由中央财政和区县财政解决。福利养老金待遇补贴部分，纳入享受最低生活保障待遇人员家庭收入核定。

第四节　养老保险金的发放

发放养老保险金的条件

发放养老保险金的条件，又称为劳动者享受养老保险金的条件，主要包括年龄、工龄以及缴费年限等三个条件；其他还包括一些与就业或缴费无关的条件，如规定被保险人必须是永久居民或本国居民或在国内居民住满一定期限等。

(一) 年龄条件

老年年龄，是一个国家根据社会经济发展的需要、人口的平均寿命及劳动力供求状况对老年年龄所做的规定。对老年年龄的规定，一般采用老年起点的方式规定。

老年年龄的高低直接影响养老保险基金的筹集和发放。降低老年年龄，支付的养老保险金相对增多，同时对国家人力资源供给产生重大影响。

我国现行法律规定：男性年满60周岁、女性年满50周岁达到老年，有权享受养老保险待遇。法律、法规对劳动者的老年年龄有特殊规定者，从其规定。

(二) 工龄条件

工龄也是发放养老保险金的重要依据之一。工龄是劳动者以工资收入为其全部或主要生活来源的劳动年限。各国有关工龄的规定不尽一致，短的为15年，长的为40年，有的国家还规定男女职工退休工龄不同。在实行劳动者个人缴纳养老保险费制度的国家，退休工龄即为缴费年限，有的国家规定为3年，多数国家规定为15年至20年之间。

我国规定，职工连续工龄满10年，国家公务员提前退休一般须连续工龄满20年，连续工龄满30年者提前退休可不受年龄限制；因工伤致残而完全丧失劳动能力的职工，退休不以连续工龄为条件。符合工龄条件，才有权享受养老保险待遇。

(三) 缴费年限

缴费年限是指企业和职工个人共同缴纳养老保险费的年限。规定缴费年限的目的在于：(1) 避免一些人在即将临近退休年龄才缴纳保险费并获得退休金；(2) 避免一些新移民纯粹为了获取退休保障而迁入；(3) 体现对参加养老保险者的公平；(4) 体现了劳动者权利与义务的对等关系。

各国一般都规定一个最低缴费年限，即最低保龄。最低保龄是参照人的正常寿命和可能的工作年限并结合保险金支出的财务状况估算而确定的。关于最低保龄的长短，国际劳动组织建议为15年，我国一些地区规定的缴费年限为10年。最低缴费年限的计算有连续计算和累计计算两种。采取累计计算保龄办法较适宜。若采用连续计算保龄办法，应该对中断工作和中断供款的不同情况做出界定，对那些非自愿原因造成的工作或供款中断，作连续工龄为宜。

背景资料

失踪人员养老金的停发与补发

2010年4月12日，人力资源和社会保障部在给安徽省人力资源和社会保障厅“关于因失踪被人民法院宣告死亡的离退休人员养老待遇问题的函”中明确：基本养老金是离退休人员基本生活的保障。离退休人员因失踪等原因被暂停发放基本养老金的，之后被人民法院宣告死亡，期间被暂停发放的基本养老金不再予以补发；离退休人员被人民法院宣告死亡后，其家属应按规定领取丧葬补助费和一次性抚恤金。当离退休人员再次出现或家属能够提供其仍具有领取养老金资格证明的，经社会保险经办机构核准后，应补发其被暂停发放的基本养老金，在被暂停发放基本养老金期间国家统一部署调整基本养老金的，也应予以补调。

养老保险金发放标准

（一）养老保险待遇发放项目

按我国现行规定，我国职工养老保险待遇，从其退休的第二个月起停止发放工资，每月按规定标准发给退休金，直至死亡为止。医疗待遇和死亡待遇与在职期间相同。其他待遇，如住房补贴、冬季取暖补贴等均按规定的标准执行。

劳动者如退职，即经医院证明完全丧失劳动能力，但不具备退休条件并经批准后退出了工作岗位并获得一定物质帮助的待遇水平低于退休待遇，其项目包括：(1) 按月发给相当于本人退职前基本工资一定比例的退职生活费，其数额不得低于国家规定的最低标准；(2) 医疗待遇与死亡待遇与在职职工相同。

（二）养老保险金发放标准

1. 养老保险金标准的确定

养老保险金，又称年金，是指退休人员依法领取的一定金额的生活费用，是养老保险待遇的主要组成部分。

养老保险金一般以劳动者在职时的工资收入为基础，再辅之以工龄或缴费年限和退休年龄进行计算。一般认为，养老待遇水平在任何情况下不能高于在职时的收入，因此退休金不可能是原工资的100%，而只是其一定的百分比，这种百分比称为“退休金的工资取代率”。国际劳工组织1967年第128号《残疾、老年和遗属津贴公约》规定，缴费和就业周年，并有一个符合养老条件的配偶，正常的养老保险金不得低于工资收入的40%～50%。

2. 我国养老保险金标准的确定

我国职工的养老保险金计发基数是建立在等级工资制度基础上的，自1954年确立以标准工资为计发基数以来，一直未作改变。但随着工资制度改革的深化，工资结构发生了很大变化，标准工资在职工工资收入中所占的比重明显下降，已由1978年的85.7%下降到近几年的55%左右，以标准工资为养老金计发基数的办法受到了极大的冲击。若按照国家规定的计划养老金标准75%计算，职工退休后的养老金实际只相当于在职时工资收入的40%，如此低的养老保险金难以保障劳动者老年时的正常生活。

为此，1991年6月26日国务院颁布的《关于企业职工养老保险制度改革的决定》第6条第1款规定：职工退休后的基本养老金计发办法目前不作变动，今后可结合工资制度改革，通过增加标准工资在工资总额中的比重，逐步提高养老金的数额。但从改革现实来看，在实行工资总额与经济效益挂钩的情况下，标准工资占工资收入的比重偏低的现象很难调整过来。因此，我们认为，养老保险金的标准应以劳动者在职时实际工资收入的全部为基数进行计算，而不应以现行的标准工资为基数。

《社会保险法》第 15 条规定："基本养老金由统筹养老金和个人账户养老金组成。基本养老金根据个人累计缴费年限、缴费工资、当地职工平均工资、个人账户金额、城镇人口平均预期寿命等因素确定。"

3. 养老保险金标准的调整

社会经济在发展，人类生活水平在普遍提高，养老保险金标准应随着社会经济的发展而不断调整。1982 年老龄问题世界大会提出："继续调整受益水平，以使老年人分享国民生产率和生活水平的提高。"国际劳工组织 1994 年第 67 号《保障生活水平建议书》提出："社会保障待遇标准应该随着主要收入水平或生活费用的任何变化而重新审查。"这就是养老保险待遇应适当分享社会经济发展成果原则。

世界通行的养老保险金调整方式主要有四种：(1) 养老保险金根据物价指数的变化进行调整，以美国和日本为代表。(2) 养老保险金根据工资水平的变化进行调整，以法国和德国为代表。(3) 养老保险金与物价和工资的变化双挂钩，以英国为代表。(4) 在基本养老保险金外再加发与工资收入挂钩的补充养老金，以挪威和加拿大为代表。

养老保险金的发放办法

(一) 养老保险金发放的法律规定

《劳动法》规定，劳动者享受的社会保险金必须按时足额支付。如何发放养老金至关重要，一般而言，养老金的发放有用人单位发放和社会保险机构发放两种方式。对于养老保险金的发放，国务院《关于深化企业职工养老保险制度改革的通知》规定："各地区和有关部门应积极创造条件，提高养老保险管理服务的社会化程度，逐步将企业发放养老金改为社会化发放，技术条件和基础工作较好的地区，可以实行由银行或者邮局直接发放；暂不具备条件的地区，可以由社会保险经办机构发放。社会保险经办机构也可以通过在大型企业设立派出机构等办法，对企业离退休人员进行管理服务。"

(二) 实现养老保险金发放社会化的工作

实现养老保险金发放社会化，必须做好以下工作：

(1) 依照国家技术监督局发布的社会保险号码建立《职工养老保险手册》，手册的内容主要包括基本养老保险、企业补充养老保险和个人储蓄性养老保险缴费记载。

(2) 建立《企业职工花名册》和《企业职工构成、人员变化、缴费情况汇总表》，企业应指定专人对单位和职工缴纳基本养老保险费的情况在"花名册"和"汇总表"中进行记载。

(3) 养老保险管理机构每年对单位、职工缴费情况进行审核，审核的数据作为下一年度企业和职工缴纳基本养老保险费的基数，直至职工退休为止。

(4) 逐步实行计算机管理。因为对所有退休人员的待遇要随养老金每年的变动而加以调整，这就增加了工作量，因此建立健全职工养老保险数据库，逐步实行计算机管理是必要的。

为了改进社会保险经办服务，维护参保人员权益，《社会保险法》作出明确规定：第一，确立社会保险经办服务体制。(1) 规定了社会保险经办机构的设立原则。立法规定统筹地区设立社会保险经办机构。社会保险经办机构根据工作需要，经所在地的社会保险行政部门和机构编制管理机关批准，可以在本统筹地区设立分支机构和服务网点。（2）规定了社会保险经办的经费保障。社会保险经办机构的人员经费和经办社会保险发生的基本运行费用、管理费用，由同级财政按照国家规定予以保障。（3）规定了社会保险经办机构的基本职责：负责社会保险登记、社会保险费核定、按照规定征收社会保险费；按时足额支付社会保险待遇；根据管理服务的需要，与医疗机构、药品经营单位签订服务协议，规范医疗服务行为；及时、完整、准确地记录参加社会保险的个人缴费和用人单位为其缴费，以及享受社会保险待遇等个人权益记录，定期将个人权益记录单免费寄送本人；免费向用人单位和个人提供查询服务；提供社会保险咨询等相关服务。第二，对社会保险信息系统建设作了原则规定。社会保险信息化建设是社会保险管理和经办服务的基础性工作，没有完善的信息系统支撑，对参保人员记录一生、服务一生、保障一生的目标就无法实现。法律规定：（1）国家建立全国统一的个人社会保障号码，为制作发行全国统一、功能兼容的社会保障卡提供了法律依据。（2）全国社会保险信息系统按照国家统一规划，由县级以上人民政府按照分级负责的原则共同建设。

背景资料

谨慎看待弹性退休

近来，关于退休年龄的话题再次成为热点，焦点主要集中在三方面：一是应否推迟退休；二是男女是否同龄退休；三是能不能实行弹性退休。

退休年龄应当推迟

我国现行的退休年龄源于新中国成立初期起临时宪法作用的共同纲领之规定，随后出现在政务院1951年发布的劳动保险条例中。当时，退休年龄并没有规范地规定为退休条件，而是出现在第15条“养老待遇的规定”中：男工人与男职员年满60岁，女工人与女职员年满50岁，可享受养老待遇。

与现在不同的是，这个退休年龄在当时是偏高的。新中国成立初期，我国的人口平均预期寿命为52.8岁，而现在为73岁。这意味着当年确定的退休年龄甚至超过了大多数劳动者的平均预期寿命，而同样的年龄在今天却使还有若干年劳动能力的劳动者失去了劳动资格。因此，仅从我国劳动者的生理年龄上讲，推迟退休年龄是适宜，甚至是必要的。

然而，退休年龄从来都不只是生理问题，还是社会问题。推迟退休显而易见增加了劳动力的存量，直接后果便是导致劳动者尤其是新生劳动力就业困难。不过，现行退休年龄的规定似乎并没有产生增加就业的效果，退休返聘成为一种普遍存在的现象。调查发现，我国有1/3的退休人员返聘就业，在发达国家中这也是一个现实问题。所以，随着人们的寿命越来越长，延长劳动者的工作时间，推迟其退休年龄是世界上许多国家的共同选择。

与世界上许多国家不同的是，我国劳动者大都不愿早日退休。人们的顾虑也简单明了：“早退休，收入少一半。”从制度上讲，我国职工退休金可以拿到原来工资的80%～90%，但按照国家对基本养老保险制度的总体设计，基本养老保险目标替代率为58.5%。如果退休金能够占到职工总收入的六成，在一定程度上还在可承受范围内。但由于“工资”范畴的不确定性，劳动者在职期间的工资并非其全部收入，许多项目不包括在“工资”中，由此，近六成的替代率就更低了。因此，界定“工资”为“全部收入”，保证并提高退休金对于工资的实际替代率应当成为推迟退休年龄的前提条件。

男女应当同龄退休

在把年龄明确列为退休条件的《国务院关于安置老弱病残干部的暂行办法》和《国务院关于工人退休、退职的暂行办法》中，对退休年龄男女有别作出了规定。1993 年的《国家公务员暂行条例》明确规定男性 60 周岁、女性 55 周岁“应当退休”。该条例虽然被 2005 年的《国家公务员法》所取代，但后者“达到国家规定的退休年龄”的规定却维持了现状。由此，男女同龄退休近年来已经成为一个经常性话题。

确定女性早于男性退休的初衷，是当时女职工的实际情况所致，也是出于对女职工的照顾和为了保障女职工的退休权益。当时考虑到女职工的生理特点和抚育子女的需要，同时考虑了女职工就业的机会一般比男性少而工龄较短的现实，赋予了女职工早退休的权利。

随着经济发展和社会进步，劳动条件的改善和工作内容的变化，男女体力上的差距并非必然成为劳动能力的差距。加之女性受教育程度越来越高，在脑力劳动上女性更加无须再让“须眉”。从这个意义来说，社会发展的客观现实已经为男女职工同龄退休准备了客观条件。另一个令人们始料不及的事实是，现在女性的平均预期寿命明显高于男性，女性退休早于男性，意味着人为缩短了女性的职业寿命，制造了女性的“合法失业”，既有性别歧视之嫌，也是对女性就业权利的损害。

据统计，在世界范围内，男女退休年龄相同的国家和地区多于男女退休年龄不同的国家和地区，其中相同的占 59.4%，不同的占 40.6%，甚至一些低收入国家也规定了男女法定退休年龄应当相同。综上，在我国实行男女同龄退休已然正当其时。

弹性退休须慎重

“弹性退休”并非新发明，20 世纪 90 年代参与起草劳动法时，笔者曾对此进行过专项调研。当时，在各省市劳动部门的配合下，通过问卷调查、专题论证、现场讨论等方式，得出了反对者众的结论，尤以国有大中型企业为甚。

其中，笔者印象最深的是回到先前工作过的车间，与师傅们进行座谈。他们说，如果搞弹性退休，被“弹性”掉的只能是我们这些一线普通工人。即便赋予工人自己选择退休的权利，但工作岗位是不能由你选择的。一旦实行弹性退休，生产一线的工作，尤其是苦脏累工种，想不退都不行；二线工作，尤其是相对轻松的工种不仅成了在职者的特权，而且还会变成他们晚退休的固定资产。顺着工人师傅们的思路，我们不难想到，弹性退休一旦成为现实，新的不正之风有可能应运而生，权力寻租进而可能成为权利寻租。这无疑是在工人中制造新矛盾，在不同社会群体中增加新的摩擦点。

当我们看似周全地以“使有劳动能力又有就业意愿的人能够多工作，使缺乏劳动能力非常愿意按时退休的人及时退休”作为弹性退休的理由时，却忽略了“劳动能力”并不存在一个客观的和绝对的标准，劳动能力的“有”与“无”既因人而异，更因事而异。在同一家企业同一生产车间内，或许我不能搬运重物，不能在机床前站立 8 小时，却可以在许多其他的岗位上应付自如、游刃有余，而且我是“有就业意愿”的，为什么不让我“弹性”五年后才退休？我并不“缺乏劳动能力”，缺乏的只是搬运重物或者在机床前工作 8 小时的劳动能力。换句话说，我缺乏的只是一个不需要搬运重物或者站立 8 小时的工作岗位。

其实，祖先早就说过：“不患寡而患不均，不患贫而患不安。”在这些因素的制约下，启动弹性退休，应当慎之又慎。

资料来源：黎建飞：《谨慎看待弹性退休》，载《光明日报》，2012 - 07 - 05。

第五节　补充养老保险

补充养老保险的立法

我国以基本法及行政规章制度等形式对补充养老保险作出规定，具体为：

（1）1991 年 6 月 26 日国务院颁布的《关于企业职工养老保险制度改革的决定》提出：随着经济的发展，逐步建立起基本养老保险与企业补充养老保险和职工个人储蓄性养老保险相结合的制度。自此，我国企业补充养老保险制度已产生并付诸实施。

（2）《劳动法》第 75 条规定：国家鼓励用人单位根据本单位实际情况为劳动者建立补充保险。这就从立法上确定了补充养老保险的地位。

（3）《关于深化企业职工养老保险制度改革的通知》规定：国家在建立基本养老保险、保障离退休人员基本生活的同时，鼓励建立企业补充养老保险和个人储蓄性养老保险。企业按规定缴纳基本养老保险费后，可以在国家政策指导下，根据本单位经济效益情况，为职工建立补充养老保险。这进一步指明了建立补充养老保险的条件，即根据用人单位经济效益情况建立补充养老保险。

（4）在劳动部《关于建立企业补充养老保险制度的意见》中，从实施主体和条件、资金来源、计发方式和投资运营等方面对补充养老保险做出详细规定。

补充养老保险的特征

补充养老保险作为一项新制度，具有如下特征：

（1）立法的半强制性。国家以立法形式鼓励有能力的用人单位根据经济效益情况建立补充养老保险，具有强制性；另一方面又具有较大的弹性，即用人单位在不具备实施补充养老保险条件时可以不建立补充养老保险。

（2）分配的直接性。补充养老保险金由用人单位直接分配给职工或委托经办机构发放，不存在社会统筹问题，没有调剂功能。

（3）基金来源的单一性。补充养老保险金主要由用人单位负担，也可由用人单位和劳动者个人共同负担，但个人缴款部分不能占太大比例。

（4）实施的灵活性。它随用人单位经济发展而建立、变化，从时序上讲，用人单位有先有后，可连续也可中断，不要求起始一致和始终如一。用人单位自主确立分配水平，对职工还可因人、因时而异。用人单位之间不统一标准，允许有差别。

补充养老保险的适用范围和条件

（1）补充养老保险的适用范围：补充养老保险的适用范围为城镇各类企业的劳动者。

（2）补充养老保险的条件包括：用人单位参加了基本养老保险的社会统筹，并按时足额缴纳养老保险费；用人单位生产经营情况比较稳定，经济效益较好；用人单位民主管理基础好。

补充养老保险资金的来源

企业补充养老保险的资金，主要由企业负担，企业可以在企业工资储备金中列支；也可以将企业基本养老保险缴费中超过职工平均工资 300%以上的部分，由社会保险经办机构返还企业作为补充养老保险资金；也可以经当地政府批准，将不超过本企业工资总额一定比例部分记入企业相关成本费用。在实行企业和个人共同负担的情况下，个人缴费部分不得超过供款总额的一半，个人缴款从个人工资收入中按一定比例或绝对额缴纳。

补充养老保险金的计发

企业补充养老保险一般采用个人账户方式，补充养老保险待遇按个人账户养老金储存额的多少由企业或委托的机构计发。

本章小结

养老保险，又称老年社会保险或年金保险，是指在劳动者达到法定老年年龄并从事某种劳动达到法定年限后，由国家和社会依法给予一定物质帮助，以维持其老年生活的一种社会保险法律制度。其具有如下特征：劳动者须达到法定老年年龄，并从事某种劳动达到法定年限；劳动者被依法解除法定劳动义务；以维持其老年生活为宗旨；适用范围广泛。它在保障劳动者老年生活、调节收入分配、提高劳动积极性、安定社会方面有重要作用。

现代意义上的养老保险立法发端于德国，20 世纪 50 年代以来，养老保险立法得到了国际社会的重视和支持。新中国成立至今，我国的养老保险立法经历了几个不断发展的阶段。

根据我国社会经济发展状况和人口老龄化状况，我国养老保险基金募集的模式采取部分积累式最为科学。在传统计划经济体制下，我国养老保险费用采取完全由国家和企业包下来和劳动者不承担任何费用的办法。随着改革发展，我国确立了养老保险基金由国家、用人单位和劳动者三方共担的筹措原则。

养老保险金的发放包括其发放条件、发放标准以及发放办法等内容。

补充养老保险作为一项新制度，具有如下特征：立法的半强制性、分配的直接性、基金来源的单一性、实施的灵活性。

关键概念

养老保险　　养老保险的作用　　养老保险立法　　养老保险的改革目标
养老保险基金的募集　　养老保险金的发放　　养老保险金发放标准　　养老保险金的发放办法
补充养老保险

思考题

1. 简述养老保险的概念和法律特征。
2. 简述养老保险的作用。
3. 简述我国养老保险制度的改革。
4. 简述养老保险基金的募集。
5. 简述我国养老保险金标准的确定及调整。
6. 简述补充养老保险的适用范围和条件。

第十四章 失业保险

学习目标

通过本章学习，了解我国失业的概念及其特点；掌握失业保险的概念、特点；明确建立失业保险制度的意义和在我国的积极作用。了解我国失业保险立法的发展进程；明确失业保险的对象、享受失业保险的资格条件以及我国失业保险的覆盖范围。掌握失业保险基金的概念；失业保险费的缴纳基数和缴纳比例以及失业保险金的筹集方式。了解我国失业保险金调剂制度。掌握失业保险金的支出项目、失业保险金的给付标准以及享受失业保险待遇的条件。了解申领失业保险待遇的程序以及我国失业保险制度的宗旨。

失业保险是社会保险制度中的重要组成部分。建立失业保险制度，是在市场经济条件下建立统一的劳动力市场的必要条件。

第一节 失业保险概述

失业的概念

失业是指具有劳动能力并有劳动意愿的劳动者得不到劳动机会或者就业后又失去工作的状态。关于失业的定义，各国有不同的界定。如美国将失业定义为：年满 16 周岁、没有工作或正在寻找工作的人。国际劳工组织特别对失业的定义做了如下界定：失业是指在调查期内达到一定年龄并满足以下条件者：(1) 没有工作，即未被雇用同时也未自谋职业者；(2) 目前可以工作，即可被雇用或自谋职业者；(3) 正在寻找工作，即在最近特定时期已经采取明确步骤寻找工作或自谋职业者。

我国关于失业的概念有以下几个特点：

(1) 失业人员仅指城镇非农业户口的劳动者，而不包括农村劳动者，因而，大量进城务工的民工并不在失业人员统计之列。不具备相应的劳动能力也不能视为失业人员，如精神病人、完全伤残不能从事任何社会性劳动的人员等。对那些目前虽无工作，但没有工作要求的人不能视为失业人员。这部分人自愿放弃就业权利，已经退出了劳动力的队伍，不属于劳动力，也就不存在失业问题。

(2) 失业人员的年龄限于男 60 岁、女 50 岁，对企业中男年满 60 周岁、女年满 50 周岁的职工和机关事业单位中男年满 60 周岁、女年满 55 周岁的职工实行退休制度，对从事有毒、有害工作和符合条件的患病、因工致残职工可以降低退休年龄。

(3) 失业率的统计是以每一日历年的最后一天的失业人数来计算，而没有采用国际上通行的月度失业率统计方法。

失业的原因是多方面的，国际上一般将失业原因分为如下几类：摩擦性失业，由于求职的劳动者与需要提供的岗位之间存在着时间上的差异而导致的失业，如新生劳动力找不到工作，工人想转换工作岗位时出现的工作中断等；季节性失业，由于某些行业生产条件或产品受气候条件、社会风俗或购买习惯的影响，使生产对劳动力的需求出现季节性变化而导致的失业；技术性失业，由于使用新机器设备和材料，采用新的生产工艺和新的生产管理方式，出现社会局部劳动力过剩而导致的失业；结构性失业，由于经济、产业结构变化以及生产形式、规模的变化，促使劳动力结构进行相应调整而导致的失业；周期性失业，市场经济国家由于经济的周期性萎缩而导致的失业。

失业保险的概念和特点

失业保险是指国家通过建立失业保险基金，使因失业而暂时中断生活来源的劳动者在法定期间内获得失业保险金，以维持其基本生活水平的一项社会保险制度。失业保险是社会保险制度中的重要组成部分。失业保险具有以下特点：

第一，失业保险的对象为失业劳动者。即失业保险只对有劳动能力并有劳动意愿但无劳动岗位的人提供保险。我国对失业保险对象进一步限定为已经就业但非因本人意愿中断就业的、并办理失业登记的那部分劳动者，未曾就业者不在此列。

由于失业保险是为了保障有工资收入的劳动者失业后的基本生活而建立的，其覆盖范围包括劳动力队伍中的大部分成员。参保单位应不分部门和行业，不分所有制性质；其职工应不分用工形式，不分家居城镇、农村，解除或终止劳动关系后，只要本人符合条件，都有享受失业保险待遇的权利。

第二，享受失业保险待遇有一定期限。不像养老保险和工伤保险那样，劳动者可以长期享受保险待遇，失业保险只能在法定期限内享受，超过法定期限，即使劳动者仍处于失业期间，也不可再享受。如我国规定劳动者领取失业金的最长期限为 24 个月。

第三，失业保险费由企业和劳动者缴纳。在各项社会保险中，工伤保险和生育保险的保险费由企业缴纳，劳动者不需缴费。过去我国的待业保险制度也规定，待业保险费由企业缴纳，职工在待业期间可享受待业保险金。新的失业保险制度建立后，改变了原来劳动者个人不缴费的做法，规定劳动者要按工资的一定比例缴纳保险费，才可享受失业保险待遇。按照规定，在失业保险制度覆盖范围内的单位及其职工必须参加失业保险并履行缴费义务。不履行缴费义务的单位和个人都应当承担相应的法律责任。

失业保险基金主要来源于社会筹集，由单位、个人和国家三方共同负担，缴费比例、缴费方式相对稳定，筹集的失业保险费，不分来源渠道，不分缴费单位的性质，全部并入失业保险基金，在统筹地区内统一调度使用以发挥互济功能。

世界各国建立失业保险制度的基本情况

到 1997 年初，世界上已有 68 个国家和地区建立了失业保险制度。

法国最早于1905年建立了失业保险制度。随即，挪威、丹麦两国也分别在1906年和1907年建立了类似于法国的失业保险制度。当时这几个国家实行的是非完全强制性失业保险制度，即法律确定范围内的人员是否参加失业保险取决于个人意愿，参加保险，就必须根据失业保险法律规定接受管理，包括承担一定的义务和享受相应的权利。1911年，英国颁布了国民保险法，开创了强制性失业保险制度的先河，后被一些国家效法，构成了世界失业保险制度的主流。

到1997年初，世界上已有68个国家和地区建立了失业保险制度，其中大多数国家和地区实行强制性保险，自愿性保险的范围只限于工会已建立失业保险基金的产业。

资料来源：http://www.molss.gov.cn，2003-02-21。

建立失业保险制度的意义

（一）有利于建立社会主义市场经济体制和培育统一的劳动力市场

市场经济的最大特征是通过市场来实现资源的合理配置，建立起发达的生产要素市场，包括资金市场、商品市场和劳动力市场等。企业的生产主要决定于市场的需求，而市场的波动性使得生产对劳动力的需求也会发生不断的变化，这种变化必然导致对劳动力需求不足或过剩的情况，这就要求有一定的比例的失业人员存在以适应市场的变化。因此，必须建立起统一的劳动力市场，打破各种所有制的限制，使劳动力能够合理流动，为企业生产提供足够的和合格的劳动力。要保证能够长期维持市场运行所需要的劳动力结构，必须建立起失业保险制度，使从生产领域游离出来的失业人员得到必要的保障，以适应市场经济对劳动力的需求。

（二）有利于保证失业劳动者的基本生活

竞争机制是市场经济的重要法宝，其通过竞争的优胜劣汰来实现资源的配置。一方面，企业作为市场的主体要参与市场竞争，如果企业的经营方式落后，产品没有竞争力，必然要被市场所淘汰。社会经济领域就像自然界一样，是在不断的新陈代谢过程中发展的，新技术的发明和应用，新资源的开发、新市场的出现等因素都会引起社会经济的变化，竞争的结果，必然使一些落后的企业和生产方式落败，也会使一些决策失误的企业落败，这些企业的劳动者最终加入到失业大军的行列。另一方面，劳动力市场的建立，劳动者个人之间也必然形成竞争的机制，竞争就业，竞争上岗，没有良好素质和技术的劳动者也必然遭淘汰，成为失业人员。劳动者因失业而退出工作岗位，因此失去了工资收入，使得其本人和家庭陷于生存困难。因此，必须对失业劳动者提供失业保险，保证其本人及其家庭的基本生活。

（三）有利于促进失业劳动者的再就业

面对不可避免的失业问题，政府必须考虑如何采取措施实现劳动者的再就业。在市场经济发达的国家，劳动者失业后，主要通过失业保险制度保证其基本生活，并通过劳动力市场来实现其再就业。而目前我国劳动力市场尚未发达，劳动力供求又不均衡，在劳动力供远大于求的情况下，劳动力市场体系还难以解决大量劳动者失业后的再就业问题。因此，需要发挥失业保险的作用，借助政府的力量帮助失业人员解决再就业的问题。在失业保险的开支中，专门规定有一部分基金可用于职业介绍和职业培训上，以帮助失业人员通过职业介绍和职业培训，尽快实现再就业。

我国失业保险制度的积极作用

我国建立失业保险制度至今10多年来，发挥的积极作用主要表现在：

（1）有效地保障了失业人员的基本生活。通过施行失业保险制度，给付失业保险待遇，保障了失业人员的基本生活，帮助他们渡过了难关，特别是近几年来，使用失业保险基金每年救助的人员都在300万人次以上，对维护社会稳定发挥了积极作用。

（2）促进了失业人员再就业。按照我国有关规定，从失业保险基金中支出部分资金，用于失业人员开展生产自救、转业训练、职业介绍活动，帮助其中半数以上人员重新走上了就业岗位，实现了再就业。

（3）支持了企业改革。实施失业保险制度，保障了失业人员的基本生活，一方面减轻了国有企业的就业压力和改革的压力，推动了改革措施的顺利出台和实施。许多地方还运用基金支持“关、停、并、转”企业妥善分流安置富余人员。

（4）推进了事业单位的企业化管理。随着改革的推进，对事业单位的用人制度加快改革，按照市场原则优化人员结构，减员增效将成为事业单位的必然选择，因此将事业单位人员纳入失业保险，对事业单位特别是国有事业单位按照市场用人机制进行人事管理，促进其自身发展具有重要意义。

第二节　我国的失业保险立法

新中国成立初期的失业保险立法

新中国成立初期，为了解决旧中国遗留下来的失业问题，我国开始了有关解决失业问题的立法。1950年，政务院发布了《关于救济失业工人的暂行办法》和《关于救济失业教师与处理学生失学问题的指示》。为了救济失业工人，政府采取了“以工代赈”、生产自救、还乡生产等措施，对于生活特别困难的失业工人，政府实行了发给救济金的办法，政务院在相当困难的情况下，决定拨出4亿斤粮食作为救济失业工人的基金，以解决失业工人的基本生活。20世纪50年代中期，随着我国经济建设的全面恢复和发展，失业率大大降低。1957年，我国政府宣布消灭了失业，有关失业救济的办法也被废除了。

失业保险立法的改革和进程

我国真正建立失业保险制度是在20世纪80年代中期。随着经济体制改革的全面深化，我国开始了以实行劳动合同制为主的劳动制度改革，1986年7月，国务院发布了《国营企业职工实行待业保险暂行规定》，标志着我国失业保险制度正式建立。该规定仅适用于国营企业，范围包括宣告破产企业的职工，濒临破产的企业法定整顿期间被精简的职工，企业终止、解除劳动合同的工人和企业辞退的职工。待业保险基金由企业按照其全部职工标准工资总额的1%缴纳。待业救济金按本人标准工资50%～75%发放。

1989年，劳动部发布了《国营企业职工待业保险基金管理办法》以加强对失业保险基金的统筹和管理。1990年劳动部又发布了《关于使用职工待业保险基金解决部分企业职工生活问题的通知》，要求应妥善解决治理整顿期间关停企业的职工生活问题。1993年4月，国务院发布《国有企业职工待业保险规定》，失业保险的适用范围除1986年规定的四种情形外，还增加了以下几种：按照国家有关规定被撤销、解散企业的职工，按照国家有关规定停产整顿企业被精简的职工，企业除名或者开除的职工以及依照法律、法规规定或者按照省、自治区、直辖市人民政府规定享受待业保险的其他职工。关于待业保险基金的来源，规定企业按照全部职工工资总额的0.6%缴纳待业保险费，待业救济金的发放标准为相当于当地民政部门规定的社会救济金额的120%～150%，具体标准由省、自治区、直辖市人民政府规定。

为了改变这种状况，建立起更完善的失业保险制度，1999年1月，国务院颁布了《失业保险条例》，取代了1993年的规定，该条例的颁布，使我国初步建立起了与市场经济相适应的失业保险制度。《失业保险条例》吸取了我国失业保险制度建立和发展的实践经验，借鉴了国外有益做法，在许多方面做了重大调整，体现了社会主义市场经济对失业保险制度的要求，体现了失业保险制度服务改革和稳定大局的精神，为形成具有中国特色的基本完善的失业保险制度打下了坚实基础。

《社会保险法》设专章就失业保险作了规定，对失业保险的覆盖范围、制度模式、资金来源、享受待遇的条件等作了规定，为失业保险的长远发展提供了法律保障。

待业、下岗与再就业

失业与待业。在20世纪八九十年代改革开放过程中，我国政府文件长期使用“待业”这一概念。1982年人口普查的相关文件规定，“待业人员”是指在劳动年龄内、有劳动能力的人要求就业而无任何职业者。从这一定义上看，“待业”与“失业”是没有区别的。1986年国务院发布的《国营企业职工待业保险暂行规定》和1993年国务院发布的《国有企业职工待业保险规定》中均使用“待业”这一概念。这一概念带有从计划经济的角度对失业这一社会现象认识的色彩。

失业与下岗。失业与下岗都表现为劳动者离开原单位的工作岗位。但是不同的是，下岗是指由于用人单位的生产和经营发生特殊困难等客观原因，劳动者离开所在单位的具体工作岗位，但与所在单位未解除或者终止劳动关系，又没有找到新的工作岗位的现象。20世纪90年代末下岗人员大量增多是我国在经济转轨过程中出现的社会经济现象，主要表现为国有企业的职工大量下岗。而失业，则是劳动者与用人单位已解除或者终止劳动关系，而没有新的工作岗位的现象。所以，失业与下岗是有区别的。

失业与就业、再就业。失业是与就业相对应而存在的概念，再就业是失业后重新获得就业岗位的状况。

资料来源：《中华人民共和国社会保险法释义》（十四），北京，中国劳动社会保障出版社，2012。

第三节　失业保险的对象和范围

失业保险的对象

由于失业保险是对受失业风险、暂时丧失工资收入的失业者设计的，因而其涵盖范围在创始阶段界定得十分明确和严格。一般限于正式参加经济活动，有了稳定的职业，暂时失去工作岗位的工资劳动者。面对职业不稳定、不正规的临时工、季节工人、家庭佣人、农业工人，职业相当稳定的国家公务员、有独立收入的个体劳动者以及中等以上的学校毕业生，均不包括在承保范围内。

但随着社会经济的发展，对失业概念的解释也发生了变化，失业的涵盖范围也在相应扩大。国际劳工组织1988年举行的第七十五届劳工大会对失业的界定为：凡有能力参加经济活动，可以寻找工作并确实在寻找职业而未能得到适当工作，以致没有收入，生活无着落的劳动者，都是失业者，都应受到失业保险的涵盖。现在，国际劳工组织及一些发达国家对失业的新界定为：凡达到一定年龄、具有劳动能力但没有职业或工作负荷达不到一定标准而正在为获取收入寻找工作，并已向职业介绍机构登记者，均为失业者，作为失业保险的对象。美国的失业保险始于1935年，即在建立社会保障制度的同一年建立。国会通过立法授权各州政府建立失业保险制度。失业保险项目由州政府进行管理，联邦政府只是制定一些措施鼓励各州政府建立失业保险制度并尽量在州际之间保持统一性，这项制度涵盖了97%的工资收入者。1993年，约有170万人每周领取失业救济，平均每人每周172美元。

我国《社会保险法》未对失业保险的对象作出明确的规定。在实务操作上，按照《失业保险条例》对失业保险的适用范围执行。

失业保险基金的构成和特点

失业者要获得失业保险的权利，必须要有一定的资格条件。对此，为了保证将失业保险金支付给规定范围内的失业者，防止失业者产生依赖心理和不劳而获的观念，各国失业保险的资格条件规定得十分具体和严格。概括起来，主要有：

（1）失业者必须符合劳动年龄条件，即必须是处于法定最低劳动年龄与退休年龄之间的劳动者才有可能享受失业保险。失业保险不包括未达到法律规定最低劳动年龄和超过法定退休年龄的人。各国的规定不一。英国和澳大利亚均为男16～64岁，女为16～59岁，世界银行统一规定为15～65岁。这是因为，只有处于劳动年龄的就业者才谈得上失业，才有权享受失业保险待遇。对未达到劳动年龄的人和超过劳动年龄的退休者不负有法定的社会劳动义务，各国为保护其身体健康均明文禁止使用童工；超过劳动年龄的人已享受有养老保险，故这两种人均不属于社会生产中的劳动力，也就不存在失业问题，不属于失业保险的对象。

（2）失业必须是非自愿失业。失业原因并非出于本人意愿，而是由于超出其所能控制的各种社会或经济因素所造成的，各国对此均有一致的规定，这是为了防止故意失业以获取失业保险金。自愿失业者不在失业保险给付范围之内，因为自愿失业责任全在失业者本人，或是出自获取更体面的工作岗位和更优惠工资的考虑，或是出自其他个人考虑，这种自愿离开原工作岗位而暂时失业的现象理应由个人负责，企业和国家没有义务给其以失业保险待遇。而非自愿失业的责任不在失业者本人，是由与失业者本人无关的非本人能力所能控制的一些原因造成的，理应提供失业保险。

（3）失业者必须满足一定的合格期条件。为了贯彻社会保险权利和义务对等原则，失业保险规定失业前必须达到一定的就业年限或缴足一定期限和数额的失业保险金，缴费期限和就业时间，大多数国家一般以失业前一年中的6个月为准。有些国家还规定，失业者失业前在有关国家居住一定期限，才具有享受失业保险给付的资格。

（4）失业者必须具有劳动能力和就业意愿。失业保险所保障的对象是那些具备劳动能力和就业意愿的失业者。为了检查失业者的就业意愿和劳动能力，各国均规定，失业者在申请失业给付前，须先到就业辅导机构登记申请辅导就业，并在领取失业救济金期间定期向就业辅导机构报到。主要包括：1）失业者必须在规定期限内到职业介绍所或失业保险管理机构进行登记并要求重新工作。2）失业期间必须定期与失业保险机构联系，报告个人情况，这是为及时掌握失业者就业意愿的变化和向就业机构传递就业信息。3）表示愿意接受职业训练和合理的工作安置。若失业者拒绝，则认定无再就业意愿，停止保险金的发放。失业者必须具备上述条件，才有资格享受失业保险待遇。

第四节　失业保险基金的筹集

失业保险基金的构成和特点

建立失业保险基金是失业保险制度的重要内容。我国的《失业保险条例》规定，失业保险基金由下列各项构成：

（1）城镇企业事业单位、城镇企业事业单位职工缴纳的失业保险费；

（2）失业保险基金的利息；

（3）财政补贴；

（4）依法纳入失业保险基金的其他资金。

失业保险基金是社会保险基金中的一种专项基金，是国家法定建立的用以保障失业人员失业期间的基本生活的资金。其特点为：

（1）强制性。即国家以法律规定的形式，向规定范围内的用人单位、个人征缴社会保险费。缴费义务人必须履行缴费义务，否则构成违法行为，承担相应的法律责任。也就是说，哪些单位、哪些人员要缴费，如何缴费都是由国家规定的，单位或个人没有选择的自由。

（2）无偿性。即国家征收社会保险费后，不需要偿还，也不需要向缴费义务人支付任何代价。

（3）固定性。即国家根据社会保险事业的需要，事先规定社会保险费的缴费对象、缴费基数和缴费比例。在征收时，不因缴费义务人的具体情况而随意调整。同时还表现在社会保险基金在使用上要实行专款专用。

（4）社会性。失业保险带有很强的社会性，它只能由社会筹集失业保险基金，由失业保险管理机构给付。

发展失业保险事业是国家的一项重要职责，一方面，政府要组织好失业保险费的征缴和管理工作；另一方面，在失业保险费不能满足需要时，也有责任通过财政补贴的形式保证基金支出的需要。征缴的失业保险费按规定存入银行或购买国债，取得的利息收入并入基金，这是保证基金不贬值的重要措施。其他资金是指按规定加收的滞纳金及应当纳入失业保险基金的其他资金。罚款不在此列。

失业保险费的缴费基数和缴费比例

缴纳失业保险费，世界上大体有两种情况：一种是由雇主缴纳。其原因是考虑到一般情况下，失业是劳动者非自愿的原因造成的，因此，劳动者本人不缴纳失业保险费。另一种是由雇主（企业）和雇员（劳动者）两方缴纳。我国是城镇企业事业单位和职工双方缴费的国家，让职工负担一定比例的失业保险费有利于促进职工个人对失业风险的认识，增强职工提高自身素质的自觉性。

失业保险费的缴费基数（即费基）是指计算缴费单位或者缴费个人缴纳失业保险费的资

金起点数目。在我国，缴费单位的缴费基数是该单位的工资总额，职工的缴费基数是本人工资。缴费单位的工资总额按照国家有关工资政策认定其构成和计算方式。它是指单位在一定时期内直接支付给本单位全部职工的劳动报酬总额。职工个人工资是指由单位支付的劳动报酬，一般包括基础工资、职务工资、级别工资、工龄工资和奖金，各种补贴和福利不计入职工个人的工资当中。

失业保险费的缴费比例（即费率）是指缴费单位或者缴费个人缴纳失业保险费占其缴费基数的比例。我国《失业保险条例》第6条规定，城镇企业事业单位按照本单位工资总额的2%缴纳失业保险费。城镇企业事业单位职工按照本人工资的1%缴纳失业保险费。城镇企业事业单位招用的农民合同制工人本人不缴纳失业保险费。此外，《失业保险条例》还规定，省、自治区、直辖市人民政府根据本行政区域失业人员数量和失业保险基金数额，报经国务院批准，可以适当调整本行政区域失业保险费的费率。

失业保险金筹集的方式

失业保险金一般按照尽量做到资金筹集与资金支出相平衡的基本原则来筹集。筹集方式在多数国家是实行现收现付方式。一般有以下几种情况：

(1) 由政府、企业、被保险人三方共同负担，如德国、加拿大、日本、瑞士等国家，其比例视本国社会保险政策而定。

(2) 由企业和被保险人分担，如法国、荷兰、希腊等18个国家采用该方式。

(3) 由政府和企业双方分担，如美国（个别州除外）、意大利等国。

(4) 全部由企业负担，如印度尼西亚、加纳等国家。

(5) 全部由政府负担，如英国、澳大利亚、巴西、匈牙利、新西兰、卢森堡等国家。

(6) 全部由被保险人负担。

背景知识

美国失业保险金的筹集

失业保险通过工薪税（属于社会保险工薪税）来筹集资金，但与社会保障制度不同。在大多数州，并不是雇主和雇员共同分担，失业保险工薪税全部由雇主负责，当然有时雇主也可能转嫁负担。失业保险税的数额是雇主的失业保险税率与失业保险税限额下的雇员年收入的乘积。联邦法律要求失业保险税的税基至少包括雇员年收入的前7 000美元。目前，80%的州的失业保险税基都高于联邦政府的规定，阿拉斯加州甚至高达23 200美元。失业保险工薪税的一个重要特点是：其税率各个雇主并不相同，它取决于企业解雇雇员的经历，解雇率越高，税率也越高，这被称为“经历定率”（Experience Rated）法。问题是一般而言，解雇雇员给雇主带来的税收成本要低于雇员因被解雇而领取的失业救济金，这样一来，当企业因市场需求变化需要临时裁员时，企业愿意裁员以渡过暂时的困难。由于雇主增加的税收成本低于雇员因失业而得到的失业救济，所以，临时性裁员可能对雇主和雇员都有利，给社会带来的后果是增加了失业率。失业保险工薪税与社会保障工薪税另一点不同，失业保险工薪税计入普通基金，而社会保障工薪税收入计入社会保障信托基金，实行“专款专用”。

资料来源：http://www.usacn.com，2003-02-21。

失业保险金的调剂

失业保险互助互济的特点要求基金在较大范围内实行统一调度、统一管理和使用，这是保证基金支付需要的重要手段。我国规定，失业保险基金在直辖市和设区的市实行全市统筹；其他地区的统筹层次由省、自治区人民政府规定。

所谓统筹，是指失业保险基金在一定的行政区域内实行统一筹集、管理和使用的形式。1986年我国政府曾要求对失业保险基金实行省级统筹，1993年改为市、县统筹。总结实践结果，1999年颁布的《失业保险条例》再次对统筹层次做出调整。适当提高统筹层次，有利于发挥失业保险的互济作用，增强基金承受能力。

为了使失业保险基金能在更大范围内发挥调剂余缺的作用，我国《失业保险条例》规定，省、自治区可以建立失业保险调剂金。失业保险调剂金以统筹地区依法应当征收的失业保险费为基数，按照省、自治区人民政府规定的比例筹集。统筹地区的失业保险基金不敷使用时，由失业保险调剂金调剂，地方财政给予补贴。失业保险调剂金的筹集、调剂使用以及地方财政补贴的具体办法，由省、自治区人民政府规定。

建立失业保险调剂金的目的，是在省、自治区所属统筹地区因经济发展差异、就业压力不同、发生自然灾害或其他原因造成失业问题严重，失业保险基金不敷使用时，由调剂金给予适当补充，以解决资金不足问题。

失业保险调剂金按一定比例从统筹地区应征收的失业保险费中筹集。具体比例由各省、自治区确定。在确定比例时，应全面掌握各统筹地区的基金状况，并对其支出趋势进行科学预测，以既能满足实际需要又不发生过多积累为原则，在此基础上，合理确定筹集比例。

由于省级调剂金规模一般不大，通常不可能大量、集中地投向某一地区，因此，在使用调剂金的同时，统筹地区财政还必须承担相应的补贴责任。这也是实践经验的总结，有许多地方规定对统筹地区资金不足部分采取由调剂金补贴一定比例、地方财政补贴一定比例的办法解决，实践证明，这种办法效果较好。特别要注意的是，按照《条例》规定，调剂金只能用于统筹地区基金发生困难时的补充，不能用于其他支出。

第五节　失业保险基金的发放

失业保险基金的支出项目

失业保险基金如何使用，关系到失业保险基金的承受能力，关系到失业保险功能能否充分发挥。许多国家都通过立法来规定失业保险金的支出项目。

我国规定，失业保险基金主要支出项目是：（1）失业保险金；（2）领取失业保险金期间的医疗补助金；（3）领取失业保险金期间死亡的失业人员的丧葬补助金和其供养的配偶、直系亲属的抚恤金；（4）领取失业保险金期间接受职业培训、职业介绍的补贴；（5）国家规定或者批准的与失业保险有关的其他费用。

失业保险金，是指失业保险经办机构按规定支付给符合条件的失业人员的基本生活费用，它是最主要的失业保险待遇。

失业保险期间的医疗补助金，是指支付给失业人员的在其领取失业保险金期间发生的医疗费用的补助。我国目前医疗保险制度尚不健全，长期实行的公费医疗和劳保医疗制度都是对有工作单位的劳动者实行医疗保障，而未将失业人员纳入医疗保险范围。近年来，在实行医疗保险制度改革的地区，为劳动者建立了医疗保险的个人账户，当劳动者失业后，医疗费用可以按规定从其在职时所建立的个人账户中支取，但因个人账户的资金很有限，失业人员承担医疗费用的能力较弱，难以保障失业者在失业期间的基本医疗需要。在这种情况下，从失业保险基金中给予必要的补助，可以在一定程度上减轻失业人员的经济负担，这也是保障失业人员基本生活的重要措施，医疗补助金一般采取门诊费定额补助和住院费按比例补助的办法，具体标准和申领程序由各地根据情况确定。

失业保险期间死亡的失业人员丧葬补助金和其供养的配偶、直系亲属的抚恤金，是指针对死亡的失业人员家属的开支项目。长期以来，我国对城镇单位职工死亡后的丧葬费用和其供养的配偶、直系亲属所需生活费用提供补助的资金，都是由职工所在单位负担。这是一项具有中国特色的社会保障措施。目前，在进行劳动用人制度改革中，考虑到减轻企业的负担和失业人员家属的经济负担，我国政府规定了可从失业保险基金支出中，领取失业保险金期间死亡的个人的丧葬补助金和其供养的配偶、直系亲属的抚恤金。

失业保险期间职业介绍和职业培训的补贴，是指从失业保险基金列支用于促进失业人员再就业的资金。对失业人员提供一部分资金，其目的是为减轻失业人员的经济负担，帮助他们能够及时地得到就业服务，促进他们积极参加职业培训，提高劳动技能，从而提高再就业能力，重新获得就业机会。

失业保险金的给付标准

失业保险能否达到帮助失业者维持基本生活，促使其重新就业的目的，关键是要正确制定失业保险给付标准。

（一）*确定失业保险给付的原则*

目前，各国普遍遵循以下原则：

1. 确保失业者及赡养者的基本生活需要

对于失业者来说，失业保险金是其主要收入来源，因此，失业者及其家属的生活水平就由失业保险金给付水平确定。为了维护失业者的基本生活需要，失业保险金要起到保障作用，最低生活水平是失业保险的最低界限，失业保险给付标准不应低于也不应等于最低生活水平所需的收入。因为失业保险的目的是保障失业者享有基本的而不是最低生活水平，否则，若其标准是最低生活水平，则是失业救济的功能，而非失业保险的功能。

2. 给付标准应适当低于失业者原有的工资水平

这是因为，给付应以奉献为准绳。在失业期间，失业者对单位、国家和社会都无所奉献，理应获得低于就业时的收入水平，并限制一定的给付期限。超过此期限者，则按社会救助的标准给付，这样有利于促进就业。否则，若给付标准等于原有的工资水平，既会增加失业保险的财政负担，也会混淆就业与失业的区别，使失业者坐吃失业保险，不愿意重新就业。

3. 失业保险权利和义务相对等的原则

劳动者失业后有获得基本生活保障的权利，失业前也有为社会劳动、缴纳保险费的义务。因此，失业保险金的给付应与被保险人的工龄、缴费年限和原工资收入相联系，使工龄长、缴费次数多、原工资收入水平高的失业者获得较多的失业保险金；反之，所获得的失业保险金就少些。

（二）失业保险给付标准的内容

1. 等待时间

这是失业者在领取失业保险金之前经过等待的一段时间。此项规定，有助于减少小额给付的烦琐工作，并可以控制给付数量。大部分国家规定等待期限为 3～7 天，个别的国家如比利时、瑞士最长为 36 天。同时，多数国家规定每次受领失业给付前均须有一定等待期间，如同一年内遇有第二次失业时，不需要经过等待时间。

2. 失业保险给付比率

这是指对失业保险的给付比率和给付金额。一般有以下几种情况：（1）工资比例制。即按失业保险给付金额占被保险人在失业前一定时期平均工资收入的比率给付失业保险金的方式。通常依据工龄、受保期限、工资水平和缴费年限等因素确定。给付标准通常为工资的 45%～75%。各国不一。（2）均一制。又称固定金额制。是对符合条件的失业者一律按同一绝对数额给付失业保险金而不与失业前的工资收入相联系的方式。一般按日、周计算。（3）混合制。即失业保险金采取比例制和均一制相结合计发的方式。一部分按失业前工资收入的一定比例给付，另一部分则按绝对数给付。（4）一次性给付。即对失业者一次性支付一定数额的失业保险金或解雇金，其数额根据工资和工龄而定。

3. 失业保险的给付期限

失业保险的给付期限是失业者享受领取失业保险金的最长时间。多数国家均有一定限制，通常为 8～36 周，一般为 26 周。国际劳工大会 1952 年规定失业保险给付期为 12 个月内发 26 周，1988 年又规定 24 个月内可以支付 30 周，特殊情况下可支付 52 周。规定此期限的目的主要是为了促进再就业。

在享受待遇条件上，一般都规定，非自愿性失业，缴纳一定期限的保险费或在受保职业工作一定年限；申请者具有工作能力并愿意寻找工作。另外，对无正当理由而自愿离职的，由于行为不端被解雇的，或参加劳资纠纷导致停产而使自己失业的，一般规定要取消其享受资格或降低给付标准，有的还要推迟给付时间。

失业保险金的标准为其最近一段时期平均工资的一定比例。大多数国家计算失业补助金的替代率，为平均收入的 40%～75%。一些国家规定，如果失业人员已成家，除发给基本补助金外，还要对其配偶及子女加发一定的补助金。

失业保险待遇的享受条件

规范申请领取失业保险待遇的条件和程序，有利于保障失业人员的合法权益，有利于强化失业保险的功能。各国对申请领取失业保险金的条件都依法做出了规定。我国规定，参加失业保险的城镇企业、事业单位职工失业后要领取失业保险金，必须符合以下条件：

（1）按照规定参加失业保险，所在单位和本人已按规定履行缴费义务满 1 年。这是最主要的条件。按照规定参加失业保险，是指失业人员原来在城镇企业、事业单位工作，并非新生劳动力，如果缴费时间不满 1 年，失业后，不能领取失业保险金。

（2）非因本人意愿中断就业。一般来讲，中断就业的原因分为两种：非自愿中断就业，即失业人员不愿意中断就业，但因本人无法控制的原因而被迫中断就业；自愿中断就业，即失业人员因自愿离职而导致失业。只有非自愿失业才能领取失业保险金，这是国际上大多数国家在失业保险立法中所遵循的一条基本原则，也是为了杜绝有的职工故意失业而获取失业保险金。我国借鉴国际通行做法，也将自愿中断就业人员排除在享受失业保险待遇的范围之外。

（3）已办理失业登记，并有求职要求。办理失业登记是失业人员领取失业保险金的必经程序，目的是为了掌握失业人员的基本情况，确认其资格。失业登记是失业人员进入申领失业保险待遇程序的重要标志。失业人员享受失业保险待遇，还须有求职要求。这是考虑到失业保险的一个重要功能是促进失业人员再就业。实现这一目的，一方面需要加快经济发展，创造更多的就业岗位，同时，还需要发展和完善就业服务事业，为失业人员实现再就业提供服务；另一方面也要求失业人员积极主动地利用各种就业机会和就业服务设施，不断提高自身素质，增强竞争就业的能力，尽快实现再就业。在认定失业人员是否有求职要求时，应以其是否在职业介绍机构登记求职，并参加再就业活动为衡量的标准。

我国《社会保险法》规定，失业人员符合下列条件的，从失业保险基金中领取失业保险金：(1) 失业前用人单位和本人已经缴纳失业保险费满一年的；(2) 非因本人意愿中断就业的；(3) 已经进行失业登记，并有求职要求的。按照《失业保险金申领发放办法》第 4 条的规定，非因本人意愿中断就业的是指下列人员：(1) 终止劳动合同的；(2) 被用人单位解除劳动合同的；(3) 被用人单位开除、除名和辞退的；(4) 根据《中华人民共和国劳动法》第 32 条第 2、3 项与用人单位解除劳动合同的；(5) 法律、行政法规另有规定的。

我国法律还规定：失业人员在领取失业保险金期间，参加职工基本医疗保险，享受基本医疗保险待遇。失业人员应当缴纳的基本医疗保险费从失业保险基金中支付，个人不缴纳基本医疗保险费。失业人员在领取失业保险金期间死亡的，参照当地对在职职工死亡的规定，向其遗属发给一次性丧葬补助金和抚恤金。所需资金从失业保险基金中支付。个人死亡同时符合领取基本养老保险丧葬补助金、工伤保险丧葬补助金和失业保险丧葬补助金条件的，其遗属只能选择领取其中的一项。

如果失业人员在享受失业保险待遇期间，重新就业或者在此期间其生活待遇可以通过其他的途径和来源得到保障，在这种情况下，就应当停止其享受失业保险待遇。

《社会保险法》第 51 条规定，失业人员在领取失业保险金期间有下列情形之一的，停止领取失业保险金，并同时停止享受其他失业保险待遇：(1) 重新就业的；(2) 应征服兵役的；(3) 移居境外的；(4) 享受基本养老保险待遇的；(5) 无正当理由，拒不接受当地人民政府指定部门或者机构介绍的适当工作或者提供的培训的。

在美国，失业者领取失业保险金的时间长度取决于本人工作的年限，计算公式各州也不相同。在多数州中最长的期限为 26 周，但是，如果本州的失业率高于某个因素一定水平，这个期限也可延长。从 1987 年开始，失业保险金收入也需缴纳联邦个人所得税，但不需缴纳社会保障工薪税，因其不属于工薪。

申领失业保险待遇的程序

失业人员申领失业保险待遇，应当按照一定的程序进行。

当职工失业后，应由其失业前所在的用人单位及时出具终止或解除职工劳动关系的证明。证明应当注明失业人员的姓名、年龄等基本情况及解除或终止劳动关系的时间、原因等内容，并告知失业人员失业后，可按照有关规定享受失业保险待遇，应在多长时间内向哪个经办机构提出申领失业保险金的申请等。同时，用人单位还应将失业人员的名单，自终止或解除劳动关系后 7 日内报所在地的社会保险经办机构备案。

失业人员应持本人身份证明、原所在用人单位出具的终止或解除劳动关系的证明等材料，及时到失业保险关系所在地的社会保险经办机构办理失业登记手续。

社会保险经办机构对申领失业保险待遇的申请进行审核，内容包括：申请人提供的证明材料是否真实可靠、申请人参加失业保险和缴纳失业保险费的情况、是否进行过求职登记等。对不符合领取条件的申请人，应当书面告知其理由，并告知申请人有异议时可在规定时间内向有关部门提出复议申请。对经审核符合条件的，经办机构应及时为失业人员办理领取失业保险待遇的手续。

我国规定，用人单位应当及时为失业人员出具终止或者解除劳动关系的证明，并将失业人员的名单自终止或者解除劳动关系之日起十五日内告知社会保险经办机构。失业人员应当持本单位为其出具的终止或者解除劳动关系的证明，及时到指定的公共就业服务机构办理失业登记。失业人员凭失业登记证明和个人身份证明，到社会保险经办机构办理领取失业保险金的手续。失业保险金领取期限自办理失业登记之日起计算。

本章小结

失业是指具有劳动能力并有劳动意愿的劳动者得不到劳动机会或者就业后又失去工作的状态。失业保险是指国家通过建立失业保险基金，使因失业而暂时中断生活来源的劳动者在法定期间内获得失业保险金，以维持其基本生活水平的一项社会保险制度，其对象为劳动者，享受待遇有一定期限，保险费由企业和劳动者缴纳。建立失业保险，对于建立社会主义市场经济体制和培育统一的劳动力市场、保证失业劳动者的基本生活、促进失业劳动者的再就业具有重要意义。

失业保险的范围一般限于正式参加经济活动，有稳定的职业，暂时失去工作岗位的工资劳动者。但是，随着社会经济的发展，对失业概念的解释也发生了变化，失业的涵盖范围也在相应扩大。我国《失业保险条例》将失业保险的覆盖范围从国有企业及其职工、企业化管理的事业单位及其职工扩大到城镇所有企业、事业单位及其职工。

各国对失业保险的资格条件规定得十分具体和严格，概括起来，主要有劳动年龄条件、非自愿失业、失业者必须满足一定的合格期条件、必须具有劳动能力和就业意愿等。

失业保险基金是社会保险基金中的一种专项基金，是国家法定建立的用以保障失业人员失业期间的基本生活的资金。我国失业保险制度建立以来，一直实行基金制，在基金来源上采取用人单位缴费和财政补贴的方式。

我国规定，失业保险基金主要支出项目是：(1) 失业保险金；(2) 领取失业保险金期间的医疗补助金；(3) 领取失业保险金期间死亡的失业人员的丧葬补助金和其供养的配偶、直系亲属的抚恤金；(4) 领取失业保险金期间接受职业培训、职业介绍的补贴；(5) 国家规定或者批准的与失业保险有关的其他费用。

我国参加失业保险的城镇企业、事业单位职工失业后要领取失业保险金，必须符合以下条件：(1) 按照规定参加失业保险，所在单位和本人已按规定履行缴费义务满1年；(2) 非因本人意愿中断就业；(3) 已办理失业登记，并有求职要求。

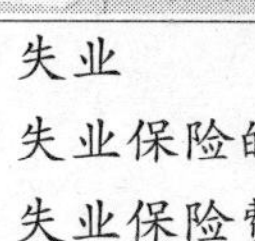

关键概念

失业	失业保险	失业保险立法	失业保险的对象
失业保险的范围	享受失业保险的资格条件		失业保险费的缴费基数
失业保险费的缴费比例	失业保险金筹集的方式		失业保险金的调剂
失业保险基金的支出项目	失业保险金的给付标准		失业保险待遇的享受条件

思考题

1. 简述我国关于失业的概念。
2. 简述失业保险的特点。
3. 简述失业保险制度的意义。
4. 试述失业保险的对象。
5. 简述享受失业保险的资格条件。
6. 简述失业保险待遇的享受条件。

第十五章 医疗保险

学习目标

通过本章的学习，掌握医疗保险的概念，理解其特征，了解其意义。明确医疗保险的范围和对象。明确享受医疗保险待遇的内容及其应当具备的条件。了解我国医疗保险基金的募集方式以及使用方式。了解基本医疗保险诊疗项目以及服务设施的管理。了解定点医疗机构确定方式及其应具备的条件、定点零售药店确定方式及其应具备的条件。

实行医疗保险的目的在于为劳动者在因与劳动无直接关系而发病、致残时提供医疗费用，弥补收入损失，为恢复劳动能力提供帮助。医疗保险对于保障劳动者个人的身体健康、保障劳动者本人及其家庭的生活具有重要意义。

第一节　医疗保险的概念和意义

医疗保险的概念

医疗保险是指劳动者及其供养亲属患病或非因工负伤后在生活和医疗方面获得物质帮助的一种社会保险制度。其中在医疗方面获得物质帮助，被称为医疗保险。

医疗保险的特征有：

（1）即时性。疾病与健康是相伴而行的，劳动者在日常生活中随时都有可能患病或发生非因工负伤，因而疾病对个人来说是一个终身的风险。医疗保险是针对疾病风险而设立的一种社会保险，医疗保险对于个人来说，既有享受频率最高的特点，又是一种短期的补偿性措施。

（2）广泛性。疾病发生的普遍性决定了医疗保险的广泛性。它不像生育保险仅对女性劳动者实行，也不像养老保险、失业保险仅对退出劳动岗位或暂时失去工作的劳动者实行，而对所有劳动者实行。

（3）交叉性。医疗保险的普遍性又使医疗保险同其他社会保险形成相互联系和交叉关系。比如在工伤保险中涉及工伤的治疗和康复以及职业病的预防；生育保险中包含的生育手术费、住院费、药费等医疗及服务。

医疗保险与医疗保险既有区别又有联系。单纯的医疗保险待遇是直接用于医疗服务的费用，而医疗保险包括被保险人医疗期间的休养、工资、病伤救济和医疗服务。

我国从 20 世纪 50 年代起，在城镇职工中实行的劳动保险制度中包括了医疗保险的内容，对于在实施范围内的职工患病或非因工负伤，给予生活救济，发给病假工资。医疗服务方面，分别对企业职工实施劳动医疗和对机关、工业单位、社会团体职工实施公费医疗。随着形势的发展和改革的深化，原有制度已暴露出越来越多的问题。比如，医疗费用增长过快，一些单位难以承受；职工看病不方便，有的职工医疗费长期不能报销；医疗费浪费严重；保险覆盖范围小等等。改革医疗保险制度是广大企业和群众的迫切要求，势在必行。

随着社会主义市场经济体制的确立和国有企业改革的不断深化，我国医疗保险制度正在进行改革。1994 年以来，国务院在取得试点经验的基础上，制定了医疗保险制度改革的实施方案，并于 1998 年底出台了《国务院关于建立城镇职工基本医疗保险制度的决定》。医疗保险改革的目标是要建立一种以基本医疗保险为基础，以大额医疗费用互助、公务员医疗补助、企事业补充医疗保险为辅助，以商业保险为补充的，可以满足不同层次、不同人群需求的医疗保险制度。要求所有用人单位及其职工都必须参加基本医疗保险。医保制度改革的核心是基本医疗保险费实行用人单位和职工个人双方负担的原则，由用人单位和职工个人共同缴纳，实行社会统筹。基本医疗保险基金实行社会统筹和个人账户相结合。

基本医疗保险制度将按照义务与权利对等的原则保障参保人员应享受的医疗保险待遇。参加医疗保险的单位和人员应当按时足额缴纳医疗保险费，这是每一位参保人员应尽的义务。同时，凡是按时足额缴纳医疗保险费的参保人员都有权利按规定享受医疗保险待遇。

医疗保险的意义

疾病不仅直接危害人们的身体健康，而且影响人们的正常生活和生产，导致社会不安定。实行医疗保险对于人们摆脱疾病状态，恢复健康，促进生产发展，保障社会安定都具有重要意义。

（1）实行医疗保险有利于调节收入差别，体现社会公平。医疗保险制度是政府进行收入再分配的一种重要手段。医疗保险通过征收医疗保险费和偿付用于治疗的医疗服务费来调节收入差别，体现社会公平性。实行医疗保险有利于调整社会关系，维护社会安定。

（2）医疗保险对患病劳动者给予生活上的帮助和身体康复治疗，有助于消除因疾病带来的社会不安定因素，是调整社会关系和社会矛盾的重要社会机制。

（3）实行医疗保险有利于促进社会文明和进步。医疗保险是一种社会互助共济的保险制度，通过建立医疗保险基金，在参保人之间分摊疾病费用风险，体现了“一方有难、八方支援”的新型社会关系，有利于促进社会文明与进步。

第二节　医疗保险的范围和对象

国际劳工公约对医疗保险范围的规定

1927 年国际劳工组织通过的第 24 号公约《工商业工人及家庭佣工医疗保险公约》和第 25 号公约《农业工人医疗保险公约》分别规定在工商业和农业及家庭佣工中实行医疗保险。

1944 年第二十六届国际劳工大会通过的第 69 号建议书《医疗保健建议书》规定，医疗

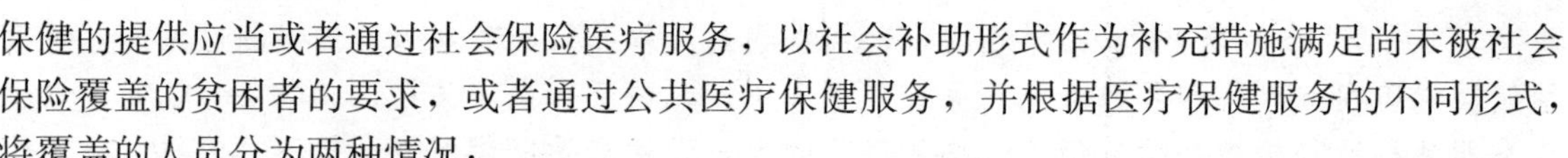

保健的提供应当或者通过社会保险医疗服务，以社会补助形式作为补充措施满足尚未被社会保险覆盖的贫困者的要求，或者通过公共医疗保健服务，并根据医疗保健服务的不同形式，将覆盖的人员分为两种情况：

（1）通过公共医疗保健服务提供医疗保健时，社会的每个成员都有资格获得服务机构提供的所有保健，不论其是否在从事有益的工作；

（2）通过社会保险医疗保健服务提供医疗保健时，每个受保的缴费者、依赖于缴费者的妻子或丈夫和孩子，根据国家法律和法规规定的缴费者赡养的人以及其他每个仅为自己支付保险费而受保的人员，都有资格获得服务机构提供的所有保健；未曾受保人员如果无法自费得到保障，则应通过社会补助途径给予提供。

1952 年国际劳工组织通过的第 102 号公约《社会保障（最低标准）公约》规定医疗和疾病津贴的受保人应包括：

（1）规定类别的雇员，其在全体雇员中的构成不低于 50%，以及他们的妻子和孩子；

（2）规定类别的经济活动人口，其在全体居民中的构成不低于 20%，以及他们的妻子和孩子；

（3）规定类别的居民，其在全体居民中的构成不低于 50%；

（4）在雇用 20 人或 20 人以上的工业场所的规定类别的雇员，其在全体成员中的构成不低于 50%，以及他们的妻子和孩子。

1969 年第五十三届国际劳工大会通过的第 130 号公约《医疗照顾和疾病津贴公约》规定医疗照顾和疾病补贴的受保人应包括：

（1）或者全体工薪劳动者（含学徒）及其妻子和子女；

（2）或者经济人口中规定的类别，其总量应至少为全部经济活动人口的 75%，以及属于这些类别人员的妻子和子女；

（3）或者规定的类别居民，其总量应至少为全体居民的 75%。

公约规定经济和医疗资源未达到足够发展水平的会员国，可以在批准书中对适用范围做出保留，并规定了可以排除在公约实施范围以外的人员。

1969 年通过的《医疗照顾和疾病津贴建议书》将医疗保险的受保人范围扩大到所有经济自主人口，并明确规定可以分阶段在适当的条件下实施：（1）具有临时就业性质的人员；（2）居住于雇主住所，且为他工作的雇主家庭成员；（3）所有经济活动人员；（4）上述人员的妻子和孩子；（5）所有居民。

背景知识

奥巴马的医疗保险改革

美国拥有最先进的技术和设备，但也是医疗费用最昂贵的国家。美国还是发达国家中唯一没有实现全民医疗保险的国家。从老罗斯福总统开始，几乎历届总统都试图改革医疗体系，让更多的人享受更廉价和更优质的医疗服务。经历了近一百年的挫折与斗争，直到奥巴马上任一年多后，美国国会才在 2010 年 3 月 21 日通过了备受争议的《保护病患及可支付的医疗保健法案》，也就是通常所说的医改法案。3 月 23 日，奥巴马签署了医改法案，使这一天成为具有重要历史意义的一天。

医改法案实施后，3 200 万美国人获得医保，医保覆盖率上升到 95%。此外，该法案还惠及300多万19岁至26岁的年轻人，他们在找到工作并得到雇主为其提供的医保前，可以继续被涵盖在父母所购买的家庭医保计划中。不过，该法案在实施后，仍有2 600万人（主要是非法移民和接受补贴后仍无力购买保险的人）无法享受医疗保障。但不管怎样，美国的医疗体系最终实现了划时代的改革，在通向全民医保的坎坷道路上迈出了最重要的一步。

然而，不是所有美国人都对医改法案拍手称快。医改法案通过后，不少州政府和民间组织立刻在联邦地区法院提起诉讼，要求废除此项法案。这场官司愈演愈烈，最后打到了联邦最高法院，原告多达26个州。6月28日，联邦最高法院做出终审裁决，认定医改法案的核心内容（强制个人购买医疗保险）并没有违宪，但是对该法案的其他一些内容（如把联邦政府资助与各州医疗政策挂钩）进行了限制。

美国特色的医疗体系

世界上最强大、最富有的国家，却没有全民医疗保险，这是高度市场经济和极端个人主义相结合的必然产物。美国医疗体系最直接的后果就是，不少美国人无力购买最基本的医疗保险。有数据显示，2010年，4 720万美国人没有任何医保，约占总人口的15%。然而，没有医保并不意味着这个人群不能享受医疗服务。1986年通过的《紧急医疗救治与劳工法》规定，除了少数医院外，所有具有急诊条件的医院都必须无条件接收急诊病人，而不管其是否有医保，否则相关医生和医疗机构将面临民事处罚。治疗这些病人的费用，一部分由政府承担，其他则由医生和医院承担。这就造成了一个非常有趣的现象：美国的急诊室总是人满为患，但是大多数病人并非急诊，而是为了看普通疾病。

这让笔者回忆起在一家美国医院急诊室的经历。有一次与朋友开车去迈阿密，路上在一家餐馆停下来吃晚餐。饭后不久，我朋友就开始上吐下泻，并且浑身冒汗，几乎不能站立。我想肯定是食物中毒，马上带他去最近的医院看急诊。到了医院已是晚上十点多，然而让我惊讶的是，急诊区灯火通明、人头攒动，一派喧闹。虽然我反复给医生说情况如何紧急，但是两个多小时过后还是没有轮到我们。到这时，我朋友的症状已经基本消失，于是我们决定放弃看医生，带着一肚子抱怨和感叹离开了医院。

除了不少人无力购买医保之外，美国医疗体系的另一大特征就是高昂的开支。根据经济合作与发展组织的数据，2010年美国医疗开支占国民生产总值的17%，远远高于经济合作与发展组织的其他成员国。其人均医疗支出（折合成购买力平价）为8 233美元，也居世界第一，是经济合作与发展组织成员国人均医疗支出的两倍多。很多美国人因为付不起医疗费用而破产。据哈佛大学的一项报告，医疗费用以及因生病或照顾病人而造成的工资损失，是2007年62%的个人破产案背后的重要因素。即使是有医疗保险的人也难保不申请破产。这项研究表明，大约78%的个人破产申请涉及因医保所产生的巨额费用。

在美国读书的时候，有一次打篮球不慎把右手的小手指弄脱臼了。到了医院，医生说把脱臼的关节复位会很疼，问我是否要局部麻醉。犹豫了一下，我选择了无痛治疗。整个过程很顺利，我高高兴兴地离开。两个月后，我收到保险公司的一张账单，显示那次治疗的费用是1 500多美元。我吓了一跳，仔细一看，光那针麻药就开价500美元。幸好我买了比较好的医保，只需自付几十美元，不然一个月的奖学金就没有了。

一个以前教过、现在美国读书的学生回来，打电话问候我。我想这个时间回来，肯定是利用暑假探亲访友了。哪知她在电话那头很郁闷地说，回国是为了拔掉两颗智齿，因为在美国拔牙的费用太贵，一颗要好几千美元，而国内也就几百元人民币。算上往返机票，在国内拔牙也比在美国划算得多。这又让我想起了自己的拔牙经历。读书时有一次从美国回来探亲，临回美国前两天才发现一颗智齿需要拔掉，想到美国高昂的牙医费用，就在当地医院连忙给拔了。回到美国，牙齿还是疼，没有办法，只好去找了一家相对便宜的华人牙医诊所，还花了将近500美元。

手指脱臼复位或者拔颗牙就要花上千美元，可以想象，更复杂的医疗项目必然动辄上万美元。日益飞涨的医疗费用不仅给联邦和州政府带来了巨大的财政赤字压力，而且造成越来越多的美国人无力购买医保。2008年开始的金融危机，对于被高昂医疗费用所困扰的政府和民众来说更是雪上加霜。正是在这样的背景下，奥巴马2008年竞选时承诺，一旦当选，首要任务就是彻底改革美国的医疗体系。

医改背后的政治博弈

从老罗斯福在1912年总统竞选中首次提出全民医疗，直到2010年奥巴马在任期间医改法案成为法律，美国医改花了近100年。仅从时间跨度就可以看出医改的艰难。这中间最主要的障碍是来自各大既得利益集团的强烈反对。

以奥巴马的医改法案为例。首先，该法案加强了对保险行业的监管，规定保险公司“不得以投保者的过往病史为由拒保或者收取高额保费；不得在投保人患病后单方面终止保险合同；不得对投保人的终身保险赔付金额设置上限等”。这自然招致保险公司（尤其是医疗保险公司）的不满。该法案还规定，“雇用超过50名员工的企业必须向雇员提供医保，未向雇员提供可支付保险的雇主将面临每人每年2 000美元罚款。”这一条款又遭到各大雇主的非议。该法案最具争议性的条款是：所有美国人必须购买医疗保险，否则将交纳每年至少695美元的罚款。这让在意识形态上反对政府干预个人生活的保守派愤愤不平。最后，为了筹措医改资金，政府要对高收入群体加征个人所得税；美国富人还要额外支付投资收益3.8%的医保税，从2018年起，将对高额保单收取40%的税收。这一条款又让美国的中上层阶级抱怨不断。

此外，医改还涉及医生、护士、医院、医疗器械制造商、制药企业等职业和行业，牵扯到的利益错综复杂。要平衡各方利益，最终达成妥协，绝对不是一件容易的事情。近百年来只有奥巴马一人能够成功，充分说明了他的领导、协调和公关能力。为了医改的胜利，奥巴马不得不放弃竞选时的“后党派政治”承诺，转而利用民主党控制参众两院的大好时机，强行让共和党吞下了医改法案。该法案在众议院的投票结果是219票赞成，212票反对，没有任何一名共和党众议员投赞成票。在美国现代政治史上，还没有任何重要法案在没有任何共和党人支持的情况下得以通过。1965年通过的《医疗照顾法案》在美国福利社会发展道路上具有里程碑意义，是约翰逊总统所主张的“伟大社会”的标志性法案，它得到了几乎半数共和党议员的支持。

资料来源：谢韬：《医疗改革：奥巴马的第二个“美国梦”》，载《经济观察报》，2012-07-07。

我国医疗保险的范围和对象

我国医疗保险的对象和范围最早和其他保险项目一样，由1951年政务院颁布的《中华人民共和国劳动保险条例》规定。1966年4月15日劳动部和全国总工会颁发了《关于改进企业职工劳保医疗制度几个问题的通知》对劳保医疗做出新的规定。在1953年以前，劳保医疗经费的来源全部由企业负担。1953年改为根据行业性质分别按工资总额的5%～7%提取。

20世纪80年代，我国医疗制度开始改革。国家医疗制度改革研讨小组起草了《职工医疗保险制度改革设想（草案）》，提出我国职工医疗制度的改革方向是：逐步建立起适合我国国情，费用由国家、单位、个人合理负担，社会化程度较高的多形式、多层次的职工医疗保险制度。医疗改革的基本内容是：建立职工医疗保险基金，由国家、单位、个人共同筹集，原则上按工资总额的一定比例筹集，将暗补改为明补。

1998年国务院关于城镇职工基本医疗保险制度改革的决定，把城镇职工都纳入医疗保险的实施范围。《社会保险法》规定了我国的基本医疗保险制度，职工应当参加职工基本医疗保险，由用人单位和职工按照国家规定共同缴纳基本医疗保险费。无雇工的个体工商户、未在用人单位参加职工基本医疗保险的非全日制从业人员以及其他灵活就业人员可以参加职工基本医疗保险，由个人按照国家规定缴纳基本医疗保险费。国家建立和完善新型农村合作医疗制度。新型农村合作医疗的管理办法，由国务院规定。

随着国际交往与合作的增多，我国也与相关国家签订社会保险互免协议。签订互免协议后，中国公民赴签约国工作发生意外，需要社会保险支付的相应费用，将由该公民参加社会保险项目的国家承担。

我国医疗保险的缴费

我国城镇居民基本医疗保险实行个人缴费和政府补贴相结合。《国务院关于开展城镇居民基本医疗保险试点的指导意见》规定，城镇居民基本医疗保险以家庭缴费为主，政府给予适当补助。2007年，对试点城市的参保居民，政府每年按不低于人均40元给予补助。其中，中央财政对中西部地区按人均20元给予补助，对东部地区参照新型农村合作医疗的补助办法给予适当补助。在此基础上，对属于低保对象等困难居民参保所需家庭缴费部分，政府每年再给予补助。财政补助的具体方案由财政部门商劳动保障、民政等部门研究确定，补助经费纳入各级政府的财政预算。

2008年，人力资源和社会保障部、财政部下发的《关于做好2008年城镇居民基本医疗保险试点工作的通知》，将政府对试点城市参保居民的补助标准提高到不低于80元，其中中央财政对中西部地区按人均40元给予补助，对东部地区参照新型农村合作医疗的补助标准同步提高。2010年各级财政对城镇居民基本医疗保险的补助标准提高到每人每年120元，并适当提高个人缴费标准，具体缴费标准由省级人民政府制定。

在此基础上，对属于低保对象的或重度残疾的学生和儿童参保所需的家庭缴费部分，政府原则上每年再按不低于人均10元给予补助，其中，中央财政对中西部地区按人均5元给予补助；对其他低保对象、丧失劳动能力的重度残疾人、低收入家庭60周岁以上的老年人等困难居民参保所需家庭缴费部分，政府每年再按不低于人均60元给予补助，其中，中央财政对中西部地区按人均30元给予补助。财政补助的具体方案由财政部门商劳动保障、民政等部门研究确定，补助经费要纳入各级政府的财政预算。享受城镇居民医疗保险缴费补贴的人员范围包括：享受最低生活保障的人、丧失劳动能力的重度残疾人、低收入家庭60周岁以上的老年人和未成年人。

背景知识

中德缔结社会保险互免协议，出国打工一方参保

中国公民现在赴德国打工，再也不用像以往那样，既要参加中国的社保，又要参加德国的社保。你可以选择参加中国的社会保险，或者是中国社保中的部分项目，也可以选择参加德国的社会保险，或德国社保中的部分项目。而来我国打工的德国公民也只需选择参加本国或中国其中一国的社会保险。

日前，中国劳动和社会保障部有关人士透露，除德国外，我国正积极与韩国等洽谈缔结社会保险互免协议。

签订互免协议后，中国以及签约国企业的投资成本将会下降，企业与员工的权益进一步得到保护。

按中德的协定，互免缴纳社会保险费的范围为法定养老保险费和失业保险费，适用免除缴纳“两费”的人员为派遣人员、子公司人员、无雇主人员、船员和外交雇员。外交雇员经雇用双方申请，免除期限不限，其他人员首次可申请免除缴费期限最长为60个日历月，总共可延长至96个日历月；符合免除缴纳“两费”的人员由经办机构（中方为劳动和社会保障部社保中心，德方为负责征收养老保险费的医疗保险经办机构以及联邦职员保险局）签发《根据中德社会保险协定出具的证明书》，由申请人向征缴机构出示。

据悉，签订互免协议后，中国公民赴签约国工作发生意外，需要社会保险支付相应费用，将由该公民参加社会保险项目的国家承担。

资料来源：http://news.sina.com.cn/c/2003-01-30/0219892836.html，2003-01-30。

第三节　医疗保险待遇

医疗保险待遇的内容和标准

（一）疾病津贴

疾病津贴，是对受保人因疾病中断工作而给予的帮助。疾病津贴的金额按受保人平均收入的一定比例发给，一般规定为受保人工资的50%～75%。但大多数国家一般明文规定疾病津贴金额的最高限额，或者间接规定缴纳保险费和享受疾病津贴待遇的收入最高限额。

1952年的《社会保障（最低标准）公约》规定，疾病津贴每例期限为26周，停发工资的头3天不需支付。疾病津贴的标准为受保人本人工资的45%。公约还规定，疾病津贴应定期予以支付，并在发生意外事故的整个过程中，均应予以发放。1969年的《医疗照顾和疾病津贴公约》规定，因病不能工作并导致收入中断时，疾病补贴应在该不测事件整个期间予以发给，疾病补贴的标准为受益人过去收入的60%。疾病津贴的准发期限可依照规定将每一不能工作事例限制在至多52周。

（二）医疗补助

医疗补助，亦称医疗照顾，是指受保人可以享受的疾病医疗服务。

各国医疗保险为受保人提供医疗服务的种类不尽相同，但一般都包括普通开业医生的治疗，一定的住院治疗，以及必要的药品供应。有的国家还规定可提供专科医生、外科手术、产科护理、牙科治疗，以及范围较广的药品和某些供病人使用的辅助器械。

《社会保障（最低标准）公约》也规定了医疗补助的范围和项目。

各国规定在向受保人提供医疗补助的同时，也应向他们的亲属提供类似的服务。受供养的亲属包括配偶和未成年子女，有时还包括和受保人共同居住并依靠受保人供养的其他成年人或年幼的亲属。但有的国家规定给予受保人亲属提供的医疗服务要少于受保人。

（三）我国的医疗保险待遇

1. 职工基本医疗保险的待遇标准

《国务院关于建立城镇职工基本医疗保险制度的决定》规定，基本医疗保险基金由统筹基金和个人账户构成。统筹基金和个人账户划定各自的支付范围，分别核算，不得互相挤占。个人账户主要用于门诊（小病）医疗费用支出，统筹基金主要用于住院（大病）医疗费用支出。统筹基金起付标准以下的医疗费用，从个人账户中支付或由个人自付。起付标准以上、最高支付限额以下的医疗费用，主要从统筹基金中支付，个人也要负担一定比例。统筹基金的具体起付标准、最高支付限额以及在起付标准以上和最高支付限额以下医疗费用的个人负担比例，由统筹地区根据以收定支、收支平衡的原则确定。

（1）基本医疗保险统筹基金的起付标准。国务院规定的统筹基金起付标准原则上控制在当地职工年平均工资的10%左右。

（2）基本医疗保险统筹基金的最高支付限额。这一般是根据大额医疗费用人群分布情况测算确定的。2009年，国务院决定将统筹基金的最高支付限额提高到当地职工平均工资的6倍左右。

（3）在起付标准以上和最高支付限额以下医疗费用的个人负担比例。根据国务院规定，起付标准以上和最高支付限额以下医疗费用主要从统筹基金中支付，个人也要负担一定比例，个人负担比例由统筹地区根据以收定支、收支平衡的原则确定。实践中，个人负担比例与就诊医院的级（类）别相关，就诊的医院级别越高，个人负担比例越高。

《国务院关于建立城镇职工基本医疗保险制度的决定》还对一些特殊人员的医疗待遇作了规定：

第一，离休人员、老红军的医疗待遇不变，医疗费用按原资金渠道解决，支付确有困难的，由同级人民政府帮助解决。离休人员、老红军的医疗管理办法由省、自治区、直辖市人民政府制定。

第二，二等乙级以上革命伤残军人的医疗待遇不变，医疗费用按原资金渠道解决，由社会保险经办机构单独列账管理。医疗费支付不足部分，由当地人民政府帮助解决。

第三，退休人员参加基本医疗保险，个人不缴纳基本医疗保险费。对退休人员个人账户的计入金额和个人负担医疗费的比例给予适当照顾。

第四，国家公务员在参加基本医疗保险的基础上，享受医疗补助政策。

2. 新型农村合作医疗的待遇标准

《国务院办公厅转发卫生部、财政部、农业部关于建立新型农村合作医疗制度意见》规定，新型农村合作医疗基金主要补助参加新型农村合作医疗农民的大额医疗费用或住院医疗费用。有条件的地方，可实行大额医疗费用补助与小额医疗费用补助结合的办法，既提高抗风险能力又兼顾农民受益面。对参加新型农村合作医疗的农民，年内没有动用农村合作医疗基金的，要安排进行一次常规性体检。各省、自治区、直辖市要制定农村合作医疗报销基本药物目录。各县（市）要根据筹资总额，结合当地实际，科学合理地确定农村合作医疗基金的支付范围、支付标准和额度，确定常规性体检的具体检查项目和方式，防止农村合作医疗基金超支或过多结余。从2009年下半年开始，新农合补偿封顶线（最高支付限额）达到当地农民人均纯收入的6倍以上。

3. 城镇居民基本医疗保险的待遇标准

国务院并没有明确城镇居民基本医疗保险基金起付标准、支付比例和最高支付限额，只是规定了“以收定支、收支平衡、略有结余”的原则，具体标准由地方规定。从实践看，由于经济发展水平、医疗消费水平和人口结构等差异较大，各地规定的待遇标准也高低不一。一般来说，学生儿童发生的医疗费用的最高支付限额高于成年居民；个人负担比例和医疗机构的级别成正比，医疗机构级别越高，个人负担比例越高。

2010年6月，人力资源和社会保障部、财政部联合发布《关于做好2010年城镇居民基本医疗保险工作的通知》，要求将2010年居民医保基金最高支付限额提高到居民可支配收入的6倍以上；逐步提高住院医疗费用基金支付比例，原则上参保人员住院政策范围内医疗费用基金支付比例要达到60%，二级（含）以下医疗机构住院政策范围内医疗费用基金支付比例要达到70%；明确2010年要在60%的统筹地区建立城镇居民医保门诊统筹。

4. 退休人员基本医疗保险的待遇优惠

退休人员按照国家规定享受基本医疗保险待遇，需要满足三个条件：参加职工基本医疗保险、达到法定退休年龄、累计缴费达到国家规定年限。

退休人员在以前的工作期间已经为社会作出了贡献，而且退休人员一般患病较多，是需要社会照顾的人群；再加上退休后收入较低，特别是职工基本医疗保险制度建立时退休的人员，没有足够的用于医疗支出的积累，医疗负担较重。因此，对退休人员有三个方面的优惠：一是退休人员个人不缴纳基本医疗保险费。二是为退休人员建立基本医疗保险个人账户。三是对退休人员个人负担医疗费用的比例给予照顾，基本医疗保险基金的起付标准退休人员要低于在职职工。一些地方还将老年人易患的一些慢性病的门诊费用纳入统筹基金的支付范围。

5. 不纳入基本医疗保险基金支付的范围

不纳入基本医疗保险基金支付范围的医疗费用主要有四类：应当从工伤保险基金中支付的；应当由第三人负担的；应当由公共卫生负担的；在境外就医的。

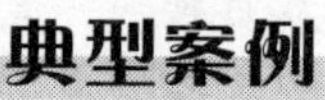

典型案例

病假变事假获补偿

杨某于1996年10月进入某鞋业有限公司，双方签订了一份自2008年4月开始的无固定期限劳动合同书。2010年10月，杨某因病治疗，但单位要求将病假改为事假，否则不予批准，杨某只能坚持上班。2011年1月，杨某被迫请事假看病治疗，直至2012年3月康复后又回单位上班。某鞋业有限公司在这期间没有给杨某支付病假工资，而且停止为其缴纳养老保险、医疗保险。杨某被迫诉至仲裁，提出与某鞋业有限公司依法解除劳动关系，补办养老、医疗保险，补发病假工资，支付经济补偿金。

某鞋业有限公司辩称，杨某在2011年1月至2012年3月期间没有正常上班，属于旷工，社会保险应由杨某自己缴纳。杨某提出与单位解除劳动关系，依据《劳动合同法》第46条，不属于用人单位支付经济补偿金的情形。

仲裁委认为，劳动者的合法权益应受到法律保护，根据《企业职工患病或非因工负伤医疗期规定》第3条的规定，企业职工因患病或非因工负伤，需要停止工作医疗时，根据职工本人实际参加工作年限和本单位工作年限，给予3至24个月的医疗期。本案中，杨某看病均有病历记载，且1996年10月就进入某鞋业有限公司，实际参加工作年限和本单位工作年限已超过15年，医疗期可以享受18个月。按照《企业职工患病或非因工负伤医疗期规定》第4条的规定，杨某医疗期18个月可以在24个月内累计病休，某鞋业有限公司不批病假的做法显然与国家法律法规相抵触。某鞋业有限公司在2011年1月至2012年3月期间没有为杨某缴纳社会保险，根据《劳动合同法》第46条第1款，用人单位未依法为劳动者缴纳社会保险费，劳动者提出解除劳动合同的，用人单位应当向劳动者支付经济补偿金，故某鞋业有限公司应支付杨某经济补偿金，补缴社会保险。

仲裁委在几轮调解不成后下达裁决书。近日，某鞋业有限公司与杨某到仲裁委依照裁决书补缴了社会保险，某鞋业有限公司支付给杨某病假工资与经济补偿金共计27 000元。

资料来源：张雅东：《员工被迫病假变事假诉至仲裁获补偿》，见中国劳动保障新闻网，2013-01-08。

本章小结

医疗保险是指劳动者及其供养亲属患病或非因工负伤后在生活和医疗方面获得物质帮助的一种社会保险制度，它具有即时性、广泛性、交叉性的特点。医疗保险对于调节收入差别、消除社会不安定因素、促进社会文明进步有重要意义。

我国医疗保险的对象和范围最早由1951年政务院颁布的《中华人民共和国劳动保险条例》规定。1966年4月15日劳动部和全国总工会颁发了《关于改进企业职工劳保医疗制度几个问题的通知》对劳保医疗做出新的规定。20世纪80年代，我国医疗制度开始改革，提出我国职工医疗制度的改革方向是：逐步建立起适合我国国情，费用由国家、单位、个人合理负担，社会化程度较高的多形式、多层次的职工医疗保险制度。

享受医疗保险待遇以就业和缴纳保险费的期限为条件，但也有例外。许多国家在立法中对医疗保险待遇的给付规定了具体的限制性条件，当受保人具备此种条件时，全部或部分不给付医疗保险待遇。

医疗保险基金的资金来源各国不尽相同，大多数国家一般由雇主和雇员按照一定限额以下的工资的固定比例，直接向各单独的保险机构缴纳保险费。有些国家规定政府也要负担一定比例。我国目前用于医疗保险的基本医疗保险费由用人单位和职工双方共同负担。

关键概念

医疗保险　　医疗保险的范围　　医疗保险的对象　　医疗保险待遇
享受医疗保险待遇的条件

思考题

1. 简述医疗保险的特征。
2. 简述医疗保险的意义。
3. 试述我国医疗保险的范围和对象。
4. 试述我国医疗保险待遇。

第十六章 工伤保险

学习目标

通过本章的学习，掌握工伤保险的概念，理解其意义；明确工伤保险的特征及其原则；明确我国工伤保险的范围；掌握我国工伤事故以及职业病的范围。掌握工伤保险责任的概念，明确我国工伤保险的原则。掌握工伤保险待遇的有关内容，包括：工伤认定、劳动鉴定、工伤保险金的发放、工伤保险待遇以及工伤预防与职业康复。

工伤保险的保障对象是在工作中受到事故伤害和患职业病的劳动者，对于在现代化生产条件下工作的职工具有特别重要的作用。

第一节 工伤保险的概念和原则

工伤保险的概念

工伤保险又称职业伤害保险，指劳动者在生产工作中或法定的特殊情况下发生意外事故，或因职业性有害因素危害，而负伤（或患职业病）、致残、死亡时，对其本人或供养亲属给予物质帮助和经济补偿的一项社会保险制度。

工伤保险是世界上产生较早的社会保险项目，德国于 1884 年就制定《劳工伤害保险法》，目前已有近 130 个国家或地区建立了工伤保险制度。

我国企业职工的工伤与职业病保障制度建立于 20 世纪 50 年代。1951 年 2 月 25 日，中央人民政府政务院颁布实施的《中华人民共和国劳动保险条例》第 12 条就对工伤保险待遇作出规定：（1）工人与职员因工负伤，全部治疗费、药费、住院时的膳费与就医路费，均由企业行政或资方负担。在医疗期间，工资照发。（2）因工负伤致残，完全丧失劳动力退职后，饮食起居需人扶助者，发给本人工资 75%的因工残废抚恤费，付至死亡时止。（3）因工负伤致残，完全丧失劳动力退职后，饮食起居不需人扶助者，发给本人工资 60%的因工残废抚恤费，付至恢复劳动能力或死亡时止。（4）部分丧失劳动能力尚能工作者，企业应给予适当工作，并按其残废后丧失劳动能力的程度，发给本人残废前工资 10%～30%的因工残废补助费，至退职养老或死亡时止。

1957 年 2 月 28 日，由卫生部制定的《职业病范围和职业病患者处理办法的规定》，首次在我国将职业病伤害列入工伤保险的保障范畴，并确定了将危害工人、职员健康和影响生产比较严重、职业性比较明显的职业中毒、尘肺、职业性皮肤病等 14 种职业病正式列入职业病范围。规定患职业病的工人、职员，在治疗或休养期间及医疗终结确定为残废或治疗无效而死亡时，根据《中华人民共和国劳动保险条例》有关规定按因工待遇处理。

1958 年 2 月 9 日颁布的《国务院关于工人、职员退休处理暂行办法》和 1978 年 6 月 2 日颁布的《国务院关于工人退休退职的暂行办法》，曾先后两次对工人工伤保险待遇做了调整和提高。1987 年 11 月 5 日，卫生部、劳动人事部、财政部、全国总工会修订颁发了《职业病范围和职业病患者处理办法的规定》，列入职业病的有 9 大类，共 99 种。

1994 年颁布的《中华人民共和国劳动法》规定：劳动者有享受社会保险和福利待遇的权利；劳动者在因工伤残或患职业病的情形下，依法享受社会保险待遇。1996 年 8 月 12 日原劳动部发布的《企业职工工伤保险试行办法》，将工伤保险作为一项独立的社会保险制度组织实施。2001 年 10 月 27 日，第九届全国人民代表大会常务委员会第二十四次会议通过、2002 年 5 月 1 日起施行的《中华人民共和国职业病防治法》第 6 条规定：用人单位必须依法参加工伤社会保险。2002 年 4 月 18 日卫生部、劳动和社会保障部发出关于印发《职业病目录》的通知，规定的职业病共有 9 大类、115 种。

2003 年 4 月 27 日，国务院发布《工伤保险条例》，根据该《条例》的规定，工伤保险是一项重要的社会保险制度，它通过社会统筹、建立工伤保险基金、由社会保险经办机构管理等，保障劳动者及其供养亲属实现享受工伤保险的权利。《工伤保险条例》在促进用人单位参加工伤保险、维护工伤职工合法权益、分散用人单位风险方面发挥了重要作用，也显现出覆盖范围不够广、保障水平不够高、保障功能较为单一等不足。为此，2006 年开始进行修订，2009 年 7 月向社会各界公开征求意见。2010 年 12 月 20 日，国务院发布《关于修改〈工伤保险条例〉的决定》，从 2011 年 1 月 1 日起施行。

背景知识

工伤事故和职业病不容忽视　国际劳工局呼吁关注

国际劳工局 24 日在日内瓦发表公报称，工伤事故和职业病每年造成大约 200 万人死亡，其中儿童 1.2 万人，其社会后果之大，已经不容忽视。

国际劳工局在公报中指出，自 1990 年以来，由于加入具有传染性的职业病以及因工作而导致癌症和呼吸系统疾病等统计资料，同就业有关的死亡事件飞速增加，2000 年死亡的人数已经达到了 200 万人，造成的经济损失约占全球国民生产总值的 4%。

根据国际劳工局的统计数字，癌症是造成职业人群死亡的第一大杀手，每年造成的死亡人数达 64 万人，占总数的 32%。此外，工伤事故造成的死亡人数占总数的 19%，传染性职业病占 17%。由于农业集中了全球一半以上的劳动人口，一半以上的工伤事故和职业病也发生在这个领域。此外，如伐木、捕鱼和采矿业，也是事故发生频率较高的行业。

国际劳工局强调，只要会员国采取良好的保护措施，80%的工伤事故都是可以避免的。它建议发展中国家进一步加强工作环境安全的保障体系，而发达国家则要关注因为人际关系淡漠而产生的心理和精神方面的疾病。

国际劳工局局长胡安·索马维亚指出，工伤事故和职业病对家庭和社会造成了非常重大的影响，其经济损失相当于目前所有发展中国家接受的经济援助的 20 倍以上，所以国际社会负有同样的道义责任，必须共同行动，保障职业安全。

资料来源：http://www.xinhuanet.com/，2002－05－24。

工伤保险的意义

在劳动领域中，由外界直接伤害引起的危险即工伤事故和职业性有害因素危害引起损害的危险客观存在，由此发生的工伤和职业病给职工造成的打击和经济损失，职工个人往往难以承受。建立工伤保险制度，设立工伤保险基金，实行工伤保险基金社会统筹，对工伤职工提供物质帮助、经济补偿和社会化管理服务，具有重要意义。

（1）保障遭受工伤事故和患职业病的职工获得医疗救治、经济补偿和职业康复的权利；保障工伤职工及其供养亲属获得物质帮助的权利，尊重和肯定劳动者工作的价值和为工作奉献的精神，解除了劳动者及其家庭的后顾之忧，有利于社会安定。

（2）分散用人单位的工伤风险。在生产工作中，工伤事故给用人单位造成的风险客观存在。发生工伤事故，不但会损害职工的健康甚至生命，也会给用人单位造成较大经济损失。实行工伤保险，以社会统筹的工伤保险基金为职工提供物质帮助和经济补偿，有利于为用人单位分散工伤风险，保障用人单位在发生工伤事故后，生产工作能正常进行。

（3）促进工伤预防。工伤保险实施的过程，就是贯彻“安全第一，预防为主”的方针的过程。通过对保险金缴纳实行差别费率和浮动费率等措施，督促用人单位加强劳动安全卫生工作，保护职工健康和安全，积极改善劳动条件，有利于促进工伤预防，减少工伤危险造成的损害。

工伤保险的特征和原则

（一）工伤保险的特征

（1）工伤保险的投保人为用人单位，被保险人是与该用人单位建立了劳动关系的职工。在这方面同样适用劳动关系的一般原理，即工伤保险所保障的对象是与用人单位建立了劳动关系的劳动者。受到职业伤害的必须是劳动者，具备劳动法对劳动者所要求的法定条件。同时，在特定的工伤保险关系中，受到职业伤害和享受工伤保险的都应当以特定的劳动者本人为前提。

典型案例

“钟点工”有权享受工伤待遇

小琴 2005 年 7 月从某大学艺术系毕业后，只身来到北方某城市准备边打工边复习考研。小琴很快应聘到甲、乙两个家政服务公司，做上门教授儿童钢琴的“钟点工”。公司为小琴联系主户，小琴则按实际工作小时量领取报酬和交通补助。2005 年 11 月下旬的一个周末，小琴受甲公司指派骑车做家教，路上被一辆外地货车撞倒。货车司机肇事后逃逸，小琴被路过的好心人送到医院。住院期间，小琴多次请求甲公司为自己支付医疗费用。但甲公司表示，公司仅仅提供中介服务，双方不存在劳动关系，可以结算出事当月的报酬，但不负责治疗费用。

判断甲公司是否应承担小琴工伤责任的关键是确定小琴与甲公司之间法律关系的属性。甲公司具备《劳动法》规定的用人单位主体资格，小琴是大学毕业生，不是在校勤工助学的学生，符合《劳动法》规定的劳动者主体资格。小琴按甲公司的要求提供劳务，按时取酬，因此小琴与甲公司之间建立的是非全日制用工关系。从事非全日制工作的劳动者发生工伤，依法享受工伤保险待遇。

资料来源：http://www.chinajob.gov.cn/FAQs/content/2006-07/12/content_375941.htm，2013-1-13。

（2）工伤保险所保之“险”为职业的危险，指在生产工作中的工伤事故和职业性有害因素对职工健康和生命造成的危险。这种危险客观存在，由外界直接伤害引起，危险发生与否具有不确定性。

（3）工伤保险的方式为：对已经遭受工伤危害的职工及其供养亲属给予物质帮助和经济补偿。

（4）工伤保险是强制性保险。是法律规定必须对职工实行的一种社会保险。劳动部1996年发布的《企业职工工伤保险试行办法》（以下简称《试行办法》）第4条规定：“企业必须按照国家和当地人民政府的规定参加工伤保险，按时足额缴纳工伤保险费，按照本办法和当地人民政府规定的标准保障职工的工伤保险待遇。”

（5）工伤保险实行无过错责任原则，无论工伤事故的责任归于用人单位还是职工，用人单位均应承担保险责任。

工伤保险与商业性的人身保险有本质的区别，虽然二者都是为被保险人的生命、健康设置的保险制度。

其一是投保人不同。人身保险的投保人是指与保险人订立了保险合同、并按照保险合同承担支付保险费义务的公民、法人和其他组织；工伤保险的投保人为与被保险人建立了劳动关系的用人单位。

其二是被保险人不同。人身保险的被保险人为人身受保险合同的保障，享有保险金请求权的人，可以是一切公民；工伤保险的被保险人仅限于与投保人建立了劳动关系的职工。

其三是保险人不同。人身保险的保险人是指与投保人订立了保险合同，并承担赔偿或给付保险金责任的保险公司；工伤保险的保险人为劳动行政部门及社会保险机构。保险公司是以营利为目的的企业，劳动行政部门、社会保险机构是政府的具体行政部门，不以营利为目的。

其四是保险的性质不同。人身保险是任意性保险，保险关系因当事人自愿签订保险合同而建立；工伤保险为强制性保险，保险关系由法律规定必须建立。

其五是适用的法律不同。人身保险属民事法律关系，调整民事法律关系，适用民事法律法规；工伤保险属劳动法律关系，调整劳动法律关系，适用劳动法律法规。

（二）工伤保险法的原则

（1）因工伤残与非因工伤残区别对待，在待遇上有所区别。劳动者因工伤残是劳动者个人在工作中付出的代价，应规定较高的待遇。不仅在生活上给予照顾，而且在精神上也是一种奖励和安慰。其社会保险待遇属于“损失补偿”性质，具有“物质奖励”的意义。非因工伤残，虽然个人也付出了代价，但不是为社会劳动所付出的代价，保险待遇应适当低一些。它同疾病社会保险待遇一样，属于“物质帮助”的范畴。

（2）因工伤残造成直接或间接的经济损失均补偿，但对二者可以区别对待。所谓造成直接经济损失，是指劳动者在发生伤残事故后个人所受的经济损失。劳动者直接经济损失是和他直接经济收入相关的，是其全部收入的主要部分——工资收入。直接经济损失影响本人及其家属生活，影响劳动力再生产。对劳动者所遭受的直接经济损失必须给予全部的补偿。间接经济损失是指职工直接经济收入以外的其他经济收入的损失，包括兼职收入、业余其他劳动收入等。这部分收入不是人人都有，是不固定的，时有时无的额外收入。社会保险主要是保障其基本生活，因而这部分经济损失不应与前者同等对待。

（3）补偿与预防、康复相结合原则。工伤保险制度也包括预防事故发生和帮助伤者康复。世界各国的立法都要求用人单位对劳动者的康复承担责任。用人单位应努力减少事故发生，改善劳动条件，加强对劳动者的安全培训，及时发现事故隐患，及时纠正排除。一旦发生事故要及时治疗，采取包括度假、治疗等措施促进职工早日康复。帮助工伤残疾人员恢复劳动能力，为伤残人员生活和劳动创造条件。职业康复旨在帮助工伤残疾人员尽可能恢复劳动力和提高生活能力。为此，用人单位应积极兴办职业康复事业。有条件的地区，应当通过工伤保险基金提留、民间赞助等方式筹集资金，逐步兴办工伤职业康复事业，或利用现有条件，培训残疾人员。对具有一定劳动能力并需要通过专门培训恢复或提高劳动能力的工伤残疾人员，劳动行政部门及用人单位都有责任积极组织专门培训，所需费用可以从工伤保险基金的职业康复费用中支付。

第二节　工伤保险的范围

工伤保险最初是在高风险的行业、职业和较大的企业中实行，对象主要是那些靠工资收入从事有危险工作的工人，或者说主要是体力劳动者，后来才逐步扩展到其他劳动者。一些国家至今仍把农业工人、保姆和家庭工人、独立劳动者排除在工伤保险外。但从总的发展趋势看，世界各国都在逐步扩大工伤保险的范围。

国际劳工组织《社会保障最低标准公约》第 33 条规定的工伤保险对象包括：（1）规定类别的雇员，其在全体雇员中的构成不低于 50%，如死亡者系供养人，为照顾起见，包括其妻子和孩子。（2）在根据所作声明业已生效的情况下，在雇用 20 人或 20 人以上的工厂工作场所的雇员，其在全部雇员中的构成不低于 50%，如死亡者为供养人，为照顾起见，包括其妻子和孩子。

《1964 年工伤事故和职业病津贴公约》第 4 条规定：（1）关于工伤事故和职业病津贴的国家法规，应保护包括合作社在内的公营或私营部门的全体雇员（包括徒工），并在家庭供养人死亡时，保护各类受益人。（2）但会员国可就下列情形规定它认为必要的例外：1）在雇主企业外工作的临时工；2）在家工作的工人；3）在雇主家里生活，为雇主做工的雇主家属；4）其他种类的雇员，其人数不得超过雇员总人数的 10%。

《1964 年工伤事故津贴建议书》中要求各会员国将有关工伤和职业病津贴的国家法律的实施范围必要时逐步扩大（扩大到根据《1964 年工伤事故和职业病津贴公约》第 4 条本不属该公约保护之列的任何一类的雇员），并且要求各会员国应根据规定的条件，确保对下述人员实施工伤、职业病补偿的规定：

（1）从事生产活动或提供服务的合作机构的成员。

（2）规定的各类独立劳动者，特别是小企业者或积极从事小商业、小农场经营活动者。

（3）某些不领取工资的劳动者。这些人员包括：1）正在接受培训或者正在试用期内的人员（包括大学生）；2）承担抢险救灾或维护社会秩序与法制任务的志愿人员；3）其他从事公益活动或参与公民义务事业的人员；4）从事主管当局指定或批准的工作的囚犯和在押人员。

我国《劳动法》对人的范围采取属地主义原则。第 2 条规定：在中华人民共和国境内的企业、个体经济组织（以下统称用人单位）和与之形成劳动关系的劳动者，适用本法。2003年《工伤保险条例》规定：中华人民共和国境内的各类企业、有雇工的个体工商户（以下称用人单位）应当依照本条例规定参加工伤保险。根据上述法律法规的规定，我国工伤保险对人的范围是：

（1）中华人民共和国境内的各类企业，包括国有企业、集体企业、私营、中外合资、中外合作企业，外商独资企业等各类企业，以及有雇工的个体工商户。

（2）与上述企业、经济组织建立劳动关系（含事实劳动关系）的职工。

（3）国家机关、事业组织、社会团体和与之建立劳动合同关系的职工。

（4）职工的供养亲属。

根据《工伤保险条例》和中华人民共和国劳动和社会保障部2003年9月18日颁布的《因工死亡职工供养亲属范围规定》，供养亲属包括：

（1）因工死亡职工供养亲属，是指该职工的配偶、子女、父母、祖父母、外祖父母、孙子女、外孙子女、兄弟姐妹。所称子女，包括婚生子女、非婚生子女、养子女和有抚养关系的继子女。其中，婚生子女、非婚生子女包括遗腹子女；所称父母，包括生父母、养父母和有抚养关系的继父母；所称兄弟姐妹，包括同父母兄弟姐妹、同父异母、同母异父的兄弟姐妹、养兄弟姐妹、有抚养关系的继兄弟姐妹。

（2）上述人员必须是依靠因工死亡职工生前提供主要生活来源，并有下列情形之一的，可按规定申请供养亲属抚恤金：完全丧失劳动能力的；工亡职工配偶男年满60周岁，女年满55周岁的；工亡职工父母男年满60周岁、女年满55周岁的；工亡职工子女已经死亡或完全丧失劳动能力，其孙子女、外孙子女未满18周岁的；工亡职工父母均已死亡或完全丧失劳动能力，其兄弟姐妹未满18周岁的。

因工死亡职工供养亲属享受抚恤金待遇的资格，由统筹地区社会保险经办机构核定。因工死亡职工供养亲属的劳动能力鉴定由因工死亡职工供养亲属生前所在地区的劳动能力鉴定委员会负责。

此外，对外国人在我国境内遭受工伤事故危害的，按照我国政府批准的《本国工人与外国人关于事故赔偿的同等待遇公约》第1条的规定：凡批准本公约的国际劳工组织会员国，承允对于已批准本公约的任何其他会员国的人民在其国境内因工业意外事故而受伤害者，或对于需其赡养的家属，在工人赔偿方面，应给予与本国人民同等的待遇。我国对批准该公约的其他会员国的人民在我国境内遭受工伤事故危害的，给予与我国人民同等的待遇。

现行《工伤保险条例》扩大了工伤保险适用范围，规定除现行规定的企业和有雇工的个体工商户以外，事业单位、社会团体，以及民办非企业单位、基金会、律师事务所、会计师事务所等组织应当依照规定参加工伤保险。

对我国被派遣出境工作的职工，《工伤保险条例》规定，我国的职工被派遣出境工作，依据前往国家或者地区的法律应当参加当地工伤保险的，参加当地工伤保险，其国内工伤保险关系中止；不能参加当地工伤保险的，其国内工伤保险关系不中止。

背景知识

“准劳动”中的保障与救济

东北农业大学28名师生因动物实验感染传染病，这条信息一经媒体披露就引起了人们的广泛关注。媒体追问着原因，人们关切着结果——谁来担责、该担何责、如何补救？

学生在专业实习中、在教学实验中遭遇伤害并非孤立的个案。我们既不能因噎废食，如同一些学校取消郊游、限制学生的户外活动一样，须知“不经历风雨怎么见彩虹”；我们也无意执著于追究学校或者教师的责任，因为任何追究既不能完全消除实习与实验中的风险，又不能减损遭遇风险的学生们受到的伤害和承载的痛苦。我们关心和关注的是：谁来为减轻乃至消除学生们的伤害和痛苦担责？他们担责的范畴与范围何在？

谁来担责？我以为，学校应为学生承担责任。

学生实习，尤其是教学实验是学校对学生进行教育、学生学习专业知识必不可少的重要环节。本来意义上的专业实习与教学实验是在学校安排、组织、指挥和监督下进行的，学生是根据学校的教学计划、遵守学校的教学程序进行学习、实习、实验，从而完成自己的学习任务，掌握相关的专业知识。学校与学生在这些教学环节中是主动与被动、安排与接受、指挥与服从的关系，学生始终处于从属与附属的地位。因此，学生在这些教学活动中承担的风险应当转移给学校，遭受的伤害也应当由学校来担责。为学生提供安全、卫生的教学环境和教学条件，是学校应尽的义务和应当履行的教学责任。这正如同劳动关系中劳动者的风险要由用人单位承担一样，因为劳动者是在用人单位的安排、组织、指挥和监督下进行劳动的，劳动者与用人单位在地位上具有从属性和附属性。所以，法律要求用人单位必须为劳动者提供安全、卫生的劳动条件。

并且，风险管理最有效的方式是防止风险演化为危险。为学生在实习与实验这些教学活动中减少和消除危险是学校的根本目的与追求。根据学校与学生两者间法律关系的特点与法律地位的状况，无论是预防风险，还是减少危险，学校都处于更加主动的地位，起着更加重要的作用。只有由学校来承担相应的法律责任，才能从根本上实现既完成正常的教学任务，又保障学生的身体健康与生命安全的目标。

学生实习和教学实验实际上是在从事不同于书本教学的实际工作，类似于劳动法领域中的“劳动”。为了转移劳动者在劳动中的风险，在法律上为劳动者的职业伤害设立了工伤保险。工伤保险不同于损害赔偿的最大特点就在于它的无过错责任原则，即劳动者在工作中受到的伤害由雇主承担无过错责任。同样，学生在学校安排的实习与实验活动中受到伤害，也应当由学校承担无过错责任。也就是说，即便学生在教学实验活动中由于自身的原因或者过错受到伤害，造成损害后果，也应当由学校来承担相应的救治与康复责任。对于这一点，最直观的证明便是东北农业大学这次感染事件中的那一位同样受到感染的教师。也许这位教师本人对于这次事件、对于在这次事件中受到伤害的学生及他本人存在一定的过错，应当负一定形式的责任，但他应当承担的其他形式的责任丝毫不影响对其本人所受伤害的工伤认定，也丝毫不会减损其应当享受的工伤待遇。

为实习中的学生提供工伤保护在原劳动部 1996 年 8 月 12 日颁发的《企业职工工伤保险试行办法》第 61 条中曾有先例：“到参加工伤保险的企业实习的大中专院校、技工学校、职业高中学生发生伤亡事故的，可以参照本办法的有关待遇标准，由当地工伤保险经办机构发给一次性待遇。工伤保险经办机构不向有关学校和企业收取保险费用。”尽管后来的立法和政策有了变化，但这一立法先例证实了它的合理性与可行性。正如《经济、社会、文化权利国际公约》所言：“人人有权享受公正和良好的工作条件，特别要保证……安全和卫生的工作条件。”在立法中，采用技术措施确保劳动安全与卫生的适用范围，通常就包括了工业、商业中的所有工人、技术雇员、学徒、技工和工头等。我国司法实践中也通过其他途经对在劳动中受到伤害的实习生进行保护，如虽不进行工伤认定，但依然由劳动能力鉴定委员会评定受伤害学生的伤残等级，进而按照《工伤保险条例》中相应的赔偿标准进行赔偿。

承担何责？我以为，学校应对学生承担全责。

所谓全责，既包括当下的医疗救治，也包括救治后的康复；既考虑感染对于学生在校期间学习的影响，也考虑感染对于学生毕业后就业的影响。学生在校期间一些来自于实习和实验中的伤害可能危及或者影响其学习进程，甚至还会影响其学习能力，如东北农业大学这次事件中的"布鲁氏菌病可引起长期发热、多汗、关节痛、肝脾肿大、早衰及不孕不育等多系统疾病，此病有可能久治不愈。"这些症状对承担着繁重学习任务的学生的影响是不言自明的，填补这些损害后果的责任同样是学校的。如何弥补学生学习进度的缺失，如何补救学生学习能力的减损都是学校不能推脱的责任。

学生在毕业后必然要就业，这既是学校教学的目的，也是学生学习的目的，是学生付出多年时间和不菲费用的追求，也是唯一能够代偿其时间与金钱付出的机制与途经。当学生在学校安排的实习或者实验活动中遭受伤害，进而影响毕业与就业时，学生到学校进行学习的目的、为学习的全部付出都只能化为泡影。不能由学生本人及其家庭来承担这不可能承担的后果，必须由责任人对此负责！根据工伤赔偿中的全部填补原则，工伤补偿和赔付应当全部填补劳动者的全部损失。换言之，就是要补偿到他在没有遭受工伤情形下所具有的工作能力及由这一工作能力所产生的工作收益。因此，在东北农业大学这次事件的后果中，我们更关心的是受到伤害的学生们毕业后的就业问题。由于这次事件的伤害，他们还能就业吗？他们在就业中还能找到本应从事的职业吗？从学校给出的三句话中不难看出："你病了我治"、"你残了我赔"都是能够适用于受到伤害的学生从而得到学生认可的，唯一让学生难以放心的是"你找工作我推荐"，因为这可以适用于一般学生，而不一定适用于受到伤害的学生，尤其是他们所学"专业涉及的许多行业对布鲁氏菌病患者都有着严格的限制"。当学生因为这次事件找不到工作，并且在学校推荐后还是找不到工作、不能实现就业时，学校可以就此免责吗？答案显然是否定的。

如何补救？我以为，国家应对此专项立法。

客观地说，到目前为止，东北农业大学对于这次事件中受到伤害的学生的救治与补偿是积极和有效的。尤其是"将根据患病学生三个疗程结束后的治疗结果，充分听取患病学生与家长的意见诉求，尽快拿出赔偿等善后问题的解决方案"的态度是值得肯定的。但学生们为什么还心存疑虑呢？原因就在于法定标准与责任范围的不确定。前者由于不能进行工伤认定，也不能进行伤残等级鉴定，赔偿标准就缺乏明确具体的法律依据，难于为双方都认可，或者说即便双方都不认可但却不能不接受。所以，即便在东北农业大学承诺承担所有法律责任的基础上，给予每名患病学生一次性补助3万元，并通过减免学费和增加补贴等方式，共赔偿每名学生约6.1万元，仍有10名学生未与学校就善后问题达成共识。我以为，出现这样的情形，既不缘于学校的吝啬，也不因为学生的贪心，而是法律的缺失。国家没有针对学生因实习和实验这类具有准劳动性质的事件受到的伤害制定出专门的法律规范，用以调整学校与学生之间存在的特定法律关系。

后者则是学生们出于对未来的担心，这是可以理解、接受并且是应当解决的。因为学生和学习，无论是身份还是行为都只具有暂时性和过渡性，都共同指向毕业与就业。学校的一句"你找工作我推荐"是无法消除学生们的忧虑的，更不能真正对他们的就业有任何实质性的补救。如果我们从同样在这次事件中受到伤害的那位教师的角度来看这一点，问题就更加清楚了，因为无论这位教师遭受感染的后果是什么，他都是这个学校的教师，都没有就业之忧。但如果我们再换一个角度，站在东北农业大学的位置上看，除了学校把他们接受为像那位教师一样的该校员工外，在现有条件下，我实在看不出来学校在他们就业上还能承担什么样的责任。我甚至认为，不应当让学校过多地承担正常的教学风险，因为这是教学活动中的一种必然存在，而教育是有益于全社会的，应由国家来承担主要责任。

因此，只有法律能够为解决此类具有普遍性又超越于特定主体自身能力的社会问题提供规范。国家应当通过专门的立法，对包括学生实习、进行教学实验、勤工俭学、假期劳动等做出有效的法律调整，在鼓励学校积极组织学生进行社会实践的前提下，规定学生在学校组织的实习和实验等教学活动中，学校应当承担的法律义务、相应的法律责任、受到伤害学生的医疗救治和学业延续、学生后续损失的承担、伤残学生毕业与就业的国家救济等。

资料来源：黎建飞：《“准劳动”中的保障与救济》，载《工会博览》，2011 (10)。

典型案例

打工者受伤老板拒付药费，理由：他只工作了一天

打工者工作时不慎从楼梯摔下致使身上两处骨折，老板以打工者工作时间过短不能算职工为由拒付医疗费。律师认为，只要劳动关系成立，老板就应支付工伤医疗费。

据介绍，2002 年 12 月 9 日，年近六旬的徐元乐来到武昌徐东附近正在装修的一火锅城做杂工。当天中午，他肩扛一袋水泥，从 1 楼经无栏杆楼梯上 2 楼途中，不慎从 2 米高处坠地。经武铁四医院治疗诊断，徐左手腕骨粉碎性骨折，髋骨骨裂。目前，徐元乐无钱医治只能躺在病床上。

该火锅城周先生称，徐还没有干到一天时间，还不能算他们的职工。他们不可能承担全部医药费。

湖北天明律师事务所胡继兵律师认为：不管工人做了多长时间的事，只要他是为老板打工，就与老板建立了劳动关系，其间一旦出事都可以算是工伤，老板应支付医药费。如果老板推诿，劳动者可以到劳动部门控诉，索取合理的相关费用。

资料来源：《长江日报》，2003-01-19。

第三节 工伤认定和职业病防治

关于工伤认定、职业病确定、劳动能力鉴定，必须符合一定的条件和程序。

工伤认定的条件

工伤事故必须与工作、工作时间和地点相关。1921 年的国际劳工大会《关于工人赔偿（包括农业工人）公约》中，对工伤事故的提法是“由于工作直接或间接引起的事故为工伤事故”。1952 年《社会保障最低标准公约》第 32 条规定，覆盖范围内的意外事故应包括下列因工作造成的事故或疾病：（1）病态；（2）根据国家法律和条例的规定，由于病态而造成不能工作并停发工资；（3）全部丧失挣钱能力，或部分丧失这种能力，但超过规定程度并且可能是永久性的，或相应丧失功能；（4）寡妇或孩子由于供养人死亡而丧失依靠；对于寡妇，享受津贴的权利可根据国家法律或条例以估计其不能自立的条件。

工伤事故的范围从最初仅包括工业上的意外事故，扩展到把上下班途中发生的意外事故也算为工伤。《1964 年工伤事故津贴建议书》要求把下列事故作为工伤事故：(1) 不论其原因，只要是在作业时间内，在作业地点或附近或在作业场所外的任何地点因工作而发生的事故。(2) 在工作前后一段合理的时间内，从事与工作有关的诸如运输、清理、备料、安全、储存、收拾工具和衣服等预备和收尾性工作时发生的事故。(3) 在直通作业地点的路上发生的事故，包括：在直通雇员主要和第二停留处的路上发生的事故；在直通雇员经常用餐地点的路上发生的事故；在直通雇员接受报酬的地点的路上发生的事故。

在我国，根据《工伤保险条例》对工伤及视同工伤的范围，职工有下列情形之一的，应当认定为工伤：

(1) 在工作时间和工作场所内，因工作原因受到事故伤害的；

(2) 在工作时间前后和在工作场所内，从事与工作有关的预备性或者收尾性工作受到事故伤害的；

(3) 在工作时间和工作场所内，因履行工作职责受到暴力等意外伤害的；

(4) 患职业病的；

(5) 因工外出期间，由于工作原因受到伤害或者发生事故下落不明的；

(6) 在上下班途中，受到机动车事故伤害的；

(7) 法律、行政法规规定应当认定为工伤的其他情形。

修订后的现行《工伤保险条例》调整、扩大了工伤认定范围。职工在上下班途中，受到非本人主要责任的交通事故或者城市轨道交通、客运轮渡、火车事故伤害的，应当认定为工伤。

另外，职工有下列情形之一的，也视同工伤：

第一，在工作时间和工作岗位，突发疾病死亡或者在 48 小时之内经抢救无效死亡的；

第二，在抢险救灾等维护国家利益、公共利益活动中受到伤害的；

第三，职工原在军队服役，因战、因公负伤致残，已取得革命伤残军人证，到用人单位后旧伤复发的。

职工有上述第一、第二项情形的，享受工伤保险待遇，有第三项情形的，按照《工伤保险条例》的有关规定享受除一次性伤残补助金以外的工伤保险待遇。

根据《社会保险法》第 37 条的规定，职工因下列情形之一导致本人在工作中伤亡的，不认定为工伤：(一) 故意犯罪；(二) 醉酒或者吸毒；(三) 自残或者自杀；(四) 法律、行政法规规定的其他情形。

职业病的确定

1952 年国际劳工会议同意把三种疾病划进职业病的范围，即铅中毒、汞中毒和炭疽病感染。1964 年《职业伤害赔偿公约》把 15 种疾病列入了职业病。国际劳工会议于 1980 年公布了新的国际职业病名录，有各种职业病共 29 组。

在我国，职业病是指劳动者在生产劳动及其他职业活动中，接触职业性有害因素引起的疾病。根据卫生部、劳动和社会保障部 2002 年 4 月 18 日印发的《职业病目录》，我国规定的职业病范围有：尘肺 13 种；职业性放射性疾病 11 种；职业中毒 56 种；物理因素所致职业病、生物因素所致职业病、职业性皮肤病、职业性眼病、职业性耳鼻喉口腔疾病、职业性肿瘤、其他职业病等共 10 类 115 种。

根据《职工工伤与职业病致残程度鉴定》的规定，确定职业病，必须经卫生行政部门批准的具有职业病诊断权的医疗卫生机构出具的诊断证明。

背景知识

上下班途中的工伤认定

《关于修改〈工伤保险条例〉的决定（征求意见稿）》为解决实践中的相关问题，作出了一些很有价值的规定，尤其在简化存在劳动关系争议的工伤认定程序和强化对未参保职工的权益保障方面亮点突出。但是，在上下班途中受到机动车事故伤害不再认定为工伤的删改，无论其删改的动机还是删改的理由都难以得到认同。

首先，《工伤保险条例》第十四条第（六）项关于“在上下班途中，受到机动车事故伤害的”应当认定为工伤是符合工伤保险基本原理的。工伤保险的宗旨在于转移劳动者因职业活动所受到的伤害，即劳动者因职业活动所受伤害由该项活动的受益人（雇主）或者说用人单位承担赔偿责任。所以，工伤的要义就在于“因工作受到伤害”，这一伤害既包括在工作中的直接伤害，也包括为了工作而受到的伤害。例如，同为该条的第（二）项“工作时间前后在工作场所内，从事与工作有关的预备性或者收尾性工作受到事故伤害的”应当认定为工伤。由此，才不难理解国外的立法规定劳动者去银行领取工资、在上下班途中接送孩子受到机动车伤害均可认定为工伤。

其次，社会立法是随着社会的进步和发展而不断进步与完善的，其重要特征就在于劳动者的权利得以扩展和加强。这一规律也为我国近年来的立法进程所遵循。在我国，职工上下班途中受到机动车伤害享受工伤保险待遇的制度几乎与共和国同龄。在1996年的《企业职工工伤保险试行办法》中，职工上下班途中受到机动车事故伤害附加了“在上下班的规定时间和必经路线上，发生无本人责任或者非本人主要责任的道路交通机动车事故”的条件。2003年制定《工伤保险条例》时，对这些明显不利于劳动者的条件作了全文删除，进而明确了“上下班途中”包括劳动者正常工作时间和加班加点后的上下班途中；“受到机动车事故伤害”也包括上下班途中劳动者受到机动车伤害和劳动者驾驶机动车发生事故造成自身伤害。现在的删改不仅否定了2004年以来法律制度的演进，而且完全删除了我国长期沿用的相关规定。可惜的是，这一删改并不是法制建设进步的表现。

再次，社会保险制度存在着一条“潜规则”，即“能上不能下，就高不就低”。因此，各国在处理涉及降低社会保险待遇、收窄社会保险范围时都慎之又慎，非有充足与必要的理由、非有成熟得不得不为之的条件，通常是不去动这块奶酪的。

最后，本次删改缺少充足和必要的理由。理由之一是上下班途中受机动车事故伤害的职工可以从机动车交通事故责任强制保险得到补偿，还可以通过民事赔偿的途径解决。事实上，社会保险与商业保险及其他补偿方式交叉是一种普遍现象，不仅社会保险项目几乎都能在商业保险中找到对应，即便在社会保障制度内也互有关联，如生育与医疗、失业与低保，但商业保险及其他方式既不影响现代社会强化社会保险的必要性和重要性，更不能取代社会保险的独特价值和功能。理由之二是由于未将非机动车事故纳入工伤保险范围，政策上不平衡，各地方、各部门和职工强烈要求修改。即便这一说法存在，问题也在于是否应当把“非机动车事故纳入工伤保险范围”，而不是相反。例如，在工作中突发疾病死亡视同工伤的规定更有争议，如在工作中因慢性病死亡，或者虽在工作中突发疾病却后来才死亡的都觉得“不平衡”。《工伤保险条例》第十五条第一款是通过限定“在48小时之内经抢救无效死亡”视同工伤来强化“突发疾病”的规定，而不是干脆取消相关的规定。理由之三是由于住房商品化和人员流动性的提高，操作难度加大，引发的争议增多。这个理由可以直接用来作为在上下班途中受到机动车事故伤害应当认定为工伤具有更多的必要性和更加紧迫的现实性的理由。因为这已经清楚地表明劳动者在上下班途中遭遇的职业风险大为增加，通过工伤保险转移因劳动者上下班这一职业活动受到机动车伤害的任务更加迫切和重要。此外，征求意见稿删除了因违反治安管理行为和违反道路交通安全管理行为导致事故伤害不得认定为工伤的情形本来也是一大亮点，但由于“因违反治安管理和道路交通安全管理”而影响工伤认定主要发生机动车事故中，如果将劳动者上下班途中受到机动车事故伤害排除在工伤认定之外，这一亮点也就不怎么亮了。

综上，劳动者在上下班途中受到机动车事故伤害应当认定为工伤。

资料来源：黎建飞：《在上下班途中受到机动车事故伤害应当认定为工伤》，见中国网，2009－07－27。

工伤认定的程序

工伤的认定是由法律规定的机构对特定伤害是否属于工伤范围的确认，这是确定给付工伤保险待遇的依据。

工伤认定必须经过法定的程序。在我国，根据《工伤保险条例》的规定，工伤认定必须经过以下程序：

1. 报告与申请

（1）职工所在单位应当自事故发生之日或者按照《职业病防治法》规定被诊断、鉴定为职业病之日起，30日内，向统筹地区劳动保障行政部门提出工伤认定申请。遇有特殊情况，经劳动保障行政部门同意，可以适当延长。

（2）用人单位未按规定提出工伤认定申请的，工伤职工或者其直系亲属、工会组织在事故伤害发生之日或者被诊断、鉴定为职业病之日起1年内，可以直接向用人单位所在地统筹地区劳动保障行政部门提出工伤认定申请。

提出工伤认定申请应当提交：工伤认定申请表（应写明事故发生的时间、地点、原因以及伤害程度等）、职工与用人单位存在劳动关系（含事实劳动关系）的证明、医疗证明和职业病诊断证明。

2. 受理与认定

劳动保障行政部门受理工伤认定申请后，根据审核需要对事故伤害进行调查核实；对职业病诊断和诊断争议的鉴定，依照职业病防治法的有关规定执行。

劳动保障行政部门应当自受理工伤认定申请之日起，60日内作出工伤认定的决定，并书面通知申请工伤认定的职工或者其直系亲属和该职工所在单位。

劳动能力鉴定

劳动能力鉴定，亦称丧失工作能力鉴定，是鉴定机构根据法定的鉴定标准，对因工伤事故或患职业病的劳动者劳动功能障碍程度和生活自理障碍程度的等级鉴定。

劳动能力鉴定是工伤保险管理工作的一个重要环节，是确定职工享受工伤保险待遇和工伤职工安置的主要依据。

劳动能力鉴定的标准通常是法律明确规定的，如英国的社会保障法规按残废程度百分比列出伤残55种；日本将工伤致残后劳动能力丧失的程度分为14个等级。美国残废义务鉴定标准包括了肌肉、骨骼、特殊器官、呼吸、心血管、消化、泌尿生殖、血液及淋巴、皮肤、内分泌、神经11个系统的病、伤和肿瘤致残的分类。世界卫生组织1976年通过了专家组对疾病后果提出的国际分类法，把损伤、障碍和残疾的范围和程度等分列为1 476项。

在我国，根据《工伤保险条例》的规定，劳动能力鉴定标准由国务院劳动保障行政部门会同国务院卫生行政部门等部门制定。劳动能力鉴定一般都由专门的机构负责组织实施，具体的鉴定工作一般委托有条件的医疗机构或者聘请具有鉴定资格的医生组成专家组进行。

新修订的《工伤保险条例》简化了工伤认定程序，对事实清楚、权利义务明确的工伤认定申请，应当在15日内作出工伤认定的决定。同时取消了工伤认定争议中的行政复议前置程序，缩短了争议处理的程序和时间，有利于保护工伤职工的合法权益。在行政复议和行政诉讼期间不停止支付工伤职工治疗工伤的医疗费用的新规定，使工伤职工能够得到及时救治，也可以从制度上遏制部分用人单位恶意诉讼。

背景知识

职业病认定法规亟待修改完善

职业病的诊断与鉴定是身患职业病的劳动者享受职业病待遇、获得工伤保险和民事赔偿的前提条件，对于等待救治的劳动者是一道必须跨越的法定程序。为此，《职业病防治法》第四章以及《职业病诊断与鉴定管理办法》第三章都专作规定。近年来，劳动者申请职业病认定而不能的事件表明：职业病认定法规亟待修改完善。

申请主体：仅有劳动者是不够的

根据《职业病防治法》第40条和《职业病诊断与鉴定管理办法》第10条的规定，劳动者是提出职业病诊断申请的主体。法定的申请主体实质上是法定的责任主体，即承担了相应法律责任的申请义务。在这一点上，这两项法条都远不如《工伤保险条例》的相关规定。后者首先将用人单位规定为申请责任人，再辅之以“工伤职工或者其直系亲属、工会组织”加以强化。

这一强化在职业病认定中更为必要。因为当患职业病的劳动者本人不能提出申请，如在“职业中毒”中死亡与昏迷，或者如同“开胸验肺”事件中的张喜才已经死于尘肺时，修改与完善这项规定的理由就更加明显了。当张海超及其工友得到职业病认定并得到赔偿时，法律没有任何理由不为张喜才的遗属们得到应有的权益提供保障。

申请手续：劳动者难以承受之重

根据《职业病防治法》第42条的规定，劳动者的职业史、职业病危害接触史是职业病诊断的必备要件；《职业病诊断与鉴定管理办法》第11条更直接地要求“申请职业病诊断时应当提供：职业史、既往史；职业健康监护档案复印件；职业健康检查结果；工作场所历年职业病危害因素检测、评价资料；诊断机构要求提供的其他必需的有关材料”。这些材料对于职业病的认定具有决定性意义，因为第42条接着规定“没有证据否定职业病危害因素与病人临床表现之间的必然联系的”应当诊断为职业病。第11条换了个说法：“没有职业病危害接触史或者健康检查没有发现异常的，诊断机构可以不予受理。”单独由劳动者备齐这些法定材料显然是不可能的，必须依赖于用人单位的配合乃至主动——这又并不都是可能的。

再者，还存在用人单位愿意配合与主动却不能的情况，如用人单位在劳动者发生、发现职业病前已经倒闭、破产或者注销。由于职业病多有长期接触、长期潜伏、缓慢发病、病程较长的特点，当劳动者知道或者应当知道自己患有职业病时，用人单位已经消失了。此时，申请职业病认定的劳动者根本就找不到用人单位，也根本就不可能提供法律规定的材料，申请人的职业病认定也就完全没有可能性了。面对劳动者此时雪上加霜般的无助与无望，现行的职业病认定法规负有不可推卸的责任。

追究责任：对劳动者于事无补

如果用人单位拒绝或者拖延提供相关材料，有关部门给出的解决之策是“向用人单位所在地卫生监督部门投诉”，这就有些麻烦了。

第一，法律没有为劳动者提供充分有效的救济手段。无论是《职业病防治法》还是《职业病诊断与鉴定管理办法》都没有对劳动者遭遇用人单位拒绝或者拖延提供相关材料，尤其是劳动者因用人单位拒绝或者拖延提供相关材料不能进行职业病认定的情形准备出救济之道。

第二，即便按照《职业病防治法》第64条把这些行为看作是用人单位“未按照规定组织职业健康检查、建立职业健康监护档案或者未将检查结果如实告知劳动者的”，结果也是“由卫生行政部门责令限期改正，给予警告，可以并处2万元以上5万元以下的罚款”，这对于劳动者的职业病认定有什么帮助和意义?《职业病诊断与鉴定管理办法》第36条中用人单位“隐瞒本单位职业卫生真实情况的”，也同样是“由卫生行政部门责令限期改正，并处5万元以上10万元以下的罚款”，同样是于劳动者所求之事无补。

再进一步，依照有关部门的说法：如果“未安排职业病病人诊治的”，情节严重的企业可被关闭。如此一来，劳动者就更不可能得到有关证明材料，因而也就更不可能向职业病诊断机构提供必备的法定材料了。

可见，修改、完善在职业病认定中的相关法规是必要而且紧迫的。在这些法律实施的这些年，劳动者因为不能从用人单位得到相关材料而无法进行职业病认定的事例并不仅仅是“属于个案”的事件。

资料来源：黎建飞：《劳动者患职业病认定艰辛　相关法规亟待修改完善》，见中国网，2009-08-05。

职业病防治法的新规定

2011年12月31日，十一届全国人大常委会第二十四次会议表决通过了《全国人民代表大会常务委员会关于修改〈中华人民共和国职业病防治法〉的决定》，并于当天公布实施。

此次《职业病防治法》的修改在立法观念上发生了根本性的变化，即对职业病的处理思路从过去的“重治”转移到“重防”，从而直接导致立法技术的提高和法律内容的变革，比如有关职业病防治主体、用人单位责任等方面的规定都发生了变化，这些变化使得该部法律对劳动者的保护更加切实可行。

1. 防治主体变化

2001年的《职业病防治法》只将卫生行政部门作为从事职业病防治工作的主体，但很多工作仅仅依靠卫生行政部门是不能完成的。修改后的《职业病防治法》不但将安全监督部门、劳动保障部门加了进来，而且将安全监督部门的工作定位为整个职业病防治工作的重中之重，而安全监督部门的工作重点又放到了对职业病的前期预防上。

2. 用人单位责任加强

新法规定，用人单位的主要负责人对本单位的职业病防治工作全面负责。劳动者被诊断患有职业病，但用人单位没有依法参加工伤保险的，其医疗和生活保障由该用人单位承担，从而直接加强了用人单位，尤其是用人单位负责人的责任。无论劳动者的职业病是在哪个单位得的，只要劳动者病发时的用人单位没有为其缴纳工伤保险，该用人单位就要承担劳动者的医疗和生活保障的费用。

3. 举证责任倒置

新法规定没有证据否定职业病危害因素与病人临床表现之间的必然联系的，应当诊断为职业病。用人单位应当如实提供职业病诊断、鉴定所需的劳动者职业史和职业病危害接触史、工作场所职业病危害因素检测结果等资料；安全生产监督管理部门应当监督检查和监督用人单位提供上述资料；劳动者和有关机关也应当提供与职业病诊断、鉴定有关的资料。当事人在仲裁过程中对自己提出的主张，有责任提供证据。劳动者无法提供由用人单位掌握管理的与仲裁有关的证据的，仲裁庭应当要求用人单位在指定期限内提供；用人单位在指定期限内不提供的，应当承担不利后果。

在职业病认定中劳动关系的认定一直是难题中的难题，新法第一次在职业病认定中确立了举证责任倒置的规则，这是立法观念中一个很大的转变。如果用人单位掌握了某些证据，如考勤表等，却不如实提供，主管部门可以要求用人单位提供，如果此时用人单位仍然拒不提供，就要承担败诉的法律后果。

4. 明示职业危害

新法规定，产生职业病危害的用人单位，应当在醒目位置设置公告栏，公布有关职业病防治的规章制度、操作规程、职业病危害事故应急救援措施和工作场所职业病危害因素检测结果。很多职业病是由于不明示职业危害造成的，这次在法律中明确必须明示这个岗位的职业危害，这对于职业病的防治是非常重要的。

在日被害中国留学生被确认为“上班灾害”获补偿

日本有关方面确认，去年7月在日本大阪被歹徒杀害的中国女留学生韩颖属“上班灾害”，并向她的亲属支付工人灾害补偿保险数百万日元。

去年7月29日黎明，24岁的韩颖从打工的饮食店完工后走回住处，途中被一骑自行车的男子抢走提包，韩颖追赶了三十多米想夺回提包，但却被该男子用刀刺中腹部等三处，一小时后死亡。歹徒目前仍在逃。去年8月，来日本为女儿治丧的韩林琪，以“上班灾害”提出工人灾害补偿保险申请。日本有关方面通过对事发当天的情况进行调查，认为事件发生在行人较少的场合，表明上班途中伴随着潜在的危险性，确认申请成立，并支付保险金。

资料来源：http://www.sina.com.cn，2001-02-08。

第四节　工伤保险的责任原则

工伤保险责任原则的概念和由来

工伤保险的责任原则是指发生工伤事故后，确定职工工伤保险的责任由谁承担的基本准则。

鉴于在生产和工作中，职业的危险客观存在的事实已得到普遍认同，1884 年 7 月 16 日德国公布的工伤保险法案《工人灾害保险法》中，第一次明确规定：劳动者受到工业伤害而负伤、致残、死亡，不管过失或责任在何方，雇主均有义务赔偿工人的收入损失，伤残者均有权获得经济补偿。此后，这一原则被称为“职业的危险”或“无责任补偿”原则。到 20 世纪初，几乎所有的工业化国家都将这一原则写进本国的劳动法规，“职业的危险”或“无责任补偿”原则成为世界各国确定工伤保险责任时普遍适用的准则。

在劳动关系中，用人单位对劳动者在劳动过程中的安全和健康负有保护义务，这也是用人单位对国家的责任。劳动者遭受职业伤害，意味着用人单位违反了劳动保护义务，用人单位就应对受伤害的劳动者负赔偿责任。这种责任是基于法律规定而非合同约定所产生，既不能通过合同约定减免这种责任，也不能以劳动者有过失为由来改变这种责任。同时，由于现代工业生产是有高度危险来源的场合，在机器生产和现代化生产条件下，职业危险因素属于高度危险来源。当损害事故发生时，高度危险来源本身就应当承担赔偿责任，而不必考虑赔偿者有无过错。

根据“无责任补偿”原则，或者“无过失补偿”原则，工伤保险立法要求用人单位在发生工伤事故进行补偿时，无论事故的责任在用人单位或劳动者本人，都应给予劳动者经济补偿。因为劳动者在工作中受到事故伤害，不但身心受到极大的痛苦，而且会影响或断绝正常收入。因此，实行“无责任补偿”，给予伤残者以及时的物质帮助，是工伤保险法的首要原则。

我国工伤保险的责任原则

我国的工伤保险实行无过错责任原则，即：在生产工作过程中或法定特殊情况下，发生意外事故使职工负伤、残废或死亡，无论责任归于何方，用人单位均应承担赔偿责任，职工均应依法享受工伤保险待遇。

典型案例

任科勇是贵州省遵义籍的仡佬族青年。为了还债，任科勇进入位于广东江浦镇九里步工业区内的一家家具厂，成了一名立轴机操作工。进厂不到两个月的他因为没受过正规的培训，结果发生了意外。下午 1 时，任科勇左手的五个手指在操作过程中被立轴机刀片齐齐割断。出事后，厂方紧急将其送到广东省建筑中心医院进行手指再植手术救治。2000 年 7 月 7 日，任科勇出院回厂。一个月快过去了，厂方对受伤致残的处理问题只字不提。任科勇急了，经多次向厂方求告无果只好向从化市劳动部门求助。厂方知道此事后，要求他到厂里好好协商，因债台高筑，妻子又将临产，任科勇在厂方“于人道立场”，“一次性补偿 9 000 元”，“日后发生一切问题由任科勇负责”，“公司不负任何费用及责任”的《协议书》上签了字。

经过从化市劳动部门的工伤鉴定，任科勇的伤被定为六级残疾。2000 年 11 月 7 日，从化市劳动争议仲裁委员会做出裁决：厂方支付任科勇六级工伤残废赔偿金共计 66 164.80 元。减去私了所付 9 000 元，任科勇借支 1 215 元，厂方还应支付任科勇 55 949.80 元。面对仲裁结果，厂方表示无法接受。2000 年 11 月 10 日，工厂向从化市人民法院提起诉讼。诉状称：任科勇负伤是蓄意违章造成，不应享受工伤待遇。裁决认定双方签订的私了协议无效也是错误的，该协议符合法律规定，应受法律保护。

2000年12月8日上午，从化市人民法院开庭审理此案。法庭审理认为，被告在原告单位工作过程中受伤，经劳动行政部门确认为工伤后，原告并未在法定期限内提出申请复议，工伤确认通知书已经生效。原告无充分证据证实被告的受伤是被告故意行为所造成，故被告的受伤应当确认为工伤。2000年12月18日，从化市人民法院做出一审判决：限原告即工厂自判决发生法律效力之日起，10日内支付55 949.80元给任科勇。对一审判决不服，2001年1月9日，工厂又将此案上诉至广州市级人民法院。2001年4月27日，广州市中院做出"驳回上诉，维持原判"的终审判决，作为被告的任科勇终于胜诉。

资料来源：http://www.sina.com.cn，2001-06-04。

我国工伤保险实行无过错责任原则包括以下内容：

（1）工伤保险费由用人单位全额缴纳，职工个人不需缴纳。在工伤保险中，保险费是由用人单位缴纳的，劳动者个人不缴纳任何费用。这是工伤保险与养老保险、失业保险等其他社会保险的显著区别。由于工伤是对劳动者的伤害，使劳动者部分或者完全丧失劳动能力，而这种损失是在为用人单位劳动中发生的，所以不应要求劳动者个人缴纳工伤保险费。为了保障因工受伤的劳动者及其家庭的基本生活，法律要求用人单位给劳动者缴纳全部保险费，以此承担对劳动者的全部赔偿责任。用人单位按照规定缴纳保险费后，即将对职工工伤保险的责任转于社会保险经办机构，该用人单位的工伤风险从仅由本单位承担改为由社会承担。

（2）对职工在工作时间、工作区域因工作原因造成的伤亡（包括因工随车外出发生交通事故而造成的伤亡），即使本人有一定的责任，都应认定为工伤，给予工伤保险待遇。

典型案例

这能算工伤吗？

律师同志：去年1月份我姐姐到福州一家罐头厂做清洗工，进厂时没有签订劳动合同。11月18日，领班安排她清洗压模机，在开机清洗过程中她右手不慎被机器切轧伤，三个指头都被切断，当即被送往医院治疗。厂里支付了医疗费等共计3 000多元，且工资照发。伤愈后，我姐姐要求罐头厂承担工伤赔偿责任。厂里则认为开机清洗机器未经厂里允许，属违章操作，此次事故责任应由其本人全部承担。请问像我姐姐这样的情况能算工伤吗？自己是否要负一定责任？请给予解答。某部战士杨海峰

杨海峰同志：你姐姐的情形主要涉及两个法律问题：（1）劳动者与用人单位未签订书面劳动合同，在劳动中受了伤可否享受工伤待遇。（2）劳动者从事本单位的日常生产工作或本单位负责人指定的其他工作，违章操作受了伤是否自己要承担一定责任。

根据劳动法的规定，劳动者与用人单位建立劳动关系，应当通过双方当事人平等协商，订立书面形式的劳动合同来建立。但这并不是说没有书面形式的劳动合同，劳动者与用人单位之间就无劳动关系的存在。你姐姐在罐头厂工作已达10个月之久，虽然未签订劳动合同，但已形成事实上的劳动关系。按照劳动保险法律规定，她与签订了劳动合同的劳动者一样，享受同等工伤待遇，也就是说，因工负伤和职业病（因工患病），不论用人单位的组织形式和用工形式如何，职工都享有同等工伤待遇。

罐头厂说"你姐姐未经厂方有关主管指派去清洗压模机，属串岗违章操作以致发生事故，因此不能定为工伤"，这种说法是没有法律依据的。根据劳动部发［96］266号《企业

职工工伤保险试行办法》第 8 条的规定，职工从事本单位日常生产、工作或者从事本单位负责人临时指定的工作的，或在紧急情况下，虽未经本单位负责人指定但从事直接关系本单位重大利益的工作，应当认定为工伤。可见，你姐姐受直接领导领班指派从事本单位的日常生产工作，由于她没有经过培训，不懂操作规程，才发生了事故，并没有故意自残或蓄意违章，责任不在劳动者，这反映出工厂管理上存在问题。厂方的理由不能成立，你姐姐的伤残应当认定为工伤。同时，工伤赔偿不存在职工和工厂责任划分的问题，工厂要负工伤赔偿的全部责任。

资料来源：方志顺、龙辉：《这能算工伤吗?》，载《法制日报》，2001－03－09。

（3）在法定特殊情况下发生意外事故，如：在上下班的规定时间和必经路线上，发生无本人责任或者非本人主要责任的道路交通事故的，应当认定为工伤。

无过错责任原则不适用于职工因犯罪或违法、自杀或自残、斗殴、酗酒、蓄意违章及法律法规规定的其他情形造成的负伤、致残、死亡，发生这些情况，不应认定为工伤。

认定职工工伤，给予职工工伤保险待遇，并不影响企业按规定对违章操作的职工给予其他处分。

第五节　工伤保险的待遇

工伤保险待遇关系到劳动者的切身利益，历来为各国法律和国际公约所重视。如：对于工伤医疗待遇，1952 年《社会保障最低标准公约》提出：工伤保险对工伤工人提供的所需每一种类型的医疗照顾都不允许工人分担费用，对工伤工人提供不受时间限制的医疗照顾。该《公约》规定的医疗包括：普通开业医生和专家的住院和门诊治疗，包括出诊；牙科治理；家庭护理或在医院及其他医疗机构的护理；在医院、休养所、疗养院或其他医疗机构中的休养；牙科、药物和其他内、外科供应等；由在任何时候都可被法律承认的与医务相关的其他行业的人员在开业医生或牙医的监督下提供的治疗。《1964 年工伤事故津贴公约》又增加了对遭受严重意外事故的人的紧急治疗和对那些伤势不重并不需要中断工作的人的疾病定期检查。

在我国，根据《工伤保险条例》的规定，工伤保险待遇主要有：

1. 工伤医疗待遇

职工因工负伤或者患职业病进行治疗，享受工伤医疗待遇。工伤医疗待遇从工伤保险基金支付，包括：

（1）工伤医疗费用。职工治疗工伤所需的符合工伤保险诊疗项目目录、工伤保险住院服务标准的全部费用。

（2）康复性治疗费用。

（3）辅助器具安装配置费用。工伤职工因日常生活或者就业需要，经劳动能力鉴定委员会确认，可以安装假肢、矫形器、假眼、假牙和配置轮椅等辅助器具，所需费用按国家规定标准从工伤保险基金支付。

2. 伤残待遇

伤残待遇包括：一次性伤残补助金、伤残津贴和生活护理费。伤残待遇从工伤保险基金支付。

3. 因工死亡待遇

职工因工死亡，其直系亲属按照相关规定从工伤保险基金领取丧葬补助金、供养亲属抚恤金和一次性工亡补助金。

职工因工外出期间发生事故或者在抢险救灾中下落不明的，从事故发生当月起3个月内照发工资，从第4个月起停发工资，由工伤保险基金向其供养亲属按月支付供养亲属抚恤金。生活有困难的，可以预支一次性工亡补助金的50%。职工被人民法院宣告死亡的，按照因工死亡的规定处理。

在我国，根据《工伤保险条例》的规定，工伤职工有下列情形之一的，停止享受工伤保险待遇：

（1）丧失享受待遇条件的；

（2）拒不接受劳动能力鉴定的；

（3）拒绝治疗的。

典型案例

第三人侵权的双重赔偿

王某系河南省内黄县某公司职工。2008年2月29日，王某在骑自行车上班途中被张某驾驶的机动车撞伤，全身多处骨折，两次住院治疗。该起事故经交警部门认定，张某负全部责任。3月20日，根据《工伤保险条例》第十四条规定，内黄县劳动保障局认定王某受伤为工伤。经鉴定，王某劳动能力障碍程度8级。4月7日，王某申请劳动争议仲裁，要求公司支付其工伤保险待遇54 667.5元。仲裁委于5月10日裁决认定王某应享受的工伤保险待遇合计53 859.5元。

5月19日，王某以人身损害赔偿为由将张某诉至内黄县人民法院。法院经审理查明，王某因此次交通事故获赔医疗费、误工费、护理费、住院伙食补助费、残疾赔偿金、交通费、鉴定费、精神抚慰金合计79 895.5元。被告张某认为，赔偿款项应扣减王某已实际获赔的工伤保险待遇53 859.5元，只同意支付王某差额款26 036元。法院经审理认为，依据有关法律规定，工伤保险与民事损害赔偿属于不同的性质，原告因属于工伤应享有工伤保险待遇合计53 859.5元。同时，基于侵权法律关系，可以要求侵权人对此交通事故造成的损害进行赔偿。依照《民法通则》第四条、第一百一十九条，《工伤保险条例》第十四条、第二十九条、第三十一条、第三十五条、第六十一条以及最高人民法院《关于审理人身损害赔偿案件适用法律若干问题的解释》第十二条的规定，法院判决被告张某支付原告王某人身损害赔偿款79 895.5元。

资料来源：周庆华、尚留伟：《第三人侵权工伤职工能获双赔吗?》，载《中国劳动保障报》，2008－09－12。

本章小结

工伤保险又称职业伤害保险，指劳动者在生产工作中或法定的特殊情况下发生意外事故，或因职业性有害因素危害，而负伤（或患职业病）、致残、死亡时，对其本人或供养亲属给予物质帮助和经济补偿的一项社会保险制度，它是一种强制保险。工伤保险的投保人为用人单位，被保险人是与该用人单位建立了劳动关系的职工；工伤保险所保之“险”为职业的危险，指在生产工作中的工伤事故和职业性有害因素对职工健康和生命造成的危险。

工伤保险最初是在高风险的行业、职业和较大的企业中实行，对象主要是那些靠工资收入从事有危险工作的工人，或者说主要是体力劳动者，后来才逐步扩展到其他劳动者。我国工伤保险的范围是：(1) 中华人民共和国境内的企业，包括国有企业、集体企业、私营企业，中外合资、中外合作企业，外商独资企业等各类企业，以及个体经济组织；(2) 与上述企业、经济组织建立劳动关系的职工；(3) 国家机关、事业组织、社会团体和与之建立劳动合同关系的职工；(4) 职工的供养亲属。

工伤的范围包括工伤事故的范围和职业病的范围。

工伤保险的责任原则是指发生工伤事故后，确定职工工伤保险的责任由谁承担的基本准则。我国的工伤保险实行无过错责任原则，即：在生产工作过程中或法定特殊情况下，发生意外事故使职工负伤、残废或死亡，无论责任归于何方，用人单位均应承担赔偿责任，职工均应依法享受工伤保险待遇。

劳动者享受工伤保险待遇，一般需要经过工伤认定、劳动鉴定和工伤评残、工伤保险金的发放等几个程序。

关键概念

工伤保险	工伤保险法的原则	工伤保险法的范围
工伤的范围	工伤事故	职业病
工伤保险责任原则	工伤保险无过错责任原则	工伤保险的待遇工伤认定
劳动鉴定	工伤保险金的发放	

思考题

1. 简述工伤保险的特征。
2. 简述工伤保险法的原则。
3. 简述我国工伤保险的范围。
4. 简述我国工伤保险责任原则。
5. 简述我国工伤的认定程序。

第十七章 生育保险

学习目标

掌握生育保险的概念及其内涵。了解生育保险产生的社会背景以及各国对于生育保险的有关规定。了解我国有关生育保险的立法发展。了解我国生育保险的对象和范围的发展过程，明确我国当前生育保险的对象和范围。掌握生育保险基金的概念，理解其特点。了解世界各国生育保险基金的基本募集模式；明确我国生育保险基金的筹集遵循的基本原则和方式。了解各国生育保险基金的支付和管理方式；明确我国生育保险基金的支付和管理。掌握生育保险待遇的概念。了解国际劳工组织制定的《生育保护公约》（第 103 号公约）和《社会保障（最低标准）公约》关于生育保险待遇的内容和标准的有关规定；掌握我国生育保险待遇的内容。了解各国对女职工生育保险待遇的享受条件；明确我国女职工享受生育保险待遇的条件。

第一节 生育保险的概念和意义

生育保险的概念

生育保险，是指女职工因怀孕和分娩所造成的暂时丧失劳动能力，中断正常收入来源时，从社会获得物质帮助的一种社会保险制度。它是一项专门保护女职工的社会保险，为生育的女工提供产前、产后的经济补偿和医疗保障。

（1）生育保险是对女职工专门建立的一项社会保险。生育虽包括男女双方所组成的家庭内的事情，生育带来的经济负担也由夫妻双方共同承担，但生育保险仅为女职工怀孕和分娩的生育行为提供直接的物质帮助和补偿。

（2）生育保险是对女职工生育子女全过程的物质保障。它不仅对女职工生育时所花费的生育的检查费、接生费、手术费、住院费和药费等费用的补偿，还包括女职工在规定的生育假期内因未从事劳动而不能获得工资收入的补偿。

（3）生育保险是对女职工合法生育而实行的一项社会保险。合法生育包括符合法定结婚年龄、按婚姻法规定办理了合法的结婚手续，符合国家的生育法规和政策。在我国，女职工无论妊娠期长短或流产，无论分娩者为活胎或死胎，被保险者都享受生育保险待遇。

典型案例

女职工如何获得特殊保护?

小李是某针织制品厂的女工，与厂方签订了为期 3 年的劳动合同。怀孕近 6 个月后在一次意外事故中造成流产。厂方给了她一个月的产假，期间只发给 50%的工资。一个月后，小李来上班，要求按劳动合同规定给她全额工资并报销医疗费，但厂方认为小李是流产不是生育，不能按合同规定给予生育待遇，于是双方发生纠纷。虽然，《劳动法》对产假待遇做出了规定，但对流产待遇问题却没有做出明文规定，但这并不是说流产不属于产假待遇的范畴。1988 年 9 月 4 日劳动部《关于女职工生育待遇若干问题的通知》第 1 条规定："女职工怀孕不满 4 个月流产时，应当根据医务部门的意见，给予 15～30 天的产假；怀孕满 4 个月以上流产时，给予 42 天产假。产假期间，工资照发。"另外，1994 年 12 月 14 日劳动部发布的《企业职工生育保险试行办法》第 7 条规定："女职工生育或流产后，由本人或所在企业持当地计划生育部门签发的计划生育证明，婴儿出生、死亡或流产证明，到当地社会保险经办机构办理手续，领取生育津贴和报销生育医疗费。"据此，该厂的做法是错误的，厂方必须给予小李全额工资，发放生育津贴，报销医疗费。

资料来源：李桂尧、姜波：《女职工如何获得特殊保护》，载《北京青年报》，2002-10-17。

生育保险的产生和立法

生育保险是随着妇女从事生产与工作的增加而逐渐发展起来的。随着社会的进步和发展，一向被禁锢在家庭的广大妇女，纷纷走出家门，进入社会从事物质资料的生产活动、各种各样的社会服务活动和其他独立的事业。但是，妇女从事社会劳动和经济活动，也必然遇到生儿育女的矛盾。如果让妇女抛弃其所从事的经济和社会活动，重新回到家庭，专事生儿育女，意味着倒退，广大妇女也不会接受。但让妇女抛弃生儿育女而一心从事社会和经济活动，那也绝对行不通，因为人类社会只有不断延续自己的后代才能存在和发展下去。解决这一矛盾的有效途径是实行生育保险。当妇女因怀孕和分娩暂时不能劳动，得不到收入时，能从国家和社会得到一定的物质补偿，一方面可以确保妇女生育继续进行下去，另一方面也保证了妇女日后走上工作岗位的权利，为妇女广泛从事社会劳动提供可能。这就决定了建立和发展生育保险是客观上必然要实行的一项社会事业。

由于生育保险成为保障人类健康繁衍和确保劳动力扩大再生产的有效途径，因而一直受到各国政府的重视。早在 1883 年《德国劳工疾病保险法》中，就有关于生育保险的内容。此后各国都把生育保险作为疾病保险的组成部分或作为妇女权益保障的内容，在立法中作出规定，国际劳工组织分别在 1919 年和 1952 年制定了第 3 号公约《妇女生育前后工作公约》和第 103 号公约《生育保护公约》。这两个公约均规定，妇女生育产假期至少应为 12 周，产假期间发给现金津贴，并提供医疗护理，其经费来自强制社会保险基金或其他公共基金。第 3 号公约还规定生育津贴不得少于妇女生育前工资收入的 2/3。1952 年国际劳工大会通过的第 102 号公约《社会保障（最低标准）公约》也有关于生育保险实施范围、生育津贴、生育医疗服务的规定。根据国际劳工组织统计，目前世界上已有 102 个国家通过立法建立并实行了生育保险制度。

我国生育保险制度是20世纪50年代初建立的。《中华人民共和国劳动保险条例》对生育保险有关待遇做出明确规定，基本内容和享受待遇是：（1）女职工生育给产假56日，产假期间工资照发；（2）女职工怀孕不满7个月小产时，给予30日以内的产假，产假期间工资照发；（3）女职工难产或双生，增加产假14日，工资照发；（4）女职工怀孕产前检查费和分娩的费用由企业行政或资方负担；（5）产假期满仍不能工作者，经医院证明按疾病待遇的规定处理；（6）女职工或男职工之妻生育时，由劳动保险基金项下发给生育补助费4元。

1955年4月26日，国务院颁发了《关于女工作人员生产假期的通知》，对机关、事业单位女职工生育保险作出规定，使女职工生育待遇的覆盖面从企业女职工扩大到机关、事业单位的所有女职工。1956年发布的《工厂安全卫生规程》和1979年发布的《工业企业设计卫生标准》，对女工卫生室、孕妇休息室、托儿园等设施做出了具体规定。1988年7月，国务院颁发了《女职工劳动保护规定》，目的在于减少和解决女工在劳动中因生理机能造成的特殊困难，保护其安全和健康。1994年12月14日，劳动部颁布了《企业职工生育保险试行办法》，根据改革的要求对我国的生育保险制度作出规定。

《社会保险法》第六章为“生育保险”，对生育保险的覆盖范围、制度模式、资金来源、享受待遇的条件等作了规定。2012年4月18日，国务院第200次常务会议通过《女职工劳动保护特别规定》，自公布之日起施行。该规定在适用范围上更加明确，用人单位作为责任主体，其法律义务得到强化，法律责任规定更加明确、细化；对女职工劳动保护更加全面、公平，保护水平得到提升；女职工禁忌从事的劳动范围的内容纳入《女职工劳动保护特别规定》，操作性更强；政府相关部门对用人单位监督检查及处罚的责任得到明确。

背景知识

《社会保险法（草案）》二审后公开征求意见期间，有意见提出，没有必要单独设置生育保险制度。第一种观点认为，生育保险覆盖面较窄，随着全民参加基本医疗保险，生育保险相关待遇完全可以作为基本医疗保险的支出内容，这就相当于全民享受了生育保险待遇，没有必要单独设置生育保险。第二种观点认为，生育是所有公民而不仅仅是劳动者的健康权利。因此，应当通过国家税收体系，向每一位生育妇女免费提供保障，而不适合用社会保险制度来解决。如果通过社会保险制度来解决，则有悖于公平的理念和要求，将会在就业妇女和非就业妇女以及城乡之间造成更大的不公平。而且，国家已经对中西部地区的农村孕产妇实施了住院分娩补助政策，今后补助力度还要进一步提高，全国实现免费住院分娩的条件已经基本具备。第三种观点认为，并非人人都有机会生育小孩，尤其是在生育保险制度实施之前已经生育过的人群，在生育时没有享受到生育保险待遇，将来也没有机会再生育，对这部分人来讲，是在缴纳根本不受益的保险费，这和权利与义务相对应的原则是矛盾的。

立法机关会同国务院有关部门对各方面所提意见进行了认真研究。国务院有关部门提出，生育保险是社会保险的组成部分，其宗旨是通过均衡用人单位招用女职工的生育费用，促进妇女平等就业，其在制度层面发挥着重要作用。从待遇项目看，生育保险待遇包括生育医疗费用和生育津贴，生育保险基金每年用于生育津贴的费用约占基金总支出的2/3以上，基本医疗保险难以完全代替。从资金筹集上看，生育保险费由用人单位缴纳，职工个人不缴纳，不存在个人缴费却不能享受待遇的问题，生育保险制度实质上是由所有用人单位缴费形成统筹基金，来负担所有生育女职工的生育待遇，以保障妇女平等就业的权利。因此，现阶段生育保险作为一个单独的险种很有必要。而且劳动法以及中央、国务院有关文件也明确生育保险是我国5项社会保险之一。立法机关采纳了这一意见，保留生育保险作为一章，同时删去了二审稿第五十四条的规定。

资料来源：http://www.mohrss.gov.cn/page.do，2013-01-14。

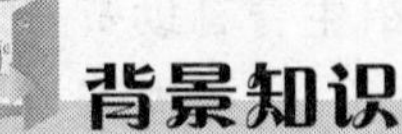

背景知识

两种制度并存的生育保险

第一种是新中国成立初期延续下来的传统生育保险制度。传统生育保险制度的法律依据是国务院1988年颁布的《女职工劳动保护规定》，覆盖范围包括国家机关、人民团体、企业和事业单位。具体待遇标准，按照《劳动部关于女职工生育待遇若干问题的通知》执行，即职工生育后，由所在单位负担职工的生育产假工资、报销生育医疗费，生育保险的管理由职工所在单位负责。这种传统的生育保险制度的特点是：生育保险有关待遇由财政或者用人单位负担，具体管理由用人单位负责。

第二种是生育保险社会统筹制度。根据《企业职工生育保险试行办法》的规定，生育保险的覆盖范围包括城镇企业及其职工，参加生育保险社会统筹的用人单位，应向当地社会保险经办机构缴纳生育保险费，职工个人不缴费。参保单位女职工生育或流产后，其生育津贴和生育医疗费由生育保险基金支付。

资料来源：http://www.mohrss.gov.cn/page.do，2013-01-14。

我国生育保险的对象和范围

我国的生育保险是由1951年政务院颁布的《中华人民共和国劳动保险条例》确定的，该条例规定生育保险的实施范围主要包括四类：（1）有工人职员100人以上（业务管理机关及附属单位人数不包括在内）的国营、公私合营、私营及合作社经营的工厂、矿场及附属单位；（2）铁路、航运、邮电的各企业单位与附属单位；（3）工、矿、交通事业的基本建设单位；（4）国家建筑公司。另外，该条例还规定，凡在实行劳动保险的企业内工作的工人与职员，包括工资制、供给制以及学徒工、临时工、试用人员在内的女工人与女职员和男职员的妻子，均可享受不同程度的生育保险待遇。

1955年4月26日，国务院又颁布了《关于女工作人员生产假期的通知》，对机关、事业单位女职工生育保险作出规定，从而使女职工生育保险的对象和范围从企业扩大到了机关、事业单位的所有女职工。

20世纪80年代以后，我国对生育保险制度进行了改革。多数地方规定，参加生育保险社会统筹的单位是全民所有制企业和县以上集体企业，中央部属企业和省属企业也必须参加；也有的地方把中外合资企业以及参加养老保险社会统筹的镇、街道所办企业甚至私营企业纳入生育保险的覆盖范围；还有的地方包括了独立核算、自收自支的事业单位。其对象为固定女职工和劳动合同制女职工；有的地方也把参加养老保险的临时工纳入生育保险的对象；有的地区还包括了参加生育保险社会统筹单位男职工在农村的配偶。

1994年12月14日，劳动部颁发《企业职工生育保险试行办法》。该办法规定生育保险的对象和范围包括城镇各类企业及其职工。不少地方在实施中把生育保险的对象延伸到了乡镇企业、社办企业的女职工。

在我国，由于2/3以上的人口在农村、全国妇女的80%居住在农村和县属乡镇，因而农村生育保险的发展，对全国生育保险事业发展关系极大。改革开放以来，农村面貌发生了巨大变化、乡镇企业的崛起和商品经济的发展使农村经济发生了历史性的进步，这为发展农村生育保险奠定了物质基础，提供了社会条件。逐步扩大生育保险的覆盖范围，使生育保险从育龄女职工向全体育龄妇女，从城市向农村，从经济发达地区向经济落后地区辐射，是我国生育保险的发展道路。

第二节　生育保险基金

生育保险基金的概念及特点

生育保险基金，是为了使生育保险有可靠的资金保障，国家通过立法在全社会统一建立的，用于支付生育保险所需费用的各项资金。

生育保险基金和其他社会保险基金相比，具有以下特点：

（1）基金来源的单一性。生育保险作为社会保险的一个组成部分，其基金来源也遵循社会保险的“大数法则”，集合社会力量，但生育保险费完全由职工个人所在单位缴纳，职工个人不缴纳生育保险费。

（2）基金筹集的可预见性。由于生育保险的对象为育龄妇女，生育保险又和计划生育政策紧密衔接，生育保险费用就具有较强的可预见性，基金完全可以做到有计划地使用，不必留有积累以应付不测。

（3）基金负担的均衡性。按照规定，所有企业或参加生育保险的用人单位，不论是否有女职工或不论女职工人数多少，都要按工资总额的统一比例缴纳生育保险费。

生育保险基金的筹集

世界大多数国家采用社会保险基金的传统筹集方法，即将生育保险的资金筹集和其他社会保险项目的资金结合起来，并向雇主和雇员双方征收一种单一的保险费。比较常见的办法是，由雇主和雇员按一定限额以下工资的固定比例，直接按各单位的保险方案缴纳保险费。这种单独的保险方案既包括健康照顾，也包括疾病和生育的现金补助。

此外，有些国家还规定政府也要负担一部分费用。一般来说，凡是通过某种国民健康服务制度，使医疗照顾适用于全体居民的国家，政府通常从财政收入中负担全部或至少大部的医疗费。有些国家，如东欧国家，疾病与生育补助金来源，是国有企业以雇主身份缴纳的保险费。

事实上，世界上多数国家的生育保险基金来源于被保险人、雇主和政府三方或雇主与雇员两方。如日本的健康保险（含生育保险）的保险财源由三部分组成：被保险人缴纳其薪金的4%，雇主负担的数额与被保险人相同，政府负担给付费用的16.4%及行政费用。韩国的疾病与生育保险基金的来源有：受保人工资收入的1.5%～4%（因工资水平而异），雇主为工薪总额的3.24%，政府负担部分管理费用。巴拿马的疾病与生育基金，政府不负担，受保人缴纳收入的1%，年金领取者缴纳年金的7.25%，雇主负担工薪总额的8%。塞内加尔的疾病与生育保险基金来源与受保人和雇主的缴费，费率不超过3%，政府不负担费用。东欧一些国家，如罗马尼亚、保加利亚等国，规定妇女生育期间单位停发工资，从劳动保险金中领取现金，其数额等于工资额。阿根廷规定，生育保险资金通过家属津贴方案资助。

我国生育保险基金的筹集遵循以下基本原则和方式：

（1）生育保险基金按照“以支定收，收支基本平衡”的原则筹集。这是生育保险基金筹集区别于其他社会保险基金筹集原则的重要特征之一。首先，生育保险与计划生育政策相衔接，它较之其他社会保险项目而言，其计划性和预见性都比较强，发生大的动荡的几率小，因此不需要留有很大的积累以应付不测。其次，减轻企业负担，树立良好的社会形象。从建立生育保险基金的目的看，就是为了保障生育对象的基本要求，如果基金过大，必然增加消费单位的负担；从生育保险的动机看，尽管是好的，是有益于社会的，但如果基金积累过多，其客观效果和社会影响就不会太好。

（2）生育保险基金由当地人民政府根据计划内生育人数和生育津贴、生育医疗费等项费用的实际情况确定，最多不超过职工工资总额的1%。企业按照当地政府规定的费率向社会保险机构缴纳。企业缴纳的生育保险费作为期间费用处理，列入企业管理费用。《社会保险法》第53条规定：“职工应当参加生育保险，由用人单位按照国家规定缴纳生育保险费，职工不缴纳生育保险费。”这样的规定体现了国家和社会对妇女在这一特殊时期给予的支持和爱护，同时平衡企业之间的负担，减轻用人单位招用妇女的成本，帮助妇女就业。

实践中，生育保险基金的筹集主要有三种方式：一是用人单位按照职工工资总额的一定比例缴纳生育保险费。二是国家机关、事业单位参保，资金来源于财政拨款。三是用人单位按照每人每月固定的绝对额缴纳生育保险费。①

典型案例

“严重违纪”成借口

《中国职场性别歧视状况研究报告》指出：根据当前女职工在怀孕、产假及哺乳期内被单位强行调岗降薪的调查，被调查者所在单位女职工在“三期”内被单位强行调岗降薪的占20.9%。该调查采用问卷形式，回收有效问卷2 707份。从单位性质分析，存在强行调岗降薪最为严重的是合资和外资企业，占32.2%。其次是国有企业、私营企业、事业单位和政府机关，分别占26.2%、23.4%、18.4%和10.4%。不少女性在怀孕后，被单位以调岗、降薪、增加工作量、开除相要挟被迫在《自动辞职书》上签字，其辞退理由多为“严重违纪”。

2009年6月25日，张敏被公司辞退。此时，距张敏的劳动合同到期尚有3个多月，而张敏已是这家IT公司的部门经理，月收入过万元。还在哺乳期的张敏与供职了7年的老东家对簿公堂，张敏坚称，自己突然被解雇，是因为2009年5月31日其告知公司人力资源部她已怀孕的消息所致。该公司人力资源部负责人则表示：“张敏强调其被解雇时已怀孕的事实，却忽视自己在职期间存在严重违规的行为。”公司辞退张敏的官方理由是：“签到时间与实际到岗不符，按严重违章处理。”张敏的维权在经历了仲裁、法院一审、二审后，最终以与老东家和解而告终。2011年6月，公司赔偿张敏20万元。

资料来源：《女职工讲述孕期被辞退维权难》，见扬子晚报网，2012-05-18。

---

① 《社会保险法（草案）》二审后公开征求意见期间，一部分专家提出，从理论上来讲，只有工伤保险是个人可以不缴费的，因为这是由雇主责任转变而来的社会保险项目，国际通行的做法也是只有工伤保险个人不缴费，建议删去本条中“职工不缴纳生育保险费”的表述。立法机关认为，这样规定与《企业职工生育保险试行办法》是一致的，和目前实践中的做法也是一致的，实践中也没有出现什么问题，因此没有采纳这个意见。（见 http://www.mohrss.gov.cn/page.do，2013-01-14）

(3) 生育保险基金按属地原则组织，实行社会统筹。按属地原则组织，是指生育保险由以按行政区域划分的市、区（县）为单位组织实施，在同一区域内所辖的各类企业，不分其所有制性质，不论其隶属关系，一律参加所在地的生育保险，执行当地的缴费标准和有关政策规定。

生育保险费用实行社会统筹，是指生育保险基金由社会保险经办机构在国家规定的范围内统一筹集和使用，以实现互助互济，风险共担，为生育者提供基本的物质帮助。生育保险实行社会统筹，实际上就是从社会角度履行对生育妇女给予补偿的责任。其作用和意义在于：

(1) 有利于企业平等地参与市场竞争。由于社会分工、行业特点造成女职工人数在企业分布不均衡，有些企业女职工人数高达职工总数的60%～70%，而有些企业女职工人数则不足10%，由此导致了企业之间生产费用负担畸轻畸重，难以平等地参与市场竞争，束缚和影响了企业的经济发展。实行生育保险费用社会统筹以后，为企业创造了平等参与市场竞争的条件。

(2) 有利于保障妇女平等的就业权利。由于生育费用无形中加大了企业使用女职工的人工成本，所以有些企业不愿招用女工，增加了妇女就业的难度。即使在已经就业的女职工中，也常常因为其生育时暂时不能劳动而当企业实行承包、租赁、优化组合等经营方式时，得不到与男职工同等的工作安排。实行生育保险社会统筹，生育费用由社会保险机构统一支付，为女职工多的企业解决了后顾之忧，保障妇女实现平等就业。

(3) 有利于保障女职工生育期间享受社会保险待遇权。过去，女职工生育由企业支付工资和有关费用，当有些企业效益不好时，便无力保障女职工生育期间生育待遇的给付，使女职工生育保险权益得不到兑现。实行生育保险社会统筹，生育保险基金由社会保险经办机构统一筹集使用，可以充分发挥基金的互济功能，不会出现生育女职工生育保险待遇落空的问题。

总之，实行生育保险基金社会统筹，是均衡企业负担，分散企业风险，解决企业生育费用负担畸轻畸重，缓解妇女就业难状况，保障母婴健康的必要选择。

生育保险基金的支付和管理

各国生育保险基金一般采用定期支付现金的方式。除了医疗费用外，主要是支付生育津贴。生育津贴的计算主要有三种方式：一是定额制，即不论被保险人的具体情况有何不同，均规定发给相同的津贴，如英国受保人的生育津贴，一周为27.25英镑。二是工资比例制，即生育津贴的标准，按照被保险人产前工资的一定比例支付。三是混合式，即生育津贴采用"基本补助"加"收入关联补助"的方式支付。"基本补助"采取定额方式，"收入关联补助"按工资的一定比例发给。一般来说，采用第二种方式的国家居多。

在我国，生育保险基金主要用于支付两部分的费用：一部分是生育津贴，即过去人们常说的产假工资。参加生育保险社会统筹的企业，由生育保险基金支付，没有参加生育保险社会统筹的企业，由本单位工资基金支付。另一部分是生育医疗费。包括女职工生育的检查费、接生费、手术费、住院费和药费以及因生育引起疾病的医疗费。

各国对生育保险基金的管理都通过立法确定专门的机构。我国生育保险基金由劳动保障部门所属的社会保险经办机构负责收缴、支付和管理。生育保险基金存入社会保险经办机构在银行开设的生育保险基金专户，专款专用。银行按照城乡居民个人储蓄同期存款利率计息，所得利息转入生育保险基金。生育保险基金不征税费。生育保险基金的筹集和使用，实行财务预、决算制度，由社会保险经办机构做出年度报告，并接受同级财政审计监督。

第三节 生育保险待遇

生育保险待遇的概念

生育保险待遇，是指女职工在生育期间依法享有的各种帮助和物质补偿。对此含义应按下述要点理解：

（1）享受生育保险待遇的主体只能是女职工本人。

（2）享受生育保险待遇的时间是女职工生育期间，生育期间包括怀孕、分娩、哺乳婴儿在内。

（3）女职工享受生育保险待遇应符合法律、法规和政策的规定。

（4）生育保险待遇包括对女职工因生育需要的身体康复和物质上的补偿。世界各国生育保险待遇的高低，因受许多因素的影响不尽相同，主要取决于每一个国家的经济发展水平、历史习惯和人口政策。

生育保险待遇的内容和标准

对于生育保险待遇的内容和标准，国际劳工组织制定的《生育保护公约》（第 103 号公约）和《社会保障（最低标准）公约》（第 102 号公约），主要规定了生育假期，经济补助，生育医疗补助，生育期间的劳动保护和生育期间的职业保障。女工通过提出关于其预产期的医生证明，有权得到一定期限的产假。产假至少应有 12 周，其中有一段是产后一定时间的强制休假。强制休假时间的长短应当以国家法律或规章予以规定，但决不应少于 6 周。凡女工经过医生证明是因怀孕或分娩而患病，其产前或产后的假期应当延长，延长的限度由主管机关确定。1952 年通过的《保护生育建议书》（第 95 号建议书）提出，在有必要也有可能的地方，应把产假时间延长到 14 周。

公约规定，女工在产假期间应得到经济上的补助。补助金额应当足以充分维护产妇和婴儿的生活与健康。其具体数字由各国主管机关确定。产妇应当并且有权得到有医生证书的助产士的照料，作为对产妇的附加补助。女工因产假而缺勤，应当有权得到现金补助和医疗补助。现金补助额由国家法律或规章确定，其数额应保证足以按适当的生活水平充分维护产妇和婴儿的生活与健康。女工产假的现金补助不低于该女工以往收入的 2/3。1952 年通过的《保护生育建议书》建议提高女工产假的现金补助率，考虑按以往收入的 100%付给现金补助。医疗补助应当包括产前、分娩和产后由合格的助产士或医生照料以及必需的住院，并且应当尊重产妇选择医生和选择公立和私立医院的自由。关于医疗补助，《保护生育建议书》提出了扩大补助范围的建议，包括医生对产妇的家访，牙科和其他内外科手术用品的供应。

公约规定，应当保证女工在工作期间为其婴儿哺乳的权利。在任何情况下都应当允许哺乳女工一天两次、每次半小时在工作时间为其婴儿哺乳。哺乳女工有权按照国家法律或规章的规定，为给婴儿哺乳而在每天工作时间中断工作。中断工作的时间应作为劳动时间计算，并依法律或规章，或依有关集体协议的规定，计发工资报酬。《保护生育建议书》还要求对哺乳妇女和婴儿提供更多的方便，包括视实际可行把一天工作时间中的哺乳时间增加以及建立哺乳或日托的专门场所。

公约规定，凡按规定享受产假的女工，雇主在她们产假期间给予解雇通知是不合法的，即使解雇通知是早发出的，但如预定的解雇日期适逢该女工享受产假，这种解雇通知同样是不合法的。《保护生育建议书》要求，从雇主得到关于某女工怀孕的医生通知之日起，直到规定的产假期满后至少一个月的时间内，尽可能不解雇该女工。对于在该保护期内允许解雇女工的特殊情况，各国应当以法律明文规定。建议书还规定，禁止怀孕和哺乳女工从事一切夜间劳动和加班加点，女工怀孕和产后至少 3 个月（如哺乳还应再延长时间）期间，应当禁止被雇用从事有损于妇女及其婴儿健康的劳动，尤其是举起或推拉重物，过分紧张的体力劳动，包括长时间的站立在内，以及诸如对身体平衡有特殊需要的操作，需要伴随震动的机器进行的操作，等等。当妇女出于保护生育的原因而必须调动工作时，其工资应不受影响。

我国生育保险待遇的内容主要是：产假、生育津贴、生育医疗服务、生育期间的特殊劳动保护、生育期间的职业保障等。

（一）产假

女职工生育享受 98 天产假，其中产前可以休假 15 天；难产的，增加产假 15 天；生育多胞胎的，每多生育 1 个婴儿，增加产假 15 天。女职工怀孕未满 4 个月流产的，享受 15 天产假；怀孕满 4 个月流产的，享受 42 天产假。

世界各国规定的产假长短不一，但大多数为 12 周至 14 周。其中产假最短是菲律宾，为 45 天；产假最长的是芬兰，为 258 天。在有些实行鼓励多生育的人口政策的国家，产期随所生子女数的增多而增加。如法国，生育第一个或第二个子女，产假为 16 周；生育第三个子女，产假为 26 周；多胎生育的再增加 2～12 周。

典型案例

35 岁的袁丽原是南京一家律师事务所律师。2009 年初，因为婚后想要孩子，袁丽放弃繁忙的律师工作，应聘到江宁东山高桥工业园区的一家药业公司任法务专员。为了了解袁丽的工作能力，药业公司决定对袁丽先试用一段时间。因此，双方暂没有签订劳动合同，也没有明确具体薪酬。同年 2 月 22 日，袁丽在与同事闲聊时，透露了自己可能怀孕的消息。没想到，第二天，袁丽就接到了公司的试用期解聘通知书。药业公司告诉袁丽，她试用期未能达到要求，公司决定不再与她签订正式劳动合同。自 2009 年 2 月 25 日起，她不用再到公司上班，双方劳动关系解除。袁丽觉得很奇怪：此前，领导对她的工作能力赞誉有加，怎么突然会变卦？她怀疑是公司得知她怀孕，所以不想用她。

“你们没有权力辞退我。”袁丽不为所动，坚持上班。2 月 28 日，袁丽到医院做检查，确诊怀孕。拿到怀孕证明，袁丽理直气壮地来到药业公司，要求公司与自己签订正式劳动合同。一计不成，药业公司又生一计，于 3 月 3 日在报纸上刊登公告，要求袁丽来公司签订劳动合同，并通过白下公证处公证上述内容。7 天后，见袁丽仍不来公司签合同，药业公司再次在报纸上登公告，说袁丽自 3 月 2 日起至今未办理请假手续，旷工达 8 天，依据公司规定解除劳动关系。在药业公司忙着搜集证据证明袁丽“旷工”时，3 月 2 日，袁丽到江宁区劳动争议仲裁委员会申请仲裁。仲裁结果为：药业公司双倍支付袁丽 1 月、2 月的工资。对这一结果袁丽并不满意，她又将药业公司诉至江宁区法院，法院一审依然判决药业公司支付袁丽两个月工资。袁丽不服，上诉至南京市中院。

伴随着一场场官司，袁丽的女儿于2009年9月降生。南京市中级人民法院审理后认为，女职工在孕期、产期、哺乳期，用人单位不得解除与女职工的劳动合同。药业公司在得知袁丽怀孕后，既不与她签订书面劳动合同，也不通知她上班，违反《劳动合同法》。药业公司应当补偿袁丽怀孕、生产、哺乳期的17个月工资损失，并报销袁丽的全部生育费用。

资料来源：《女律师怀孕上班两月被辞　获17个月工资赔偿》，载《南京晨报》，2012-03-06。

（二）生育津贴

女职工产假期间的生育津贴按照本企业上年度职工月平均工资计发。尚未参加生育保险社会统筹的单位，女职工生育产假期间，由单位照发工资。

其他国家多采取在每个子女出生时发给一次性的生育津贴。生育津贴一般是定额的，如英国为25英镑，瑞士为60法郎。此外，还发给生育补助金。生育补助金的发放标准有三种：一是定额制，即不论被保险人情况如何，均发给相同的固定数额的补助金。如英国规定受保人生育补助金一周为27.25英镑，共支付18周。二是比例制，即按照被保险人产前工资的一定比例发给生育补助金。有的国家按产前工资的100%发放，有的则是按照疾病补助金的标准发放。三是定额制与比例制的混合制。如爱尔兰，生育补助金采取“基本补助”加上“收入关联补助”的方式发放。“基本补助”采取定额方式，一周39.5镑，共支付12周，“收入关联补助”则采用比例方式，为被保险人收入的20%～40%，共支付14周。固定标准补助和收入关联补助的最高限额为被保险人净收入的75%。

有的国家还提供护理津贴和育婴补助。护理津贴的数额一般为收入的15%～25%，可以采取现金或实物方式。如法国发给育婴母亲津贴或奶票；墨西哥等国提供新生婴儿的全套用品，或发给购置婴儿用品津贴。

我国《社会保险法》规定了职工未就业配偶的生育医疗费用待遇，即职工未就业的配偶按照国家规定享受生育医疗费用待遇。这里所说的生育医疗费用待遇，主要是指未就业妇女因生育发生的医疗费用。

（三）生育医疗服务

生育医疗服务项目包括检查费用，接生费用，手术费用，住院费和与生育直接相关的医疗费用。女职工生育的检查费，接生费，手术费，住院费和药费由生育保险基金支付。超出规定的医疗服务费和药费（含自费药品和营养药品的药费）由职工个人负担。女职工生育出院后，因生育引起疾病的医疗费由生育保险基金支付，其他疾病的医疗费，按医疗保险待遇规定处理。女职工产假期满后，因病需要休息治疗的，享受有关病假待遇和医疗保险待遇。

《社会保险法》规定了计划生育的医疗费用和法律、法规规定的其他费用。职工计划生育手术费用是指职工因实行计划生育需要，实施放置（取出）宫内节育器、流产术、引产术、绝育及复通手术所发生的医疗费用。法律、法规规定的其他项目费用的规定是考虑到今后可能会出现新的项目费用。此外，各地还依据本地区经济、社会、资源、环境实际情况以及人口发展状况确定生育保险基金的具体支付范围。例如，一些省市规定给予生育女职工一次性营养补助金。江苏省规定组织参保女职工逐步开展妇科病普查。

典型案例

福建某皮件厂女工邱某，1993 年 11 月与该厂签订 5 年劳动合同。邱某于 1998 年 9 月生小孩，住院期间花费检查费、接生费、住院费、手术费等医疗费用 1 470 元。厂里规定生育费用采取包干的办法，一次性付给邱某 2 000 元。邱某认为 2 000 元的标准太低，加上生育津贴至少也需要 3 000 元。但是，厂里认为企业女职工多，不能负担太多的生育费用，只能实行包干的办法。况且，邱某的劳动合同已经到期。为此，邱某于 1998 年向当地劳动仲裁机关提出申诉，要求厂里为其报销全部生育医疗费用和支付产假期间的生育津贴。

分析：按照《女职工劳动保护规定》和劳动部《关于女职工生育待遇若干问题的通知》规定，企业应该负担邱某的生育医疗费用，并支付其产假期间的生育津贴，不能采取包干的办法。

结论：企业撤销生育费用包干的办法；企业支付邱某生育津贴 1 984.5 元，报销医疗费用 1 470 元，共计 3 454.5 元。

资料来源：http://www.molss.gov.cn，2003-02-21。

（四）生育期间的特殊劳动保护

女职工生育期间特殊劳动保护，是指女职工孕期由于生理变化而在工作中可能遇到特殊困难，为保证女职工的基本收入和母子生命安全而制定的一项特殊政策，包括收入保护和健康保护两部分。收入保护的主要措施是国家立法保护女职工怀孕期间不降低其基本工资。健康保护的主要措施有：（1）不得安排怀孕女职工从事高强度劳动和孕期禁忌的劳动，也不得安排在正常工作日以外延长劳动时间；（2）对不能胜任原劳动的孕期女职工，应当减轻其劳动量或安排其他工作；（3）对怀孕 7 个月以上的女职工，不应延长劳动时间和安排夜班劳动，并应在工作时间内安排一定的休息时间；（4）允许怀孕女职工在劳动时间进行产前检查，检查时间计做出勤时间。

典型案例

魏某某是某船舶修造厂从事电焊作业的女工。1995 年 3 月魏某某怀孕已经 4 个多月了，电焊作业中频繁的弯腰、下蹲对她而言很不方便。魏某某多次向领导反映，要求在孕期调换工作岗位，但由于魏某某电焊技术好，领导不同意调换工作岗位，并答应魏某某生育时多给其半个月产假。魏某某在身体确实无法适应电焊作业、领导又推脱不予调换工作岗位的情况下，向劳动仲裁机关提出申诉，请求厂里为其调换合适的工作岗位。仲裁机关受案后，经调查情况属实。经调解，该厂同意立即为魏某某调换工作岗位。

邓某某是某私营妇女用品厂缝纫工。1996 年 2 月 26 日邓某某生育一对双胞胎后在家休息，4 月 7 日接到厂方通知让其上班。邓某某因多胞胎生育且系难产，身体恢复较慢，没有回厂上班，直到 5 月底才回厂上班。厂方以邓某某违反厂规为由，从其工资中扣除了 70 元。邓某某向厂方提出，生育应享受 90 天产假，自己并没有违反规定，要求补发所扣工资。厂方以厂里女工多，厂规规定产假只能休息 45 天，产假期间每月只能发 80 元生活费为由予以拒绝。邓某某为此向劳动仲裁机关提出申诉，请求企业落实女工特殊劳动保护，补发所扣工资。仲裁机关受案后，经查邓某某所诉情况属实，在调解无效的情况下，裁决该厂规章中女工产假 45 天的规定无效，补发所扣邓某某工资 70 元，并赔偿损失 20 元。

资料来源：黄成建主编：《劳动法新释与例解》，292 页～294 页，北京，同心出版社，2000。

（五）生育女职工的职业保障

在生育女职工职业保障方面，国家制定了一系列保障女职工不因怀孕、分娩、哺乳而失业的规定。任何单位不得在女职工孕期、产期、哺乳期解除其劳动关系。对于劳动合同期满而哺乳期未满的女职工，其劳动关系顺延至哺乳期满。此外，国家还通过民政救济对无生活来源的孕、产妇进行生育救助。计划生育主管部门和人民保险公司开办了母婴健康平安保险，起到了对生育保险拾遗补阙的辅助作用。

典型案例

案例一：女职工 C 某 1998 年 2 月与中外合资的酒店签订为期 2 年的劳动合同。1999 年 10 月 C 某怀孕，4 个月后，酒店以劳动合同到期为由与 C 某终止劳动合同。C 某不服，一是认为自己是按照国家计划生育政策生育，应当受到法律保护；二是如果解除劳动合同，没有经济收入会给家庭生活带来困难。因此，向当地劳动争议仲裁委员会提出申诉。

分析：《中华人民共和国劳动法》第 29 条规定，用人单位不得在女职工孕期、产期、哺乳期内解除劳动合同。劳办计字［1990］21 号文对《关于外商投资企业女职工在怀孕期、产期、哺乳期间解除、终止劳动合同的请示》的复函第 4 条规定：对实行计划生育的女职工，在孕期、产期、哺乳期内劳动合同期虽满，也不能解除其劳动合同，必须延续到哺乳期满。此案例中，虽然酒店与 C 某签订的劳动合同已到期，但是 C 某怀孕、生育符合国家计划生育政策，根据国家法律规定，合同期应该延长至哺乳期满。

结论：(1) 撤销酒店与 C 某终止劳动合同的决定；(2) 双方履行劳动合同至 C 某哺乳期满。

案例二：北京市某中学 1996 年 12 月招收合同制工人，B 某是其中之一，并签 3 年期的劳动合同。1999 年 10 月 20 日 B 某生育后休产假 3 个月。2000 年 1 月该校以劳动合同期满为由，与 B 某终止劳动合同。B 某不服，于 2 月 15 日向劳动争议仲裁委员会提出申诉。B 某认为：其尚在哺乳期，校方终止合同后本人不好找工作，会给生活带来困难。要求延长合同期限。

分析：虽然校方与 B 某签订的劳动合同期限已到届期满，但是《中华人民共和国劳动法》第 29 条规定，用人单位不得在女职工孕期、产期、哺乳期内解除劳动合同。根据法律规定，校方不得在女职工哺乳期内解除劳动合同。

结论：撤销校方与 B 某终止劳动合同的决定；合同延长至哺乳期满。

案例三：哈尔滨市某制药厂女职工岳某，于 1996 年参加工作，并与该厂签订 10 年的劳动合同。2000 年 2 月岳某生小孩，并按照厂里规定休产假 4 个月。当她上班时，原来的岗位已经被别人顶替，本部门领导不予安排工作。岳某认为，自己与工厂签订 10 年的劳动合同，同时按照规定休产假，单位现在不安排工作，就等于终止劳动合同。她多次找有关领导要求上班。但是，厂里一直没有安排她的工作。岳某在万般无奈的情况下，于 2000 年 12 月向劳动争议仲裁委员会提出劳动争议仲裁申请。

分析：《中华人民共和国劳动法》第 29 条规定，用人单位不得在女职工孕期、产期、哺乳期内解除劳动合同。根据法律规定，企业不得在女职工休产假期间解除劳动合同，或以其他方式不安排女职工工作。女职工生育期间的权利是受国家保护的，任何单位不得以休产假为由，解除女职工的劳动合同。该厂虽然没有解除与岳某的劳动合同，但是不安排工作，不保障女职工的基本待遇，其性质与解除劳动合同是一致的。因此，应予以纠正。

结论：撤销企业不安排岳某工作的决定；企业恢复岳某的工作。

资料来源：http://www.molss.gov.cn，2003－02－21。

生育保险待遇的享受条件

各国对女职工生育保险待遇，特别是享受生育津贴待遇都规定了相应的条件。大致可以分为两类：第一类是少数国家没有最低享受资格的规定，如芬兰、罗马尼亚、伊拉克等国。第二类是多数国家有最低享受资格的规定，但又分为四种不同情况：

(1) 仅对居住权有一定要求。如冰岛规定，有常住权的母亲可以享受生育补助金；卢森堡规定，生育津贴的受益人必须在该国居住 12 个月，夫妻两人必须在该国居住 3 年。

(2) 从事受保职业的可以享受。但有的国家还有从事时间的限制。如意大利、日本、波兰、危地马拉、几内亚、丹麦、委内瑞拉等国规定，只要从事受保职业就可以享受。而加拿大规定，在最近一年内从事受保职业 10～14 周后，才能取得享受权利；古巴规定生育前 12 个月内受保 75 天的，才能取得享受资格；阿根廷规定，产前连续受雇 10 个月或从事现职工作一个月，并在从事现职工作前的一年中，受雇不少于 6 个月的，才能享受；保加利亚规定，有连续工龄 3 个月的，才能申请享受生育补助待遇。

(3) 要缴足一定时限的保险费后，才能取得享受生育津贴待遇的资格。如墨西哥规定受保妇女生育前 12 个月内，已缴纳 30 周保险费才能享受生育津贴待遇。还有很多国家除缴费时间长短有所不同外，大体与墨西哥的情况类似。有的国家除要求被保险人生育前必须参加生育保险且投保达到一定时间外，还要求被保险人实际参加工作达到一定时间。如法国规定，被保险人在分娩前必须保满 10 个月，并且在生育前的最近一年内的头 3 个月中，受雇 200 小时。

(4) 不规定具体的投保条件。如澳大利亚等国规定，凡是本国公民其经济情况符合财产调查规定要求的，就可以享受生育补助待遇。

我国享受生育保险待遇的条件是以建立劳动关系为基础，同时，还要受计划生育政策的限制。女职工享受津贴的前提还必须是以单位为其缴纳了生育保险费，而且领取生育津贴的时间与生育产假相一致。

本章小结

生育保险，是指女职工因怀孕和分娩所造成的暂时丧失劳动能力，中断正常收入来源时，从社会获得物质帮助的一种社会保险制度。针对生育保险制度存在的问题，我国正在进行生育保险制度的改革。

我国生育保险的对象和范围包括城镇各类企业及其职工。不少地方在实施中把生育保险的对象延伸到了乡镇企业、社办企业的女职工。

生育保险基金，是为了使生育保险有可靠的资金保障，国家通过立法在全社会统一建立的，用于支付生育保险所需费用的各项资金。生育保险基金的筹集，世界大多数国家将生育保险的资金筹集和其他社会保险项目的资金结合起来，并向雇主和雇员双方征收一种单一的保险费。我国生育保险基金的筹集遵循以下基本原则和方式：(1) 生育保险基金按照“以支定收，收支基本平衡”的原则筹集。(2) 生育保险基金由当地人民政府根据计划内生育人数和生育津贴、生育医疗费等项费用的实际情况确定，最多不超过职工工资总额的 1%。企业按照当地政府规定的费率向社会保险机构缴纳。

生育津贴的计算主要有三种方式：一是定额制；二是工资比例制；三是混合式。生育保险基金主要用于支付两部分的费用：一部分是生育津贴，另一部分是生育医疗费。

生育保险待遇，是指女职工在生育期间依法享有的各种帮助和物质补偿。我国生育保险待遇的内容主要是：产假、生育津贴、生育医疗服务、生育期间的特殊劳动保护、生育期间的职业保障等。我国享受生育保险待遇的条件以建立劳动关系为基础，同时，还要受计划生育政策的限制，女职工享受津贴的前提还必须是单位为其缴纳了生育保险费，而且领取生育津贴的时间与生育产假相一致。

关键概念

生育保险	生育保险的对象	生育保险的范围	生育保险基金
生育保险基金的筹集	生育保险基金的支付	生育保险基金的管理	生育保险待遇
产假	生育津贴	生育医疗服务	生育保险待遇的享受条件

思考题

1. 简述生育保险的特点。
2. 简述我国生育保险的对象和范围。
3. 简述我国生育保险基金的筹集方式和原则。
4. 简述我国生育保险待遇的内容和标准。
5. 简述生育保险待遇的享受条件。

第十八章 社会保障的其他法律制度

学习目标

通过本章学习，了解社会保障的其他法律制度。

在社会福利中，理解社会福利制度的目的在于提高公民的生活质量，改善弱势群体的生活状况。通过社会救济的学习，掌握城市居民最低生活保障制度，包括其救济范围、救济标准、救济方式和程序以及其资金来源。通过社会优抚学习，掌握社会优待制度的宗旨及具体制度，包括优待金的发放、社会生活中的优待和经济补助等。

第一节 社会福利制度概述

社会福利是以提高公民的生活质量为目的的社会保障制度，特别着眼于保障弱势人群的基本生活，改善这些群体的生活状况。社会福利法律制度的内容广泛，既有全体社会成员享受的公共福利，也有只与职业相关的职业福利，还有仅限于特殊群体享受的福利。社会福利包括了教育福利、住房福利、个人生活福利、妇幼福利、老年人福利、残疾人福利和单位职工福利等，既可以表现为货币形式，也可以体现为实物形式，还可以是对贫困群体及其子女的免费医疗和教育服务，以及给福利对象提供疗养或休养条件等。

社会福利制度的概念

社会福利的概念可以从广义和狭义两方面进行定义。从广义上讲，社会福利泛指国家和社会对全体社会成员生命全过程中在生活、卫生、环境、住房、教育、就业等方面的需要所提供的全面的公共服务。从狭义上讲，社会福利主要是国家为发展各种社会保险、社会救助事业，适应社会经济发展的需要，有针对性地解决已经出现的社会问题，减少社会病态，预防社会问题的发生和恶化而制定的各种政策和采取的各种措施。

社会福利是社会保障的一个组成部分，是国家和社会为保障和维持社会成员一定的生活质量，满足其物质和精神的基本需要而采取的社会保障政策以及所提供的设施和相应的服务，是由国家出资举办各种福利事业和发放各种福利性补贴的一种社会服务。社会福利既包括由国家举办的以公民为对象的公益性事业，如教育、科学、文化、体育、卫生、环境保护等设施，也包括由国家举办的以某一特定群体为对象的专门性福利事业，如为残疾人举办各种福利企业，为无依无靠的老人举办养老院，为孤儿举办孤儿院等，还包括国家发放的各种福利性补贴，如为城镇居民发放的副食品价格补贴等。

我国《劳动法》明确规定：国家发展社会福利事业，兴建公共福利设施，为劳动者休息、休养和疗养提供条件。用人单位应当创造条件，改善集体福利，提高劳动者的福利待遇。

我国社会福利制度的发展

建国初期，由于工农业生产水平低，城市职工的收入低，人们的日常生活基本条件有时都难以保障，因此，为了保障职工的生活，1950 年 6 月颁布的《中华人民共和国工会法》和 1951 年 2 月颁布的《中华人民共和国劳动保险条例》都明确规定了各级工会应逐步加强职工福利，并规定政府与企业应拨给工会必要的房屋和设备作为举办集体福利事业之用。此后，政府又制定了一系列社会政策，采取措施来发展福利事业，职工食堂、托儿所、幼儿园等集体福利设施逐渐建立起来。

"大跃进"期间，我国社会福利的范围被不断地扩大，各项福利待遇标准被提得过高，是不符合我国的国情和经济发展水平的。"文化大革命"期间，国家主管福利工作的机构处于瘫痪状态，过去通过各级工会组织举办的职工福利制度受到严重破坏，政府举办的社会福利越来越少，仅仅承担着举办城市无依无靠的孤寡老人、孤儿及少数残疾人的福利任务。

1978 年至今，我国的社会福利工作进行了一系列的改革，修改和建立了若干福利补贴制度，改变了职工福利基金的提取和使用办法，福利事业尽管还存在"企业办社会"的特点，但基本已改由国家、集体、个人共同兴办，绝大多数单位兴建的托儿所、幼儿园、俱乐部等福利设施已对外开放，住宅福利的改革也正在进行。

社会福利制度的特征

（一）社会福利具有权利与义务的不对等性

社会福利是全社会享有的，是力图满足人们的福利要求，使全体社会成员都能得到基本的生活保障，促进社会物质文明和精神文明的更快发展和整个社会的更快进步。发展社会福利是国家和社会的责任，社会福利的资金主要由国家和社会单向提供，社会成员享受各项福利待遇不需要先缴纳费用或履行其他义务，即权利与义务没有直接的关系，这是社会福利区别于社会保险的显著特征。

（二）社会福利具有对象的普惠性

社会福利在保障待遇的获得方面，是国家和社会向社会成员单向提供的，因而强调"人人有份"的普惠性，即社会福利是全社会享有的，或为满足某些人的特殊需要而提供的物质帮助和社会服务。社会成员在获得社会福利待遇之前，无需作家庭经济状况的调查，这是社会福利区别于社会救助的最显著特征。

但是，国家（特别是发展中国家）社会福利政策都有明确的政策取向，部分项目是为特殊群体提供的。对这些特殊的群体，如残疾人、孤寡老人等，社会福利措施并不代表福利的增加，而是对因某些社会原因造成的"福利丧失"的部分补偿。可见，社会福利也具有补偿性，而补偿性与普惠性并不矛盾，补偿性是为了实现真正意义的普惠性，而且，在享受"补偿"的特殊群体内部，各个对象享受福利待遇的机会是均等的，仍然是普遍受惠的。

（三）社会福利具有待遇标准的一致性

社会福利追求社会公平，在资源分配上与“按劳分配”有明显区别，它不像社会救助那样，愈穷困可申请愈多的救助，也不像社会保险那样，履行义务愈多获得的回报愈多，而是对于所有同类对象给予享受一致的标准，即无论“贫富贵贱”都是一个待遇标准。显然，一致性的标准对于不同的人产生的满足感不一样，但对于迫切需要的人来说，社会福利无异能产生巨大的正面作用。

但是，社会福利强调标准的一致性并不等于搞平均主义。事实上，地区经济发展的不平衡性，尤其在我国这样一个幅员广大、情况复杂的国家，地区之间、城乡之间经济、社会发展不平衡的特点更为突出。

（四）社会福利具有资金来源的单向性

社会福利的资金不要求个人预先交纳，而是由国家和社会来负担的。尽管近几年社会福利资金的来源不断拓宽，但在总体上还是单向的，这与社会保险有所不同。目前，彩票业成为中国社会福利业重要支柱，据民政部提供的资料，“九五”期间，中国共销售福利彩票358.02亿元，筹集福利金106.24亿元。在“十五”期间，将力争发行福利彩票1 000亿元人民币，以促进社会福利事业的发展。

（五）社会福利具有标准的不确定性

社会福利水平高低，没有硬性指标规定，不具有法律强制性。没有哪个国家和部门规定社会福利必须达到什么标准，而是根据社会经济发展水平来调整的。一般来说，经济发展水平较高，社会福利水平也就比较高。

社会福利制度的意义

社会福利是国家对国民收入进行再分配的一种形式，它使社会成员除劳动收入以外，可以均等地获得国家提供的各种福利设施和服务，因此，社会福利是全体社会成员共享社会成果的一种国家政策。

（1）举办社会福利，有利于实现社会劳动力再生产的顺利进行。随着生产的社会化和社会生产力的不断发展，社会将要为劳动者承担越来越多的责任，原来一些属于家庭的职能也转由社会承担，由社会为劳动者提供劳动力再生产的必要条件，如儿童保健、教育条件、职业介绍和培训、科学文化事业等。国家举办社会福利事业，为劳动者提供生产必需的设施和服务，有利于实现社会劳动力再生产的顺利进行，从而为社会培养出众多的高质量的劳动力，适应现代化生产的要求。

（2）举办社会福利，有利于提高和改善人民的物质文化生活，实现社会的安定团结。劳动者通过劳动为社会创造的财富，国家除运用其中的一部分维持国家的必要运行之外，还须将其积累的部分用于全体社会成员，通过举办社会福利，由国家发展社会公共福利设施和提供福利性补贴，使社会成员共同受益，以不断提高和改善人民的物质文化生活，实现社会的安定团结。

（3）社会福利制度可以保证个人和家庭的最低收入，而不管他们是否具有劳动能力，是否具有财产以及财产的市场价值如何，特别是对无劳动能力也无任何财产收入者。例如在资本主义国家，社会福利政策所引起的各种转移性收入，不仅成为资本主义国家工人收入的重要组成部分，而且使工人尤其是低收入者的生活、居住、医疗、教育等基本条件有了相当的保证。

（4）社会福利制度可以保护妇女和未成年人的基本权利和健康，保护老年人、残疾人；可以保证全体公民受教育的权利。

第二节 社会救济

社会救济是社会保障制度中的传统内容，是为生活困难的社会成员提供最低生活保障的有效方式。社会救济制度对保障社会稳定具有重要的意义。社会救济法，是指国家对于那些因自身、自然和社会原因不能维持最低生活标准的贫困者提供帮助，以保障他们基本生活的法律制度。社会救济法由社会救济、救灾救济和扶贫救济三部分法律制度构成。

城市居民最低生活保障制度

城市居民最低生活保障制度，是国家对城市中的贫困居民，按照最低生活保障线标准给予基本生活保障的制度。这是适应我国社会主义市场经济体制而建立的新型社会救济制度。1997 年至 2000 年 3 月，各级财政共投入资金 49.8 亿元，共有 301 万城市贫困人口进入保障范围，其中，企业职工和失业、退休人员为 236 万人，占保障总数的 78%。

背景知识

中国 617 万城乡居民领到最低生活保障金

中国最低生活保障工作正步入规范化、法制化轨道。记者近日从民政部获悉，目前，全国已有 617 万城乡居民领到了最低生活保障金。随着社会主义市场经济体制的建立，特别是国有企业改革的不断深化，保障困难群体特别是下岗人员的基本生活，正受到社会各界的密切关注。1994 年起在中国试行的城市居民最低生活保障制度，是政府对城市贫困人口按最低生活保障标准进行差额救助的社会救济制度。

1997 年 9 月，最低生活保障工作在全国全面推开，与此同时，建立农村最低生活保障制度的工作也得到较快发展。据统计，截至 1999 年年底，全国 667 个城市、1 638 个县人民政府所在地的镇全部建立了城市居民最低生活保障制度。此外，农村居民最低生活保障制度工作也在全国得到开展，有 14 个省、自治区、直辖市已普遍建立了农村居民最低生活保障制度，316 万农村居民得到最低生活保障，发放保障金 9.3 亿元。

资料来源：http://www.sina.com.cn，2000－10－06。

（一）救济标准

城市居民最低生活保障制度首先涉及的是救济标准，或者称为“最低生活保障线”。我国目前的“最低生活保障线”是由当地政府在调查研究的基础上，根据城市居民维持基本生活的最低支出和物价指数，并考虑社会平均生活水平和政府财政的承受能力等因素，经过测算和论证后制定的。并且，“最低生活保障线”还应随物价上涨等因素进行调整。

对于“城市最低生活保障线”的确定，通常以城市居民达到最低生活水平为标准。所谓最低生活水平包含两个层次：一是“绝对贫困”，指维持生命所需要的最低限度的饮食、穿戴和居住条件；二是“相对贫困”，指享有和当地生产力相适应的数量最少的消费资料和服务，它并非指缺衣少食，而是一种相对于其他居民才有的“贫困”之感。“城市最低生活保障线”应以“绝对贫困”为主，适当兼顾“相对贫困”。

国际劳工组织认为，在工业化国家，符合最低生活水平的救济对象，是指那些收入相当

于制造业工人平均工资 30%的家庭和个人。欧洲经济合作委员会认为，一个成年人，如果属于自己的可支配收入（缴纳所得税和保险税后）低于平均水平的 50%，则属于救济对象。

（二）救济范围

城市居民最低生活保障制度救济的范围是城市有常住户口的居民，包括所有家庭人均收入低于“最低生活保障线”的贫困对象。

这些对象或由于先天或后天的因素失去劳动能力；或虽有劳动能力但因客观环境限制以致失业、无法获得收入，或收入中断、收入减少，而且又无法获得社会保险给付；或因受到天灾、人祸等因素的突然打击，如果不接受紧急救助就无法维持生活。这些原因使他们成为无劳动能力者，或虽有谋生能力但一时遭遇困难的不幸者。对于前者，如贫穷的鳏寡孤独、残疾者，应给予长期救济，以保障其生活。而对于后者，即一般人之遭遇意外灾难或一时生活困难，无法维持生活而需援助者，则给予短期救济，以帮助他们渡过难关而恢复正常生活。

（三）资金来源

最低生活保障的资金筹集主要采取两种形式：一是由市、区两级财政与机关企事业单位分担，救济对象有工作单位的，由其所在单位给予困难补助；救济对象无工作单位的和所在单位无力负担的由市区财政给予社会救济。二是完全由市、区两级财政负担。

要使城市居民最低生活保障制度得到完善和发展，各级政府应加大财政投入，并在中央政府一级设立“城市最低生活保障工作”的专项资金，由中央统一调剂余缺。还应扩大辅助资金的来源，如组织捐赠、义演等慈善活动，依靠民间力量建立互助基金、扶贫基金等。

（四）救济方式和程序

一般采取现金救济，包括定期救济与临时救济。也有个别地方采取现金和实物相结合的救济方式。

在程序上，首先由救济对象向当地居委会提出申请，并填写救济申请表，在居委会初审后报街道办事处民政科，由其调查复核并提出解决意见，报区民政局，由区民政局发给救济证。救济对象凭证领取救济费。广州市还将困难家庭档案的范围从现有人均月收入 300 元以下的家庭扩大到 390 元以下，以便随时为市政府及有关部门研究制定和实施解困政策措施提供更好的依据。

依靠城市基层组织机构和基层群众自治组织参与社会救济管理是具有中国特色的有效方法。这些城市基层组织最密切、最广泛地联系着广大居民群众，可以综合运用街规民约、社会舆论和民主管理的力量对救济对象实施管理，对救济对象的收入和资产状况进行调查，对一些救济对象实行特殊照顾，为一些贫困家庭直接提供生活必需品，以及帮助失业人员进行职业培训，创造就业机会等。这对于保证城市居民最低保障制度的准确有效实施具有不可取代的作用。

农村社会救济

农村社会救济，是国家和集体对农村中生活困难的贫困对象采取物质帮助、扶持生产等形式保障其基本生活的制度。农村社会救济主要针对无法定扶养义务人、无劳动能力、无生活来源的老年人、残疾人、未成年人，以及因病、灾、缺少劳动能力等生活贫困者。

（一）国家救济与集体补助

中国农村的贫困人口较多，全国有 85.2%的贫困对象分布在农村，单纯依靠国家救济难以全部保障农村贫困对象的生活。因此，农村社会救济必须采取国家救济与集体补助相结合的方式，以集体补助为主，国家救济给予必要的补充。

（二）国家救济与社会互助互济

社会互助互济也是农村社会救济的重要方式。各级人民政府动员和组织城市支持农村，非贫困地区支援贫困地区，广泛开展村邻互帮、邻里互助，形成社会、集体、个人相结合，多层次、多种形式互助的新局面。通过开展社会互助互济，不仅及时有效地解决了贫困对象的生活困难，也减轻了国家和集体的压力，而且还扩大了社会的参与和影响，树立了互助友爱、扶弱济困的良好社会风尚。

（三）救济与扶持生产

扶持贫困对象生产自救是救济工作的延伸。这种方式改变了传统的无偿扶持的单一方式，采取无偿扶持与有偿扶持相结合，对有偿还能力的贫困对象实行扶持生产资金有偿使用，收回的资金作为扶贫周转金滚动使用，取得了显著成效。从 1982 年起，各地每年都从农村社会救济费中拨出一定的资金，用于扶持贫困对象生产自救。

（四）救济与以工代赈

以工代赈是中国传统的救济方式之一，也是农村社会救济的有效方式。一方面，国家每年都投入大量资金进行农林、水利、交通等方面的建设，特别是在一些贫困地区和灾区，基础建设的任务更重，需要大量的劳力；另一方面，由于农村的贫困人口多，救济资金有限，难以全部保障贫困对象的生活。因此，组织有劳动能力的贫困对象以工代赈，使贫困对象通过参加国家的工程建设解决生活困难，既有助于减轻农村社会救济的负担，也有助于更好地发挥农村社会救济的效力。

（五）农村最低生活保障制度

农村最低生活保障的对象是家庭人均收入低于最低生活保障线的村民。保障的方式是发放现金与实物救济相结合。最低生活保障线的标准由县或乡镇人民政府制定。保障资金由县和乡镇分级负担。救济的程序是，救济对象向村民委员会提出申请，村民委员会审核后，报乡镇民政办事机构审批，并报县民政部门备案。农村最低生活保障线的实施和管理由县级民政部门和乡镇民政办事机构负责。

（六）农村五保供养

五保供养是农村为缺乏劳动力、生活没有依靠的鳏寡孤独残疾人提供生活帮助和照顾的一项制度。

五保供养的对象是农村村民中符合下列条件的老年人、残疾人和未成年人：(1) 无法定扶养义务人，或者虽有法定扶养义务人，但是扶养义务人无扶养能力的；(2) 无劳动能力的；(3) 无生活来源的。只有同时具备上述三个条件的老年人、残疾人或未成年人才有资格成为五保对象，三个条件缺一不可。

所谓五保，就是对五保对象在五个方面予以保障。具体规定为：(1) 供给粮油和燃料；(2) 供给服装、被褥等用品和零用钱；(3) 提供符合基本条件的住房；(4) 及时治疗疾病，对生活不能自理者有人照料；(5) 妥善办理丧葬事宜。五保对象是未成年人的，还应当保障他们依法接受义务教育。可见，五保供养是对五保对象的各个方面进行全面的保障。

特殊对象的社会救济

特殊对象的社会救济，是国家对特定对象给予生活救济或困难补助，以保障他们基本生活的制度。在这些特殊群体中，有麻风病人需要医治和救济，还有原国民党起义、投诚人员和部分归国华侨需要安置和救济等。这些救济对象的情况特殊，不同于一般的社会救济对象。因此，国家对这些救济对象采用了专门的救济方式，从而形成了特殊对象的社会救济制度。

第三节　社会优待

社会优待是国家、社会、群众对烈属，因公牺牲、病故军人家属，革命伤残军人，现役军人及其家属，带病回乡复退军人，退伍红军老战士等优抚对象给予帮助和照顾的制度，是社会优抚制度的一项重要内容。

社会优待制度包括优待金制度和经济补助制度。

优待金制度

（一）发放优待金

从我国军队主要来源于农村青年的实际出发，长期以来，解决农村烈军属因为无劳力或缺少劳力而造成的生活困难是优待工作的主要内容。随着社会经济的变化和发展，优待方式经历了代耕土地、优待劳动日和发放优待金的变化。发放优待金是现阶段采用的主要方式。

农村实行家庭联产承包责任制后，劳动收益与劳动力多寡密切相关，家庭减少一个劳动力，会给家庭的经济收入带来直接影响。根据这种情况，1984 年颁布的《兵役法》确定由乡、镇人民政府采取平衡负担办法，通过农民群众统筹给予农村义务兵家属现金优待。家居城镇的义务兵家属生活困难的，由县、市、市辖区人民政府给予适当的现金补助。目前，一些省、市、自治区对城镇籍的义务兵家属实行了普遍的优待。

此外，根据《军人抚恤优待条例》的规定，除享受优待的义务兵家属外，烈属、伤残军人、生活困难的在乡老复员军人和带病回乡的退伍军人在享受国家抚恤补助的基础上，其生活水平尚未达到当地一般群众水平的，可享受优待金。

优待金的来源：（1）财政拨款；（2）由军属所在单位或军人参军前所在单位承担；（3）通过社会统筹方式解决。优待金标准的确定，一是要与当地经济条件和群众生活水平相适应，二是要保障优抚对象相当或略高于当地一般群众的生活水平，三是要考虑优待金筹集的可行性。目前，服现役的义务兵家属的优待范围、优待金标准和统筹办法等，由省、自治区、直辖市人民政府根据本地区的实际情况制定。

优待金的发放时间一般在年底。具体的发放方法是义务兵家属持优待证到乡民政助理处或街道办事处的民政科领取。有的地方为了使优待金发挥更大的效益，在自愿的基础上建立了优待金储金会，由乡民政助理将优待金储蓄起来，待义务兵退伍后一次性发放。

义务兵家属享受优待金的年限，根据义务兵法定服役年限确定，陆军 3 年，空军、海军 4 年。凡因部队需要超期服役的，部队团以上单位机关应及时通知地方政府，可继续给予优待；地方没有接到通知的，义务兵服役期满即停止发给优待金。当义务兵转志愿兵或提干后，由于已享受了部队的工资待遇，其家属不再享受优待金待遇；另外，从地方直接招收的军校学员和军队文艺、体育等专业人员的家属同样也不享受此项待遇。

优待金的筹集，由各省、自治区、直辖市人民政府根据本地区的实际情况制定具体办法。当前，全国农村主要采取以乡镇为单位的筹集办法，由乡民政、乡财政共同负责。有的地方在此基础上进一步扩大到县级统筹。优待金的预算由乡民政根据当年本乡应享受优待的户数，参照上年人均收入水平，测算出当年所需要的优待金总额，向乡政府报告。优待金的筹集由乡财政负责，根据乡民政提出的预算金额，按全乡农业人口（或田亩）分摊，下达各村。

以乡镇为单位的群众优待统筹体制实行十多年来，在保障农村义务兵家属等优抚对象的生活方面发挥了重要作用，但在实践中也表现出一些问题。如由于国家投入不足，抚恤补助标准偏低，优抚对象的生活水平低下；烈属、伤残军人、在乡复员军人等重点保障的优抚对象，受自身条件的限制，难以参与平等的市场经济竞争，其中有不少人已进入老龄化阶段，单一的优待金保障，难以解决他们在生活、住房和医疗等方面的实际困难；在优待金的来源上，由于以乡镇为单位的统筹办法只局限于农村，导致优待金负担的不均衡，优待标准不统一，优待金总量不能大幅度增加，造成优待标准难以随经济发展和人民生活水平的提高而得到同步提高。因此，在建立和完善适应社会主义市场经济体制的优待保障制度中，必须积极进行提高优待金统筹层次、拓宽优待金筹集渠道、扩大优待范围、增加保障功能方面的改革。

（二）社会生活中的优待

根据《宪法》和《军人抚恤优待条例》的规定，优抚对象除享受人民群众提供的物质优待外，还在社会生活的其他方面得到广泛的关怀和照顾。

（1）烈士家属。烈士家属在享受国家定期抚恤基础上，仍可享受优待金。如其不享受公费医疗待遇，因病治疗无力支付医药费的，由当地卫生部门酌情减免。烈士子女、弟妹自愿参军并符合条件的，在征兵期间可优先批准一人入伍。烈士子女在报考中等专业学校、高等院校时，录取的文化和身体条件应适当放宽。烈士子女考入公立学校的（包括小学、中学、中专、技校和大专院校等），免交学杂费，优先享受助学金、学生贷款。入幼儿园、托儿所的，应优先接收。

（2）因公牺牲、病故军人家属。因公牺牲、病故军人家属在享受国家定期抚恤的基础上，仍可享受优待金。对不享受公费医疗待遇，因病治疗无力支付医药费的，当地卫生部门酌情予以减免。因公牺牲、病故军人的子女、弟妹，自愿参军并符合征兵条件的，在征兵期间可优先批准一人入伍。

（3）伤残军人。伤残军人在享受国家定期定量抚恤的基础上，可享受优待金。伤残军人报考中等学校、高等院校时，录取的文化和身体条件可适当放宽。伤残军人还在医疗、生活福利、配备假肢、乘坐交通工具等方面享受优待。例如：领取伤残保健金的伤残军人，享受其所在单位的医疗待遇；领取伤残抚恤金的二等乙级以上（含二等乙级）伤残军人，享受卫生部门的公费医疗待遇；领取伤残抚恤金的三等伤残军人因伤口复发治疗所需医疗费由当地民政部门解决，因病所需医疗费本人支付有困难的，由当地民政部门酌情给予补助；因战因公致残，领取伤残抚恤金的革命伤残军人伤口复发，经批准到外地治疗或安排装假肢的，其交通、食宿费用和住院期间伙食费由县、市、市辖区民政部门给予适当补助；领取伤残保健金的革命伤残军人伤口复发，经批准需到外地治疗或安装假肢的，其交通、食宿费用，由其所在单位按公伤待遇办理；伤残军人乘坐国营的火车、轮船、长途公共汽车和国内民航客机，凭《革命伤残军人证》准予优先购票，并按规定享受票价优待。

（4）在乡复员军人和部分带病回乡退伍军人。在乡复员军人（包括在乡退伍老红军、红军西路军老战士、红军失散人员、复员军人）和部分带病回乡的退伍军人，除按国家规定享受定期定量补助外，可享受群众优待。在乡退伍老红军和红军西路军老战士享受公费医疗待遇；在乡退伍老红军享受商品粮待遇，本人病故后，其配偶生活困难的，可享受定期定量补助。带病回乡的复员退伍军人，不享受公费医疗待遇，因病治疗无力支付医药费的，由当地卫生部门酌情给予减免。

（5）义务兵及其家属和现役军官、志愿兵家属。义务兵从部队发出的平信免费邮递；义务兵入伍前是农业户口的，在农村分得的责任田和自留地（山、林），在其服役期间继续得以保留；入伍前是企、事业单位职工的，其家属仍继续享有原有的劳动保险福利待遇；家居城镇的义务兵在服役期间，地方安排住房时，应将他们计入家庭分房人口。经部队批准随军的现役军官、志愿兵家属，驻军所在地的公安部门应准予落户；随军家属有正式工作的，驻军所在地的劳动、人事部门应安排适当的工作。对于边防、海岛等艰苦地区部队的部分农村户口军官，可在原籍转为城镇户口并安排适当工作。未随军的现役军官、志愿兵家属住房困难的，家属有工作单位的，由所在单位按本单位双职工待遇解决；家属无工作单位的，由当地房管部门统筹解决。现役军人家属不享受公费医疗待遇的，因病治疗无力支付医药费，可由当地卫生部门酌情给予减免。

此外，对优抚对象的优待还包括合理安排优抚对象的生产活动，特别是对其中的老弱病残者，要根据他们的身体状况、生活条件进行适当照顾。在社会救助方面，优抚对象在同等条件下，享有社会救济、经济补助、贷款和获得群众帮助等方面的优先权。

经济补助制度

对优抚对象实行经济补助，是国家保障优抚对象生活的又一项重要方式。我国的经济补助是定期定量进行的，即由国家拨出专项经费，按照不同的对象和条件，定期（每月）向优抚对象发给一定限额的生活补助费。

（一）经济补助的对象

（1）在乡退伍红军老战士。根据1979年2月23日中国人民解放军总政治部、民政部、财政部、商业部、卫生部《关于退伍红军老战士称号和待遇方面存在的问题与解决意见的联合通知》的规定，确定在乡退伍红军老战士身份的条件为：1）1937年7月6日以前入伍，参加中国工农红军（包括抗日联军和中国共产党领导的脱产游击队）的；2）有退伍手续或确切证明的；3）没有投敌叛变行为，回到地方以后继续保持革命传统的。凡符合上述条件，经本人申请，县（市）民政部门审核，报省、市、自治区民政厅（局）批准后，可被确定为在乡退伍红军老战士身份。

（2）红军失散人员。根据民政部、财政部1986年12月8日《关于妥善解决红军失散人员生活困难问题的通知》的规定，凡1937年7月6日以前正式参加中国工农红军（包括东北抗日联军），因伤、因病、因战斗失利或组织动员分散隐蔽离队失散，并在离队后表现较好的，经当地群众公认，乡、镇人民政府审查，县、市人民政府批准，认定其为“红军失散人员”；因被俘、被捕离队失散，但未发现其投敌叛变或离队后被迫担任一般伪职，对革命没有造成危害的，也可按红军失散人员对待。

（3）在乡西路军红军老战士。根据1984年2月29日民政部、财政部、卫生部、总政治部《关于解决在乡西路军红军老战士称号和生活待遇问题的通知》的规定，凡经当地政府确认为西路军流落人员的，在没有发现重大政治历史问题的情况下，一般应给予承认，并统一称为西路军红军老战士。

（4）在乡复员军人和带病回乡退伍军人。根据民政部1989年4月17日《关于贯彻执行〈军人抚恤优待条例〉若干具体问题的解释》的规定，凡1954年10月5日试行义务兵役制前，自愿参加中国共产党领导的人民军队，持有复员、退伍军人证件或组织批准复员回乡的人员称为在乡复员军人。对居住城市无工作的复员军人也按在乡复员军人对待。带病回乡退伍军人，是指1954年11月1日试行义务兵役制以后参加中国人民解放军，持有退伍或复员军人证件和部队带病回乡证明的人员。

（二）经济补助的标准

在乡退伍红军老战士、在乡西路军红军老战士和红军失散人员均享受国家提供的定期定量经济补助。

1994年民政部、财政部调标通知规定的补助标准是：在乡退伍红军老战士，每人每月补助851元；在乡西路军红军老战士每人每月补助135元；红军失散人员每人每月补助55元。在乡退伍红军老战士和西路军红军老战士，除享受定期定量补助外，另享受公费医疗待遇。对他们中自理生活有困难的孤老，在本人自愿的情况下，可安排到光荣院供养；不愿去的由所在乡、村安排专人照顾，并给予适当的护理费。

退伍红军老战士本人的口粮、食油和副食品均由国家按当地机关干部的粮、油标准供应。

对在乡复员军人中的孤老，以及年老体弱、丧失劳动能力、生活困难和带病回乡不能经常参加生产劳动、生活困难的人员实行定期定量补助。部分带病回乡的退伍军人也享受这一待遇。

本章小结

社会福利的概念可以从广义和狭义两方面进行定义。作为社会保障的一个组成部分，它是国家为保障和维持公民生活质量，满足其物质和精神的基本需要而采取的社会保障政策和相应的服务。社会福利既包括由国家举办的以公民为对象的公益性事业，如教育、科学、文化、体育、卫生、环境保护等设施，也包括由国家举办的以某一特定群体为对象的专门性福利事业。城市居民最低生活保障制度在救济范围、救济标准、救济方式和程序以及资金来源方面都有其特殊性，并随着社会的发展而不断完善。社会优抚制度是随军队的产生和发展而建立起来的，是对军人及其家属建立的社会保障制度，包括死亡抚恤、伤残抚恤和社会优待。社会优待是国家、社会、群众对烈属、因公牺牲、病故军人家属，革命伤残军人，现役军人及其家属，带病回乡复退军人，退伍红军老战士等优抚对象给予帮助和照顾的制度，是社会优抚制度的一项重要内容。社会优待制度包括优待金制度和经济补助制度。

关键概念

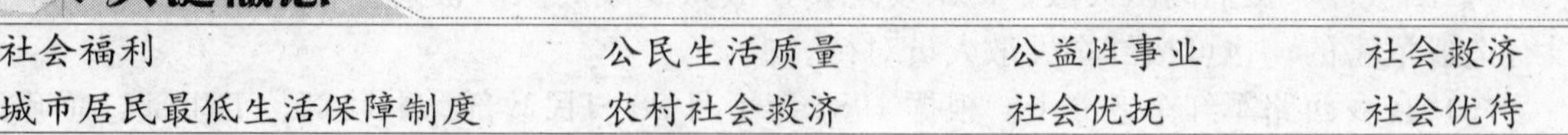

社会福利	公民生活质量	公益性事业	社会救济
城市居民最低生活保障制度	农村社会救济	社会优抚	社会优待

思考题

1. 怎样理解社会福利制度在社会保障体系中的地位？
2. 简述城市居民最低生活保障制度。
3. 简述农村社会救济的方式。
4. 简述我国的社会优待制度。

第十九章 法律责任和监督检查

学习目标

通过本章学习，掌握违反劳动和社会保障法律行为的法律责任。理解违反劳动法和社会保障法的行为包括作为和不作为两种，知道这些行为应当承担的法律后果。我国《劳动法》第十二章对违反劳动法的行为所应承担的法律后果做了规定，劳动和社会保障法律责任包括行政责任、民事责任和刑事责任。追究法律责任只能由劳动行政部门、公安行政部门、司法部门和其他有关部门来进行，未经法律授权的任何其他组织都无此项权力。劳动法和社会保障法的监督检查又称劳动和社会保障监察，是法律法规赋予劳动保障行政部门的一项重要职责，是劳动保障行政机关依法对用人单位进行监督检查，发现和纠正违法行为，并对违法行为依法进行行政处罚的行政执法行为。劳动保障监督检查只能由劳动保障行政机关进行，其他机构和组织必须经法定授权或依法委托才能进行执法。劳动保障监察的方式主要有常规巡视监察、群众举报专案查处、劳动保障年检和专项大检查等。了解巡视监察、年检工作制度和劳动监察的主要内容。根据《劳动法》、《行政处罚法》的规定，各级劳动保障行政部门之间的劳动保障监察工作，采取以地域管辖为主、级别管辖为辅的方式。掌握行政处罚的方式和内容。

第一节 法律责任的概念和种类

法律责任的概念

违反劳动和社会保障法律的责任，是指由于用人单位、劳动者、劳动行政部门和其他有关部门及其工作人员违反劳动法律、法规的规定而应承担的法律后果。

劳动法律责任的有关规定集中体现在劳动法和社会保障法律规范中，劳动法律责任以违法行为存在为前提，以法律制裁为必然后果。《劳动法》第十二章对违反劳动法的行为所应承担的法律后果做了全面系统的规定，如规定了相应的警告、罚款、支付赔偿金等制裁措施。

法律责任就是通过国家强制力迫使违法行为人接受对其不利的法律后果，从而体现国家对公共利益、社会秩序及他人利益的保护。法律责任只能由国家专门机关在法律规定的权限范围内对违法者施行，国家专门机关只能是行使国家行政权和司法权的机关。其他任何社会团体、组织和个人都无权行使这项权力。例如，根据劳动法的规定，劳动法律责任由劳动行政部门、公安行政部门、司法部门和其他有关部门来执行，未经法律授权的任何其他组织都无此项权力。

法律责任的种类

劳动和社会保障法律责任分为三种，即行政责任、民事责任和刑事责任。

（一）行政责任

行政责任是行为人违反了劳动和社会保障法律规范，不履行劳动法律规定的义务时，由国家行政机关依法给予的一种行政制裁。行政责任可分为行政处罚和行政处分两种形式。

违反劳动和社会保障法的行政处罚是由劳动保障行政部门、公安行政部门等国家行政管理部门，依法对用人单位及其责任人员、劳动者违反劳动法律、法规的行为采取的行政制裁。根据劳动法的规定，承担违反劳动法行政处罚责任的有：用人单位、用人单位的责任人员、劳动者。

1. 行政处罚方式

《劳动法》第十二章确定的行政处罚种类主要有：警告、罚款、吊销执照、责令停产整顿、行政拘留等。

警告指劳动保障行政部门对有违反劳动和社会保障法律法规行为的公民、法人或者其他组织提出告诫，使其认识本身的违法行为并主动纠正的一种处罚。警告不是单纯的制裁，而是以影响违法者声誉为内容，以令其纠正违法、避免再犯为目的的处罚。警告虽然不涉及违法者的人身自由、财产权利和行为能力等，但通过对其声誉施加影响，可以达到防止其继续或重新违法的处罚目的。警告是最为轻微的一种处罚形式，主要适用于情节比较轻微或者未造成实际危害后果的违法行为。警告既可以对公民个人适用，也可以适用于法人或其他组织；既可单处，也可并处。

罚款指劳动保障行政部门依法强制违反劳动和社会保障法律法规的行为人（包括法人及其他组织）在一定期限内缴纳一定数量货币的处罚行为。罚款是一种财产罚，通过处罚使当事人在经济上受到损失，警示其今后不再发生违法行为。

除警告和罚款以外，在一些地方性法规中还规定了没收违法所得、没收非法财物、责令停产停业、暂扣或者吊销许可证等其他行政处罚。如《山西省劳动监察条例》第 29 条规定，对擅自开办职业介绍机构或职业培训机构和违反有关规定滥发培训证书和职业资格证书的，由劳动行政部门没收违法所得。

2. 行政处罚内容

根据劳动法的规定，应当受到行政处罚的行为有：

（1）用人单位违反工作时间和休息休假规定的。《劳动法》第 90 条规定：用人单位违反本法规定，延长劳动者工作时间的，由劳动行政部门给予警告，责令改正，并可以处以罚款。《违反〈中华人民共和国劳动法〉行政处罚办法》将劳动法所确定的法律责任做了更为具体的规定。即用人单位未与工会和劳动者协商，强迫劳动者延长工作时间，应给予警告，责令改正，并可按每名劳动者每延长工作时间 1 小时罚款 100 元以下的标准处罚。用人单位每日延长劳动者工作时间超过 3 小时或每月延长工作时间超过 36 小时的，应给予警告，责令改正，并可按每名劳动者每超过工作时间 1 小时罚款 100 元以下的标准处罚。

（2）用人单位违反劳动法关于女职工和未成年工保护方面的规定的。根据《劳动法》第94条的规定：用人单位非法招用未满16周岁的未成年人的，由劳动行政部门责令改正，处以罚款；情节严重的，由工商行政管理部门吊销营业执照。《劳动法》第95条规定：用人单位违反本法对女职工和未成年工的保护规定，侵害其合法权益的，由劳动行政部门责令改正，处以罚款；对女职工或者未成年工造成损害的，应当承担赔偿责任。

（3）用人单位侵犯劳动者人身权利的。《劳动法》第96条规定，用人单位有下列行为之一，由公安机关对责任人员处以15日以下拘留、罚款或者警告；构成犯罪的，对责任人员依法追究刑事责任：以暴力、威胁或者非法限制人身自由的手段强迫劳动者劳动的；侮辱、体罚、殴打、非法搜查和拘禁劳动者的。

（4）用人单位无理阻挠劳动行政部门、有关部门及其工作人员行使监督检查权，打击报复举报人员的。依据《劳动法》第101条的规定，对上述单位和人员由劳动保障行政部门或者有关部门处以罚款。

（5）用人单位扣押劳动者居民身份证等证件，损害劳动者合法权益的。《劳动合同法》第84条规定，用人单位扣押劳动者居民身份证等证件的，由劳动行政部门责令限期退还劳动者本人，并依照有关法律规定给予处罚。用人单位以担保或者其他名义向劳动者收取财物的，由劳动行政部门责令限期退还劳动者本人，并以每人500元以上2 000元以下的标准处以罚款；给劳动者造成损害的，应当承担赔偿责任。劳动者依法解除或者终止劳动合同，用人单位扣押劳动者档案或者其他物品的，依照规定处罚。

根据社会保险法律法规的规定，应受到行政处罚的行为主要包括：

（1）缴费单位未按照规定办理社会保险登记、变更登记或者注销登记，或者未按照规定申报应缴纳的社会保险费数额，情节严重的，对直接负责的主管人员和其他直接责任人员可以处1 000元以上5 000元以下的罚款；情节特别严重的，对直接负责的主管人员和其他直接责任人员可以处5 000元以上10 000元以下的罚款。

（2）缴费单位违反有关财务、会计、统计的法律、行政法规和国家有关规定，伪造、变造、故意毁灭有关账册、材料，或者不设账册，致使社会保险费缴费基数无法确定的，应依照有关法律的规定给予行政处罚，如果劳动保障行政部门按照有关规定进行征缴，仍不缴纳的，应对直接负责的主管人员和其他直接责任人员处以5 000元以上20 000元以下的罚款。

（3）任何单位、个人挪用社会保险基金，有违法所得的，应没收违法所得。

3. 行政处分

行政处分是指劳动保障行政部门或者有关部门对其工作人员在执行公务中的违法行为给予的惩戒。惩戒的形式包括警告、通报批评、记过、记大过、降职、降级、降薪、留用察看、开除等。这几种形式的行政处分依次从轻到重，具体裁量时，要根据违法行为人违法情节的轻重，分别给予一种行政处分。《劳动法》第103条规定，劳动行政部门或者有关部门的工作人员滥用职权、玩忽职守、徇私舞弊，构成犯罪的，依法追究刑事责任；不构成犯罪的，给予行政处分。

根据社会保险法律规定应受到行政处分的行为主要包括：

（1）缴费单位违反有关财务、会计、统计的法律、行政法规和国家有关规定，伪造、变造、故意毁灭有关账册、材料，或者不设账册，致使社会保险费缴费基数无法确定的，应依照有关法律的规定给予纪律处分；

（2）劳动保障行政部门、社会保险经办机构或者税务机关的工作人员滥用职权、徇私舞弊、玩忽职守，致使社会保险费流失，尚未构成犯罪的，依法给予行政处分；

（3）任何单位、个人挪用社会保险基金，尚不构成犯罪的，对直接负责的主管人员和其他直接责任人员依法给予行政处分。

4. 行政处理

劳动和社会保障行政处理是指劳动保障行政部门通过劳动保障监察执法活动，发现、认定劳动保障行政相对人违反劳动和社会保障法律法规，拒不履行劳动和社会保障法定义务，做出关于对违反劳动和社会保障法规行为的行政处理决定书，责令其履行劳动和社会保障法定义务的具体行政行为。

劳动和社会保障行政处理的前提是劳动保障行政相对人违反劳动和社会保障法律法规，拒不履行劳动和社会保障法定义务。目的在于保证劳动保障行政相对人履行劳动保障法定义务，这也是劳动保障行政部门的法定职责。当相对人拒不执行劳动和社会保障行政处理决定时，劳动保障行政部门应依据《行政诉讼法》向人民法院申请强制执行。

劳动和社会保障行政处理的内容主要是根据《劳动法》第 85 条的规定："县级以上各级人民政府劳动行政部门依法对用人单位遵守劳动法律、法规的情况进行监督检查，对违反劳动法律、法规的行为有权制止，并责令改正。"通常为责令用人单位支付劳动者工资报酬、经济补偿、赔偿金；责令用人单位与劳动者补签劳动合同，责令用人单位清退童工等。

（二）民事责任

民事责任是指民事法律关系主体违反民事义务应当承担的责任。民事责任的目的不仅在于对违法的行为加以制裁，更重要的是为了补偿受害人的损失。因此，民事责任主要是具有财产性质的责任，其重要形式是赔偿损失。

违反劳动法的民事责任，就是指劳动关系当事人一方违反了劳动法的规定或双方的约定而应承担的民事责任。按照《劳动法》第十二章的规定，违反劳动法的民事责任可以分为两种，一种是违反劳动合同所应承担的民事责任；另一种是侵害劳动者或用人单位权利的民事责任，简称为侵权的民事责任。

违反劳动法的民事责任的承担方式，主要是赔偿损失。民法中所规定的承担民事责任的其他方式，如消除影响、赔礼道歉等，因与劳动关系中的民事违法行为没有直接联系，未被劳动法规定为承担责任的方式。同时，《劳动法》第 99 条规定了连带责任，即用人单位招用尚未解除劳动合同的劳动者，对原用人单位造成经济损失的，该用人单位应当依法承担连带赔偿责任。

1. 违反劳动合同的民事责任

违反劳动合同的民事责任是指劳动合同当事人的一方或双方违反劳动合同所规定的义务而引起的法律后果。根据我国劳动法的规定，违反劳动合同的法律责任有以下几种情况：

（1）用人单位违法解除劳动合同的民事责任。《劳动法》第 98 条规定，用人单位违反本法规定的条件解除劳动合同或者故意拖延不订立劳动合同的，由劳动行政部门责令改正；对劳动者造成损害的，应当承担赔偿责任。

（2）劳动者违反劳动法规定的条件解除劳动合同的民事责任。《劳动合同法》第 90 条规定，劳动者违反本法规定解除劳动合同，或者违反劳动合同中约定的保密义务或者竞业限制，给用人单位造成损失的，应当承担赔偿责任。

（3）因用人单位原因订立无效劳动合同的民事责任。《劳动法》第 97 条规定，由于用人单位的原因订立的无效合同，对劳动者造成损害的，应当承担赔偿责任。由于用人单位的原因订立的无效合同，是指用人单位在故意或过失的情况下，与劳动者订立的无效劳动合同且给劳动者造成损害的，应承担赔偿责任。根据《违反〈劳动法〉有关劳动合同规定的赔偿办法》的规定，由于用人单位的原因订立无效劳动合同的，或订立部分无效劳动合同，若造成劳动者工资收入损失的，应按劳动者本人应得工资收入付给劳动者，并加付应得工资25%的赔偿费用。

2. 侵权的民事责任

劳动法中侵权的民事责任，是指用人单位因侵犯劳动法律法规所保护的劳动者或其他用人单位的合法权益而应承担的民事法律责任。主要有以下两种：

（1）用人单位对劳动者的侵权民事责任。用人单位对劳动者的侵权民事责任有两种：一是用人单位侵害劳动者的合法权益应承担的民事责任；二是劳动者在工作中受到损害，用人单位应承担的民事责任。

用人单位侵害劳动者的合法权益所应承担的民事责任，根据《劳动法》的规定包括以下几种情况：一是用人单位制定的劳动规章制度违反法律法规规定，对劳动者造成损害的；二是用人单位违反劳动法的规定克扣或者无故拖欠劳动者工资的，拒不支付劳动者延长工作时间工资报酬的，低于当地最低工资标准支付劳动者工资的，解除劳动合同后拒不给劳动者经济补偿的；三是用人单位违反劳动法对女职工和未成年工的特殊劳动保护规定，侵害其合法权益，对当事人造成损害的。

（2）用人单位因建立新的劳动合同关系而侵害其他用人单位权利的民事责任。《劳动法》第99条规定，用人单位招用尚未解除劳动合同的劳动者，对原用人单位造成经济损失的，该用人单位应当依法承担连带赔偿责任。

（三）刑事责任

刑事责任是指具有刑事责任能力的人实施了刑事法律规范禁止的行为达到了犯罪程度，必须承担的法律后果。

1. 违反劳动法的刑事责任

违反劳动法的刑事责任表现为司法机关对违反劳动法规定，造成严重后果，触犯刑律，构成犯罪的人所给予的刑事法律制裁。按照《劳动法》第十二章的规定，下列行为情节恶劣，或后果严重，构成犯罪的，应当依法追究刑事责任：

（1）用人单位以暴力、威胁或者非法限制人身自由的手段强迫劳动，或侮辱、体罚、殴打、搜查和拘禁劳动者，情节严重，构成犯罪的，对责任人员依法追究刑事责任。

例如，《劳动合同法》第88条规定，用人单位有下列情形之一的，依法给予行政处罚；构成犯罪的，依法追究刑事责任；给劳动者造成损害的，应当承担赔偿责任：（1）以暴力、威胁或者非法限制人身自由的手段强迫劳动的；（2）违章指挥或者强令冒险作业危及劳动者人身安全的；（3）侮辱、体罚、殴打、非法搜查或者拘禁劳动者的；（4）劳动条件恶劣、环境污染严重，给劳动者身心健康造成严重损害的。

（2）用人单位违反规定造成职工伤亡事故，造成劳动者生命和财产损失的，对责任人员追究刑事责任。《刑法》第134条规定：在生产、作业中违反有关安全管理的规定，因而发生重大伤亡事故或者造成其他严重后果的，处3年以下有期徒刑或者拘役；情节特别恶劣的，处3年以上7年以下有期徒刑。

（3）用人单位无理阻挠劳动行政部门、有关部门及其工作人员行使监督检查权，打击报复举报人员，情节严重，构成犯罪的，对责任人员依法追究刑事责任。

（4）劳动行政部门或者有关部门的工作人员滥用职权、玩忽职守，徇私舞弊，构成犯罪的，依法追究刑事责任。《劳动合同法》第95条规定，劳动行政部门和其他有关主管部门及其工作人员玩忽职守、不履行法定职责，或者违法行使职权，给劳动者或者用人单位造成损害的，应当承担赔偿责任；对直接负责的主管人员和其他直接责任人员，依法给予行政处分；构成犯罪的，依法追究刑事责任。

(5) 国家工作人员和社会保险基金经办机构的工作人员贪污、挪用社会保险基金，构成犯罪的，依法追究刑事责任。

2. 违反社会保险法律的刑事责任

违反社会保险法律的刑事责任表现为司法机关对违反社会保险法律规定，构成犯罪的人所给予的刑事法律制裁。

按照《社会保险费征缴暂行条例》的规定，主要有两类行为应当给予刑事法律制裁：一是缴费单位违反有关财务、会计、统计的法律、行政法规和国家有关规定，伪造、变造、故意毁灭有关账册、材料，或者不设账册，触犯刑律的；二是劳动保障行政部门、社会保险经办机构或者税务机关的工作人员滥用职权、徇私舞弊、玩忽职守，致使社会保险基金流失，触犯刑律的。

第二节　劳动法和社会保障法的监督检查

劳动法和社会保障法的监督检查又称劳动和社会保障监察，是法律法规赋予劳动保障行政部门的一项重要职责。

《劳动法》第 85 条规定：县级以上各级人民政府劳动行政部门依法对用人单位遵守劳动法律、法规的情况进行监督检查，对违反劳动法律、法规的行为有权制止，并责令改正。1998 年国务院办公厅《关于印发劳动和社会保障部职能配置内设机构和人员编制规定的通知》进一步明确，劳动保障行政机关监督检查劳动和社会保障法律法规的执行情况，依法行使国家劳动监督检查权，为劳动保障行政部门履行劳动和社会保障监察职责提供了法律依据。

监督检查的概念

劳动和社会保障监察是劳动保障行政机关依法对用人单位进行监督检查，发现和纠正违法行为，并对违法行为依法进行行政处罚的行政执法行为。

劳动保障监察是发现和纠正违法行为，并实施行政处罚的具体行政执法行为，必须由法定授权的机关进行。劳动保障监督检查只能由劳动保障行政机关进行，其他机构和组织必须经法定授权或依法委托才能进行执法。如《社会保险费征缴暂行条例》第 20 条规定：社会保险经办机构受劳动保障行政部门的委托，可以进行与社会保险费征缴有关的检查、调查工作。劳动保障监察权具有强制性，有关单位和人员不能拒绝。《劳动法》第 101 条规定：用人单位无理阻挠劳动行政部门、有关部门及其工作人员行使监督检查权，打击报复举报人员的，由劳动行政部门或者有关部门处以罚款；构成犯罪的，对责任人员依法追究刑事责任。

英国等资本主义国家早在 19 世纪末就开展了劳动监察工作。1919 年 10 月召开的第一次国际劳工大会，通过了《劳动监察（卫生机构）建议书（卫生部门）》。1947 年，国际劳工大会通过了《(工商业）劳动监察公约》和相应的《劳动监察建议书》，将劳动监察领域覆盖到整个工业和商业领域，并要求各成员国应逐步使该公约生效。

我国的劳动监察制度起源于20世纪80年代初。党的十一届三中全会后，随着经济体制和劳动体制的改革，全面开展了劳动安全卫生监察工作。1982年，国务院发布了《锅炉压力容器安全监察暂行条例》、《矿山安全监察条例》，建立了劳动安全卫生监察制度，明确了劳动安全监察机构的职责，开展了劳动安全监察工作。

随着改革开放的深入和社会主义市场经济的发展，劳动监察的内容由对用人单位和劳动者遵守劳动安全与卫生方面法规情况进行的监察，扩展到对所有劳动法律法规和规章的贯彻情况进行监察。20世纪80年代末期，深圳、珠海等经济特区和沿海开放地区，开展了对企业和劳动者遵守劳动管理、工资分配、社会保险、职业技能开发等方面法律法规情况的监察工作，并取得了成功的经验。随后，各地劳动行政部门相继开展了全方位的劳动监察工作。1993年8月，原劳动部发布了《劳动监察规定》，对劳动安全卫生以外的劳动法律法规内容的监察作出规定，明确了劳动行政部门的劳动监察职责。1994年，全国人大常委会颁布了《劳动法》，进一步明确了劳动监察职责。截止到1999年底，全国共有劳动保障监察机构3 091个，共配备劳动保障监察员4万人，其中专职监察员1.58万人。

监督检查的意义

监督检查是贯彻实施劳动和社会保障法律法规的重要环节，随着劳动和社会保障法律法规不断完善，社会保险等方面的法律法规相继出台，在劳动保障领域初步形成了有法可依的局面。只有切实加强监察执法，督促用人单位自觉遵守劳动和社会保障法律法规，才能更好地把法律法规落到实处。

第三节　监督检查机构和职责

劳动保障监察机构

根据《劳动法》第85条规定，1994年11月，中央机构编制委员会办公室、原劳动部就建立劳动监察机构、配置劳动监察人员问题做出专门规定，要求劳动行政部门应建立专门从事劳动监察工作的机构，负责监察执法工作，并根据工作需要配备专职劳动监察工作人员，保证这项工作切实开展。据此，各地劳动行政部门相继成立了劳动监察机构，省级劳动部门设立监察行政处和（或）监察总队，市（地）级劳动行政部门设立了监察科（大队），配备了劳动监察人员，初步形成中央、省、市（地）、县四级劳动监察组织体系。

劳动保障监察职责

根据《劳动法》和《劳动保障监察条例》等有关规定，劳动监察机构职责主要是监督检查和进行行政处罚，以及受理举报。

（一）监督检查的方式和内容

劳动保障监察的方式主要有：常规巡视监察、群众举报专案查处、劳动保障年检和专项大检查等。通常都是由经过特定程序任命的监察人员对企业进行监督检查，发现违法行为，依法纠正。

劳动保障行政部门实施劳动保障监察，有权采取下列调查、检查措施：（1）进入用人单位的劳动场所进行检查；（2）就调查、检查事项询问有关人员；（3）要求用人单位提供与调查、检查事项相关的文件资料，并作出解释和说明，必要时可以发出调查询问书；(4) 采取记录、录音、录像、照相或者复制等方式收集有关情况和资料；(5) 委托会计师事务所对用人单位工资支付、缴纳社会保险费的情况进行审计；(6) 法律、法规规定可以由劳动保障行政部门采取的其他调查、检查措施。

劳动监察的主要内容包括：(1) 用人单位制定内部劳动保障规章制度的情况；(2) 用人单位与劳动者订立劳动合同的情况；(3) 用人单位遵守禁止使用童工规定的情况；(4) 用人单位遵守女职工和未成年工特殊劳动保护规定的情况；(5) 用人单位遵守工作时间和休息休假规定的情况；(6) 用人单位支付劳动者工资和执行最低工资标准的情况；(7) 用人单位参加各项社会保险和缴纳社会保险费的情况；(8) 职业介绍机构、职业技能培训机构和职业技能考核鉴定机构遵守国家有关职业介绍、职业技能培训和职业技能考核鉴定的规定的情况；(9) 法律、法规规定的其他劳动保障监察事项。

根据《劳动法》、《行政处罚法》的规定，各级劳动保障行政部门之间的劳动保障监察工作，采取以地域管辖为主、级别管辖为辅的方式。根据《劳动保障监察条例》，县级劳动保障行政部门的劳动保障监察机构对本行政区域内用人单位和劳动者遵守劳动法律、法规和规章的情况进行监察。省级人民政府可根据当地的情况对省、地（市）、县三级劳动保障监察机构之间的管辖范围作出规定。

（二）劳动监察的法律责任

用人单位有下列行为之一的，由劳动保障行政部门责令改正，按照受侵害的劳动者每人 1 000 元以上 5 000 元以下的标准计算，处以罚款：(1) 安排女职工从事矿山井下劳动、国家规定的第四级体力劳动强度的劳动或者其他禁忌从事的劳动的；(2) 安排女职工在经期从事高处、低温、冷水作业或者国家规定的第三级体力劳动强度的劳动的；(3) 安排女职工在怀孕期间从事国家规定的第三级体力劳动强度的劳动或者孕期禁忌从事的劳动的；(4) 安排怀孕 7 个月以上的女职工夜班劳动或者延长其工作时间的；(5) 女职工生育享受产假少于 90 天的；(6) 安排女职工在哺乳未满 1 周岁的婴儿期间从事国家规定的第三级体力劳动强度的劳动或者哺乳期禁忌从事的其他劳动，以及延长其工作时间或者安排其夜班劳动的；(7) 安排未成年工从事矿山井下、有毒有害、国家规定的第四级体力劳动强度的劳动或者其他禁忌从事的劳动的；(8) 未对未成年工定期进行健康检查的。

用人单位违反劳动保障法律、法规或者规章延长劳动者工作时间的，由劳动保障行政部门给予警告，责令限期改正，并可以按照受侵害的劳动者每人 100 元以上 500 元以下的标准计算，处以罚款。

用人单位有下列行为之一的，由劳动保障行政部门分别责令限期支付劳动者的工资报酬、劳动者工资低于当地最低工资标准的差额或者解除劳动合同的经济补偿；逾期不支付的，责令用人单位按照应付金额 50%以上 1 倍以下的标准计算，向劳动者加付赔偿金：(1) 克扣或者无故拖欠劳动者工资报酬的；(2) 支付劳动者的工资低于当地最低工资标准的；(3) 解除劳动合同未依法给予劳动者经济补偿的。

用人单位向社会保险经办机构申报应缴纳的社会保险费数额时，瞒报工资总额或者职工人数的，由劳动保障行政部门责令改正，并处瞒报工资数额 1 倍以上 3 倍以下的罚款。骗取社会保险待遇或者骗取社会保险基金支出的，由劳动保障行政部门责令退还，并处骗取金额 1 倍以上 3 倍以下的罚款；构成犯罪的，依法追究刑事责任。

职业介绍机构、职业技能培训机构或者职业技能考核鉴定机构违反国家有关职业介绍、职业技能培训或者职业技能考核鉴定的规定的，由劳动保障行政部门责令改正，没收违法所得，并处1万元以上5万元以下的罚款；情节严重的，吊销许可证。未经劳动保障行政部门许可，从事职业介绍、职业技能培训或者职业技能考核鉴定的组织或者个人，由劳动保障行政部门、工商行政管理部门依照国家有关无照经营查处取缔的规定查处取缔。

背景资料

关注《劳动保障监察条例》在实施中的协调性

“没有监察，劳动立法只是一种道德运用，而不是有约束力的社会纪律。”[①] 劳动监察在劳动关系中为劳动者建立了一道国家力量的保障机制，充当着保护劳动者的“社会警察”。《劳动保障监察条例》的实施有赖于其他劳动保障法律、法规、规章和司法解释的协调，但实际情况并非如人所愿。

1.《劳动保障监察条例》与劳动保障规章的协调

《劳动保障监察条例》第26条规定，用人单位克扣或者拖欠劳动者工资报酬可责令其按照应付金额50%以上1倍以下的标准向劳动者加付赔偿金，但《违反〈中华人民共和国劳动法〉行政处罚办法》第6条的规定则为责令按相当于支付劳动者工资报酬的一至五倍支付劳动者赔偿金；《违反和解除劳动合同的经济补偿办法》第3条又规定为加发相当于工资报酬25%的经济补偿金。这些规定针对的是同一社会关系的同一违法行为，侵犯的是劳动者的同一劳动权利，相应的法律责任标准应当是和谐一致的，否则，无论这些规定相互间是并行不悖或是任择其一都会导致实际工作中的无所适从。

应当说，《劳动保障监察条例》的规定与实践需求更加吻合，是在总结《劳动法》实施十年的经验基础上对以前立法失之偏颇的修正。比如，全国农民工被拖欠的工资高达数百亿元，有的企业拖欠竟达10年之久，仅有6%的民工能够按月领取工资。根据建设部公布的全国建设领域清理拖欠农民工工资的最新情况，2003年以前拖欠的171亿元，截至2004年11月偿付了146亿元，偿付比例为86%。[②] 可见，用人单位或雇主拖欠工资的违法行为不仅未受到1～5倍罚款的处罚，而且连应当偿付的款项也难以兑现。所以，与其在立法中规定难以执行的高额处罚，不如更加实际地制定可供执行的标准。

2.《劳动保障监察条例》与劳动仲裁规定的协调

《劳动保障监察条例》第17条规定，劳动保障行政部门对违反劳动保障法律、法规或者规章的行为的调查，应当自立案之日起60个工作日内完成；对情况复杂的，经劳动保障行政部门负责人批准，可以延长30个工作日。但《劳动法》第82条规定，提出仲裁要求的一方应当自劳动争议发生之日起60日内向劳动争议仲裁委员会提出书面申请。劳动仲裁和劳动监察都是保障劳动法律准确有效实施的重要法律制度，也同样都是劳动者实现劳动保障权利的有效途径。按照现在的规定，倘若劳动者对劳动监察的结果并不满意，或者监察的结果认定为应当由劳动者申请劳动力仲裁，则劳动者就会因过了劳动仲裁申请期限而丧失劳动仲裁权和随后的劳动诉讼权。如果《劳动保障监察条例》的本意就在于此，则使劳动者劳动保障权利的救济方式由国家公权干预和个人自治主张两种方式变为只能二者择一了。在《劳动保障监察条例》第20条规定的违反劳动保障法律、法规或者规章的行为在2年内未被劳动

---

① 沃尔夫根·冯·李希霍芬：《劳动监察——监察职业指南》，6页，北京，中国劳动社会保障出版社，2004。

② 王翠霄：《建设部：政府工程如拖欠民工工资将追究领导责任》，载《北京娱乐信报》，2004-11-06。

保障行政部门发现，也未被举报、投诉的，劳动保障行政部门不再查处中也存在着同样的问题。

劳动监察与劳动仲裁的协调需求也同样表现在二者的受理范围上：《劳动保障监察条例》第 11 条规定了劳动保障行政部门实施劳动保障监察的九项事项，其范围涉及了《劳动法》的主要内容，也是《劳动法》实施十年来用人单位侵犯劳动者权益的主要事项，但也正由于如此，这些事项其实也是劳动争议的主要事项，是劳动仲裁管辖中的主要案由，从而该条规定与《中华人民共和国企业劳动争议处理条例》第 2 条关于劳动仲裁审理范围的规定和原劳动部《〈中华人民共和国企业劳动争议处理条例〉若干问题解释》的相关规定形成了交叉和重叠，而不是界限分明的关系。进而可知，《劳动保障监察条例》第 21 条中“对应当通过劳动争议处理程序解决的事项……劳动保障行政部门应当告知投诉人依照劳动争议处理或者诉讼的程序办理”的规定在实践中是不易把握的；进而导致的执行上的随意性或者会使用人单位受到双重追究，或者会使劳动者的权益在劳动监察与劳动仲裁中都得不到维护。

3.《劳动保障监察条例》与司法解释的协调

这方面的问题突出地表现在劳动保障关系的主体为“非法用工”或者说“不具备合法用工主体资格的单位”上。《劳动保障监察条例》第 33 条也规定了对无营业执照或者已被依法吊销营业执照，有劳动用工行为的，由劳动保障行政部门实施劳动保障监察。这对于保护在这些用人单位工作的劳动者无疑是非常必要的，同时也防止了用人单位在守法与违法上做出逆向选择。同样的规定也出现在《工伤保险条例》第 63 条中。但这些规定却与我国现行的民事诉讼制度不协调，从而在审判实践中出现了经劳动仲裁后，劳动争议案件的当事人不服仲裁裁决诉诸法院时，因用人单位的主体资格不符合法律规定的要件，法院不能立案审理的后果。或者当劳动保障行政部门根据《劳动保障监察条例》作出的行政处理决定和行政处罚决定后申请人民法院强制执行，法院也会因被执行人的主体不适格而难于执行。因为民事诉讼的当事人只能是“公民、法人和其他组织”（《民事诉讼法》第 49 条），“非法用工”的用人单位既不属于“公民（自然人）”，也不具备法律规定的“法人和其他组织”的法定要件（如“无营业执照”），不能作为民事诉讼主体参加民事诉讼活动和承担民事法律责任。在审判实践中，法院通常认定未经法定程序成立的组织，不具备用人单位主体资格，依法不享有用人权利能力，也不具备履行用人义务的能力，不能与劳动者缔结劳动法律关系，并进而确认非法用工行为在其设立者和劳动者之间发生的关系为雇佣劳动关系，不由《劳动法》而受民事法律规范调整。即便法院审理后将“用人单位”的责任归于相关的“自然人”承担，也会因主体问题遭遇法律程序上的麻烦。如 1999 年 3 月 6 日，广东佛山市恒昌五金厂突然发生炉胆内铝水爆炸，担任炉工的李忠被灼伤双眼。一年后当地社会保险事业局认定李忠因工负伤，评定残废等级为三级。但恒昌五金厂在李忠申请仲裁时向工商部门申请了歇业登记，以稍作更改的法人名称重新注册，劳动争议仲裁委员会以企业已经歇业为由终结仲裁审理。李忠直接向法院起诉原企业老板邝某。后经历一审、二审和再审，法院判决邝某向李忠一次性支付 13.7 万余元。但广东省人民检察院向省高院提出抗诉，法院停止执行判决。①

资料来源：黎建飞：《关注〈劳动保障监察条例〉在实施中的协调性》，载《中国劳动》，2005（1）。

---

① 李冬梅：《劳动官司拖得劳务工李忠欲哭无泪》，载《工人日报》，2004-11-11。

本章小结

违反劳动和社会保障法律行为必须承担相应的法律责任。这些法律责任包括作为和不作为两种，两种行为承担不同的法律后果。我国《劳动法》在第十二章全面规定了违反劳动法的行为所应承担的法律责任。劳动和社会保障法律责任具有综合性质，它包括了行政责任、民事责任和刑事责任。追究法律责任是一种国家职能部门的职权，所以在劳动法和社会保障法领域只能由劳动行政部分、公安行政部门、司法部门和其他有关部门来进行，未经法律授权的任何其他组织都无此项权力。

劳动法和社会保障法的监督检查是法律法规赋予劳动保障行政部门的一项职责，是劳动保障行政机关依法对用人单位进行监督检查，发现和纠正违法行为，并对违法行为依法进行行政处罚的行政执法行为。这种方式在实践中具有重要的意义和作用。劳动保障监督检查只能由劳动保障行政机关进行，方式主要有常规巡视监察、群众举报专案查处、劳动保障年检和专项大检查等。

关键概念

法律责任	法律后果	行政责任	民事责任
刑事责任	职能部门的职权	法律授权	监督检查
劳动监察	行政处罚	行政执法	巡视监察
群众举报	专案查处	劳动保障年检	专项检查

思考题

1. 违反劳动和社会保障法律的行为应当承担何种法律责任？
2. 劳动法和社会保障法为什么要追究不作为的法律责任？
3. 劳动监察的重要意义是什么？
4. 如何健全我国的劳动监察制度？

参考书目

1. 史尚宽．劳动法原论．上海：正大印书馆，1934.

2. 王益英．外国劳动法和社会保障法．北京：中国人民大学出版社，2001.

3. 王昌硕．劳动法学案例教程．北京：知识产权出版社，2001.

4. 黄成建．劳动法新释与例解．北京：同心出版社，2000.

5. 林嘉．社会保障法的理念、实践与创新．北京：中国人民大学出版社，2002.

6. 全国人大常委会法制工作委员会国家法行政法室，中华人民共和国劳动部政策法规司，中华全国总工会法律工作部．《中华人民共和国劳动法》释义．北京：中国工人出版社，1994.

7. 洪士珩．职工劳动权益和社会保障指南．北京：中国政法大学出版社，2000.

8. 丁巍．中华人民共和国职业病防治法释义及实用指南．北京：研究出版社，2001.

9. [美] 道格拉斯·L·莱斯利．劳动法概要．北京：中国社会科学出版社，1997.

10. [英] 罗伯特·伊斯特．社会保障法．北京：中国劳动社会保障出版社，2003.

11. [法] 让·雅克·迪贝卢等．社会保障法．北京：法律出版社，2002.

12. 黎建飞．最新工伤保险条例案例判解．北京：中国法制出版社，2011.

13. 李国光．最高人民法院劳动争议案件司法解释释义与案解．北京：法律出版社，2006.

14. 黎建飞．劳动合同法辅导读本．北京：中国法制出版社，2007.

15. 黎建飞．劳动法案例分析（第二版）．北京：中国人民大学出版社，2010.

16. 黎建飞．从雇佣契约到劳动契约的法理和制度变迁．中国法学，2012，3.

图书在版编目（CIP）数据

劳动法和社会保障法/黎建飞编著. —3 版. —北京：中国人民大学出版社，2013.6
21 世纪远程教育精品教材·法学系列
ISBN 978-7-300-17446-4

Ⅰ.①劳… Ⅱ.①黎… Ⅲ.①劳动法-中国-远程教育-教材 ②社会保障-行政法-中国-远程教育-教材 Ⅳ.①D922.5 ②D922.182.3

中国版本图书馆 CIP 数据核字（2013）第 113536 号

21 世纪远程教育精品教材·法学系列
劳动法和社会保障法（第三版）
黎建飞 编著

出版发行 中国人民大学出版社
社　　址 北京中关村大街 31 号　　**邮政编码** 100080
电　　话 010－62511242（总编室）　010－62511770（质管部）
010－82501766（邮购部）　010－62514148（门市部）
010－62515195（发行公司）　010－62515275（盗版举报）
网　　址 http://www.crup.com.cn
http://www.ttrnet.com（人大教研网）
经　　销 新华书店
印　　刷 北京鑫丰华彩印有限公司
规　　格 185 mm×260 mm　16 开本
印　　张 18.5
字　　数 461 000
版　　次 2003 年 4 月第 1 版
2013 年 6 月第 3 版
印　　次 2019 年 1 月第 4 次印刷
定　　价 38.00 元

教师信息反馈表

为了更好地为您服务，提高教学质量，中国人民大学出版社愿意为您提供全面的教学支持，期望与您建立更广泛的合作关系。请您填好下表后以电子邮件或信件的形式反馈给我们。

您使用过或正在使用的我社教材名称		版次	
您希望获得哪些相关教学资料			
您对本书的建议（可附页）			
您的姓名			
您所在的学校、院系			
您所讲授的课程名称			
学生人数			
您的联系地址			
邮政编码		联系电话	
电子邮件（必填）			
您是否为人大社教研网会员	□是　会员卡号：________ □不是，现在申请		
您在相关专业是否有主编或参编教材意向	□是　　　□否 □不一定		
您所希望参编或主编的教材的基本情况（包括内容、框架结构、特色等，可附页）			

我们的联系方式：北京市海淀区中关村大街 31 号
中国人民大学出版社教育分社
邮政编码：100080
电话：010-62515905
网址：http://www.crup.com.cn/jiaoyu/
E-mail：llhong2605@vip.sina.com